생략과 초점

수용성 판단을 중심으로

생략과 초점

수용성 판단을 중심으로

김 정 석 지음

한국문화사

생략과 초점
수용성 판단을 중심으로

1판1쇄 발행 2019년 1월 10일
1판2쇄 발행 2019년 11월 30일

지 은 이   김정석
펴 낸 이   김진수
펴 낸 곳   한국문화사
등   록   1991년 11월 9일 제2-1276호
주   소   서울특별시 성동구 광나루로 130 서울숲 IT캐슬 1310호
전   화   02-464-7708
팩   스   02-499-0846
이 메 일   hkm7708@hanmail.net
홈페이지   www.hankookmunhwasa.co.kr

책값은 뒤표지에 있습니다.

잘못된 책은 구매처에서 바꾸어 드립니다.
이 책의 내용은 저작권법에 따라 보호받고 있습니다.

ISBN 978-89-6817-720-0   93740

이 도서의 국립중앙도서관 출판예정도서목록(CIP)은 서지정보유통지원시스템
홈페이지(http://seoji.nl.go.kr)와 국가자료공동목록시스템(http://www.nl.go.kr/kolisnet)에서
이용하실 수 있습니다.(CIP제어번호: CIP2014025983)

이 저서는 2014년 정부(교육과학기술부)의 재원으로 한국연구재단의 지원을 받아 수행된 연구임
(NRF-2014S1A6A4024637)

머리말

> 나의 침묵을 이해하지 못한다면
> 어떻게 나의 말을 이해할 수 있겠는가?
> "If you do not understand my silence,
> how will you understand my words?"

　언어는 의사소통의 수단으로 문장 단위로 발화되는데 어떤 발화는 문장이 아닌 것처럼 보이는 경우가 있다. 이 경우의 축소된 발화는 원래 완전한 문장이었으나 생략이나 대형태와 같은 수단을 통해 구조가 변형된 것이다. 언어가 정보전달의 수단이라면 축소 현상은 화자가 정보구조의 변화를 통해 청자의 정보처리 부담을 덜어 주려는 잉여성 회피 책략에 기인한다. 이러한 정보축소는 청자의 관심을 새로 도입되는 정보에 집중시킴으로써 문장의 명료성을 향상하는 데 기여한다.

　이 저서는 한국어와 영어의 생략문에서 보이는 초점의 역할을 조명하기 위해 오랜 기간 동안 진행된 연구의 결과물이다. 서론을 제외한 13편의 논문들 중에서 2장(박보경 공저), 8장(이경미 공저), 14장(정덕호, 김윤희 공저)은 제자들과 같이 진행하여 얻은 성과이고, 2장과 9장은 국내학술지인 『현대문법』(2017년 9월호)과 『영어학』(2017년 6월호)에 각각 게재되었음을 밝힌다. 이 저서가 나오기까지 물심양면으로 도와준 분들에게 감사를 표한다: 강상구, 김민정, 곽혜영, 김윤희, 김현진, 배웅규, 백영중, 송버들, 윤정회, 이온순, 이채은, 정덕호, 최은지, 홍혜승.

안암동 서관 연구실에서

차례

- 머리말 ·· v

01 서론 ··· 1

02 영어 수문의 섬과 재생 전략 ··· 19
- 2.1 들머리 ··· 19
- 2.2 선행연구 ·· 21
  - 2.2.1 생략에 의존한 구제 ·· 21
  - 2.2.2 재생 ·· 23
- 2.3 제안 ··· 26
  - 2.3.1 재생이 가능한 환경 ·· 27
    - 2.3.1.1 담화연결 ··· 28
    - 2.3.1.2 분열 ··· 29
  - 2.3.2 섬제약 위반의 효과 ·· 31
    - 2.3.2.1 새싹수문 ··· 32
    - 2.3.2.2 대조수문 ··· 33
- 2.4 맺음말 ··· 34

03 *Wh-the hell*을 포함하는 새싹도치수문 ·· 36
- 3.1 들머리 ··· 36
- 3.2 *Wh-the hell*의 특성 ·· 37
- 3.3 Sprouse(2006)의 선행연구 ·· 38
- 3.4 제안 ··· 44
- 3.5 맺음말 ··· 50

04 한국어의 수문과 관용어 해석 ·················· 51
4.1 들머리 ·················· 51
4.2 수문과 외현적 Wh-이동 ·················· 53
4.3 제안 ·················· 55
4.3.1 수문과 초점이동 ·················· 55
4.3.2 두 종류의 수문 ·················· 57
4.3.3 다중수문 ·················· 58
4.4 수문과 관용어 해석 ·················· 61
4.5 맺음말 ·················· 68

05 한국어의 수문과 분열문의 비교 ·················· 69
5.1 들머리 ·················· 69
5.2 내포절 수문: 병합수문, 대조수문, 새싹수문, 유사수문 ·················· 71
5.2.1 수문의 허가조건: 일치자질, 내적 선행어 ·················· 73
5.2.2 계사의 출현 ·················· 78
5.2.3 격조사/후치사 탈락 ·················· 78
5.2.4 섬제약 준수 ·················· 82
5.2.5 다중수문 ·················· 89
5.3 주절 수문 ·················· 90
5.4 맺음말 ·················· 92

06 영어 생략문에서의 최대축소 원리 ·················· 94
6.1 들머리 ·················· 94
6.2 최대생략 ·················· 95
6.3 최대축소 ·················· 98
6.4 맺음말 ·················· 106

07 한국어 초점문에서의 생략 ·················· 108
7.1 들머리 ·················· 108

7.2 영어의 유사공백화 ··· 110
7.3 한국어의 생략과 초점 ·· 113
    7.3.1 유사공백화: VP 생략 ··· 113
    7.3.2 생략의 범위 ·· 117
        7.3.2.1 NegP 생략 ··· 117
        7.3.2.2 AgrSP 생략 ·· 118
        7.3.2.3 TP 생략 ··· 119
    7.3.3 생략의 경제성 ·· 121
7.4 한국어 유사공백화와 관용어 해석 ··· 123
7.5 맺음말 ·· 126

08 영어와 한국어의 영보어 대용화 ·· 127
8.1 들머리 ·· 127
8.2 영보어 대용화의 심층대용화적 특성 ··· 128
    8.2.1 화용적 선행어 ·· 130
    8.2.2 통사적 병행성 ·· 132
    8.2.3 사라진 선행어 ·· 133
    8.2.4 적출 가능성 ·· 134
8.3 영보어 대용화의 표층대용화적 특성 ··· 135
8.4 이완지시 해석과 결속변항 대용화 ··· 137
    8.4.1 어휘요건 검사 ·· 139
    8.4.2 국부적 이접성 검사 ·· 141
8.5 한국어의 영보어 대용화 ·· 142
8.6 맺음말 ·· 145

09 *Why*-최소공백화와 섬제약 효과 ·· 146
9.1 들머리 ·· 146
9.2 *Why*-최소공백화의 특성 ·· 148
9.3 선행연구: 초점이동 + TP 삭제 분석 ··· 150

9.4 제안: 화제이동 + TP 삭제 분석 ·· 157
　　9.5 맺음말 ··· 164

10 *Why*-최소공백화와 '왜'-최소공백화 ·· 165
　　10.1 들머리 ·· 165
　　10.2 선행연구 ·· 166
　　　　10.2.1 Yoshida et al.(2015)의 TP 삭제 분석 ·································· 166
　　　　10.2.2 Weir(2014)의 VoiceP 삭제 분석 ··· 169
　　10.3 제안: 화제이동과 TP 삭제 ··· 175
　　10.4 '왜'-최소공백화 ··· 177
　　　　10.4.1 특성 ·· 179
　　　　10.4.2 관용어 해석 ··· 184
　　　　10.4.3 수문과 *Why*-최소공백화의 비교 ···································· 188
　　10.5 맺음말 ·· 192

11 영어와 한국어의 우절점공유 ··· 194
　　11.1 들머리 ·· 194
　　11.2 영어의 우절점공유 ··· 196
　　　　11.2.1 우절점인상 분석 ··· 196
　　　　11.2.2 다중관할 분석 ··· 197
　　　　11.2.3 후행삭제 분석 ··· 201
　　11.3 한국어의 우절점공유 ··· 204
　　　　11.3.1 우절점인상 분석 ··· 204
　　　　11.3.2 논리형태 복사 분석 ·· 206
　　　　11.3.3 음성형태 삭제 분석 ·· 207
　　　　11.3.4 음성열 삭제 분석 ·· 208
　　　　11.3.5 다중관할 분석 ··· 210
　　　　11.3.6 의존생략 분석 ··· 212
　　11.4 제안 ··· 214

11.4.1 섬제약 효과 · 217

11.4.2 경칭형태소의 일치 · 221

11.4.3 복수의존 형태소의 허가 · 222

11.4.4 후치사/격조사 탈락 · 224

11.4.5 동음이의어 · 226

11.5 맺음말 · 227

12 한국어의 좌절점 공유 · 229

12.1 들머리 · 229

12.2 선행연구 · 230

12.2.1 전역어순재배치 분석 · 230

12.2.2 선형화+접속축소 분석 · 232

12.2.3 다중관할 분석 · 242

12.3 제안 · 247

12.4 맺음말 · 254

13 한국어의 우전위 · 255

13.1 들머리 · 255

13.2 선행연구 · 256

13.2.1 단일절 이동 분석 · 256

13.2.2 단일절 기저생성 분석 · 257

13.2.3 이중절 기저생성 분석 · 257

13.2.4 이중절 이동 분석 · 260

13.2.4.1 좌측 어순재배치+삭제 분석 · 260

13.2.4.2 조각문 분석 · 261

13.2.5 단일절 혼합 분석 · 262

13.3 제안 · 266

13.3.1 비대칭성 · 266

13.3.2 섬제약 효과 · 273

  13.3.3 공백, 복사, 재생대명사 ·· 276
  13.3.4 동일절/동일명사구 생성조건 ··· 278
  13.3.5 격표지 탈락 ··· 280
  13.3.6 Wh-의문문 해석 ··· 282
  13.3.7 기타 특성 ··· 285
 13.4 맺음말 ··· 286

14 한국어 어순재배치의 섬제약 효과: 실험통사론적 접근 ··············· 288
 14.1 들머리 ··· 288
 14.2 선행연구 ··· 293
 14.3 실험설계 ··· 297
  14.3.1 자극 ··· 297
  14.3.2 방법과 장치 ··· 302
  14.3.3 제시 ··· 302
  14.3.4 참가자 ·· 305
 14.4 결과 ··· 306
 14.5 논의 ··· 311
  14.5.1 한국어 복합명사구제약의 본질 ······································ 311
  14.5.2 한국어 장거리 어순재배치의 본질 ································ 314
 14.6 맺음말 ··· 316

- 참고문헌 ··· 317
- 영한 용어 대조표 ·· 337
- 찾아보기 ··· 350

01 서론

이 저서는 한국어와 영어의 다양한 생략문을 분석하면서 생략(ellipsis)에서의 초점(focus)의 역할을 조명하는 것을 목표로 서론을 제외하고 총 13편의 논문으로 구성되어 있다.

저자는 논의하고자 하는 한국어 자료의 신뢰성을 보장하기 위해 모국어화자를 대상으로 구글 온라인 설문도구(Google Forms)를 통한 온라인 설문조사를 실시하였다. 직관과 관련된 수용성 판단(acceptability judgment) 설문에는 최소 30명 이상의 모국어화자가 참여하였는데 필러(filler)항목과의 연관성을 통해 신뢰할 수 없는 참가자들의 응답을 버리고 유효한 응답만을 결과값으로 사용하였다. 직관을 수량적으로 수집하기 위해 5단계(1-5) 혹은 7단계(1-7) 사이의 리커트 척도(Likert Scale)를 사용하였고, 응답은 표준화하였다. 예문의 우측에 적힌 숫자가 그 예문에 대한 z-표준점수(z-score)와 표준편차(standard deviation = SD)이다.

z-표준점수는 개인이 특정 언어표현에 응답한 값 X에서 평균(Mean)값 M을 뺀 값을 표준편차로 나눈 수이다(Z = X-M/SD). z-표준점수는 검사의 결과를 해석할 때 다른 것들과의 직접적인 비교를 가능하게 하는 방법의 하나이며, 측정치가 평균에서 얼마나 벗어났는지를 보여준다. z-표준점수가 양수이면서 절대값이 커지는 것은 문장의 수용성이 높다는 것을 의미하고, 음수이면서 절대값이 커지는 것은 문장의 수용성이 낮다는 것을 의미한다.

z-표준점수와 이론통사론자들에게 익숙한 문법성(grammaticality) 표시와의 적절

한 함수 관계에 대해서는 명확히 밝혀진 바가 없어서, 논의전개의 편의상 z-표준점수가 양수인 경우([0.00] 이상)는 모두 정문($\checkmark$)으로, [-0.01]에서 [-0.25] 사이는 ?로, [-0.26]에서 [-0.50]는 ??로, [-0.51]에서 [-0.75] 사이는 ?*로, [-0.76]보다 숫자가 큰 음수는 비문(*)으로 표기하였다.

표준편차는 자료 값이 평균에서 얼마나 떨어져 분포하는가를 나타내는 것으로 숫자가 클수록 화자들의 직관에 변이가 있다는 것을 보여주고 숫자가 작을수록 화자들의 직관이 일치하고 있음을 보여준다. 다음은 설문에서 사용한 수용성이 좋은 필러(good filler)와 나쁜 필러(bad filler)의 예들이다.

(1)   a. 현우와 연아는 코끼리를 보기 위해 주말에 동물원에 갔다.   [1.18, 0.25]
        b. 철수는 영수가 그린 그림을 보고 영수의 재능에 감탄했다.   [1.26, 0.33]
        c. 영희는 지우에게 청소 좀 하라고 잔소리 했다.   [1.49, 0.48]
        d. 연아는 민지의 결혼식 때문에 다음 주에 부산에 간다.   [1.67, 0.57]
(2)   a. 지난 주말, 영희와 철수는 고양이에게 키우기로 했다.   [-1.30, 0.27]
        b. 미세먼지를, 지우와 영수는 주말에 하루종일 실내에서 놀았다.[-1.30, 0.45]
        c. 영희와 철수는 서울에 지난 주에 볼 것이다.   [-1.07, 0.51]
        d. 지우는 영수에게 점심에 먹은 파스타가 전혀 맛있다고 얘기하지 않았다.
                                                             [-0.36, 0.87]

표준편차를 기준으로 보았을 때는 (1a), (2a) 예문이 각각 제일 좋은 필러라고 할 수 있다.

2장은 영어 병합수문(Merger Sluicing)에서 일반적으로 섬제약(Island Constraint) 위반의 효과가 사라지는 현상을 논의한다.

(3)   a. *A biography of one of the Marx brothers is going to be published this year.
          Guess which$_1$ [a biography of t$_1$] is going to be published this year.
      b. A biography of one of the Marx brothers is going to be published this year.
          Guess which.

이러한 현상을 설명하기 위해 Lasnik(2001), Merchant(2001) 등은 Ross(1969)를 따

라서 '생략에 의존한 구제(Repair-by-Ellipsis)' 분석을 제안하였다.

(4) A biography of one of the Marx brothers is going to be published this year. Guess which₁ [TP ~~[a biography of *t₁] is going to be published this year~~].

그러나 이 분석은 섬제약 위반이 도출 과정에서 발생하면 흔적(trace)이나 절점(node)에 *-표시(*-marking)를 남기고 차후 삭제(deletion)라는 변형을 통해 도출이 음성형태 접합부(PF Interface)에 도달하기 전에 제거하는 방식을 가정하기 때문에 Chomsky(1995)의 내포성조건(Inclusiveness Condition)을 위반한다. 반면에 Boeckx(2003, 2008)가 제안하는 재생(resumption) 분석은 wh-논항인 잔여성분(remnant)이 wh-이동을 한 후 원래 위치와 wh-흔적이 아니라 재생대명사(resumptive pronoun)를 통해서 관련을 맺기 때문에 처음부터 섬제약 효과가 나타나지 않는다고 가정한다.

(5) a. John started laughing after one of the women kissed Bill, but I don't remember which.
b. John started laughing after one of the women kissed Bill, but I don't remember which₁ it was that John started laughing after [she₁ t₁] kissed Bill.

그런데 재생 분석은 병합수문에서는 사라지는 것처럼 보이는 섬제약 효과가 왜 새싹수문(Sprouting Sluicing)과 대조수문(Contrast Sluicing)에서는 유지되는지를 설명하지 못한다.

(6) a. *Agnes wondered how John could eat, but it's not clear what.
b. *Ben will be angry if you don't try THE CAKE, but I don't know WHAT ELSE.

저자는 wh-이동이 있을 때 재생대명사가 아무 때나 나타날 수 있는 것은 아니고 담화에 연결(D-linking)되거나 분열(Clefting)이 되는 환경에서만 나타난다는 Boeckx(2003)의 관측에 기초하여 새싹수문과 대조수문은 담화에 연결되지 않는 환경이며 또한 분열 구조가 나타나지 않는 환경임을 보임으로써 이들 수문에서 섬제약 위반의 효과가 유지되는 이유를 재생 분석으로 설명할 것이다.

(7) a. *Agnes wondered how John could eat, but it's not clear what₁ Agnes wondered how he could eat t₁.
b. *Ben will be angry if you don't try THE CAKE, but I don't know WHAT ELSE₁ he will be angry if you don't try t₁.

3장은 *wh-the hell*로 발화되는 '완전히 담화와 절연된(aggressively non-D-linked) wh-표현'이 병합수문과 대동수문(Pied-piping Sluicing)에서는 나타날 수 없지만 새싹도치수문(Swiping)에서는 허용이 된다는 Merchant(2002)의 자료를 분석한다.

(8) a. They were arguing about something, but I don't know what.
b. They were arguing, but I don't know about what.
c. They were arguing, but I don't know what about.
(9) a. *They were arguing about something, but I don't know what the hell.
b. *They were arguing, but I don't know about what the hell.
c. They were arguing, but I don't know what the hell about.

새싹도치수문이 수문의 일종(Ross 1969, Rosen 1976)이라고 가정하면서, Sprouse(2006)는 (9)의 현상에 대해 음운론적 접근을 취한다. 그러나 Sprouse 분석의 핵심을 구성하는 강세투사원리(The Accent Projection Principle), 문장강세부여 규칙(The Sentence Accent Assignment Rule), 초점영역 공리(axiom)의 조합은 임시변통의 혼합체에 불과하다. 저자는 대안으로 병합수문/대동수문과 새싹도치수문 간의 이러한 차이가 *wh-the hell*이 갖는 후접어(proclitic)의 특성에서 연유함을 보일 것이다.

(10) a. I wonder where John is.
b. *I wonder where John's.

Bresnan(1972)이 관찰한 것처럼 (10b)의 예문이 잘못된 이유는 's-축약의 숙주(host)가 되어 줄 요소가 뒤에 따라오지 않기 때문이다. 마찬가지로 (9a, b)가 비문인 이유는 후접어인 *wh-the hell*의 숙주가 없기 때문이고 (9c)가 정문인 이유는 전치사 *about* 이 숙주가 되어 주기 때문이다.

4장은 영어 수문 현상이 한국어에도 존재함을 관측하고 이 현상에 대한 음성형태 삭제(PF deletion) 분석을 제시한다. 영어 수문과 달리 한국어 수문은 TP 수문과 VP 수문의 두 종류가 있는데 이는 주어가 외현통사부(overt syntax)에서 의무적으로 이동할 필요가 없어서 나타나는 현상이다.

(11) A: 철수가 무언가를 샀다.
  B1: 나는 뭔지/무엇지 모른다.   TP 수문
  B2: 나는 뭐인지/무엇인지 모른다.   VP 수문

TP 수문은 영어 수문과 유사하고, VP 수문이 가능한 이유는 주어가 VP 내부에 있는 상태에서 VP가 삭제되면 시제가 좌초되고 좌초된 시제(stranded tense)를 구제하기 위해 이-보조(*be*-support)가 허용되기 때문이다.

(12)

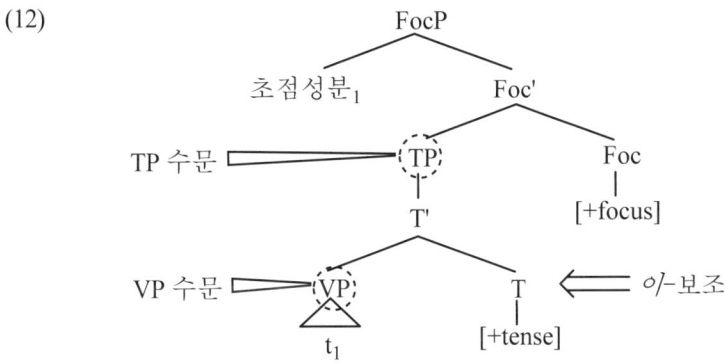

수문을 생략으로 분석하는 방법에 대한 대안으로 분열(Clefting) 분석 혹은 계사(Copular) 분석이 있는데 수문에서 관용어(idiom) 해석이 유지된다는 점을 고려하면 한국어 수문은 분열문이나 계사문이 아니라 내부 구조를 가지고 있는 완전한 문장에서 초점이동(focus movement)과 삭제에 의해 도출되는 생략문이라는 결론에 도달할 수 있다.

(13) 뒤통수를 때리다(= 배신이나 배반을 하다)
[약속을 어기기로 유명한 철수가 동창회에서 한 친구에게 낚시여행을 가자고 했다. 그런데 철수가 역시나 약속을 깼다는 소문이 돌았고, 동창들은 이번 희생양은 누군지 궁금해했다.]
  a. 철수가 이번에도 뒤통수를 때렸다는데, 나는 누구 뒤통수인지 모르겠다.
  b. *철수가 이번에도 뒤통수를 때렸다는데, 나는 그게 누구 뒤통수인지 모르겠다.

5장은 한국어 수문과 분열문의 특성을 살펴보고 수문이 분열문으로 분석되면 안 되는 이유에 대해서 논의한다. 첫째, 한국어 수문의 잔여성분은 격표시(Case-marked)될 수 있으나 분열문의 분열성분(clefted element)은 격표시될 수 없다.

(14) 연아가 무언가를 팔았는데,
  a. 나는 **무엇**인지 모른다.   [0.91, 0.45]
  b. ?나는 **무엇을**인지 모른다.   [-0.16, 0.69]
(15) a. 연아가 먹은 것은 **사과**다.   [1.31, 0.31]
  b. 연아가 먹은 것은 **사과**이다.   [1.11, 0.33]
  c. *연아가 먹은 것은 **사과를**이다.   [-1.18, 0.41]
  d. *연아가 먹은 것은 **사과를**다.   [-1.20, 0.26]

둘째, 한국어 병합수문은 섬제약 위반 효과를 보이지만 분열문은 그렇지 않다.

(16) 영희는 [동생에게 무언가를 보냈던 사람을] 초대했다고 하는데,
  a. ?나는 **무엇**인지 모른다.   [-0.16, 0.64]
  b. ?나는 **무엇을**인지 모른다.
(17) a. ?*영희가 [철수에게 __ 준 여자와] 만난 것은 **이 책**이다.
  b. ?*영희가 [__ 해고됐기 때문에] 화내는 것은 **이 남자**다.

셋째, 한국어 수문은 잔여성분이 복수로 나타나는 다중수문(Multiple Sluicing)이 가능하지만 분열문은 분열성분이 복수로 나타날 수 없다.

(18) 누군가가 무언가를 샀는데, 나는 누가 {?무언지, ?무엇인지, ?무엇을인지} 모른다.

(19) a. 철수가 영희에게 책을 주었다.
　　 b. 철수가 영희에게 준 것은 **책**이다.
　　 c. 철수가 책을 준 것은 **영희**에게다.
　　 d. *철수가 준 것은 **영희**에게 **책**이다.
　　 e. *철수가 준 것은 **책**을 **영희**에게다.

그리고 한국어 수문이 주절(matrix clause)에서도 나타남을 관측하고 그 특성을 논의한다.

(20) A: 영희가 무언가를 사왔어.
　　 B1: {무엇을, 무엇}?
　　 B2: {뭐지, 뭐니, 뭐야}?
　　 B3: {*무엇을지, *무엇을니, *무엇을야}?
　　 B4: {?무엇을이지, ?무엇을이니, ?무엇을이야}?

또한 Kuwabara(1997)의 자료가 수문인지 축약분열문(Truncated Cleft Sentence)인지의 여부를 논한다.

(21) 어머니는 내가 외출했을 때 다나카가 찾아왔다고 말했지만, 나는 다나카라고 생각하지 않는다.

그 밖에 영어식의 대조수문과 새싹수문이 한국어에도 존재함을 보고하고 이들이 병합수문과 달리 섬제약을 준수하는지를 탐구한다.

(22) a. 철수는 5명의 **남자**를 초대했지만, 몇 명의 **여자**인지는 모른다.
　　 b. *철수는 5명의 **남성가수**가 초대된 파티에 출석했지만, 몇 명의 **여성가수**인지는 모른다.
(23) a. 연아는 회장이 상장을 민지에게 수여한다고 나한테 말해줬는데, 나는 **어디에서**인지 모르겠어.
　　 b. ??연아는 회장이 상장을 민지에게 수여한다는 소식을 나한테 말해줬는데, 나는 어디에서인지 모르겠어.

6장은 영어 생략문이 보이는 경제성 원리를 논한다. Merchant(2001, 2008)는 동사구 생략(VP ellipsis)과 수문(Sluicing)의 대조를 통해 A'-흔적을 포함하는 생략이 있을 경우는 가능한 큰 범주가 생략되어야 한다는 최대생략(MaxElide)의 원리를 제안하였다.

(24) 최대생략의 원리
A'-흔적을 포함하는 생략 구성성분 XP가 있다고 하자. YP 역시 삭제가 가능한 구성성분이라고 하자. 이때 XP는 YP내에 포함되어 있으면 안 된다(XP $\not\subset$ YP).
[Merchant 2008: 141]

(25) They attended a lecture on a Balkan language, but I don't know
 a. which they attended a lecture about.
 b. which.
 c. *which they did.

이러한 원리는 문법성에 영향을 미치는 통사제약으로 주목을 받았으나 왜 A'-흔적을 포함하는 생략에만 이러한 제약이 요구되는지에 대한 명백한 근거를 제시하지 못하여 문법성 원리로 필요한지에 대한 의문이 가시지 않고 있다. 저자는 최대축소(MaxReduce)의 원리가 담화에서 선호성 제약으로 존재함을 정보포장(Information Packaging) 이론에 근거하여 주장할 것이다.

(26) 최대축소의 원리
의미에 변화를 주지 않으면서 정보를 축소할 수 있는 방법이 있을 때 가능한 많은 정보를 축소하라.

(27) A: Would you have written a formal letter of complaint, do you think?
B1: I might have, I don't know.
B2: I might, I don't know.

정보포장 이론에서 중요한 원리는 대개 정보흐름(Information Flow)의 원리와 문미중량(End-Weight)의 원리 형태로 압축이 되었는데 6장은 최대축소의 원리도 정보구조를 관할하는 중요한 경제원리의 하나임을 입증한다.

7장은 한국어 초점문에서의 생략은 [+focus]가 인허하는 경우 VP 생략을 위시하여 NegP 생략, TP 생략 등 그 크기가 다양함을 관측하고 생략범주의 선택이 가능한 경우 큰 크기의 범주를 삭제하는 생략이 선호된다는 일반화를 제시한다. 이러한 '초점문 생략의 최대화원리'는 일종의 경제원리로 문법성에 직접적인 영향을 미치지는 않지만 담화에서 선호성(preference) 원리로 존재한다.

(28)　VP 생략 대 NegP 생략
　　　A:　철수가 사과를 먹지 않았어.
　　　B1: 영희도 아니야.　　　　　　　　　　　　　　　[0.30, 0.78]
　　　B2: 영희도 야.　　　　　　　　　　　　　　　　　[0.62, 0.63]
(29)　VP 생략 대 TP 생략
　　　A:　철수가 사과를 먹었어.
　　　B1: 영희도 야.　　　　　　　　　　　　　　　　　[0.85, 0.64]
　　　B2: 영희도.　　　　　　　　　　　　　　　　　　[1.15, 0.39]

이는 저자가 6장에서 제안한 최대축소의 원리가 한국어 초점문에서의 생략에 적용되고 있음을 뒷받침한다. 또한 한국어 초점문에서 술어가 생략되더라도 관용어 해석이 유지되고 있다는 사실을 통해 관련 구문이 계사문이나 분열문으로 분석될 수 없으며 통사구조를 갖는 생략문임을 보일 것이다.

(30)　[가슴에 새기다 = 뼈에 새기다: '잊지 않게 단단히 마음에 기억하다']
　　　A:　철수는 어릴 때 부모님이 돌아가셔서 삼촌 집에 얹혀살았다 더라.
　　　B:　나도 들었어. 철수는 그 은혜를 가슴에 새기고 있는 거 같아.
　　　C1: 뼈에도야. 주말마다 농사일을 거들러 삼촌 집에 가더라고.　[0.02, 1.02]
　　　C2:*그것이 뼈에도야. 주말마다 농사일을 거들러 삼촌 집에 가더라고.
　　　　　　　　　　　　　　　　　　　　　　　　　　　[-1.02, 0.70]

8장은 영어와 한국어의 영보어 대용화(Null Complement Anaphora)를 논한다.

(31)　a. I asked Bill to leave, but he refused Ø.

b. Sue was attempting to kiss a gorilla, and Harry didn't approve Ø.
　　　c. The judge insisted that someone had to escort the clothes to Holland. Barie Goetz volunteered Ø.

(32) a. 나는 현우에게 떠나라고 부탁했지만 그는 Ø 거절했다.　　　[1.28, 0.28]
　　 b. 영희는 고릴라와 키스하려고 시도했지만 철수는 Ø 허락하지 않았다.
　　　　　　　　　　　　　　　　　　　　　　　　　　　　　　　　[0.78, 0.58]
　　 c. 사장은 누군가가 그 의복들을 상점에 가져다주기를 바랐는데 민지가 Ø 지원했다.　　　　　　　　　　　　　　　　　　　　　　　　　　　　[0.61, 0.61]

영보어 대용화는 여러 언어에서 관측되며 조동사나 상(aspect)을 표시하는 동사와 관련 있다. 대용화에 대한 Hankamer & Sag(1976)의 이분적 분류에 따라 영보어 대용화는 그 동안 심층대용화(deep anaphora)의 예로 인식되어왔다. 그러나 이러한 인식은 '브라질에서 사용되는 포르투갈어'의 영보어 대용화에 대한 Cyrino(2004)의 연구에서 비판되었다. 이러한 맥락에서 8장은 영어와 한국어의 영보어 대용화 구문을 연구한다. 그 결과 영어의 영보어 대용화는 심층대용화와 표층대용화(surface anaphora)의 특성을 모두 보이는 저층대용화(shallow anaphora)임을 입증하고 한국어의 영보어 대용화는 심층대용화의 예로 통사부에서 영대형태(null *pro*-form)로 구현됨을 주장한다.

(33) a. 민호가 나에게 파티에 가자는 부탁을 했고 나는 *pro*$_{DP}$ 승낙했다.
　　　　　　　　　　　　　　　　　　　　　　　　　　　　　　　　[1.12, 0.31]
　　 b. 현우가 나에게 파티에 가자고 했고 나는 *pro*$_{CP}$ 승낙했다.　　[1.05, 0.29]

한국어의 영보어 대용화는 CP 선행어뿐만 아니라 DP 선행어도 허용한다.
　9장은 영어 *Why*-최소공백화(*Why*-Stripping)와 섬제약 효과를 논한다.

(34) A: John ate natto.
　　 B: Why natto?

Yoshida et al.(2015)은 *Why*-최소공백화가 TP 생략의 일종으로 *why*는 CP 영역에서

기저생성되고 잔여성분은 초점이동(focus movement)을 한다고 주장한다.

(35) [CP1 Why [CP2 NATTO₁ [TP John ate t₁]]]?

그러나 *Why*-최소공백화의 잔여성분은 이전 담화와 연결된 화제(topic)에 해당된다. 즉, '긍정의 *Why*-최소공백화'의 잔여성분은 반드시 이전 문맥에서 발화되어야 한다.

(36) A: John ate sushi.
     B: *Why natto?

그렇다면 *Why*-최소공백화는 잔여성분이 화제이동을 하는 TP 생략이다.

(37) [CP Why [TopP natto₁ [TP John ate t₁]]]?

반면 *Not*-최소공백화와 *Why not*-최소공백화는 잔여성분이 초점이동을 하는 TP 생략이다.

(38) John ate natto, but not [FocP SUSHI₁ [TP John ate t₁]].
(39) A: John ate natto.
     B: [CP Why not [FocP SUSHI₁ [TP John ate t₁]]]?

TP 생략 중에서 *Not*-최소공백화와 조각문 응답은 섬제약 위반을 구제하지 못하고 병합수문과 *Why*-최소공백화는 섬제약 위반을 구제하는 것으로 알려졌다.

(40) *John loves a girl who is learning *Italian*, but not *SPANISH*.
(41) A: Does Abby speak the same Balkan language that *Ben* speaks?
     B: *No, *CHARLIE*.
(42) Each of the politicians hated a political commentator who criticized the other politicians, but I am not sure how many of the other politicians.
(43) A: Each of the politicians hated a political commentator who criticized the other politicians.

    B: Why the other politicians?

9장은 '생략에 의존한 구제' 분석의 오류를 지적하고 대안으로 2장처럼 재생(resumption) 전략을 통하여 섬제약 효과의 발현 여부를 설명하는 방안을 모색한다.

10장은 영어 *Why*-최소공백화와 이에 상응하는 한국어 '왜'-최소공백화를 비교 분석한다.

(44) A: 철수가 과자를 먹었어.
    B: 왜 과자를? [0.70, 0.60]
    '왜 하필이면 (피자가 아니라) 과자를 먹었어?'

9장에서 저자는 Yoshida et al.(2015)의 분석을 비판하면서 병합유형의 *Why*-최소공백화의 잔여성분은 선행 발화에서 언급된 화제에 해당되기 때문에 초점이동이 아니라 화제이동을 수행한다는 입장을 피력하였다. 그런데 *Why not*-최소공백화와 새싹(Sprouting) *Why*-최소공백화의 잔여성분은 담화에 연결(D-linking)되지 않은 초점이어서 초점이동을 수행한다.

(45) A: John ate natto.
    B: Why not SUSHI?
(46) John served dinner, but I don't understand why TO BILL.

한국어의 새싹 '왜'-최소공백화의 잔여성분도 담화에 연결되지 않는 초점이다. 그런데 영어 *Why not*-최소공백화의 부정어 *not*에 상응하는 것처럼 보이는 한국어 '아니 왜'-최소공백화의 '아니'는 부정어가 아니라 강조의 부가어이다.

(47) A: 지우가 초콜릿을 줬어.
    B1: 왜 영수에게?
    B2: 아니 왜 영수에게?

근본적으로 Yoshida et al.(2015), Weir(2014)의 '생략에 의존한 구제' 분석은 선행이동이 있을 경우 이 선행이동이 원래는 내현적이지만 생략이 후행하면 외현적일 수 있다는 가능성을 확인하기 위해 도출의 모든 과정을 점검해야 하는 미리보기(look-ahead)의 '비국부적 복잡성(global complexity)' 문제를 초래하여 문법모형 구축에 부담을 주게 된다.

11장은 우절점공유(Right-Node-Sharing)문의 특성을 개괄하고 선행연구들의 장단점을 검토한다. 영어 우절점공유문과 마찬가지로 한국어 우절점공유문은 오랜 기간 많은 관심을 받아온 바 다양한 관찰과 분석이 제시되었는데, 한국어 우절점공유문은 다음과 같은 특징을 보인다. 첫째, 공백 연접소(conjunct)에 복사할 생략지점이 논리형태에서 이동을 통해 생성되는 경우는 섬제약 효과가 보이지 않는 반면, 공백 연접소에 복사할 생략지점이 외현통사부에서 이동을 통해 생성되는 경우는 섬제약 효과가 나타난다(실선 화살표는 외현이동을, 점선 화살표는 내현이동을 의미함).

(48) a. ?현우는 영어를, 민호는 일본어를 [Ø 영희가 잘 한다는 소문을] 들었다.
   [-0.23, 0.63]

   b. *피아노를 연아는, 기타를 민지는 [철수가 Ø 잘 친다는 소문을] 들었다.
   [-1.10, 0.50]

따라서 섬제약 효과의 발현 여부는 대응 연접소의 구성성분이 이동을 하는 시기에 달려있는데 음성형태 삭제이론보다는 논리형태 복사이론으로 설득력 있는 설명이 가능하다. 둘째, 우절점공유문에서 경칭형태소(honorific morpheme) 일치는 좌측의 공백 연접소가 아니라 우측의 대응 연접소에서 결정되며 경칭형태소가 동사에 나타났을 경우에만 경칭의 대상이 되는 주어를 요구한다는 것을 알 수 있다.

(49) a. ?*할아버지께서는 초밥을, 동생은 우동을 드셨다.   [-0.71, 0.61]
    b. 할아버지께서는 초밥을, 동생은 우동을 먹었다.   [0.88, 0.31]
    c. 동생은 바나나를, 할아버지께서는 복숭아를 드셨다.   [0.61, 0.64]
    d. 동생은 바나나를, 할아버지께서는 복숭아를 먹었다.   [0.57, 0.51]

셋째, 우절점공유문, VP 등위접속문, TP 등위접속문을 포함한 모든 등위접속문에서의 복수의존 형태소 '들'의 허가는 구조적으로 성분통어하는 복수의 선행어를 반드시 요구하는 것이 아니라 단순히 어순상 선행하는 복수의 선행어로도 충분한 것으로 보였다. 그렇다면 복수의존 형태소의 허가는 더 이상 다중관할(Multiple Dominance) 분석의 장점이 아니다.

(50) a. 철수는 논문을, 영희는 책을 열심히들 읽었다. [0.40, 0.50]
 b. 현우는 거실을 치우고, 민호는 부엌을 열심히들 치웠다. [0.15, 0.62]
 c. 지우는 수학을 배웠고, 영수는 과학을 열심히들 배웠다. [0.14, 0.69]

넷째, 우절점공유문의 복잡성이 증가하면 후치사/격조사의 탈락이 수용성에 영향을 주는데 이러한 특성은 후치사/격조사의 탈락 여부가 통사적인 이유가 아니라 음운론적 특성 혹은 처리(processing)나 담화적 특성에서 기인하는 것으로 보인다.

(51) a. 철수는 잡지를, 영희는 시집을 샀다. [1.06, 0.20]
 b. 현우는 과자-Ø, 민호는 커피를 샀다. [1.00, 0.30]
(52) a. ?현우는 영어를, 민호는 [일본어를 영희가 잘 한다는 소문을] 들었다.
  [-0.23, 0.63]
 b. ?*지우는 볶음밥-Ø, 영수는 [파스타를 철수가 잘 만든다는 소문을] 들었다.
  [-0.73, 0.63]

다섯째, 우절점공유문의 축(pivot)이 동음이의어(homonym)을 포함할 경우 수용성이 떨어지는 이유는 생략의 회복성이 의미적 동일성에 달려 있음을 보여준다.

(53) a. *현우는 교복을, 민호는 손해를 입었다. [-1.19, 0.36]
 b. *[IP 현우는 교복을 Ø] [IP 민호는 손해를 <u>입었다</u>]

이러한 맥락에서 저자는 우절점공유문의 공백 연접소는 우측의 대응 연접소에 부가되어 생성되고 그 의미가 논리형태 복사에 의해 해석된다고 주장할 것이다.

12장은 한국어 좌절점공유(Left-Node-Sharing)문의 특성을 고찰하고 다양한 선행 연구들을 검토한다. 주목할 점은 온라인 수용성 조사에서 확인된 좌절점공유문의 특성이 기존의 보고(Nakao 2009, 정대호 2010b)와 달리 좌절점공유문이 격표지의 부합을 요구하지 않고 문법성이 좌측 연접소에서 결정된다는 사실이었다.

(54) a. 철수에게 친구는 Ø철수에게 술을 샀고 부모님은 Ø*철수에게 위로했다.
[0.39, 0.66]
b. ??영희에게 부모님은 Ø*영희에게 위로했고 친구는 Ø영희에게 술을 샀다.
[-0.43, 0.77]
c. ?영수를 부모님은 Ø영수를 위로했고 친구는 Ø*영수를 술을 샀다. [-0.05, 0.57]
d. *지우를 친구는 Ø*지우를 술을 샀고 부모님은 Ø지우를 위로했다. [-0.88, 0.52]

좌절점공유된 축의 격표지는 좌측 연접소에 달려있는 것 같다. 이것은 일치와 관련된 요구가 우측 연접소에서 결정되는 우절점공유문과 대조적이다. 또한 우절점공유문은 축을 제외한 요소들이 대조초점(contrastive focus)을 유지해야 하는 반면 좌절점공유문은 축을 제외한 요소들이 반드시 대조초점을 유지해야 하는 것은 아니다.

(55) a. 현우가 케이크를, 연아가 과자를 만들었다.
 b. *현우가 케이크를, 현우가 과자를 만들었다.
 c. *현우가 케이크를, 연아가 케이크를 만들었다.
(56) a. 그 케이크를 현우가 만들고, 연아가 먹었다. [1.25, 0.44]
 b. 그 케이크를 현우가 만들고, 현우가 먹었다. [1.00, 0.58]
 c. 그 창문을 연아가 먼저 열고, 현우가 나중에 열었다. [0.29, 0.97]

그리고 좌절점공유문에서도 우절점공유문에서처럼 섬제약 효과가 발현되는 경우와 그렇지 않은 경우가 공존함을 확인하였다.

(57) a. 최선생은 그 만화책을 [__ 민호에게 __ 추천한 학생과 철수에게 pro 공유해준 학생을] 찾고 있다.
 b. ??그 만화책을 김선생은 [연아에게 __ 빌려준 학생과 민호에게 pro 보여준 학생을] 찾고 있다.

이러한 특성을 모두 설명하기 위해서는 좌절점공유된 축은 좌측 연접소에서 이동을 한 것이고 우측 연접소에는 이에 상응하는 *pro*가 존재한다는 *pro*-탈락 분석이 타당해 보인다.

13장은 한국어 우전위(Right Dislocation)문의 특성을 개괄하고 다양한 선행연구들이 어떤 설명력을 제공할 수 있는지를 논의한다. 한국어 우전위문의 주요 특성은 다음과 같다. 첫째, 영어 우전위문이 숙주에 부속물(Appendix)과 공지표된 대명사를 포함하는 것과 달리 한국어 우전위문은 숙주절에 부속물의 공백을 포함한다.

(58)   a. They$_1$ seem pretty uncaring, her parents$_1$.
      b. 나는 [현우가 __ 때렸다고] 들었다, 민호를.   [0.33, 0.57]

이러한 연유로 영어 우전위문의 부속물이 화제인 것과 달리 한국어 우전위문의 부속물은 초점으로 인식된다. 둘째, 한국어 우전위문의 부속물이 논항일 경우와 부가어일 경우 비대칭성을 보인다.

(59)   a. 어제 영희를 만났다, 철수가.   [0.72, 0.59]
      b. 영수는 어제 인터뷰했다, 지우를.   [0.48, 0.56]
(60)   a. 영희는 어제 옥돔을 샀다, 제주도에서.   [1.21, 0.33]
      b. 연아와 민지는 백화점에 갔다, 오늘 오전에.   [0.93, 0.37]

셋째, 한국어 우전위문은 일반적으로 섬제약을 준수하며 부속물이 여러 개 나타날 경우는 동일절 생성조건(Clause-Mate Condition)을 준수해야 한다.

(61)   a. 나는 [현우가 __ 때렸다고 들었다], 민호를.   [0.33, 0.57]
      b. ?*민호는 [__ 사준 목걸이를] 버렸다, 여자 친구가.   [-0.63, 0.49]
(62)   a. ?연아는 [영희가 __$_1$ __$_2$ 보냈다고] 말했다, 철수에게$_1$ 꽃을$_2$. [-0.20, 0.62]
      b. *연아는 __$_1$ [영희가 __$_2$ 만났다고] 말했다, 지우에게$_1$ 민호를$_2$.
                                                               [-1.15, 0.54]

이러한 특성을 감안할 때 타당한 선행연구는 부속물이 논항일 경우와 부가어일 경우를 구별하여 설명하려는 고희정(2015)의 혼합 절충식 분석이다. 그러나 좌분지섬(Left Branch Island)의 내포성(embedding) 효과가 섬이 더 큰 섬 안에서 갇혀있는 경우라든가 적출영역조건(Condition on Extraction Domain)과 관련된 좌분지섬 효과 등을 고려해 볼 때 최소성(Minimality)에 기반을 둔 최현숙(1988)의 우측이동(rightward movement) 분석이 대안으로 떠오른다.

(63) a. *영수는 [[__ 엄마의] 차를] 빌렸다, 지우의.   [-0.93, 0.45]
    b. ??민지는 연아가 [[__ 차를] 빌렸다는 소문을] 들었다, 엄마의.
                                                                       [-0.47, 0.47]

(64) a. 나는 싱싱한 사과를 아주 커다란 바구니에 담았다.
    b. 나는 싱싱한 사과를 __ 바구니에 담았다, 아주 커다란.
    c. ??나는 __ 사과를 아주 커다란 바구니에 담았다, 싱싱한.
    d. ??나는 __ 사과를 바구니에 담았다, 아주 커다란.
    e. ?나는 사과를 __ 바구니에 담았다, 아주 커다란.

저자는 한국어 우전위문의 부속물이 논항일 경우는 단일절에서 우측이동으로 우전위문이 생성되고, 부속물이 부가어일 경우는 우측이동 혹은 우측 외곽(edge)에서 기저생성되어 한국어 우전위문이 생성된다고 주장할 것이다.

14장은 이론통사론의 틀을 벗어나 제자들과 같이 진행한 실험통사론(experimental syntax) 연구에 대한 보고(정덕호·김윤희·김정석 2017)이다. 저자들은 요인설계(factorial design)에 기반한 형식실험(formal experiment)을 통해 한국어 장거리 어순재배치(Long-distance Scrambling)가 섬제약 효과를 보이는지를 탐구하였다. 이와 관련하여 문헌에서 언급되는 대표적인 세 종류의 섬(복합명사구섬, Whether-섬, 부가어섬)에 대해 실험을 하였다. 그 결과 한국어 장거리 어순재배치는 복합명사구섬만을 준수하는 것으로 판명되었다. 이러한 사실을 설명하기 위해 복합명사구섬의 특성을 포착할 수 있는 몇몇 통사이론을 검토한다. 복합명사구의 구조적 복잡성은 처리(processing)의 어려움을 독립적으로 유발하지는 않기 때문에 축소주의자(reductionist)들의 주장과 달리 섬제약 효과가 문법제약일 가능성이 높은 것으로 보인다. 전통적으로 섬제약 효과가 통사이동의 증거로 인정되어 온 사실을 감안하면 복합명사구제약 효과는 어순재배치에 대한 이동 분석의 증거로 보인다. 또한 어순재배치된 요소의 [±wh] 유형에 따라 복합명사구섬에 대한 민감성이 변화한다는 사실은 한국어 장거리 어순재배치가 초점자질([+focus]) 이동이라는 사실을 시사할지도 모른다. 그러나 확실한 결론에 도달하려면 왜 *Whether*-섬이 한국어 제자리 wh-의문문의 경우에서 섬제약 효과를 보이는지(김보영 & Goodall 2016)를 포함하여 논쟁거리가 되는 질문들에 답을 해야만 할 것이다. 더욱이 이 실험이 타당하다면 '섬제약 위반의 구제효과'에 대한 논의는 한국어의 경우 복합명사구섬을 통해서만 진행할 수 있을 것이다.

02 영어 수문의 섬과 재생 전략

2.1 들머리

절 생략현상의 한 종류인 수문(Sluicing)은 보통 wh-이동이 일어난 후 TP가 생략되는 음성형태 삭제(PF deletion) 현상으로 분석된다(Ross 1969).[1]

(1) a. He is writing something, but you can't imagine what.   [Ross 1969: 252]
    b. He is writing something, but you can't imagine [$_{CP}$ what$_1$ [$_{TP}$ ~~he is writing t$_1$~~]].

만약 수문이 wh-이동을 포함하는 현상이라면 장거리 이동의 경우 섬제약(Island Constraint) 위반이 발생할 수도 있어야 하나 실제로는 그렇지 않다. 이에 대해

---

[1] 문장 (1a)를 논리형태 복사(LF copying) 분석으로 도출할 수도 있다(Chung et al. 1995, 2011).

  (i) a. He is writing something, but you can't imagine [$_{CP}$ what [$_{TP}$ e]].
      b. He is writing something, but you can't imagine [$_{CP}$ what$_1$ [$_{TP}$ he is writing something$_1$]].

논리형태 복사 분석에서 수문은 CP의 지정어(Specifier)에서 기저생성된 wh-요소인 *what*과 영범주(null category)인 e로 구성된다. e는 논리형태에서 선행절의 TP로 대체되는데, wh-요소인 *what*이 복사된 TP에 나타나는 비한정적 대응성분(indefinite correlate)인 *something*의 결속자(binder)가 된다.
  논리형태 복사 분석을 지지하는 주요한 증거는 수문이 섬제약을 준수하지 않는다는 사실이다. 섬의 준수 여부는 이동에서 발생하는 것이어서 이동을 전제로 하지 않는 논리형태 복사 분석은 나름 장점이 있어 보인다.

Ross(1969)는 섬제약 위반이 발생하더라도 수문에서는 구제(repair)가 된다고 주장하였다.

(2) a. *That he'll hire someone is possible, but I don't divulge [$_{CP}$ who$_1$ [$_{TP}$ that he will hire t$_1$ is possible]]. (절주어섬)
b. ??That he'll hire someone is possible, but I don't divulge who.
[Ross 1969: 277, (73b)]

이러한 구제 현상은 여러 다양한 섬제약 현상에서 관측된다. 흥미로운 점은 어떤 수문의 경우에는 섬제약 위반의 효과가 유지된다는 점이다.

(3) a. *They didn't hire anyone who speaks a Balkan language, but I don't remember [$_{CP}$ which$_1$ [$_{TP}$ they didn't hire anyone who speaks t$_1$]]. (복합명사구섬)
b. *They didn't hire anyone who speaks a Balkan language, but I don't remember which. [Merchant 2001: 211]
(4) a. *Agnes wondered how John could eat, but it's not clear [$_{CP}$ what$_1$ [$_{TP}$ Agnes wondered how John could eat t$_1$]]. (wh-섬)
b. *Agnes wondered how John could eat, but it's not clear what.
[Chung et al. 2011: 36]
(5) a. *Ben will be angry if you don't try THE CAKE, but I don't know [$_{CP}$ WHAT ELSE$_1$ [$_{TP}$ he will be angry if you don't try t$_1$]]. (부가어섬)
b. *Ben will be angry if you don't try THE CAKE, but I don't know WHAT ELSE. [Barros et al. 2014: 20]

2장의 목적은 수문이 섬제약을 준수하기도 하고 위반하기도 하는 현상에 대해 적절한 설명을 하는 것이다. 저자는 Boeckx(2003, 2008), Wang(2007)식의 재생(resumption) 분석이 수문에서의 섬제약 현상을 잘 설명할 수 있음을 논증할 것이다. 재생 분석에서 수문은 섬 내부에 재생대명사(resumptive pronoun)가 나타나는 것을 가정하기 때문에 처음부터 섬제약 위반이 발생하지 않는다. 만약 어떤 연유로 재생 전략이 사용될 수 없다면 이 경우에는 수문이 발생해도 섬제약 위반 효과가 나타나는 것으로 예측된다. 이러한 견지에서 재생 전략은 수문과 섬제약 위반의 상관관계를 적절히 설명할 수 있는 것이다.

2장의 구성은 다음과 같다. 2.2절에서는 수문에서의 섬제약 효과에 대한 선행연구 중에서 생략에 의존한 구제(Repair-by-Ellipsis; Lasnik 2001, 2005, Merchant 2001) 분석과 재생(Boeckx 2003, 2008, Wang 2007) 분석을 논의할 것이다. 2.3절에서는 재생 전략이 허용되는 환경을 구체적으로 밝힘으로써 새싹수문(Sprouting Sluicing)과 대조수문(Contrast Sluicing)에서 섬제약 효과가 나타나는 연유를 논할 것이다. 2.4절은 맺음말로 채워진다.

2.2 선행연구

2.2.1 생략에 의존한 구제

Lasnik(2001), Merchant(2001)는 비문법적인 선행이동(prior movement) 때문에 남겨진 요소를 도출이 끝나기 전에 제거하면 비문법적인 문장을 문법적인 문장으로 변환할 수 있다고 주장한다.

(6)   a. *A biography of one of the Marx brothers is going to be published this year.
Guess [$_{CP}$ which$_1$ [$_{TP}$ *[a biography of t$_1$] is going to be published this year]].
(주어섬)

      b. A biography of one of the Marx brothers is going to be published this year.
Guess which. [Merchant 2008: 136]

(6a)는 wh-이동이 주어조건을 위반하여 주어섬에 *가 할당되었고 비문이다. 그런데 (6b)처럼 수문이 발생하면 *표시된 성분인 *[a biography of t$_1$]이 삭제되어 문장이 정문으로 바뀐다.

그러나 생략에 의존한 삭제 분석이 모든 섬제약 효과를 설명해 주는 것은 아니다. 아래 (7)로 표시된 (3)의 예를 다시 살펴보자.

(7) a. *They didn't hire anyone who speaks a Balkan language, but I don't remember [CP which₁ [TP they didn't hire *[anyone who speaks t₁]]]. (복합명사구섬)
b. *They didn't hire anyone who speaks a Balkan language, but I don't remember which. [Merchant 2001: 211]

위 현상을 설명하기 위해, Merchant(2001)는 섬(Island)을 음성형태섬(PF Island)과 논리형태섬(LF Island)의 두 종류로 분류한다.² 그에 따르면, 오직 음성형태섬의 위반만이 수문과 같은 음성형태 삭제로 구제될 수 있다. 이러한 논리에 따르면 논리형태섬의 위반은 수문에 의해 구제되지 않는다. 예를 들어, (7a)에서 발생한 복합명사구섬의 위반은 논리형태섬의 위반이어서 (7b)처럼 수문이 있더라도 구제가 되지 않는다.

그러나 Merchant식의 섬 분류에 근거한 생략에 의존한 구제 분석은 다음과 같이 복합명사구섬을 포함한 수문의 예를 설명하기에는 불충분하다.

(8) a. *She kissed a man who bit one of my friends, but Tom does not realize [CP which one of my friends₁ [TP she kissed a man who bit t₁]].
b. She kissed a man who bit one of my friends, but Tom does not realize which one of my friends. [Ross 1969: 276]

(7), (8)의 대조는 생략에 의존한 삭제로는 쉽게 설명되지 않는다.³

---

² Merchant(2001)의 분류에 따르면 등위접속제약(Coordinate Structure Constraint), 좌분지조건(Left Branch Condition), 주어조건(Subject Condition)은 음성형태섬에 대한 제약이고, 부가어조건(Adjunct Condition), 절주어제약(Sentential Subject Constraint), 복합명사구제약(Complex NP Constraint)은 논리형태섬에 대한 제약이다.

³ 이에 대한 해결책으로, Merchant(2001)는 '단근원(Short Source)'이라는 회피(evasion) 전략을 제안한다. 단근원은 생략지점이 축소구문의 형태를 취함으로써 처음부터 섬제약을 위반하지 않는 전략을 의미한다.

(i) a. *They didn't hire <u>anyone</u> who speaks a Balkan language, but I don't remember [CP which₁ [TP he$^{E\text{-type}}$ speaks t₁]]. [Merchant 2001: 212]
b. She kissed a man who bit one of my friends, but Tom does not realize [CP which one of my friends₁ [TP he$^{E\text{-type}}$ bit t₁]].

Merchant(2001)의 분석에 따르면, (7b)와 (8b)에서 생략된 TP는 (i)처럼 섬 위반을 포함하지 않는

2.2.2 재생

Boeckx(2003, 2008), Wang(2007)은 수문이 생성될 때 wh-요소가 섬 밖으로 이동을 하면 섬 내부에 재생대명사가 남을 수 있다고 주장한다. Boeckx(2003)에 따르면 재생대명사는 wh-요소가 이동을 하면서 남긴 좌초된(stranded) 부분이라고 볼 수 있다. 이러한 주장은 유동양화사(floating quantifier)의 분포에 관한 Sportiche(1988, 1998)의 이론과 유사하다. Sportiche(1988, 1998)는 다음에 예시되어 있는 것처럼 유동양화사가 좌초의 결과로 출현한다는 주장을 한다.

(9) The children$_1$ can [all t$_1$] do it.

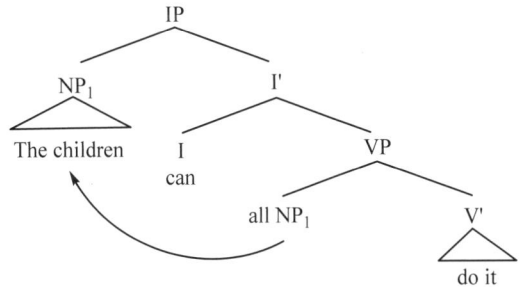

[Sportiche 1998: 19]

Sportiche(1988, 1998)의 이론에서 영감을 얻은 McCloskey(2000)는 유동양화사가 A'-이동이 있을 경우에도 허용된다는 주장을 하면서 [wh-NP *all*]의 내부 구조를 다

다. (ib)와 달리 (ia)에 있는 E-유형(E-type)의 대명사 *he*는 존재자체가 *anyone*에 의해 함의 (entailed)되지 않기 때문에 허가될 수 없다. 따라서 단근원 전략에서는 E-유형 대명사의 출현 가능성으로 이러한 대조를 설명할 수 있을 듯하다. 그러나 Lasnik(2005)이 보고한 것처럼 수식어 *(a) certain*이 삽입되면 문장의 수용성이 향상된다.

(ii) a. *They didn't hire anyone who speaks a Balkan language, but I don't remember which. [Merchant 2001: 211]
b. ?They didn't hire anyone who speaks <u>a certain</u> Balkan language, but I don't remember which. [Lasnik 2005: 263]

결국 생략에 의존한 구제 분석이나 단근원 전략이 수문의 섬제약 효과를 어느 정도는 설명할 수 있으나 한계가 있다.

음과 같이 제시한다.

(10) [wh NP *all*]의 내부 구조[4]

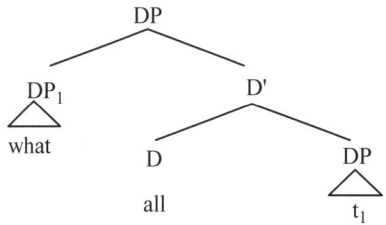

[McCloskey 2000: 59]

(11) a. What did he say he wanted all?
b. What all did he say he wanted?   [McCloskey 2000: 61]

McCloskey(2000)는 (10)의 구조에서 만약 *what*이 양화사 *all*을 남겨두고 따로 이동을 한다면 (11a)의 문장이 도출되고 *what*이 양화사 *all*과 대동(pied-piping) 이동을 한다면 (11b)의 문장이 도출된다고 주장한다.

문헌에서 논의되어 온 재생 전략은 크게 다음의 두 가지로 압축할 수 있다. 먼저 이동이 없이 재생이 가능하다고 보는 견해가 있다(Chomsky 1977). 이 견해에 따르면 재생대명사의 선행어는 표층 위치에서 기저생성되고 의미표상(SEM)에서 해석규칙을 통해 재생대명사와 관련을 맺는다. 그렇다면 처음부터 이동이 없었기 때문에 섬제약 위반이 발생하지 않는 것은 당연한 결과이다. 재생에 대한 다른 견해는 이동이 있지만 음성표상(PHON)에서 재생대명사가 어휘화된 흔적(lexicalized trace)으로 구현된다는 견해이다(Pesetsky 1998). Boeckx(2003, 2008)는 이 두 견해에 대한 절충안을 제시하는데, 그는 재생대명사가 섬제약을 위반하는 이동을 구제하기 위해 음성표상에서 나타나는 것이 아니라 재생대명사가 도출의 시작부터 존재한다고 가정한다. 즉, McCloskey(2000)의 주장을 수용하여 재생대명사를 포함하는 wh-논항의 연쇄는 다음과 같은 커다란 DP 구조를 갖는다고 제안한다.

---

[4] McCloskey(2000)가 제시한 내부 구조는 반국부성요건(Anti-Locality Requirement)의 측면에서 볼 때 바람직하지 않다. Abels(2003)가 제시한 반국부성요건에 따르면 어떤 핵의 보어 위치에서 같은 핵의 지정어 위치로의 이동은 허용되지 않는다. 2장에서는 반국부성요건의 타당성에 대해서 더 이상 논의하지 않는다.

(12) RP = resumptive pronoun

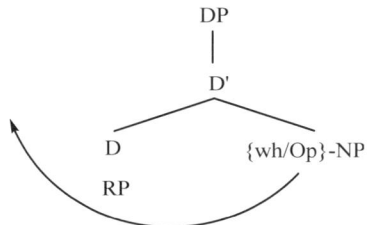

[Boeckx 2003: 28]

이러한 DP 구조에서 재생대명사는 한정사(determiner) D로 기저구조에서 wh-논항과 같이 병합되어 생성된다. 그러나 그는 재생에 대한 기저생성 견해와 달리 재생대명사와 관련된 wh-논항이 섬 안에서 밖으로 이동하여 서로 분리된다고 주장한다.

이러한 맥락에서 Boeckx(2003, 2008)에 따르면 (13)의 기저구조는 (14a)가 아니라 (14b)이다.

(13)　　John started laughing after one of the women kissed Bill, but I don't remember which.　　　　　　　　　　　　　　　[Boeckx(2012: 81)에 기초]

(14) a. *John started laughing after one of the women kissed Bill, but I don't remember [CP which₁ [TP John started laughing after t₁ kissed Bill]].

b. John started laughing after one of the women kissed Bill, but I don't remember [CP which₁ [TP it was that John started laughing after [she₁ t₁] kissed Bill]].

Boeckx의 재생 분석은 장거리 이동을 한 wh-논항이 출발 위치와 재생대명사를 통해서 관련을 맺기 때문에 생략이 발생하기 전에도 섬제약 위반이 일어나지 않으며 이후 TP가 생략이 되어도 여전히 정문으로 존재한다.

재생 분석은 생략에 의존한 삭제 분석에서 문제가 되었던 경우를 말끔히 설명해 주는 듯하다.

(15) a. *They didn't hire anyone who speaks a Balkan language, but I don't remember which.　　　　　　　　　　　　　　　　　　　　　　(= (7b))

b. *They didn't hire <u>anyone</u> who speaks [a Balkan language]$_x$, but I don't remember [$_{CP}$ which$_x$ [$_{TP}$ they didn't hire anyone who speaks RP$_x$]].

[Wang 2007: 243]

Wang(2007)은 섬제약 위반의 구제 효과가 있는 경우에는 wh-이동이 wh-흔적을 남기는 것이 아니라 A'-결속되는(A'-bound) 재생대명사를 남긴다고 가정한다. 그는 (15a)의 생략된 TP는 (15b)와 같은 도출을 가질 수 없다고 주장한다. 이 구문의 선행절에서 나타난 *anyone*은 현재 통용되는 어떤 발칸어가 존재한다는 함의를 방해한다. 그 결과 재생대명사 RP를 포함하는 (15b)는 (15a)의 적절한 기저구조가 될 수 없다. 결국 (15a)의 기저구조는 흔적을 포함해야 하고 따라서 아래에서 보는 것처럼 복합명사구제약 위반이 발생한다.

(16) *They didn't hire anyone who speaks a Balkan language, but I don't remember [$_{CP}$ which$_1$ [$_{TP}$ they didn't hire anyone who speaks t$_1$]].

따라서 (15a)의 문법성을 결정하는 주요 요인은 선행절의 양화사 *anyone*이다.

2.3 제안

그러나 재생대명사가 wh-이동 후에 항상 나타날 수 있다면 새싹수문(Sprouting Sluicing)과 대조수문(Contrast Sluicing)이 섬제약을 준수하는 것을 어떻게 설명할 수 있을지의 문제가 대두한다.

(17) a. *Agnes wondered how John could eat, but it's not clear [$_{CP}$ what$_1$ [$_{TP}$ Agnes wondered how John could eat t$_1$]].
 b. *Agnes wondered how John could eat, but it's not clear what.

[Chung et al. 2011: 36]

(18) a. *Ben will be angry if you don't try THE CAKE, but I don't know [$_{CP}$ WHAT ELSE$_1$ [$_{TP}$ he will be angry if you don't try t$_1$]].

b. *Ben will be angry if you don't try THE CAKE, but I don't know WHAT ELSE. [Barros et al. 2014: 20]

(17)의 수문에서는 잔여성분에 해당하는 대응성분(correlate)이 선행절에서 외현적으로 나타나고 있지 않고 있는데 이러한 수문을 새싹수문이라고 한다. Chung et al.(1995)의 관찰에 따르면 새싹수문은 섬제약을 준수한다.[5] (17b)와 비교하여 (18b)를 대조수문이라고 하는데 여기서는 wh-잔여성분의 의미가 선행절에 있는 대응성분과 대조관계를 이룬다. 대조수문도 새싹수문처럼 섬제약을 준수하는 것으로 관측되어 왔다.

저자는 재생대명사의 출현이 새싹수문과 대조수문의 경우에는 봉쇄되기 때문에 wh-요소가 이동 후에 원래 위치에 흔적(trace)의 형태로 존재하게 되고 결국 섬제약 위반이 발생된다고 주장하고자 한다.

2.3.1 재생이 가능한 환경

재생대명사가 나타날 수 있는 환경에 대한 Boeckx(2003)의 주장을 살펴보자.

---

[5] 주 1에서 논의된 것처럼 Chung et al.(1995, 2011)의 논리형태 복사 분석은 wh-요소가 복사된 TP 속에 존재하는 비한정적 대응성분(indefinite correlate)의 결속자가 된다고 가정한다. 그러나 (ib)처럼 새싹수문에서는 wh-요소가 결속할 수 있는 비한정적 대응성분이 외현적으로 발현되지 않는다. Chung et al.(1995, 2011)은 이러한 문제가 새싹(sprouting)이라는 운용(operation)을 통해서 해결될 수 있다고 주장한다. 즉, (ic)처럼 새싹 운용을 통해 선행절인 TP를 논리형태에서 복사할 때 적절한 변항(variable)이 실현되는 것으로 가정한다.

(i) a. Agnes wondered how John could eat, but it's not clear [$_{CP}$ what [$_{TP}$ e]].
b. Agnes wondered how John could eat, but it's not clear [$_{CP}$ what [$_{TP}$ <u>Agnes wondered how John could eat</u>]]. (논리형태)
c. Agnes wondered how John could eat, but it's not clear [$_{CP}$ what$_1$ [$_{TP}$ Agnes wondered how John could eat <u>something1</u>]]. (새싹) [Chung et al. 2011: 36]

새싹수문이 섬제약을 준수한다는 사실은 논리형태 복사 분석으로 설명이 가능해 보인다. Chung et al.(2011)에 따르면, 새싹 운용에 의해서 생성된 wh-요소가 해석되기 위해서 내현적 논리형태 이동을 수행할 때 섬제약을 준수해야 한다. 그러나 영어에서 논리형태 이동이 섬제약을 준수하는지의 여부는 논란거리이다.

2.3.1.1 담화연결

Wh-의문문에서 나타나는 wh-표현은 담화연결(D-linking)된 경우와 그렇지 않은 경우(non-D-linking)의 두 종류로 분류될 수 있다(Pesetsky 1987). 예를 들어, *which man*과 같이 담화연결된 표현은 문맥상 결정된 실체(entity)의 집합이 존재하는 것을 함축(implication)하는 반면, *who*처럼 담화와 연결되지 않은 wh-표현은 이러한 함축이 존재하지 않는다.

담화연결된 환경과 그렇지 않은 환경은 각각 담화연결 표현과 비담화연결 표현의 차이로 귀착된다.

(19) a. Ben's mother will get angry if he talks with someone, but I don't remember who.
   b. Ben's mother will get angry if he talks with someone from his class, but I don't remember who. [Merchant 2001: 104]

(19a), (19b)의 잔여성분은 담화에 연결되지 않는 의문사 *who*인데 서로 전제(presupposition)가 상이하다. (19a)는 *Ben's mother will get angry if he talks with x*를 전제하고, 변항(variable) x의 확인(identification)에 관심이 있다. 즉, 담화에서 이미 결정된 어떤 두드러진 개체(individual)의 집합이 존재하지 않는다. 반면 (19b)의 대응성분 *someone*은 자체로는 담화에 연결되지 않았으나 *from his class*의 수식을 받기 때문에 다른 어떤 적절한 정보를 도입한다. 즉, (19b)는 화자와 청자가 서로 공유하는 어떤 개체의 집합이 존재하는 것을 전제한다. 요약하면, 문맥상 명시되거나 제한된(restricted) 개체의 집합이 존재하는 경우를 담화에 연결되었다고 할 수 있다. 다음의 예를 살펴보자.

(20) 히브리어(Hebrew)
   a. *Mi$_1$ nifgašta ito$_1$?
      who you-met with-him
      'Who did you meet with?'   (비담화연결)

b. Eyze student₁ nifgašta ito₁?
which student you-met him
'Which student did you meet?' (담화연결) [Boeckx 2003: 31]
(21) a. *Who₁ did John meet her₁? (비담화연결)
b. ??Which person₁ did John meet her₁? (담화연결) [Wang 2007: 242]

히브리어 예문인 (20a), (20b)에서 각각 재생대명사 *ito* 'him'이 출현하였는데 문법성에 차이가 있다. (20a)는 비문인데 그 이유는 담화에 연결되지 않은 의문사인 *mi* 'who'가 재생대명사를 허가하지 못하기 때문이다. 반면 (20b)의 *eyze student* 'which student'는 담화에 연결된 의문사로 재생대명사를 허가할 수 있어서 (20b)가 정문이다. (21)처럼 영어에서도 유사한 양상이 포착된다. 요약하면, 위의 예들은 담화연결이라는 환경이 재생대명사의 출현을 허가한다는 것을 시사한다.

2.3.1.2 분열

Boeckx(2003)는 재생대명사를 포함하는 의문문이 여러 언어에서 분열문의 형태로 존재함을 관측하였다.

(22) 에도어(Edo)[6]
    a. De omwán ne Ozó há!é ére ighó?
       Q person that Ozo pay him money
       'Who was it that Ozo paid money to?'
    b. De omwán ne Ozó dé ebé ére?
       Q person that Ozo buy book his
       'Whose book was it that Ozo bought?' [Boeckx 2003: 32]
(23) 가나 혼성 영어(Ghanaian Pidgin English)[7]
    I bi buʃ gras we wi kɔt ám.
    it is bush grass that we cut it

---

[6] 에도어(Edo)는 나이지리아의 에도주(Edo State)에서 사용되는 언어이다.
[7] 가나 혼성 영어(Ghanaian Pidgin English)는 크루 영어(Kru English)라고도 불리는데 가나에서 사용되는 서아프리카 혼성 영어 중의 하나이다.

'It is bush grass that we cut.' [Huber 1999: 186]

(22)처럼 에도어의 wh-전치(wh-fronting)는 항상 분열문(Cleft Sentence)의 형태를 띠게 되고 대개의 경우 재생대명사를 포함한다. 흥미로운 것은 (22a)처럼 담화에 연결되지 않은 의문사(*de* 'who')가 출현했음에도 불구하고 분열문에서 재생대명사가 나타날 수 있다는 점이다. (23)은 가나 혼성 영어에서 재생대명사(*ám* 'it')가 분열문에서 나타날 수 있음을 보여준다.

재생 분석은 기저에 분열문 구조를 갖는 경우에만 이용할 수 있다는 주장을 하려면 수문이 어떤 구조를 갖는지를 파악해야 한다. Merchant(2001)는 수문과 분열문의 문법성이 일치하지 않는 경우가 있다는 점을 근거로 수문이 분열문에서 도출되는 것은 아니라고 주장한다(상세한 논의는 Merchant(2001: 121-127)를 참고).

그러나 Rodrigues et al.(2009)은 어떤 수문은 분열문에서 도출된다는 증거를 제시한다.[8] 이러한 제안은 Merchant(2001)의 전치사-좌초 일반화를 위반하는 예에 기반을 두고 있다.

(24) 전치사-좌초 일반화(P-stranding Generalization)
Wh-이동에서 전치사 좌초를 허용하는 언어만이 수문에서 전치사 좌초를 허용한다. [Merchant 2001: 92]

그런데 어떤 언어들은 생략이 없는 보통의 wh-의문문에서는 전치사 좌초를 허용하지 않지만 수문에서는 전치사 좌초를 허용하여 마치 전치사-좌초 일반화를 위반하는 것처럼 보인다. 스페인어가 그러한 예이다.

(25) 스페인어(Spanish)
a. *¿Qué chica rubia ha hablado Juan con?
What girl blonde has talked Juan with
'What blonde girl did Juan talk to?'

---

[8] 이러한 주장의 자료와 토대는 Vicente(2008)에 근거한 것이다. Craenenbroeck(2010)도 유사한 주장을 하였다.

b. Juan   ha   hablado   con   una   chica   rubia,
   Juan   has   talked   with   a   girl   blonde
   pero   no   sé   cuál.
   but   not   know   which
   'Juan talked to a blonde girl, but I don't know which.'

[Rodrigues et al. 2009: 176]

Rodrigues et al.(2009)은 위의 예를 통해서 Merchant(2001)의 전치사-좌초 일반화를 부정하려고 하지 않는다. 오히려 그들은 전치사-좌초 일반화의 반례처럼 보이는 (25b)의 수문은 삭제를 통해서 도출되는 것이 아니라 (26)처럼 분열문에서 도출된다고 주장한다.

(26) 스페인어
   Juan ha hablado con una chica rubia, pero no sé cuál
   Juan has talked with a girl blonde but not know which
   ~~es   la chica   con la   que   ha   hablado   Juan.~~
   ~~is   the girl   with the that has talked   Juan~~
   'Juan talked to a blonde girl, but I don't know which girl ~~it was that Juan talked~~.'

[Rodrigues et al. 2009: 178]

따라서 이러한 주장이 옳다면 최소한 어떤 수문은 생략이 아니라 분열문에서 도출된다고 할 수 있을 것 같다.[9]

2.3.2 섬제약 위반의 효과

저자는 재생대명사가 담화연결 혹은 분열(Clefting)이 있는 환경에서 나타난다는 Boeckx(2003)의 관측이 타당하다고 가정한다. 이러한 관측에 근거하여 새싹수문과 대조수문은 이러한 환경이 아니기 때문에 재생 전략이 사용될 수 없고 따라서 섬제약 효과가 사라지지 않는다고 주장할 것이다.

---

[9] 또 다른 증거에 대해서는 Rodrigues et al.(2009: 184)을 참고하기 바란다.

2.3.2.1 새싹수문

새싹수문이 담화에 연결되지 않은 것은 분명해 보인다. 첫째, 새싹수문의 잔여성분(rcmnant)은 선행절에서 외현적 대응성분을 가질 수 없다. 이것은 새싹수문이 담화문맥에서 명시된 어떤 개체의 집합을 전제하지는 않는다는 것을 의미한다. 즉, 새싹수문은 비담화연결 구문이다.

둘째, 새싹수문이 분열문에서 도출될 수 있다면 생략이 없는 분열문과 같이 나타나는 선행절은 외현적 대응성분이 없어도 정문이어야 한다. 그러나 이러한 예측은 Merchant(2001)가 지적했듯이 틀린 것으로 판명된다.

(27) a. *They served the guests, but I don't know what it was.
b. *He said they had already eaten, but I don't know what it was.
c. *They were arguing, but I don't know about what it was.

[Merchant 2001: 121]

이러한 점에서 재생 전략의 적용은 새싹수문에서 항상 억제된다. 따라서 (17b)의 새싹수문은 다음과 같이 도출되어야 한다.

(28) a. *Agnes wondered how John could eat, but it's not clear what.　(= (17b))
b. *Agnes wondered how John could eat, but it's not clear [$_{CP}$ what$_1$ [$_{TP}$ Agnes wondered [$_{island}$ how he could eat t$_1$]]].

재생대명사는 새싹수문에서 나타날 수 없기 때문에 (28)처럼 wh-섬제약과 같은 조건을 위반하여 비문이 도출된다.[10]

---

[10] 이 연구의 주장과 달리 Wang(2007)은 (28b)에서 wh-이동 후에 원래 위치에 wh-흔적 대신 재생대명사 RP가 남게 된다고 주장한다.

(i) *Agnes wondered how John could eat, but it's not clear [$_{CP}$ what$_x$ [$_{TP}$ Agnes wondered how he could eat RP$_x$]].

Wang(2007)에 따르면 (i)가 비문인 이유는 Chung(2005, 2013)이 제시한 추가 병행조건을 위반했기 때문이다.

2.3.2.2 대조수문

대조수문에서 유지되는 섬제약 효과도 새싹수문의 경우와 동일하게 설명될 수 있다. 첫째, 대조수문은 담화에 연결되지 않는 환경에서 나타난다. 대조수문의 잔여성분은 선행절에 외현적 대응성분을 갖기는 하지만 잔여성분과 대응성분은 서로 대조적인 해석을 받게 된다. 즉, 대조수문이 전제하는 것은 선행절에서 결정된 개체의 집합과 관련이 없다. 비교가 요구되는 상황에서 대조초점을 받는 요소들은 신정보(new information)를 표현하며 비담화적이다.

둘째, Merchant(2001)가 논의한 것처럼 분열문은 분열요소가 배타적 해석(exhaustive reading)을 받는 것을 요구하기 때문에 else와 같은 비배타적(non-exhaustive) 수식어의 수식을 받을 수가 없다. 대조수문의 대부분이 대조를 표시하기 위해 else, other와 같은 비배타적 수식어를 선호한다는 사실을 감안하면 대조수문이 분열문 구조를 가질 수 없다는 가정은 타당해 보인다.[11] 다음의 예를 살펴보자.

(29) a. *HARRY was there, but I don't know WHO ELSE it was.

[Merchant 2001: 122]

  b. *The radio played a song that RINGO wrote, but I don't know WHO ELSE it was.　　　　　　　　　　　　　　　[Barros et al. 2014: 21]

따라서 (18b)의 대조수문은 다음과 같이 도출되어야 한다.

(ii) 추가 병행조건(The Supplemental Parallelism Condition)
　　수문에서 생략된 TP의 배번집합(numeration)에 등장하는 모든 어휘항목은 선행절 TP의 배번집합에서 사용된 어휘항목과 동일해야 한다.　　　　　[Chung 2005: 83]

2장의 제안은 (ii)와 같은 별도의 조건을 가정하지 않아도 된다는 점에서 Wang(2007)의 분석보다 우월하다고 할 수 있다.

[11] Abe(2008)가 논의한 것처럼 생략된 TP는 엄밀지시 해석(strict reading)과 이완지시 해석(sloppy reading)을 갖는다. 그런데 Takahashi(1994)가 언급한 것처럼 생략문이 분열문에서 도출된 것으로 요구되는 경우에는 이완지시 해석이 사라진다. 대조수문은 이완지시 해석을 가지기 때문에 Abe(2008)는 대조수문이 분열문에서 도출되는 것은 아니라고 주장한다.

(30) a. *Ben will be angry if you don't try THE CAKE, but I don't know WHAT ELSE. (= (18b))

b. *Ben will be angry if you don't try THE CAKE, but I don't know [CP WHAT ELSE₁ [TP he will be angry [island if you don't try t₁]]].

대조수문에서는 wh-이동 후에 재생대명사가 나타날 수 없기 때문에 유일한 선택은 (30b)처럼 wh-흔적을 남기는 것이고 결국 이동이 부가어섬을 건너기 때문에 섬제약 위반이 발생한다.12

2.4 맺음말

생략에 의존한 구제 분석은 섬제약 위반이 있는 경우 도출 과정에 *-표시를 상정했다가 차후 삭제라는 변형을 통해 도출이 음성형태 접합부에 도달하기 전에 제거하는 방식을 가정하기 때문에 Chomsky(1995)의 내포성조건을 위반한다.

2장은 수문에서 나타나는 섬제약 효과의 비대칭성과 관련하여 생략에 의존한 구제 분석(Lasnik 2001, 2005, Merchant 2001)과 재생 분석(Boeckx 2008, Wang 2007)을 비교해 보았다. 그 결과 재생 분석이 생략에 의존한 구제 분석보다 설명력이 뛰어

---

12 Fox & Lasnik(2003)은 대조수문에서 섬제약 효과가 유지되는 것을 다른 방식으로 설명한다. 그들은 통사적 병행성(syntactic parallelism)을 가정하는데, 이에 따르면 TP가 생략(TP_E)되기 위해서는 논리형태에서 선행 TP(TP_A)와 형태-통사적으로(morpho-syntactically) 동일해야 한다.

(i) *THE CAKE₁ [Ben will be angry *[Island if you don't try t₁]], but I don't know [CP WHAT ELSE₁ [TP Ben will be angry *[Island if you don't try t₁]]].

(30b)에서 선행절의 대응성분 THE CAKE는 한정적 명사구(definite NP)인 반면, wh-이동은 생략절에 비한정적 변항(indefinite variable)인 흔적 t₁을 남긴다. 수문이 요구하는 병행성을 만족시키기 위해 Fox & Lasnik(2003)은 초점성분이 (i)처럼 논리형태에서 이동할 수 있다는 Merchant(2008)의 제안을 수용한다. 이때 초점이동이 섬제약을 준수한다는 가정으로 대조수문에서의 섬제약 효과를 설명하고 있다. 그러나 논리형태에서의 이동이 섬제약을 준수해야만 한다는 독립적인 증거가 필요해 보인다.

또 다른 대안으로 주 3에서 언급한 단근원(Short Source) 전략을 고려해 볼 수도 있다. Barros(2012)에 따르면 단근원 전략은 해석상의 이유로 대조수문에서 적용되지 않는다. 따라서 기저구조는 완전한 구문(full-fledged construction)을 취할 수밖에 없고 그 결과 섬제약 위반이 발생한다.

남을 확인하였다. 재생 분석은 잔여성분이 장거리 wh-이동을 한 후 섬 내부에 있는 재생대명사를 통해 해석이 되기 때문에 섬제약 효과가 나타나지 않는다고 가정한다. 그러나 재생 분석은 병합수문에서는 사라지는 것처럼 보이는 섬제약 효과가 왜 새싹수문과 대조수문에서는 유지되는지를 명확히 설명하지 못한다. 이 연구는 이러한 문제를 해결하기 위해 재생대명사가 나타날 수 있는 환경을 명확히 밝히는 것에 주안점을 두었다.

Boeckx(2003, 2008)는 wh-논항이 섬을 벗어나서 장거리 이동을 할 때 담화에 연결되거나 분열이 되는 환경에서만 재생대명사가 나타난다고 관측하였다. 2장은 이러한 관측에 기초하여 새싹수문과 대조수문은 담화에 연결되지 않는 환경이며 또한 분열 구조가 나타나지 않는 환경임을 확인하였다. 이로써 섬제약 위반의 효과가 생략이 없는 구문에서부터 나타난 것이며 생략이라는 변형이 섬제약 효과를 사라지게 하는 것은 아님을 보였다. 9장에서는 재생 분석이 *Why*-최소공백화, *Not*-최소공백화, 조각문 구문들이 보이는 섬제약 효과를 어떻게 설명할 수 있는지를 탐구할 것이다.

03 *Wh-the hell*을 포함하는 새싹도치수문

3.1 들머리

3장은 "완전히 담화와 절연된(aggressively non-D-linked) wh-표현"인 *wh-the hell*을 포함한 새싹도치수문(Swiping)의 특성에 대해서 탐구한다.[1]

Merchant(2002)는 *the hell*이라는 표현이 수문(Sluicing)에서는 허용이 되지 않지만 새싹도치수문에서는 허용됨을 다음과 같이 고찰하였다.[2]

(1) a. They were arguing about something, but I don't know what.
     b. They were arguing, but I don't know what about.

(2) a. *They were arguing about something, but I don't know what the hell.
     b. They were arguing, but I don't know what the hell about.

(1a)는 수문의 예이고, (1b)는 새싹도치수문의 예이다. Ross(1969)와 Rosen(1976) 이래로 새싹도치수문이 수문과 통사적으로 관련이 있다는 연구가 끊임없이 진행되어

---

[1] 새싹도치수문(Swiping)은 Sluiced Wh-word Inversion with Prepositions In Northern Germanic의 약자로 Merchant(2002)가 만들어낸 용어이다. Pesetsky(1987)는 *who the hell, what on earth, who the fuck, what the dickens* 등의 표현을 "완전히 담화와 절연된 wh-표현"이라고 명명하였다.
[2] 네모 안에 있는 *wh-the hell*은 비문법적으로 사용되었음을 나타내고 음영으로 처리된 *wh-the hell*은 문법적으로 사용되었음을 나타낸다.

왔다. 여기서 흥미로운 사실은 *the hell*이 수문에서 나타나면 (2a)처럼 비문법적인 것에 비해, 이 표현이 새싹도치수문에서 나타나면 (2b)처럼 문법성이 수정된다는 것이다.

Sprouse(2006)는 이러한 차이가 통사적 혹은 의미적인 요인에서 비롯되는 것이 아니라 음운적인 이유에서 온다고 주장을 하였다. 좀 더 상세히 말하면, 그 차이는 영어의 강세부여와 음운출력제약(Phonological Output Constraint)인 강세투사원리 (Accent Projection Principle)의 상호작용에서 기인한다는 것이다.

3장은 *wh-the hell*을 포함한 새싹도치수문 구문에 대한 Sprouse 분석의 근거와 문제점을 논의하고 대안을 제시하는 것을 목표로 한다. 저자는 (2a), (2b)의 궁극적인 차이는 음운적인 특성뿐만 아니라 의미적인 특성에서 연유함을 입증할 것이다.[3]

3장의 구성은 다음과 같다. 3.2절에서는 *wh-the hell*의 특성을 고찰한다. 3.3절에서는 Sprouse(2006)의 선행연구를 검토한다. 3.4절에서는 Sprouse 분석의 근거와 문제점을 논의하고 대안을 제시한다. 3.5절은 맺음말이다.

3.2 *Wh-the hell*의 특성

*Wh-the hell*의 통사구조는 Lasnik & Saito(1984), Dikken & Giannakidou(2002), Huang & Ochi(2004) 등에 의해서 연구되었다.

Lasnik & Saito(1984)는 *wh-the hell*은 통사적 외현이동을 해야 하며 제자리 (in-situ)에 남아있을 수 없다는 점을 고찰하였다.

(3) a. Who the hell ate my sandwich?
 b. *Who the hell ate what the hell?
 c. *Who ate what the hell?

---

[3] 유사한 견해로 Shiobara(2011)는 새싹도치수문의 수용성을 직접적으로 결정하는 것은 강세와 같은 운율적 돋들림(prosodic prominence)이고 초점(focus)과 같은 의미적 돋들림(semantic prominence)은 간접적으로만 관여한다고 주장한다.

혹자는 (3b)가 비문인 이유에 대해서 한 문장에 *the hell*이 두 번 나타날 수 없기 때문이라고 주장할지도 모르지만 다음을 보면 이러한 관측이 잘못되었음을 알 수 있다.

(4) Who the hell knows what the hell he is doing?

따라서 수문과 새싹도치수문은 *the hell*이 제자리에 있으면 안 된다는 통사적 조건을 만족시켜야 하는 것으로 보인다.

Pesetsky(1987)는 담화와 절연된 표현은 섬제약(Island Constraint)을 준수하며 이동을 촉발하고 담화에 연결된(D-linked) 표현은 논리형태(Logical Form) 섬제약 효과를 보이지 않으며 이동을 하지 않는다고 주장을 하였다. *Wh-the hell* 표현은 완전히 담화와 절연되었기 때문에 외현이동을 해야만 한다. 이러한 이유로 *the hell*은 *which*-표현과 공존할 수 없다.

(5) A: John wanted to read something.
    B1: I wonder which book.
    B2: *I wonder which the hell book.

Which-의문문은 담화연결 특성을 고려할 때 적절한 답변이 도출될 수 있는 집합(set)의 존재를 전제로 한다. 그런데 *the hell*은 특성상 담화와 연결되는 것을 거부하기 때문에 모순이 발생하여 (5B2)는 비문이 되는 것이다.

3.3 Sprouse(2006)의 선행연구

새싹도치수문은 '전치사가 좌초된(stranded) 수문'으로 이에 상응하는 '대동수문(Pied-piping Sluicing)'이 존재함을 전제로 한다.

(6) a. They were arguing, but I don't know *what about*.
    b. They were arguing, but I don't know *about what*.

Rosen(1976)은 수문의 wh-표현은 선행절에서 선행어를 가질 수 있고 때로는 가져야만 하는데, 새싹도치수문의 wh-표현은 선행어를 갖지 않아야 한다고 고찰한다.

(7) a. I'm getting involved in *something*, but I don't know exactly *what*.
    b. *I'm getting involved *in something*, but I don't know exactly *what in*.
    c. I'm getting involved, but I don't know exactly *what in*.

김정석(1997), Merchant(2002), Shiobara(2011) 등은 새싹도치수문이 생성될 때 문장 끝(sentence-final)의 전치사는 강세를 받는다는 점을 관측하였는데, Sprouse는 새싹도치수문에서 wh-표현이 선행어를 가질 수 없는 것이 아니라 문장 끝의 전치사가 선행어를 가질 수 없다는 점에 주목하였다.

그런데 *the hell*이라는 표현이 나타나면 전치사가 대동된 수문과 새싹도치수문 사이에 문법성의 대조가 보인다.

(8) a. They were arguing, but I don't know what the hell about.
    b. *They were arguing, but I don't know about what the hell.

Sprouse는 전치사가 좌초된 수문인 새싹도치수문과 전치사가 대동이동된 수문 사이에 어떤 명백한 의미 차이가 있는 것은 아니기 때문에 이러한 차이를 의미적으로 설명하는 것은 가능하지 않다고 지적한다.

다음을 보자(굵은 글씨는 강세(accent)를 표현함).

(9) a. *John went to the **beach**, and Mary went to the **beach**.
    b. John went to the **beach**, and Mary went to the beach **too**.

[Sprouse 2006: 352, (8)]

위의 예는 반복된 어휘항목(lexical item)은 강세를 지닐 수 없다는 영어의 일반적인 음성적 특징을 보여준다. 따라서 그는 (7)이 보여주는 차이를 음운적으로 설명할 수 있다고 주장한다. (7b)가 비문인 이유는 새싹도치수문의 전치사인 *in*이 선행절에서 *in something*으로 발화되었기 때문이다.

Sprouse의 분석을 요약하면 다음과 같다.

(10) a. 새싹도치수문의 음성형태 열(PF string)에서 전치사가 나타나는 위치는 강세를 받아야 한다.
　　 b. 새싹도치수문의 오른쪽 끝에 나타나는 전치사는 강세를 지녀야 한다.
　　 c. 새싹도치수문의 오른쪽 끝에 어떠한 음성형태 요소가 오더라도 강세가 요구된다.[4]
　　 d. *The hell*은 새싹도치수문의 오른쪽 끝에 나타나도 강세를 지닐 수 없어야만 한다.

Gussenhoven(1984)은 영어의 강세 위치를 설명하기 위해 (10b, c, d)의 특성을 고찰한 적이 있는데, Sprouse는 (10a)의 특성을 Gussenhoven의 체계로 포착하기 위해 다음의 강세투사원리를 제안한다.

(11) 강세투사원리(The Accent Projection Principle)
　　 모든 초점영역(focus domain)은 문장강세(sentence accent)를 가져야만 한다.

Gussenhoven에게 초점영역이란 발화의 정보구조를 전달하기 위해 문장강세의 위치가 계산되는 영역을 의미한다.

문장강세의 계산은 다음의 문장강세부여 규칙에 의해서 수행된다.

(12) 문장강세부여 규칙(The Sentence Accent Assignment Rule)
　　 A = 논항(Argument), P = 술어(Predicate),　　　　　[Gussenhoven 1984]
　　 C = 조건(Condition) (즉, 부사구 혹은 PP 부가어 등)
　　 AP → [AP]
　　 ACP → [A][C][P]
　　 ACP → [ACP]

---

[4] 운율적으로 약한 요소는 문장의 끝에 올 수 없다는 영어의 일반적 규칙에 관해서는 Erteschik-Shir & Strahov(2004: 315-316)를 참고하기 바란다.

```
APC   → [AP][C]
APAA  → [A][PAA]
APA   → [A][PA]
APA   → [APA]
APA   → [APA]
ACPCC → [AC][P][C][C]
```

화살표 좌측의 구성성분(constituent) 중에서 초점화된 것들은 밑줄이 그어져 있다. 문장강세부여 규칙은 이 구성성분들을 분류하여 강세가 부여될 영역을 ([ ]로) 표시하고 어느 구성성분이 강세를 지녀야 하는지(굵은 글씨체는 강세를 표현)를 계산한다.

이러한 방식에서 '하나의 강세(single accent)'는 강세화된 요소가 초점화되거나 혹은 전체 구 표현이 초점화되었음을 보여준다. 그런데 문장강세부여 규칙만으로는 영어의 모든 문장강세를 설명할 수 없어서 초점영역 계산을 하는 데 두 가지 중요한 공리(axiom)를 덧붙인다.

(13) 초점영역 공리
 a. 이동된 wh-표현은 자체적으로 초점영역을 형성한다.
  [Gussenhoven 1984: 29]
 b. 초점화되지 않은 표현들은 가장 가까운 초점영역에 포함된다.
  [Gussenhoven 1984: 28]

위의 기제를 사용하여 Sprouse는 *the hell*을 포함하는 수문과 새싹도치수문을 다음처럼 분석한다.

(14) a. [but I don't know] [what]
 b. *[but I don't know] [what] [the hell]
 c. [but I don't know] [what] [about]
 d. [but I don't know] [what] [the hell about]   [Sprouse 2006: (12)]

그는 (11)의 강세투사원리는 각각의 초점영역 마다 강세화된 요소가 있어야 한다는 조건을 Gussenhoven의 이론에 추가하는 것이라고 주장한다.

Merchant(2002)는 새싹도치수문의 wh-표현이 담화에 연결된 경우 다른 양상이 나타나는 것을 고찰한다.

(15) a. John went to the store with one of his friends, but I don't know which one.
b. *John went to the store with one of his friends, but I don't know which one *with*.
c. John went to the store with one of his friends, but I don't know *with* which one.

담화에 연결된 wh-표현은 언어문맥 혹은 화용문맥에서 두드러진(salient) 선행어를 요구한다. 영어에서 담화에 연결된 wh-표현의 대표적인 것은 *which* NP 표현이다. 그런데 담화에 연결된 wh-표현은 (15b)처럼 새싹도치수문에 출현할 수 없다. Rosen의 관찰은 새싹도치수문의 전치사는 선행어를 가질 수 없다는 것이었다. 그런데 담화에 연결된 wh-표현은 선행어를 반드시 가져야 한다. 즉, (15b), (15c)의 전치사는 선행어를 가져야 한다. Sprouse는 Rosen의 관찰은 영어에서 반복된 표현은 강세를 받을 수 없다는 원리와 (11)의 강세투사원리의 상호작용의 결과로 설명할 수 있다고 주장한다.

Sprouse에 따르면 담화에 연결된 새싹도치수문에서는 전치사가 반복되기 때문에 강세를 받을 수 없어서 (16)처럼 wh-표현 다음에 나타날 때 강세투사원리를 위반한다.

(16) *John went to the store *with* one of his friends, but I don't know [which one] [*with*].

Wh-이동 후에 전치된 wh-표현은 자신만의 초점영역을 형성할 수 있다고 가정해 보자. Sprouse에 따르면 wh-표현이 전치사를 대동하는 경우 그 전치사와 wh-표현은 함께 하나의 초점영역을 형성해야 한다. 강세투사원리는 일반적으로 준수되어야 하는 음성형태 출력조건인 것이다. Sprouse는 *the hell*이 전치사가 대동된 수문에 나타나는 (8b)의 비문법성에 대하여 명백한 입장을 표명하지는 않았지만 다음과 같이 설명될 수 있을 듯하다.

(17) *[but I don't know] [about what] [the hell]

일반적으로 VP 생략은 VP 혹은 V'가 삭제되는 현상으로 분석되어왔다 (Lobeck 1995).

(18) a. *Mary bought a coat today, and Bill did.
b. Mary bought a coat today, and Bill did **yesterday**.
c. Mary bought a coat today, and Bill did **not**.
d. Mary bought a coat today, and Bill did**n't**.
e. Mary bought a coat today, but Bill **did**.

[Hornstein 1995: ch. 3, Lasnik 1999: ch. 3]

Sprouse는 VP 생략도 문장 끝에 강세화된 표현이 올 것을 요구한다고 고찰한다. 같은 맥락에서 병합수문(Merger Sluicing), 대동수문(Pied-piping Sluicing), 새싹도치 수문은 모두 문미초점(End-Focus) 효과를 요구한다(김정석(1997)을 참고). *Do*-보조 (*do*-support) 현상 역시 새로운 강세를 지니는 초점영역을 촉발시킨다고 Sprouse는 가정한다.

그런데 Sprouse의 분석은 다음과 같은 문제점을 야기한다. 첫째, Sprouse는 (10d)에서 *the hell*이 문장의 끝에서 강세를 지닐 수 없다고 전제하지만 이는 완전히 담화와 절연된 표현인 *the hell*의 의미적인 속성을 고려할 때 다소 무리가 따르는 가정이다. 이전 담화와 절연된 상태로 발화에 도입되는 *the hell*은 새로운 정보로서 음성적으로 강세를 받을 가능성이 높다. 둘째, Sprouse는 (14b)처럼 이동된 *what*과 *the hell*이 독립된 초점영역을 형성하고 *the hell*은 강세를 지닐 수 없어서 문장이 비문법적이라고 주장을 하지만 Dikken & Giannakidou(2002), Huang & Ochi(2004)의 분석에 의하면 *the hell*은 *what*에 부가되어 생성되는 표현이다. 따라서 독립된 초점영역을 형성할 가능성이 적다. 오히려 (13b)의 추가된 초점영역 공리를 감안할 때─Sprouse의 논의에 따르면─초점화되지 않은 표현인 *the hell*은 인접한 초점영역인 [*what*]에 수용되는 것이 논리적으로 타당하다. 그렇다면 (14b)는 다음처럼 재분석되어 정문으로 판정을 받아야 한다.

(19) *[but I don't know] [**what** the hell]

3.4 제안

이제 담화연결(D-linking), 초점(focus), 접어화(cliticization)의 상호작용을 통하여 *the hell*을 포함하는 새싹도치수문의 특성을 설명해보자.

Dikken & Giannakidou(2002), Huang & Ochi(2004) 등을 따라서 *wh-the hell*을 극어(Polarity Item)로 가정하자. 그들은 *the hell*이 의미적 결함(semantic deficiency)을 내포한다고 전제한다. 한걸음 더 나아가 저자는 *the hell*은 의미적 결함뿐만 아니라 음운적 결함(phonological deficiency)도 가지고 있을 것으로 예상한다. *The hell*이 출현하는 환경을 보면 이 표현은 마치 음운적으로 뒤에 나타나는 적절한 어휘항목에 연결되어 발음되거나 행동하는 후접어(proclitic)의 양상을 보인다.[5] 논의전개를 위해 영어의 접어에는 전접어(enclitic)와 후접어의 두 부류가 있다는 Boeckx(2000)의 선행연구를 살펴보자.

Lightfoot(1976)는 wh-흔적이 *to*-축약(*to*-contraction)을 방해하지만 NP-흔적은 그렇지 않다고 관측하였다.

(20) a. Who do you want to stay?
 b. *Who do you wanna stay? [who$_1$ do you wan-t$_1$-na stay]
(21) a. I am going to stay.
 b. I am gonna stay. [I$_1$'m gon-t$_1$-na stay]

---

[5] 다음에서 *d'*가 후접어의 예라고 할 수 있다.

 (i) D'you know the answer?

Jaeggli(1980)가 후에 주장한 것처럼 오직 격표시된 흔적만이 축약을 방해하는지의 여부는 논외로 한다. 중요한 점은 wh-흔적이 'wanna 축약'을 방해한다는 사실이다. 그런데 Bresnan(1972)는 wh-흔적이 's-축약을 방해하지 않는다고 고찰하였다.

(22) a. What do you think's happening there tomorrow?
 b. what$_1$ do you think t$_1$ is happening there tomorrow

Bresnan(1972)는 시제를 포함하는 be-축약은 전접어화(encliticization)의 예가 아니라 후접어화(procliticization)의 예이며 통상적으로 사용하는 철자법(orthography)이 사람들로 하여금 be의 정형형태(finite form)가 (22)의 think에 축약되어 붙는 것처럼 오해하게 한다고 주장한다. Bresnan의 논증은 다음의 생략현상에 기초한다.

(23) a. I wonder where John is.
 b. *I wonder where John's.
   (비교: John thinks I should leave, but I don't {want to, wanna}.)

명백하게 전접어화의 예인 to-축약과 달리 's-축약은 뒤에 나타나는 어휘항목이 없는 생략 환경에서는 허용되지 않는다.

이제 Boeckx(2000)가 논의한 예문들을 살펴보자.

(24) a. I wonder how happy$_1$ Mary is t$_1$ today.
 b. *I wonder how happy$_1$ Mary's t$_1$ today.
(25) a. I wonder how happy$_1$ Mary is feeling t$_1$ now that John has left.
 b. I wonder how happy$_1$ Mary's feeling t$_1$ now that John has left.

위의 패러다임은 wh-형용사구인 *how happy*의 이동 경로를 감안할 때 *is*가 *'s*로 축약되는 현상이 후접어화의 과정을 겪으며 중간에 끼어있는 wh-흔적이 방해요인 될 수 있음을 보여준다.

요약하면, *have*가 *'ve*로 되는 축약, *not*이 *n't*로 되는 축약, *to*가 *na*로 되는 축약은 전접어화의 예이고, *is*가 *'s*로 되는 축약은 후접어화의 예이다.

이러한 배경지식을 가지고 *the hell*이 출현하는 새싹도치수문 구문을 분석해 보자. 앞에서 언급하였듯이 *the hell, the fuck, the dickens, on earth* 등은 wh-표현의 존재를 요구한다는 점에서 극어처럼 행동한다. 즉, 이들은 의미적으로 독립적이지 못하다.

(26) a. *John bought the book *the hell*.
b. *They left for home *the hell*.

또한 이 표현들은 음성적으로도 독립적이지 못하다. 음성형태에서 마치 후접어처럼 행동하는 것 같다.

Sprouse(2006)는 주 2에서 자신의 분석에 대한 하나의 대안으로 *the hell*이 문장의 끝에서는 허용이 되지 않을지도 모른다는 가능성을 검토하지만 이 대안이 통사제약으로 신빙성이 없다고 판단하여 폐기한다. Sprouse가 지적하였듯이 다음의 예는 *wh-the-hell*이 문장 끝에서는 출현하지 못한다는 관측의 반례가 될 수 있을 듯하다.

(27) *Who gave what the hell to who?6

이제 Dikken & Giannakidou(2002)의 분석을 따라 (27)의 비문법성을 검토해보자.7

---

6 그런데 Huang & Ochi(2004)는 그들 논문의 주 7에서 (27)을 약간 이상하게 들리지만(slightly marginal (?)) 거의 정문인 것으로 판정한다. 그들은 아래의 (ie)에서의 *to whom*처럼 다른 wh-표현이 추가되면 제자리에 있는 *wh-the hell* 표현의 수용성이 향상된다고 보고한다.

 (i) a. What the hell did you give to whom?
  b. *Who did you give what the hell to?
  c. *To whom did you give what the hell?
  d. *What did you give to who the hell?   [Huang & Ochi 2004: (23)]
  e. ?Who gave what the hell to whom?

 다음은 Chomsky(1981)가 보고한 '추가-wh(additional-wh) 효과'의 다른 예이다.

 (ii) a. *Tell me what you bought why
  b. Tell me what who bought why.

7 Pesetsky(1989)는 화제이동(topicalization)과 wh-이동이 같이 일어나는 경우의 어순을 통해 영어 주절(root clause)에서 wh-표현은 CP의 지정어로 이동하는 것이 아니라 FocP의 지정어로 이동한

(28) *[CP QC [FocP who₁ Foc [TP t₁ gave what the hell to who]]]

VP 내부에서 *what the hell*이 이동을 했는지의 여부는 논외로 하자. Dikken & Giannakidou에 따르면 *wh-the hell*은 종속된(dependent) 극어로서 상위에 있는 Q에 의해서 성분통어되어야 한다. (28)에서 FocP의 지정어에 있는 *who*는 영역 결정에 영향을 미치는(scope-bearing) 요소로 Q와 *what the hell* 사이를 간섭하고 있다.[8] 다음의 예가 이러한 분석의 타당성을 확인해준다.

(29) a. *Who is in love with who the hell?   [Dikken & Giannakidou 2002: (71)]
     b. *[CP QC [FocP who … [who the hell …]]]

Dikken & Giannakidou는 (29a)가 비문법적인 이유를 (29b)의 형상을 통해서 설명한다. C에 있는 의문문 운용자(operator)인 Q가 *who the hell*을 허가해 줄 수 있는데 FocP의 지정어에 있는 *who*가 Q와 *who the hell* 사이에 끼어들어 방해를 하고 있다. 이러한 설명이 타당하다면 (27)의 비문법성은 *wh-the hell*의 위치와는 상관이 없다고 할 수 있다. 즉, *the hell*이 문장 끝에 위치할 수 없다는 관찰은 여전히 유효한 것으로 판단된다.

이러한 관점에서 저자는 *the hell*은 음성형태에서 후접어라고 주장하고자 한다. 새싹도치수문의 전치사는 *the hell*에게 적절한 숙주 역할을 해주기 때문에 수문에서 문제가 되었던 *the hell*은 새싹도치수문에서 구제(repair)가 되는 것이다.

제시된 분석이 타당하다면 다음과 같은 이론적 파장을 고려해 볼 수 있다. 첫째, 수문 현상에 대해서는 음성형태 삭제(PF deletion) 분석이 논리형태 복사(LF copying) 분석보다 우월하다는 주장을 할 수 있을 것 같다. Chung et al.(1995)은 수문에 대해서 논리형태 복사 분석법을 취하는데 그렇다면 (30)에서 이동이 없이

다고 주장하였다.

(i) a. ?[TopP A book like this, [FocP why should I buy]]?
    b. ?Bill doesn't know [CP why [TopP a book like this, he should buy]].

[8] Dikken & Giannakidou(2002)의 FocP를 Huang & Ochi(2004)는 ㉠P로 명명하였다.

CP 영역에서 기저생성된 wh-표현인 *what*이 *the hell*에 의해서 강조될 수 없다고 쉽게 설명할 수 있을지도 모른다.

(30) *They were arguing about something, but I don't know what the hell.

얼핏 보면 전치사가 대동된 수문은 이러한 논리형태 복사 설명을 지지하는 것처럼 보인다.

(31) *They were arguing, but I don't know *about* what the hell.

그러나 전치사가 좌초된 수문인 새싹도치수문에서는 어떻게 문법성이 향상되는지의 문제가 대두된다.

(32) They were arguing, but I don't know what the hell *about*.

결국 *wh-the hell*을 포함하는 새싹도치수문은 수문에는 wh-전치가 있으며 이는 수문현상을 wh-이동 후에 TP 삭제가 진행되는 음성형태 삭제 분석으로 보는 시각이 올바른 방식임을 시사해 준다.

둘째, 다음의 대조는 새싹도치수문 구문에 대한 Merchant(2002)의 핵이동(Head Movement) 분석에 문제가 될 수 있다.

(33) a. *They were arguing, but I don't know *about* what the hell.
 b. They were arguing, but I don't know what the hell *about*.

논의전개를 위해 Merchant의 핵이동 분석을 간단하게 살펴보자. Merchant(2002)는 (34b)의 새싹도치수문이 음성형태에서 PP 내적인 이동으로 (34a)에서 도출되는 것으로 분석한다.

(34) a. John went to the prom, but I don't know with who.

b. John went to the prom, but I don't know who with.

(35)

구(XP) 표현은 핵(X)에 부가될 수 없다는 일반적 견해에 따르면 Merchant의 분석은 대개의 경우 핵 층위의 wh-표현만이 새싹도치수문의 잔여성분이 될 수 있다는 특성을 설명하는 듯하다.[9]

(36) a. John went to the prom, but I don't know with which man.
b. *John went to the prom, but I don't know which man with.[10]

(37)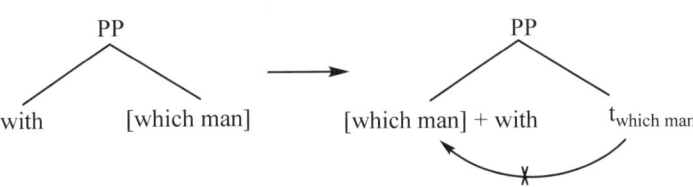

Merchant의 새싹도치수문 분석에 따르면, *what the hell*은 음성형태에서 전치사

---

[9] 그러나 Hartman & Ai(2009: (31), (32))는 초점과 담화연결 조건이 만족되면 wh-표현이 핵 층위가 아니더라도 새싹도치수문에 나타날 수 있다는 예를 제시하여 Merchant 분석에 문제가 있음을 보이고 있다.

(i) a. He fought in the civil war, but I don't know which side for.
b. Pierre is an illegal immigrant. He's originally from France, but came here from Canada. He'll definitely be deported, but it's not clear which country to.
c. A: He plays shortstop.
B: Which team for?
d. It's appears to have been translated, but I can't tell what language from.

[10] Sprouse에 의하면 (36b)가 비문인 이유는 담화연결을 요구하는 *which* NP의 선행어가 선행절에서 발화되지 않기 때문이다. (15b)와 관련된 이전 논의를 참고하라. 그렇다면 (36a)는 Sprouse 분석에서 어떻게 정문이 되는지 의문이다. 새싹도치수문만 담화연결을 요구하고 (대동이동)새싹도치수문은 담화연결을 요구하지 않는다고 가정하는 것은 모순이다.

about에 좌측부가 되는 것으로 추정이 되는데, 그렇다면 *what the hell*이 핵 층위 (X-level)의 표현이라는 주장으로 귀결되어 납득하기 어렵다.

(38)

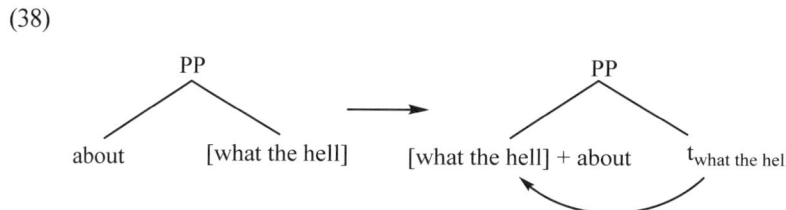

핵이동 분석의 또 다른 의문점은 (33a)가 어떻게 새싹도치수문에 의해 구제가 되냐 는 것이다.

3.5 맺음말

3장에서 저자는 *wh-the hell*로 발화되는 '완전히 담화와 절연된 wh-표현'이 병합수문과 대동수문에서는 나타날 수 없지만 새싹도치수문에서는 허용이 된다는 Merchant(2002)의 관측을 설명하려고 시도하였다.

Ross(1969), Rosen(1976) 이래로 새싹도치수문이 수문의 일종이라는 주장은 정설로 인식되고 있는 바, 이러한 관측은 그 연유가 음운적 특성에서 기인한다는 Sprouse(2006)의 주장이 문제 해결을 위한 올바른 선택임을 방증한다. 그러나 Sprouse 분석의 핵심을 구성하는 강세투사원리, 문장강세부여 규칙, 초점영역 공리의 조합은 임시방편적인 혼합체에 불과하다. 저자는 대안으로 병합수문/대동수문과 새싹도치수문 간의 이러한 차이가 *wh-the hell*이 갖는 음운적인 결함(후접어의 특성)과 의미적인 결함(*the hell*의 극어적 특성)에서 연유함을 보였다.

04 한국어의 수문과 관용어 해석

4.1 들머리

Ross(1969)는 수문(Sluicing)이라는 구문을 최초로 고찰하고 이를 wh-표현이 이동한 후에 TP가 삭제되는 생략현상으로 분석하였다.

(1)   a. John bought something. I don't know what.
       b. John bought something. I don't know what₁ [TP John bought t₁].

Takahashi(1994)는 일본어에도 영어 수문에 상응하는 현상이 있음을 보고하였다.

(2)   A: Taroo-ga   nanika-o   katta.
         Taroo-Nom   something-Acc   bought
         'Taroo bought something.'
    B: Boku-wa   [nani-o/nani   ka]   wakaranai.
        I-Top   what-Acc/what   Q   not know
        'I don't know what.'

박사논문(김정석 1997)에서 저자는 한국어에도 영어와 일본어의 수문에 해당하는 구문이 존재함을 처음으로 보고하였다.

(3)　A: 철수가 무언가를 샀다.
　　　B: 나는 뭔지 모른다.
　　　　(참고: 무엇을 샀는지 → 뭔지)

Takahashi(1994)는 일본어의 수문을 wh-표현이 CP의 지정어로 외현이동(overt movement)하여 보문소(Complementizer = C) 자리에 위치한 Q-형태소(Q-morpheme) $ka_{[+wh]}$와 일치한 후에 TP가 삭제하는 현상으로 분석을 하였다.

일본어와 한국어의 수문에서 쟁점이 되는 사항은 다음이다. 첫째, 일본어와 한국어 같은 제자리 wh-언어에서 보통은 내현이동(covert movement)을 하는 wh-표현이 왜 수문에서는 외현이동을 해야 하는가? 둘째, 영어 수문과 달리 일본어와 한국어의 수문에서는 동사형태인 da 'be' 혹은 '이'가 어떻게 나타날 수 있는가?

(4)　... Boku-wa　[nani-o　　da/datta　ka]　wakaranai.
　　　　 I-Top 　 what-Acc　is/was　 Q　 not know
　　　　 'I don't know what is/was.'
(5)　... 나는 {무엇인지, 무엇이었는지} 모른다.

예를 들어, 동사형태인 '이'는 생략이 없는 구문에서는 나타나지 않는다.

(6)　나는 [무엇을₁ 철수가 t₁ 샀(*이/*이었)는지] 모른다.

4장은 한국어 수문 현상의 특성을 기술하고 Chomsky(1995, 2000, 2001, 2004, 2005, 2007, 2008)의 최소주의 프로그램(Minimalist Program)에 기반한 설명을 제시하는 것을 목표로 한다. 궁극적으로 한국어 수문은 외현적 초점이동(overt focus movement) 후에 TP 혹은 VP가 삭제되는 현상임을 보이고 이 현상이 관용어(idiom) 해석과 결부되어 보여주는 이론적 파장을 논의한다.

4장의 구성은 다음과 같다. 4.2절에서는 한국어와 일본어 수문을 도출하는데 있어서 선행이동이 외현적 wh-이동이라는 Takahashi(1994)의 주장을 검토한다. 4.3절에서는 한국어 수문에서의 선행이동은 wh-이동이 아니라 초점이동임을 밝히고 두 종류의 수문이 있음을 보인다. 또한 영어와 달리 한국어에는 왜 다중수문(Multiple Sluicing)이 허용되는지를 설명한다. 4.4절은 수문에서 나타나는 관용어 해석을 근거로 수문이 분열문(Cleft Sentence)이나 계사문(Copular Sentence)이 아니고 생략임을 입증한다. 4.5절은 맺음말이다.

4.2 수문과 외현적 Wh-이동

Saito(1989)는 어순재배치(Scrambling)가 의미 변화를 초래하지 않는 비논항 이동(A'-movement)임을 보였다.

(7) a. 철수는 [영희가 누구를 만났는지] 알고 싶어한다.
　　 b. 누구를₁ 철수는 [영희가 t₁ 만났는지] 알고 싶어한다.

그에 따르면 어순재배치는 의미변화를 초래하지 않기 때문에 이동된 요소들이 논리형태에서 제자리로 돌아가는 효과를 보인다.

그러나 Takahashi(1993)는 영어의 wh-이동처럼 이동된 wh-표현이 옮겨간 자리에서 작용역(scope)을 갖고 원래 위치로 돌아가지 않는 어순재배치가 일본어(와 한국어)에 존재함을 고찰하였다.[1]

---

[1] 온라인 설문의 결과 아래와 같은 직관을 얻을 수 있었다. wh-표현이 움직이지 않은 채로 내포절에 있는 경우는 이론언어학자들이 인식하고 있는 바대로 가부의문문(Yes/No-Question) 해석과 주절 wh-의문문 해석이 가능하였다. 설문에는 총 43명의 모국어화자가 참여하였는데, 그중 필러(filler) 항목과의 연관성을 통해 신뢰할 수 없는 참가자 12명의 응답은 버리고 31명의 응답을 유효한 값으로 사용했다. 직관을 수량적으로 수집하기 위해 5단계(1-5)의 리커트 척도(Likert Scale)를 사용하였고, 응답은 표준화하였다. 예문의 우측에 적힌 숫자가 그 예문에 대한 z-표준점수(z-score)와 표준편차(standard deviation = SD)이다.

　(i) A:　철수는 [영희가 누구를 만났는지] 알고 싶어하니?
　　　 B1:　응.　　　　　　　　　　　　　　　　　　　　[1.29, 0.46]
　　　 B2: ?애인을.　　　　　　　　　　　　　　　　　　[-0.25, 0.85]

(8) a. 철수는 [영희가 누구를 만났는지] 알고 싶어하니?   [중의성]
    i. √Does John want to know who Mary saw?
    ii. √Who does John want to know whether Mary saw?
  b. 누구를 철수는 [영희가 __ 만났는지] 알고 싶어하니?   [비중의성]
    i. *Does John want to know who Mary saw?
    ii. √Who does John want to know whether Mary saw?

Takahashi는 수문의 wh-표현이 TP에 부가(adjunction)되는 어순재배치가 아니라 CP의 지정어로 이동하는 외현적 wh-이동을 한다고 주장하였다.

(9) A: 철수가 무언가를 샀다.
    B: 나는 [CP 뭔지] 모른다.

(9B)와 같은 수문 구문은 (10)의 과정을 거쳐 도출된다. 즉, (10a)에서 wh-표현이 외현적으로 wh-이동을 하고 TP가 음성형태에서 삭제가 되면 (10b)의 수문 구문이 생성된다는 것이다.

(10) a. 나는 [철수가 무엇(을)/뭐(를) 샀는지] 모른다.
     b. 나는 [CP 뭐₁ [TP ~~철수가 t₁ 샀~~] (느)ㄴ지C] 모른다.

영어 수문과 달리 한국어는 wh-잔여성분이 여러 개 나타나는 다중수문(Multiple Sluicing)이 허용된다.²

그런데 내포절에서 생성된 wh-표현이 주절로 어순재배치된 (8b)의 자료는 이론언어학자들 사이에서도 논란이 되곤 하였는데, 31명의 한국어 화자들의 직관에 따르면 오히려 가부의문문 해석이 더 강하게 수용되는 것을 확인할 수 있었다.

  (ii) A: 누구를 민지는 [연아가 __ 만났는지] 알고 싶어하니?
     B1: ?응.   [-0.47, 0.72]
     B2: ?*엄마를.   [-0.74, 0.62]

그럼에도 불구하고 4장에서는 Takahashi(1993)의 직관을 그대로 가정하고 논의를 전개한다.

2 아래처럼 '무엇을지'의 경우는 수용성이 매우 나쁜데 그 이유는 의문보문소 '지' 앞에서 목적격조사 '을'이 탈락해야 하는 음성적 요인 때문이라고 가정한다.

(11) *Someone bought something, but I don't know who what.
(12) a. ?누군가가 무언가를 샀는데, 나는 누가 무엇을인지 모른다. [-0.10, 0.76]
    b. ?누군가가 무언가를 샀는데, 나는 누가 무언지 모른다. [-0.22, 0.66]
    c. ?*누군가가 무언가를 샀는데, 나는 누가 무엇인지 모른다. [-0.72, 0.57]

Nishiyama et al.(1996: 347)은 Takahashi(1993, 1994) 분석의 문제점으로 다음의 다중수문 구문을 제시한다.

(13) ?영희는 누군가를 어딘가에서 누군가에게 소개했지만,
    나는 [누구를[+wh] 거기에서[-wh] 누구에겐지[+wh]] 모른다.³

Takahashi의 분석에 따르면 (13)의 경우 수문의 잔여성분들 사이에 [+wh] 자질이 일치해야 하는데 [-wh]인 잔여성분인 '거기에서'가 [+wh] 잔여성분인 '누구를'과 '누구에게' 사이에 끼어있다. 그럼에도 불구하고 (14)와 비교하여 (13)의 수용성이 그리 나쁜 것 같지 않다.

(14) 영희는 누군가를 어딘가에서 누군가에게 소개했지만,
    나는 [누구를[+wh] 어디에서[+wh] 누구에겐지[+wh]] 모른다.

4.3 제안

4.3.1 수문과 초점이동

저자는 박사논문(김정석 1997)에서 한국어 수문의 wh-전치(wh-fronting)는 wh-이동(wh-movement)이 아니라 초점이동(focus movement)이라고 주장하였다. 그 근거는 다음과 같다.

(i) *누군가가 무언가를 샀는데, 나는 누가 무엇을지 모른다. [-1.05, 0.45]

3 화자에 따라서는 (13)의 문법성을 ?? 혹은 ?* 정도로 판단하기도 한다. (13)은 Nishiyama et al.(1996: 31a)의 자료에 근거하여 약간 수정을 한 것이다.

Pesetsky(1989)는 영어 주절(matrix clause)에서 wh-표현은 CP의 지정어로 이동하는 것이 아니라 FocP의 지정어로 이동한다고 주장하였다.

(15) a. ?[TopP A book like this, [FocP why should I buy]]?
　　 b. ?Bill doesn't know [CP why [TopP a book like this, he should buy]].

위의 예처럼 영어에서 화제이동(topicalization)과 wh-전치가 같이 일어나는 경우의 어순을 고려해 보면 주절과 내포절에서 비대칭성(asymmetry)이 나타남을 확인할 수 있다.

이와 관련하여 Rizzi(1997: 297)가 제안한 보문소 체계를 받아들여 CP가 다음과 같이 세분화된다고 가정하자.

(16) [ForceP ... [TopP ... [FocP ... [TopP ... [FinP ... [TP ...]]]]]]

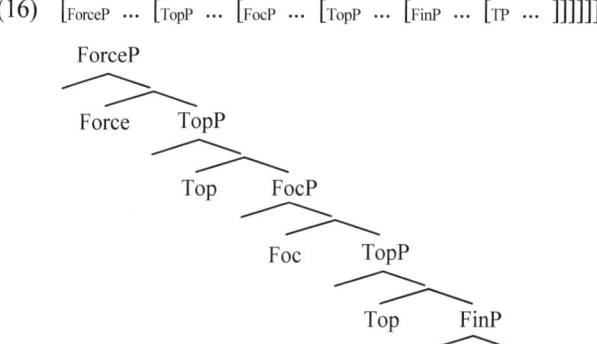

Rizzi(1997)의 세분화된 CP 체계에 따르면 (15)는 다음과 같이 재분석될 수 있다.

(17) a. ?[TopP A book like this, [FocP why should I buy]]?
　　 b. ?Bill doesn't know [ForceP/FocP why [TopP a book like this [TP he should buy]]].

이런 맥락에서 한국어의 wh-전치도 FocP의 지정어로 이동한다고 가정할 수 있다. 그렇다면 (18B)는 (19)처럼 분석된다.

(18) A: 철수가 무언가를 샀다.
　　　B: 나는 [뭔지] 모른다.
(19) 나는 [_FocP_ 뭐(를)]₁ [_TP_ [_VP_ 철수가 t₁ 샀]] ㄴ지_Foc_] 모른다

(18B)는 영어 수문과 유사하게 wh-잔여성분인 '뭐/무어'가 FocP의 지정어로 외현이동을 한 후에 TP가 삭제되는 TP 수문이다.

4.3.2 두 종류의 수문

박사논문(김정석 1997)에서 저자는 한국어에는 영어와 달리 두 종류의 수문이 존재한다고 보고하였다.

(20) A: 철수가 무언가를 샀다.
　　　B1: 나는 뭔지 모른다.
　　　B2: 나는 뭐인지/뭐였는지 모른다.

(20B1)의 TP 수문과 달리 (20B2)의 수문에는 동사형태인 '이'가 출현하는데, 이 형태소는 (6)처럼 생략이 없는 문장에서는 나타날 수 없다. 저자는 이러한 부류의 수문을 'VP 수문'이라고 명명하였다.

(21) 나는 [_FocP_ 뭐]₁ [_TP_ [_VP_ 철수가 t₁ 사] 이(었)] (느)ㄴ지_Foc_] 모른다

박명관(1994), 김정석(1997) 등의 주장을 따라 한국어의 주어는 외현이동을 할 필요가 없다고 가정을 해보자.⁴ 위에서 wh-잔여성분이 FocP의 지정어로 외현이동을 한 후에 VP가 삭제가 되면 T에 있는 시제가 좌초되고 이를 보조하기 위해 초점조동사(focus auxiliary)인 '이'가 삽입이 되어 (20B2)가 도출된다. '이' 조동사는 최후수단(last resort)으로만 삽입이 가능하다. 따라서 (21)처럼 시제 근처에 동사가 인접한

4　일본어의 주어가 외현통사부에서 움직일 필요가 없다는 주장에 대해서는 Fukui(1986, 1995), Kuroda(1988) 등을 참고하기 바란다.

경우에는 '이'의 삽입이 허용되지 않는다. 또한 다음에서 보는 것처럼 초점조동사인 '이' 대신에 '하'가 삽입되면 비문이 도출된다.

(22) *나는 [FocP 뭐]₁ [TP [VP 철수가 t₁ 사] 하(였)] (느)ㄴ지Foc] 모른다

따라서 한국어는 시제가 좌초되었을 때 영어와 달리 *하-보조*(*do*-support)가 아니라 *이-보조*(*be*-support)가 요구된다는 추론이 가능하다.

요약하면, 다음의 수형도에서 제시된 것처럼 한국어에는 두 종류의 수문이 존재한다.

(23)

```
                    FocP
                   /    \
          초점성분₁      Foc'
                       /    \
      TP 수문 ┄┄┄ (TP)       Foc
                    |         |
                    T'      [+focus]
                   /    \
    VP 수문 ┄┄(VP)      T  ⇐ 이-보조
                △        |
                t₁    [+tense]
```

영어와 비교하여 이러한 차이가 한국어에 나타나는 이유는 다음과 같다. 첫째, 확대투사원리(Extended Projection Principle = EPP)의 준수가 의무적이지 않아 외현통사부에서 주어가 VP 안에 남아있을 수 있다. 둘째, VP가 삭제될 때 최후수단으로 *이-*보조가 가능하다.

4.3.3 다중수문

한국어 수문은 영어 수문과 달리 wh-잔여성분이 두 개 이상 나타나는 '다중수문'이 가능하다.[5]

(24) ?누군가가 무언가를 샀는데, 나는 [누가 무언지] 모른다.　　　　[-0.22, 0.66]

수문의 wh-표현이 FocP의 지정어로 이동한다는 저자의 제안에 따르면 (24)는 다음처럼 도출이 될 것이다.

(25) ... 나는 [FocP 누가 무어 [TP t t 샀] (느)ㄴ지] 모른다

수문의 wh-표현이 wh-이동을 한다는 Takahashi 분석의 문제점으로 Nishiyama et al.은 (13)의 문법성을 생략 분석의 문제점으로 지적하였는데 수문의 wh-표현이 초점이동을 한다는 저자의 제안에는 문제가 되지 않는다.

(26) 영희는 누군가를 어딘가에서 누군가에게 소개했지만,
　　?나는 [FocP 누구를₁ 거기에서₂ 누구에게₃ [TP 영희가 t₁ t₂ t₃ 소개했] ㄴ지] 모른다.

위에서 일치자질은 [+wh]가 아니라 [+focus]이다.[6]

---

[5] (24)의 내포절 다중수문과 비교하여 다음의 주절 다중수문이 더 자연스럽게 느껴진다.

(i) A: 어떤 사람이 무언가를 영희에게 주었어.
　　B: 누가 뭘?

주절 수문의 특성에 대해서는 5장을 참고하기 바란다.

[6] (26)과 비교하여 다음 예문을 살펴보자.

(i) a. 철수가 애인을 아빠에게 소개했다고 들었는데,
　　　 나는 <u>어제인지</u> 몰랐다.　　　　　　　　　　　　　　[0.52, 0.46]
　　b. 영희가 애인을 아빠에게 소개했다고 들었는데,
　　　 ??나는 <u>거기에서인지</u> 몰랐다.　　　　　　　　　　　[-0.46, 0.79]

제안된 분석이 타당하다면 (i)처럼 wh-잔여성분이 없이 초점 잔여성분만으로도 수문이 가능해야 한다. (i)의 예가 새싹수문(Sprouting Sluicing)의 예인지에 대해서는 추후 논의로 미룬다.
　또한 다음의 예를 (i)와 비교해 보자.

(ii) 영희가 남자친구를 <u>어제</u> 아빠에게 소개했다고 들었는데,
　　 나는 <u>어제인지</u> 몰랐다.

위의 예는 수문의 특성으로 여겨지는 비한정적(indefinite) 혹은 잠재적(implicit) 요건이 선행절에서

그런데 다중수문의 경우 wh-표현들이 같은 절에서 생성되어야 한다는 제약이 있다. 예를 들어, 두 개의 wh-표현이 각기 다른 절에서 생성된 후 이동을 통해 수문의 wh-잔여성분이 된 경우는 비문이다.[7]

(27) <u>누군가가</u> [민지가 <u>무언가를</u> 샀다고] 말했는데,
?*연아는 [누가 무언지] 기억을 못한다.   [-0.75, 0.52]

이러한 동일절 생성조건(Clause-Mate Condition)을 설명하기 위해 박사논문(김정석 1997)에서 저자는 '추가-wh(additional-wh) 효과'에 주목하였다.

(28) a. *왜$_1$ 철수는 [$_{NP}$ [$_{CP}$ 영희가 t$_1$ 그 사람을 고소했다는] 소문을] 들었니?
b. ??누구를$_1$ 철수는 [$_{NP}$ [$_{CP}$ 영희가 t$_1$ 고소했다는] 소문을] 들었니?
c. ??누구를$_1$ 왜$_2$ 철수는 [$_{NP}$ [$_{CP}$ 영희가 t$_2$ t$_1$ 고소했다는] 소문을] 들었니?
d. ??왜$_2$ 누구를$_1$ 철수는 [$_{NP}$ [$_{CP}$ 영희가 t$_2$ t$_1$ 고소했다는] 소문을] 들었니?

Wh-부가어가 섬(Island)을 건너서 이동을 하면 (28a)처럼 *-표시의 비문이 생성된다. 만약 wh-논항이 섬을 건너서 이동을 하면 (28b)처럼 ??-표시 정도로 수용성이 약간 향상된다. Saito(1994), 손근원(1994a)은 (28c), (28d)의 수용성이 (28a)가 아니라 (28b) 정도로만 나쁜 이유는 wh-부가어가 wh-논항에 부가되어 같이 섬을 빠져나가기 때문이라고 주장을 하였다. 이러한 주장을 받아들여, 저자는 (27)에서 구조상 하위의 wh-표현이 상위의 wh-표현에 부가되어 같이 이동을 해야 하는데 이러한 이동은 같은 절에서만 허용되는 국부적(local) 이동이어서 다음의 예문들이 보여주는 대조처럼 수문의 문법성이 떨어지는 것이라고 주장하였다.

위반되고 있지만 정문이다. 따라서 (ii)는 수문이 아니라 축약분열문으로 분석하는 것이 타당하다.

  (iii) 영희가 남자친구를 어제 아빠에게 소개했다고 들었는데,
     나는 [그것이/*pro* 어제인지] 몰랐다.

[7] 분열문에서는 초점성분이 여러 개 나타날 수 없다. 따라서 이 구문에서 잔여성분이 여러 개 나타날 수 있다는 사실은 분열문 분석의 문제점이다.

(29) ?*누구를₁ 왜₂ 너는 [[영희가 t₂ [철수가 t₁ 좋아한다고] 생각한다는] 소문을] 들었니?
(30) a. ??그 사람을₁ 왜₂ 철수는 [[영희가 t₂ t₁ 고소했다는] 소문을] 들었니?
  b. ??왜₂ 그 사람을₁ 철수는 [[영희가 t₂ t₁ 고소했다는] 소문을] 들었니?

다음 절에서는 한국어 수문에 대한 이러한 생략 접근법이 관용어 해석과 관련하여 어떠한 이론적 파장을 일으키는지를 논의한다.

4.4 수문과 관용어 해석

관용어(idiom)는 논리형태에서 구성성분(constituent)을 이루어야 한다. 다음에서 *hit the roof* 는 V' 구성성분을 이룬다.

(31) a. John hit the roof.
  b. [₁ₚ John₁ [₁' T [ᵥₚ t₁ [ᵥ' hit the roof]]]]

따라서 주어나 시제를 포함한 굴절표현이 변해도 *hit the roof*는 관용어 해석을 유지한다. 이런 의미에서 *hit the roof*는 V'-관용어이다.

(32) {John, Mary, The student} {will, has, didn't} hit the roof.
[Hornstein et al. 2005]

다음의 예들은 얼핏 보면 관용어는 구성성분을 이루어야 한다는 가정에 위배되는 듯이 보이지만 Larson(1988)의 동사구껍질(VP-shell) 구조를 받아들이면 다른 요소가 관용어구 사이에 끼어드는 경우를 무난히 설명할 수 있다.

(33) a. Chin Ho *sent* his starting pitcher *to the showers*.
  b. Kono *took* Steve *to the cleaners*.
  c. Alex *threw* Danny *to the wolves*.
  d. Kamekona *carries* such behavior *to extremes*.   [Hornstein et al. 2005]

위의 예문들은 모두 V'-관용어를 예시하고 있다. 예들 들어 (33a)는 논리형태에서 재구성(reconstruction)되면 다음과 같은 구조를 취한다.

(34)

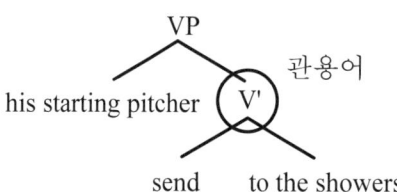

다음은 각각 TP-관용어와 CP-관용어의 예를 보여준다.

(35) a. [TP A rolling stone gathers no moss].
　　 b. [CP Is the Pope catholic]?　　　　　　　　　[Hornstein et al. 2005]

V'-관용어와 달리, TP-관용어와 CP-관용어에서는 구성성분의 일부에 변화가 생기면 관용어 해석이 사라진다.

(36) a. #A rolling stone {gathered, might gather, is gathering} no moss.
　　 b. #A rolling stone seemed to gather no moss.
(37) a. #Was the Pope catholic?
　　 b. #Mary wonders whether the Pope is catholic.　　[Hornstein et al. 2005]

　도출 과정 중, 관용어 성분에서 분리된 요소들은 관용어 해석을 허가 받기 위해 논리형태에서 기저위치로 재구성되어야 한다. 관용어는 합성되지 않으며(not compositional) 어휘부에서 하나의 독립된 어휘항목으로 등록되어 있다. 관용어가 음성형태에서 구성성분을 이루지 못하는 것처럼 보이더라도 관용어 해석이 점검되는 논리형태에서는 구성성분을 이루어야 한다.
　Rottman & Yoshida(2013)는 영어 수문에서 관용어 해석이 유지된다는 점을 포착하였다.

(38) a. John pulled strings to get his position, but I don't know which strings.
b. I heard John made headway on his project, but I don't know how much headway. [Rottman & Yoshida 2013: (7)]

영어에서는 관용어의 일부분이 좌측이동을 하여도 관용어 해석이 유지가 된다.

(39) a. John *pulled strings* to get his position.
b. Which strings₁ did John pull t₁ to get his position?
[Rottman & Yoshida 2013: (5)]

(40) a. John *made headway* on his project.
b. How much headway₁ did John make t₁ on his project?
[Rottman & Yoshida 2013: (6)]

이는 영어 수문이 완전한 문장에서 생성되었으며 생략에 의해서 일부분이 발음이 되지 않는다고 하더라도 구조를 보존하고 있다는 점을 시사한다.

이러한 고찰을 한국어 수문에 적용해 보자. 이때 논의가 필요한 사항은 다음과 같다.

(41) a. 한국어 수문에서도 관용어 해석이 유지되는가?
b. 한국어에서 이동이 있어도 관용어 해석이 유지되는가?

첫째, (38a) 유형의 한국어 수문 예문을 살펴보자. 이때 관용어의 명사적 부분은 wh-잔여성분으로 발음이 되고 술어는 생략이 된다.

(42) 뒤통수를 때리다(= 배신이나 배반을 하다)
[약속을 어기기로 유명한 철수가 동창회에서 한 친구에게 낚시여행을 가자고 했다. 그런데 철수가 역시나 약속을 깼다는 소문이 돌았고, 동창들은 이번 희생양은 누군지 궁금해했다.]
a. 철수가 이번에도 누군가의 뒤통수를 때렸다는데, 나는 누구 뒤통수인지 모르겠다.

b. 누구 뒤통수를 철수가 때렸는데?
c. *철수가 영희를 때린 것은 뒤통수다.

(42a)의 수문에서 관용어 해석이 유지되고 있다는 점은 한국어 수문이 생략현상으로 구조를 가지고 있다는 증거가 된다. (42b)는 한국어 어순재배치가 관용어 해석을 방해하지 않는다는 점을 예시해 준다.[8] 흥미로운 것은 (42c)처럼 분열문에서는 관용어 해석이 유지가 되지 않는다는 점이다. 다음에 같은 유형의 예들이 제시되어 있다.

(43) 가면을 쓰다(= 거짓으로 꾸민 모습을 하다)
 [현우는 성실한 척, 진실한 척 접근하여, 조별과제를 미루고, 돈을 떼먹어 동기들에게 신뢰를 잃었다. 그러자 현우는 아무것도 모르는 신입생들에게 접근해 그들을 기만하기 시작했다.]
 a. 현우가 새학기에도 가면을 썼다던데, 나는 어떤 가면인지 모르겠다.
 b. 어떤 가면을 현우가 신입생들을 속이기 위해 써왔니?
 c. *현우가 신입생들을 속이려고 쓴 것은 가면이다.

(44) 등을 떠밀다(= 부추기다)
 [영수가 활동하는 모임에서 총무선출회의를 했다. 영수는 자기가 귀찮은 총무직을 맡게 될 것 같자, 급히 신입회원 중 한 명에게 총무는 모두가 원하는 자리니 해보라고 설득했다.]
 a. 영수가 급히 누군가의 등을 떠밀었다는데, 누구 등인지 들었어?
 b. 누구 등을 영수가 급히 떠밀었니?
 c. *영수가 급히 떠밀었던 것은 등이다.

(45) 칼을 갈다(= 복수를 준비하다)
 [연아의 아버지는 친구에게 배신을 당한 충격으로 돌아가셨다. 그 후, 연아는 그 일과 관련된 녹취자료와 증인 등을 구하며 오랫동안 소송을 준비했고, 결국 재판에서 승소했다.]
 a. 연아가 오랫동안 칼을 갈았다는데, 어떤 칼인지 봤어?
 b. 어떤 칼을 연아가 오랫동안 갈았니?
 c. *연아가 오랫동안 갈았던 것은 칼이다.

---

[8] 의미변화를 초래하지 않는 이동은 관용어 해석에 영향을 주지 않는다.

둘째, (38b) 유형의 한국어 수문을 살펴보자. 이 경우는 관용어의 명사적 부분이 '정도(degree)의 wh-부사구'와 같이 나타나고 술어가 생략된다.

(46) 미역국을 먹다(= 시험에서 떨어지다, 직위에서 떨려 나다)
    a. 철수가 취업하려다가 번번이 미역국을 먹었는데,
       이제까지 총 몇 번의 미역국인지 모르겠다.
    b. 몇 번의 미역국을 철수가 취업하려다가 먹었니?
    c. *철수가 그 동안 취업하려다가 번번이 먹은 것은 미역국이었다.

(46a)의 수문에서도 관용어 해석이 유지되고 있다. (46b)에서 한국어 어순재배치는 관용어 해석을 방해하지 않는다. 이전 유형과 마찬가지로 (46c)는 분열문 구조가 관용어 해석을 용인하지 않음을 보여준다. 다음은 유사한 유형을 보여주는 예들이다.

(47) 쓴 잔을 마시다(= 실패나 패배 따위의 쓰라린 일을 당하다)
    a. 철수가 이번 시합에서도 쓴 잔을 마셨다는데,
       얼마나 지독한 쓴 잔인지 모르겠다.
    b. 몇 번의 쓴 잔을 철수가 사업하다가 마셨니?
    c. *철수가 사업하다가 번번이 마신 것은 쓴 잔이었다.
(48) 피를 보다(= 크게 봉변을 당하거나 손해를 보다)
    a. 철수가 이번 주식투자에서 피를 보았다는데,
       나는 얼마나 많은 피인지 궁금하다.
    b. 얼마나 많은 피를 철수가 이번 주식투자에서 보았니?
    c. *철수가 이번 주식투자에서 본 것은 많은 피다.

요약하면, 한국어 수문에서 관용어 해석이 유지되는 것은 이 구문이 내부 구조를 가지고 있는 생략현상이라는 증거가 된다.

생략 분석에 대한 대안으로 Nishiyama et al.(1996), 손근원(2000), 박명관(2001), 조정민(2005) 등은 (적어도 일부분의) 일본어/한국어 수문이 생략현상이 아니라 분열문(Cleft Sentence)이나 계사문(Copular Sentence)이라고 주장한다.

(49) A: 철수는 [자기가 어떤 이유로 비난을 받았는지] 모른다.
　　　B1: 영희는 [*pro* 왠지/왜인지] 안다.
　　　B2: 영희는 [그것이 왠지/왜인지] 안다.

그들에 따르면 (49B1)은 (49B2)와 같은 분열문/계사문에서 주어가 탈락하여 *pro*로 구현되어 도출된 것이다. 그러나 이러한 분열문/계사문 분석은 '그것'과 같은 외현적 대명사가 주어로 나타날 경우, 수문에서 관용어 해석이 사라진다는 점을 설명할 수 없다.9

(50) a. 철수가 이번에도 뒤통수를 때렸다는데,
　　　*나는 [그게 누구 뒤통수인지] 모르겠다.
　　 b. 철수가 취업하려다가 번번이 미역국을 먹었는데,
　　　*이제까지 [그것이 총 몇 번의 미역국인지] 모르겠다.

(50)에서 관용어 해석이 사라지는 이유는 '그게, 그것'이 가지는 지시적 의미가 강해서인 것 같다. 관용어는 구성성분끼리 긴밀한 관계를 유지해야 하는데 의미의 변화를 초래하는 요소가 개입하면 관용어 해석이 사라진다.

분열문은 관용어의 일부를 강조하는 효과를 불러일으키는데 어떤 특정 요소가 강조될 경우 관용적 의미 관계가 깨지기 때문에, (42c), (46c)의 예와 같이, 분열문에서는 관용어 해석이 유지되지 않는다(고광주 2000: 266-267).10 분열문 환경에서 관

9　(50)의 문장처럼 외현적 대명사가 있는 경우에도, 화자에 따라서는 관용어 해석이 나온다고 보고 한다.

10　영어에서도 분열문 환경에서는 관용어 해석이 유지되지 않는다.

　　(i) a.　John *pulled strings* to get his position.
　　　　b.　Which strings did John pull to get his position?
　　　　c.　*It was strings that John pulled to get his position.
　　(ii) a.　John *made headway* on his project.
　　　　b.　How much headway did John make on his project?
　　　　c.　*It was headway that John made on his project.

　　그 이유는 음가(phonetic content)가 없는 요소가 관용어의 일부가 될 수 없기 때문이다. (ic), (iic)는 다음처럼 분석이 된다.

용어 해석이 유지되지 않는다는 사실은 박명관(2001) 분석의 문제점이 될 수 있다. 다중수문(Multiple Sluicing)의 경우에도 관용어 해석이 유지되는 것으로 보인다.

(51) 지우가 야단을 맞을 것이 두려워 갑자기 누군가의 등을 떠밀었다던데, [언제 누구 등인지] 들었어?
(52) 연아가 오랫동안 누군가에게 칼을 갈았다는데, [누구에게 어떤 칼인지] 봤어?

한국어의 *Why*-최소공백화(*Why*-Stripping)인 '왜'-최소공백화에서도 관용어 해석이 유지되는 것으로 보인다.

(53) A: 철수가 작년에 이어 대학입시에서 미역국을 두 번째 먹었어.
    B1: 왜 미역국을?
    B2: 아니 왜 미역국을?

관용어를 이루는 성분이 강조가 되는 경우 관용적 의미 관계가 깨지기 때문에 한국어의 분열문에서는 관용어 해석이 유지되지 않는다는 주장을 고려해 보면, '왜'-최소공백화에서의 잔여성분은 초점(focus)이 아니라 화제(topic)에 해당된다고 볼 수 있다. 아래 (54)처럼 관용어 성분은 화제화되더라도 관용어의 의미를 깨뜨리지 않는다.[11]

(iii) a. *It was strings [Op$_i$ that John pulled t$_i$ to get his position].
   b. *It was headway [Op$_i$ that John made t$_i$ on his project].

영운영자(null operator)는 음가가 없어서 기저구조 혹은 논리형태에서 관용어의 일부가 될 수 없고 따라서 관용어 의미역(idiomatic θ-role)을 받을 수 없다.
마찬가지로 PRO는 음가가 없어서 관용어 의미역을 받을 수 없다. 다음의 예를 살펴보자.

(iv) a. *The shit$_i$ hoped [t$_i$ to t$_i$ hit the fan].
   b. *The shit hoped [PRO$_i$ to t$_i$ hit the fan].
(v) a. *The shit seemed [PRO$_i$ to t$_i$ hit the fan].
   b. The shit$_i$ seemed [t$_i$ to t$_i$ hit the fan].

위에서 (iva), (ivb), (va)는 의미역 기준(θ-Criterion)을 위반하여 비문법적이다.

[11] 김랑혜윤(2015)은 이동이 있을 때 관용어 해석이 사라진다고 다음과 같이 관찰하고 있으나 이동이 있어도 관용어 해석이 유지된다는 것이 국어학자(고광주 2000 참조)들이 보고하는 일반적인 직관이다.

(54) a. 미역국은 내가 아닌 동생이 먹었어.
　　　b. 투자자들의 단물은 외국 자본이 빨아 먹었다.
　　　c. 오래 앓던 이는 이번 일로 쏙 빠졌다.

'왜'-최소공백화의 구조와 분석에 대한 논의는 10장으로 미룬다.

4.5 맺음말

4장은 여러 언어에서 발견되는 수문 현상이 한국어에도 존재함을 고찰하고 이 현상에 대한 음성형태 삭제 분석을 제시하였다.

영어 수문과 달리 (일본어와) 한국어 수문은 TP 수문과 VP 수문의 두 종류가 있는데 이는 주어가 외현통사부에서 의무적으로 이동할 필요가 없어서 나타나는 현상이다. TP 수문은 영어 수문과 유사하고, VP 수문이 가능한 이유는 주어가 VP 내부에 있고 VP가 삭제 후에 시제가 좌초되면 좌초된 시제를 구제하기 위해 초점조동사인 '이' 삽입(즉, 아/보조)이 허용되기 때문이다.

수문을 생략으로 분석하는 방법에 대한 대안으로 분열 분석 혹은 계사 분석이 있는데 수문에서 관용어 해석이 유지된다는 점을 고려하면 한국어 수문은 분열문이나 계사문이 아니라 내부 구조를 가지고 있는 완전한 문장에서 초점이동과 삭제에 의해 도출되는 생략문이라는 결론에 도달할 수 있다.

(i) #미역국을 철수는 어제 먹었어.　　　　　　　　　　　　　　　[김랑혜윤 2015: (14b)]

05 한국어의 수문과 분열문의 비교

5.1 들머리

5장에서는 한국어 수문(Sluicing)의 다양한 유형을 소개하고 한국어 병합수문(Merger Sluicing)을 분열문(Cleft Sentence)으로 분석하면 안 되는 근거에 대해서 논의한다. 다음은 영어 수문의 대표적인 예들로 내포절 수문(Embedded Sluicing)을 예시하고 있다.

(1) a. Somebody just left—guess who. [Ross 1969: 252]
   b. She's reading something, but I can't imagine what. [Chung et al. 1995: 241]

Takahashi(1994)는 영어 내포절 수문에 해당하는 구문이 일본어에도 존재한다고 보고한다.

(2) Minna-wa [John-ga dareka-o aisiteiru to] itta ga,
    everyone-Top J-Nom someone-Acc love Comp said but
    boku-wa [dare-o [e] ka] wakara-nai.
    I-Top who-Acc Q know-not
    'Everyone said that John loves someone, but I don't know who.'

그런데 한국어 내포절 수문에서는 잔여성분(remnant)인 wh-논항의 격조사 (Case-marker)가 탈락되어야 한다.[1]

(3) 연아가 무언가를 팔았는데,
    a. 나는 무언지 모른다.   [0.64, 0.63]
    b. *나는 무엇을지 모른다.   [-0.98, 0.40]

그러나 계사(Copular)가 나타나는 경우에는 잔여성분의 격조사가 탈락되지 않아도 수용성(acceptability)이 크게 떨어지지 않는다.

(4) 연아가 무언가를 팔았는데,
    a. 나는 무엇인지 모른다.   [0.91, 0.45]
    b. ?나는 무엇을인지 모른다.[2]   [-0.16, 0.69]

(3)의 생략(ellipsis) 분석에 대한 대안으로 한국어의 내포절 수문은 TP 생략으로 도출되는 것이 아니라 분열문의 일종이라는 분석이 제시되었다(손근원 2000, 박명관 2001, 조정민 2005).

문헌에서 논의된 한국어의 수문과 분열문을 구별하는 근거는 다음과 같다.

(5)   a. 계사가 나타날 수 없으면 수문이고, 나타날 수 있으면 분열문이다.
       b. 격조사가 나타날 수 있으면 수문이고, 반드시 탈락해야 하면 분열문이다.
       c. 섬제약을 준수하지 않으면 수문이고, 준수하면 분열문이다.
       d. 복수의 구성성분(잔여성분 혹은 분열성분)이 허용되면 수문이고, 허용되지 않으면 분열문이다.

---

[1] 설문에는 총 43명의 모국어화자가 참여하였는데, 그중 필러(filler) 항목과의 연관성을 통해 신뢰할 수 없는 참가자 12명의 응답은 버리고 31명의 응답을 유효한 값으로 사용했다. 직관을 수량적으로 수집하기 위해 5단계(1-5)의 리커트 척도(Likert Scale)를 사용하였고, 응답은 표준화하였다. 예문의 우측에 적힌 숫자가 그 예문에 대한 z-표준점수(z-score)와 표준편차(standard deviation = SD)이다.

[2] 김종복(2015)은 (4b)를 비문법인 문장으로 보고하고 있다.

5장은 위의 분류 기준에 대한 타당성을 검토한다. 5장의 구성은 다음과 같다. 5.2에서는 한국어 내포절 수문의 유형을 분류하고 각각의 특성을 검토한다. 또한 수문의 허가조건이 무엇인지, 계사의 출현 여부가 수문을 분열문으로 분석해야 하는 이유인지, 다양한 유형의 수문에서 섬제약 효과가 어떻게 발현되는지, 다중수문(Multiple Sluicing)의 존재가 수문의 분석에 어떠한 영향을 미치는지 등을 논의한다. 5.3절에서는 한국어 내포절 수문에 비해 상대적으로 연구가 미진한 한국어 주절 수문(Matrix Sluicing)의 특성을 개괄하고 분석의 방향을 탐구한다. 5.4절은 맺음말이다.

5.2 내포절 수문: 병합수문, 대조수문, 새싹수문, 유사수문

한국어 수문이 내포절에 나타날 경우 병합수문(Merger Sluicing), 대조수문(Contrast Sluicing), 새싹수문(Sprouting Sluicing), 유사수문(Pseudo-Sluicing)이 모두 허용된다. 이 절에서는 한국어 내포절 수문을 유형별로 분류하고 개개의 특성을 논의한다.

Chung et al.(1995)이 명명한 병합수문에서는 생략절의 잔여성분(remnant)에 상응하는 대응성분(correlate)이 이전 발화에 존재한다. 다음은 앞에서 예시한 수문의 예로 영어와 한국어의 내포절에서 나타나는 병합수문의 예이다.

(6)　Somebody just left—guess who.
(7)　연아가 무언가를 팔았는데, 나는 {무언지, 무엇인지, ?무엇을인지} 모른다.

Chung et al.(1995)에 따르면 병합수문의 선행절에서 나타나는 비한정적(indefinite) 표현은 수문절의 [+wh] 잔여성분의 변항(variable)으로 작용하여 잔여성분과 병합(merger)되어야한다.

그런데 다음의 수문에서는 잔여성분과 대응성분이 대조초점(contrastive focus)관계를 형성한다.

(8)　a. She has five CATS, but I don't know how many DOGS.

b. Abby knew which of the MEN Peter had invited, but she didn't know which of the WOMEN. [Merchant 2001: 36]

이러한 수문을 대조수문(Contrast Sluicing)이라고 부르는데, Fox & Lasnik(2003), Merchant(2008)에 따르면 대조수문의 초점표현은 초점이동을 한다. (8a)의 논리형태 구조는 다음과 같다(실선 화살표는 외현이동을, 점선 화살표는 내현이동을 의미함).

(9)　　[five CATS]$_1$ [she has t$_1$], but I don't know [how many DOGS]$_1$ [she has t$_1$]

위에서 how many DOGS는 외현적(overt) 초점이동을 수행하고 five CATS는 내현적(covert) 초점이동을 수행한다. 한국어 대조수문의 예는 다음과 같다.

(10)　a. 철수는 **남자를** 5명 파티에 초대했는데, **여자를** 몇 명인지는 모른다.
　　　b. 철수는 **노트를** 3권 샀는데, **볼펜을** {몇 갠지는, 몇 개인지는} 모른다.
(11)　철수는 5명의 **남자를** 파티에 초대했지만, {몇 명의 여자인지는, ?몇 명의 여자를 인지는, ?몇 명의 여잔지는} 모른다.

영어 수문은 잔여성분에 해당하는 선행어가 이전 발화에서 표현되지 않아도 TP 생략이 가능한데 이러한 수문을 Chung et al.(1995)은 새싹수문(Sprouting Sluicing) 이라고 불렀다. 새싹수문은 한국어에도 존재한다.

(12)　a. John ate ＿ at that restaurant, but I don't know what.
　　　b. John went to the cinema ＿, but I don't know with who(m).
(13)　a. ?철수가 식당에서 맛있게 ＿ 먹었는데, 나는 무엇을인지 모른다.
　　　b. 철수가 전화로 ＿ 회사기밀을 누설했는데, 나는 누구에게인지 모른다.

Kuwabara(1997)는 일본어 내포절 수문은 [+wh] 보문소(Complementizer = C)가 없어도 문법적이고, 계사가 나타날 수 있기 때문에 생략이 아니라 축약분열문 (Truncated Cleft)이라고 주장한다.

(14) a. 어머니는 내가 외출했을 때 다나카가 찾아왔다고 말했지만, 나는 다나카<u>라고</u> 생각하지 않는다.
　　 b. 누군가에게 전화가 걸려오면, 대학에서<u>인지</u> 확인하고 연결해 주세요.

[Kuwabara 1997: 64]

그러나 곧 다시 논의하겠지만 선행절에 비한정적(indefinite) 표현이 있어야 한다는 것이 수문의 고유한 속성이라면 (14a)는 수문의 예라고 볼 수 없다. (14b)의 경우는 선행절에 비한정적 선행어가 존재하지만 생략절의 잔여성분이 [-wh]이다. 논의전개의 편의상 (14)와 같은 예를 유사수문(Pseudo-Sluicing)이라고 부르기로 한다.

5.2.1 수문의 허가조건: 일치자질, 내적 선행어

Lobeck(1990, 1995), Saito & Murasugi(1990)에 따르면 수문의 생략지점은 CP의 지정어에 있는 wh-표현과 일치하는 [+wh] 보문소에 의해서 허가된다.

(15) a. John bought something, but I don't know what [+wh]$_C$ [$_{TP}$ e].
　　 b. *Robin saw someone, but I don't believe that$_C$ [$_{TP}$ e].
　　 c. *Ralph knows that I went, but his wife doesn't know whether$_C$ [$_{TP}$ e].

[Ross 1969: 272]

그렇다면 영어 수문을 허가하는 일치자질은 [+wh] 자질이다. 그러나 저자가 박사논문(김정석 1997)에서 관측하였듯이 관계절에서는 수문이 허용되지 않는다.

(16) a. Someone has done the dishes, but I don't know who.
　　 b. *Someone has done the dishes, but I don't know the person who.

[Riemsdijk 1978]

(17) *Pat knows a man who speaks Spanish and Terry knows a woman who ~~speaks Spanish~~.　　　　[Culicover & Jackendoff 2005: 270]

Wh-의문사는 내재적으로 초점화되어(inherently focused) 초점을 유발하지만 wh-관계사는 그렇지 않다는 사실을 감안하면 영어 수문의 일치자질은 [+wh, +focus]라고 볼 수 있다.

이러한 맥락에서 Kuwabara(1997)의 유사수문 자료를 다시 검토해보자.

(18) 어머니는 내가 외출했을 때 다나카가 찾아왔다고 말했지만, 나는 다나카라고 생각하지 않는다.

(18)은 Kuwabara의 주장처럼 수문이 아니라 축약분열문일 가능성도 있다. 그런데 이 경우는 잔여성분에 상응하는 표현이 이전 담화에서 발화되었기 때문에 잔여성분이 초점이 아니라 화제(topic)다. 만약 '다나카'가 TopP의 지정어로 이동을 하고 생략을 [+topic]이 인허한다고 하면 여전히 (18)을 생략으로 볼 수도 있다.

Abe(2008)는 Kuwabara(1997)처럼 잔여성분이 wh-표현이 아니더라도 수문이 가능하다고 본다. (19)의 경우 논항 잔여성분이 목적격조사로 표시되어도 정문이다. 이 예문은 잔여성분에 상응하는 내적 선행어(inner antecedent)가 있다는 점에서 다른 유형의 유사수문이라고 볼 수 있다.

(19) 철수는 영희에게 <u>무언가를</u> 주었다고 말했지만, 나는 철수가 {촘스키의 책이라고, ?촘스키의 책을이라고} 말했는지 기억나지 않는다.

(19)의 자료를 한국어 수문의 예로 본다면 생략을 인허하는 일치자질은 [+focus]라고 할 수 있다. 다음 예문도 내적 선행어가 존재한다는 점에서 유사수문의 예라고 할 수 있다.

(20) 모두는 [철수가 <u>누군가를</u> 사랑한다고] 말했지만,
     나는 {영흰지, 영희인지} 몰랐다.

(20)의 잔여성분은 의문문의 초점으로 해석된다. 즉, '나는 철수가 사랑하는 사람이 영희인지 몰랐다'로 해석된다.

다음 유사수문에서 TP 생략을 허가하는 일치자질은 [+focus]로 보인다.

(21) 철수는 선생님이 [누군가를 비난한 논문을] 칭찬했다고 말했지만,
　　a. 나는 촘스키라고 생각하지 않는다.
　　b. 나는 촘스키인지 기억나지 않는다.

다음의 유사수문에서 생략을 허가하는 일치자질은 [+topic]이다.

(22) 철수는 선생님이 [촘스키를 비난한 논문을] 칭찬했다고 말했지만,
　　a. 나는 촘스키라고 생각하지 않는다.
　　b. 나는 촘스키인지 기억나지 않는다.

지금까지 논의한 자료들을 모두 한국어 수문의 예로 본다면 생략을 인허하는 일치자질은 [+focus] 혹은 [+topic] 즉, [+operator]라고 할 수 있다.
　Chung et al.(1995)은 수문에 대해서 논리형태 복사이론을 가정한다.

(23) She's reading a book by Chomsky, but I can't imagine what [TP e].

위에서 선행절의 TP를 재순환(recycling)하여 복사하면 다음의 논리형태 층위가 도출된다.

(24) I can't imagine [CP what [TP she's reading a book by Chomsky]]

이 논리형태 층위에서 적절한 해석을 얻어내려면 *a book by Chomsky*는 운용자 *what*의 변항이 되어야 한다. 병합(merger)이라는 과정을 통해서 선행절의 비한정적 선행어는 *what*의 비한정적 요소와 결합을 하고 wh-운용자의 변항 역할을 수행한다. 재순환 후에 *what*과 선행절의 선행어 *a book by Chomsky*는 병합되고 wh-운용자의 작용역은 *a book by Chomsky*에 한정된다.

(25) She's reading a book by Chomsky, but I can't imagine what.

병합이 성공적으로 수행되려면 선행절에 나타난 내적 선행어는 비한정적이어야 한다. 선행어가 고유명사이거나 일반양화사(generalized quantifier)이면 병합이 실패로 끝난다.

(26) a. ?*I know that Meg's attracted to Harry, but they don't know who.
b. ?*Since Jill said Joe had invited Sue, we didn't have to ask who.
(27) a. *She said she had spoken to everybody, but he wasn't sure who.
b. *She's read most books, but we're not sure what.   [손근원 2000]

수문의 생략지점에 대한 동일성요건은 다음과 같다.

(28) 생략지점(E-site)은 잔여성분과 이에 상응하는 내적 선행어가 병합될 때만 선행어와 동일하다.

(25)에서는 병합이 성공적이나 (26), (27)에서는 병합이 이루어지지 않고 있다. 한국어 병합수문에서는 이러한 생략의 동일성요건이 준수되고 있다.

(29) 철수는 영희에게 무언가를 주었다고 말했지만,
나는 철수가 {?무엇을이라고, 무어라고, 뭐라고} 말했는지 모른다.

그런데 내적 선행어가 한정적이면 비문이다. 다음은 (28)을 위반하여 병합이 이루어지지 않았다.

(30) ?*철수는 영희에게 그 책을 주었다고 말했지만,
나는 철수가 {무엇을이라고, 무어라고, 뭐라고} 말했는지 모른다.

생략을 가정하지 않고는 (29), (30)의 차이점을 설명할 수 없을 듯하다. 이러한 차이는 계사문 혹은 분열문 분석으로 포착하기 힘들다. 아래에서 내적 선행어는 비한정적 표현으로 해석(예를 들어, 촘스키의 책들 중 비특정적인 하나)이 될 때만 정문

이고, 한정적 표현으로 해석(예를 들어, *LGB*와 같은 특정한 촘스키의 책)되면 비문이다.

(31) #철수는 [영희에게 촘스키의 책을 주었다고] 말했지만,
나는 [철수가 {어느 것을이라고, 어느 거라고} 말했는지] 모른다.

아래에서 내적 선행어는 비한정적 표현이 아니고 일반양화사이어서 비문이다.

(32) ?*철수는 [영희에게 촘스키의 대부분의 책을 주었다고] 말했지만, 나는 [철수가 {어느 것을이라고, 어느 거라고} 말했는지] 모른다.

이제 Kuwabara(1997)의 예가 수문의 예인지 아니면 축약분열문의 예인지를 재고해보자.

(33) 어머니는 내가 외출했을 때 다나카가 찾아왔다고 말했지만, 나는 {다나카라고, 다나카이라고} 생각하지 않는다.

축약절의 잔여성분은 선행절에 나타난 대응성분의 반복일 뿐이다. 따라서 (33)은 수문이 아니라 축약분열문의 예라고 볼 수 있다. 주지하다시피, 병합수문의 경우 선행어는 비한정적(indefinite)인 표현이어야 한다.

(34) a. 어머니는 내가 외출했을 때 누군가가 찾아왔다고 말했지만,
나는 {누군지, 누구인지} 기억나지 않는다.
b. 어머니는 내가 외출했을 때 누군가가 찾아왔다고 말했지만,
나는 {다나카라고, 다나카이라고} 생각하지 않는다.

이러한 관점에서 볼 때 (33)은 수문이 아니다.

5.2.2 계사의 출현

Nishiyama et al.(1996)은 일본어(한국어) 병합수문에 대한 생략 분석이 계사 '이'가 나타날 수 있다는 점을 설명하지 못한다고 지적한다.³

(35) 모두는 철수가 <u>누군가를</u> 사랑한다고 말했지만,
      ?나는 누구를<u>인</u>지 모른다.

주지하다시피 계사는 생략이 없는 구문에서는 나타나지 않는다.

(36) 나는 누구를 철수가 {사랑하는지, *사랑하인지} 모른다.

Nishiyama et al.에 따르면 (35)는 다음처럼 분석된다. 괄호표현은 전제(presupposition)에 해당한다.

(37) 나는 (철수가 사랑하고 있는 것은) 누구를인지 모른다.

그러나 4장에서 논의한 것처럼 저자의 박사논문(김정석 1997)을 따라 한국어 수문은 TP 수문과 VP 수문이 모두 가능하며 VP 수문에서 VP가 삭제될 때 좌초된 시제(stranded tense)를 구제하기 위해 초점조동사(focus auxiliary) '이'가 삽입된다고 가정하면 수문에서 계사가 나타나는 현상을 설명할 수 있다. 따라서 계사의 출현 여부가 한국어 수문이 분열문으로 분석되어야 하는 결정적인 이유는 아니다.

5.2.3 격조사/후치사 탈락

일본어 수문의 경우, 잔여성분의 격조사 탈락 여부는 수문이 사실은 분열문이라는 주장의 근거를 제시하였다. 일본어에는 격조사와 관련하여 두 종류의 분열문이 존재하기 때문이다(Hoji 1987).

---

³ 논의전개에 무리가 없으면 일본어 수문의 예문 대신에 한국어 수문의 예문을 사용한다.

(38) John-ga   sita   no-wa   tennis(-o)   da.⁴
     J-Nom   did   NL-Top   tennis(-Acc) be
     'It is tennis that John played.'

그러나 한국어 분열문에서는 분열성분이 논항인 경우 격조사가 반드시 탈락되어야 한다.

(39) a. 연아가 먹은 것은 사과다.   [1.31, 0.31]
     b. 연아가 먹은 것은 사과이다.   [1.11, 0.33]
     c. 연아가 사과를 먹은 것이다.   [0.43, 0.61]
     d. *연아가 먹은 것은 사과를이다.   [-1.18, 0.41]
     e. *연아가 먹은 것은 사과를다.   [-1.20, 0.26]

(4)와 (39)를 비교해 보면 한국어의 경우는 격탈락 여부가 오히려 수문 구문에 대한 생략 분석을 지지하는 증거로 사용될 수 있다.

일본어는 (40), (41)처럼 잔여성분 혹은 분열성분의 격조사가 탈락하면 섬을 건너도 수용성이 좋다.

(40) a. Mary-wa [John-ni nanika-o   ageta onna-ni]   atta
        M-Top   J-Dat   something-Acc gave   woman-Dat met
        sooda   ga,   boku-wa nani ka siri-tai.
        I-heard but   I-Top   what Q   want-to-know
        'I heard that Mary met a woman who had given something to John, and I want to know who₁ [Mary met a woman who had given t₁ to John].'
     b. Mary-wa [dareka-ga   kubi-ni natta kara]   okotteru
        M-Top   someone-Nom   was-fired   because   be-angry
        sooda   ga,   boku-wa dare ka siri-tai.
        I-heard but   I-Top   who   Q   want-to-know

---

4 그러나 Takano(2002: 294)는 일본어 분열문에서 계사 바로 앞에 대격표지를 지닌 표현이 나타나면 부자연스럽(unnatrual)고 주격표지를 지닌 표현이 나타나면 비수용적(unaccepatable)이라고 보고하고 있다.

'I heard that Mary is angry because someone was fired, and
I want to know who₁ [Mary is angry because t₁ was fired].'

(41) a. Mary-ga   [John-ni __ ageta   onna-ni]   atta   no-wa
        M-Nom   J-Dat   gave   woman-Dat   met   NL-Top
        kono   hon   da.
        this   book   be

'It is this book₁ that Mary met a woman who had given t₁ to John.'

   b. Mary-ga   [__ kubi-ni natta   kara]   okotteru   no-wa
      M-Nom   was-fired   because be-angry   NL-Top
      kono   otoko   da.
      this   man   be

'It is this man₁ that Mary is angry because t₁ was fired.'

한국어 분열문의 경우는 (39), (42)처럼 격조사가 탈락한 분열성분만이 허용되며, (43)처럼 분열성분의 격조사가 탈락해도 섬제약을 위반하면 수용성이 떨어진다.

(42) a. 나는 철수가 먹은 것이 무엇인지 모른다.   [1.03, 0.27]
     b. 나는 철수가 먹은 것이 무언지 모른다.   [0.93, 0.48]
     c. *나는 철수가 먹은 것이 무엇을인지 모른다.   [-0.77, 0.53]
     d. *나는 철수가 먹은 것이 무엇을지 모른다.   [-0.88, 0.68]

(43) a. ?*영희가 [철수에게 __ 준 여자와] 만난 것은 이 책이다.
     b. ?*영희가 [__ 해고됐기 때문에] 화내는 것은 이 남자다.

Abe(2008)는 계사 탈락이 통사적 규칙이 아닌 문체규칙(stylistic rule)이라고 주장한다. 조정민(2005)도 유사한 주장을 하였다. 한국어에서는 (39), (44)처럼 계사가 탈락하면, 목적격조사가 보문소나 평서문 종결형 어미 앞에서 탈락해야 한다.

(44) a. ?나는 (철수가 사랑한 것은) 누구를인지 모른다.
     b. 나는 (철수가 사랑한 것은) 누군지 모른다.
     c. *나는 (철수가 사랑한 것은) 누구를지 모른다.

한국어 병합수문은 – 격표시 여부와 상관없이 – 영어 병합수문처럼 섬제약을 준수하지 않기 때문에 TP 생략으로 간주할 수 있다. 그런데 흥미로운 점은 (45b)에서 '철수'를 '존'으로 바꾸면 계사 '이'가 필요하다는 것이다.

(45) a. 영희는 [철수에게 무언가를 보낸 여자를] 만났다고 들었지만,
나는 고가의 {넥타인지, 넥타이인지, ?넥타이를인지} 알고 싶다.
b. 영희는 [누군가가 해고됐기 때문에] 화낸다고 들었지만,
나는 {?철순지, 철수인지, ??철수간지, ?철수가인지] 알고 싶다.
(46) 나는 {*존지, 존인지, ?*존이인지} 알고 싶다.

즉, 계사의 필요/탈락 여부는 통사적인 이유가 아니고 음성적인 이유일 가능성이 높다.
다음 예문 또한 계사의 필요 여부가 음성적인 이유에서 기인한다는 가정에 무게를 실어준다.

(47) 철수가 무언가를 3개 샀다는데,
나는 {무엇을, *무엇}초점 {3갠지, 3개인지}화제 모르겠다.

초점 잔여성분의 목적격조사는 이 경우에 반드시 음성적으로 실현되어야 한다. 아마도 계사 앞의 유동양화사(floating quantifier)가 목적격조사의 탈락을 방해하는 것 같다. 이 또한 목적격조사의 출현 여부는 통사적 현상이 아님을 보여주는 것이다.
초점성분의 후치사 탈락 여부는 수문과 분열문을 구별하는 실마리를 제공한다. 수문의 잔여성분에서는 후치사가 탈락할 수 있으나 분열문의 초점성분에서는 탈락할 수 없다.

(48) 철수가 누군가에게 꽃다발을 주었다고 하는데,
나는 {누구에게인지, 누군지, 누구인지} 모른다.
(49) a. 철수가 (누군가에게) 꽃다발을 준 것은 {영희에게다, *영희다}.
b. 철수가 (누군가에게) 꽃다발을 준 것은 {누구에게니, *누구니}?

이러한 이유로 일본어와 달리 한국어의 경우에는 초점문에서 분열문과 수문이 도출된다는 Hiraiwa & Ishihara(2002, 2012)의 분석을 적용할 수 없다. 그 이유 중 하나는 수문에서 잔여성분에 격조사가 표시되는 것보다 분열문에서 분열성분에 격조사가 표시되는 것이 수용성을 현저히 떨어뜨리기 때문이다.

(50) a. 철수가 남동생에게 무언가를 주었는데, 나는 {무엇인지, ?무엇을인지} 모른다.
     b. 철수가 남동생에게 준 것이 {무엇이니, *무엇을이니}?   [손근원 2000]

5.2.4 섬제약 준수

영어 병합수문은 섬제약을 준수하지 않는 것으로 알려져 있다(Ross 1969, Chung et al. 1995, Merchant 2001).

(51) a. They want to hire [someone who speaks a Balkan language], but I don't remember which language.   [Merchant 2001: 87]
     b. Ben will be mad [if Abby talks to one of the teachers], but she couldn't remember which.   [Merchant 2001: 88]

그런데 일본어 격탈락 수문 예문은 섬제약을 준수하지 않지만 일본어 격표시 수문 예문은 섬제약을 준수하는 것으로 알려져 있다(Takahashi 1994).

(52) a. Mary-wa [John-ni   nanika-o   ageta   onna-ni]   atta
        M-Top   J-Dat   something-Acc   gave   woman-Dat met
        sooda   ga, boku-wa   {nani, ?*nani-o}   ka   siri-tai.
        I-heard but I-Top   what/what-Acc   Q   want-to-know
        'I heard that Mary met a woman who had given something to John, and I want to know who$_1$ [Mary met a woman who had given t$_1$ to John].'

b. Mary-wa [dareka-ga kubi-ni natta kara] okotteru
   M-Top someone-Nom was-fired because be-angry
   sooda ga, boku-wa {dare, ?*dare-ga} ka siri-tai.
   I-heard but I-Top who/who-Nom Q want-to-know
   'I heard that Mary is angry because someone was fired, and
   I want to know who₁ [Mary is angry because t₁ was fired].'

영어 병합수문과 일본어 격탈락 수문처럼 한국어 격탈락 수문도 섬제약을 준수하지 않는다.

(53) 영희는 [동생에게 무엇인가를 보냈던 사람을] 초대했다고 하는데,
   a. ?나는 무엇인지 모른다. [-0.16, 0.64]
   b. ?나는 무언지 모른다. [-0.25, 0.67]
(54) 영희가 [누군가가 해고됐기 때문에] 화내고 있다고 들었는데,
   a. ?나는 [누구인지] 알고 싶다.
   b. ?나는 [누군지] 알고 싶다.

그런데 일본어 격표시 수문과 달리 한국어 격표시 수문은 섬제약을 준수하지 않는다.[5]

(55) 영희는 [동생에게 무엇인가를 보냈던 사람을] 초대했다고 하는데,
   ?나는 무엇을인지 모른다.
(56) 영희가 [누군가가 해고됐기 때문에] 화내고 있다고 들었는데,
   ?나는 {누가인지, 누구가인지} 알고 싶다.

잔여성분이 [-wh]인 한국어 유사수문은 —격표시 여부와 상관없이— 영어 병합수문

---

[5] 아래의 한국어 수문이 비문인 이유는 단순히 보문소 앞에서 격조사가 탈락해야 한다는 음성적 이유에서 기인하는 것으로 보인다.

   (i) 영희는 [동생에게 무엇인가를 보냈던 사람을] 초대했다고 하는데,
       *나는 무엇을지 모른다.
   (ii) 영희가 [누군가가 해고됐기 때문에] 화내고 있다고 들었는데,
       *나는 {누간지, 누구간지} 알고 싶다.

처럼 섬제약을 준수하지 않기 때문에 TP 생략으로 간주할 수 있다.

(57) a. 영희는 [철수에게 무언가를 보낸 여자를] 만났다고 들었지만,
　　　　나는 고가의 {넥타인지, 넥타이인지, ?넥타이를인지} 알고 싶다.
　　　b. 영희는 [누군가가 해고됐기 때문에] 화낸다고 들었지만,
　　　　나는 {?철순지, 철수인지, ??철수간지, ?철수가인지} 알고 싶다.

다음의 예에서 잔여성분은 wh-표현이 아니지만 섬제약을 준수하지 않기 때문에 수문으로 분석할 수 있다.

(58) 철수는 선생님이 {누군가를, 촘스키를} 비난한 논문을 칭찬했다고 말했지만,
　　　a. 나는 촘스키라고 생각하지 않는다.
　　　b. 나는 촘스키인지 기억나지 않는다.
(59) 철수는 선생님이 {누군가가, 촘스키가} 영희를 혼냈기 때문에 놀랐다고 말했지만,
　　　a. 나는 촘스키라고 생각하지 않는다.
　　　b. 나는 촘스키인지 기억나지 않는다.

아래에서 잔여성분이 wh-표현인 경우에도 섬제약을 준수하지 않으며 수문 분석이 가능하다.

(60) 철수는 선생님이 누군가를 비난한 논문을 칭찬했다고 말했지만,
　　　a. 당신은 누구라고 생각합니까?
　　　b. 당신은 누군지 기억합니까?
(61) 철수는 선생님이 누군가가 영희를 혼냈기 때문에 놀랐다고 말했지만,
　　　a. 당신은 누구라고 생각합니까?
　　　b. 당신은 누군지 기억합니까?

Hoji(1987)에 따르면 일본어의 격표시 분열문은 섬제약을 준수한다.

(62) a. ?*Mary-ga [John-ni __ ageta onna-ni] atta no-wa
　　　　 M-Nom　 J-Dat　　　 gave　 woman-Dat　 met　 NL-Top
　　　　 kono　 hon-o　 da.
　　　　 this　 book-Acc　 be
　　　　 'It is this book₁ that Mary met a woman who had given t₁ to John.'
　　　 b. ?*Mary-ga [__ kubi-ni natta kara] okotteru no-wa
　　　　 M-Nom　　　　 was-fired　　 because　 be-angry　 NL-Top
　　　　 kono　 otoko-ga　 da.
　　　　 this　 man-Nom　 be
　　　　 'It is this man₁ that Mary is angry because t₁ was fired.'

한국어 격표시 분열문은 (39)에서 보인 것처럼 기본적으로 비문이어서 장거리 (long-distance) 이동의 경우 섬제약을 준수하는지의 여부를 알 수 없으나, 한국어 격탈락 분열문은 (43)처럼 섬제약을 준수하는 것으로 보인다.

(63) a. ?*영희가 [철수에게 __ 준 여자와] 만난 것은 이 책이다.　　 (= (43))
　　 b. ?*영희가 [__ 해고됐기 때문에] 화내는 것은 이 남자다.

이러한 사실은 한국어 격탈락 수문을 분열문으로 분석할 수 없다는 증거이다.
　Hoji(1987)는 일본어 분열문에서 분열성분의 격조사가 탈락하면 섬제약 효과가 사라진다고 관측한다. 한국어는 (63)처럼 분열성분의 격조사가 탈락해도 섬제약 효과가 보인다. 그런데 한국어는 (39)처럼 분열성분에 격조사가 나타나면 수용성이 급격히 저하된다. 즉, 한국어 분열문에서는 분열성분의 격조사가 반드시 탈락해야 하며 일본어의 분열문과 달리 섬제약 효과가 사라지지 않는다. 왜 그럴까? 한국어 수문에서 잔여성분의 이동은 좌측이동(leftward movement)인 반면, 분열문에서 분열성분의 이동은 우측이동(rightward movement)이다. 그렇다면 다음의 일반화가 가능할 듯하다.

(64) 좌측이동의 경우는 섬제약 효과가 완화되는 경우가 있지만, 우측이동의 경우는 섬제약 효과가 완화되지 않는다.

요약하면, 한국어 병합수문과 영어 병합수문은 섬제약을 준수하지 않고 한국어 분열문과 영어 분열문은 섬제약을 준수한다.

그런데 외현통사부에서 움직이지 않은 제자리 wh-부가어는 제자리 wh-논항과 달리 섬제약을 준수한다(Huang 1982).

(65) a. Who likes [books that criticized who]?
b. *Who likes [books that criticized John {how, why]}?

Merchant(2001)는 영어에서 wh-논항과 wh-부가어가 수문에서 각기 다른 섬제약 효과를 보인다고 관측한다

(66) a. She's practicing her serve so that she'll be able to hit the ball <u>in a certain deadly way</u>, but her trainer won't tell us {in what way, ??how}.
b. He wants to interview someone who works at the soup kitchen <u>for a certain reason</u>, but he won't reveal yet {?what reason, *why}. [Merchant 2001: 129]

Abe(1993), Tsai(1994) 등은 제자리 wh-논항은 내현이동을 하지 않고 결속으로 인허되기 때문에 섬제약 효과를 보이지 않는 반면 제자리 wh-부가어는 CP의 지정어로 내현이동을 하기 때문에 섬제약 효과를 보인다고 주장한다. 다음은 (66b)의 구조를 보여주는데, 이 경우 제자리 wh-부가어가 내현이동을 할 때 복합명사구제약을 위반하여 비문이다.

(67) a. He won't reveal yet [$_{CP}$ C$_{[+wh]}$ [$_{TP}$ he wants to interview someone [who works at the soup kitchen why]]]
b. He ⋯ yet [$_{CP}$ why$_1$ C$_{[+wh]}$ [$_{TP}$ he ⋯ [$_{NP}$ ~~someone~~ [$_{CP}$ ~~who works ⋯ kitchen~~ t$_1$]]]]

Wh-잔여성분이 부가어(adjunct)일 경우에는 한국어 수문도 섬제약을 준수한다.

(68) a. 철수는 영희가 [무언가의 이유로 해고된 여자를] 찾고 있다고 말했지만, 나는

철수가 {어떤 이유라고, *왜라고} 말했는지 기억나지 않는다.

b. 철수는 [진수가 무언가의 이유로 해고됐기 때문에] 영희가 화났다고 말했지만, 나는 철수가 {어떤 이유라고, *왜라고} 말했는지 기억나지 않는다.

영어 대조수문은 영어 병합수문과 달리 섬제약을 준수하는 것으로 알려졌다.

(69) a. *The detective ruled out the possibility that Fred killed ABBY, but I don't know who else₁ [the detective ruled out the possibility that Fred killed t₁].
[Fox & Lasnik 2003: 152]

b. *Abby wants to hire someone who speaks GREEK, but I don't remember what other languages₁ [she wants to hire someone who speaks t₁].
[Merchant 2008: 148]

위의 예문은 *ABBY, GREEK*이 내현 초점이동을 할 때 섬제약을 위반하기 때문에 비문이라고 주장되었는데, 그렇다면 영어에서는 섬제약이 논리형태에서도 준수되어야 한다고 주장하는 것을 의미한다.

다른 예로 다음의 영어 대조수문을 살펴보자.

(70) a. She has five CATS, but I don't know how many DOGS.
b. She has [five CATS]₍F₎, but I don't know Q [she has [how many DOGS]₍F₎]

Fox & Lasnik(2003)에 따르면 위에서 *how many DOGS*는 외현적(overt) 초점이동을 수행하고 *five CATS*는 내현적(covert) 초점이동을 수행한다. 그런데 Merchant(2001)는 Kratzer(1991)의 예문 (71)을 언급하면서, 초점이 항상 섬제약 효과를 보이는 것은 아니라고 지적한다.

(71) I only talked to the woman who chaired the ZONING BOARD because you did.

(71)의 의미는 다음과 같다.

(72) The only *x* such that I talked to the woman that chaired *x* because you talked to the woman who chaired *x* is the zoning board.

만약 Fox & Lasnik(2003)에 따라 초점성분이 반드시 내현이동을 통해 작용역(scope)을 표현한다면, (71)은 복합명사구제약 위반이어서 비문이어야 한다.

생략과 관련하여 음성형태부는 회복성(recoverability)을 논리형태부는 동일성(identity)과 병행성(parallelism)을 요구한다. (70)에서 생략절의 잔여성분과 선행절의 대응성분이 대조적 관계를 형성하기 때문에 논리형태 병행성이 만족된다. 즉, 두 절이 Schwarzschild(1999)의 초점닫기(F-closure) 운용을 통해 유사한 의미형식(semantic formula)을 갖게 되면 병행성이 만족된다. (70)의 두 절은 λx[she has x]이라는 동일한 의미형식을 갖게 되어 한 절의 초점연쇄(focus chain)는 다른 절의 초점연쇄와 대조된다. 또한 선행절이 생략된 요소들을 모두 포함하기 때문에 음성형태 회복성이 만족된다.

한국어 대조수문도 영어 대조수문처럼 섬제약 효과를 보인다.

(73) a. *철수는 [5명의 **남성가수**가 초대된 파티에] 출석했지만,
      [몇 명의 **여성가수**인지는] 모른다.
   b. *철수는 [5명의 **남성가수**가 파티에 초대되었기 때문에] 기뻐했지만,
      [몇 명의 **여성가수**인지는] 모른다.

요약하면, 한국어 대조수문과 한국어 병합수문은 잔여성분이 wh-표현이 아니어도 괜찮다는 점에서는 유사하지만 전자는 섬제약을 준수하고 후자는 섬제약을 준수하지 않는다는 점에서 차이가 있다.

한국어 새싹수문도 미약하기는 하지만 섬제약 효과를 보이는 경우가 있다.

(74) a. 연아는 [회장이 상장을 민지에게 수여한다고] 나한테 말해줬는데, 나는 어디에서인지 모르겠어.
   b. ?연아는 [회장이 상장을 민지에게 수여한다는 소식을] 나한테 말해줬는데, 나는 어디에서인지 모르겠어.

(75) a. 연아는 [회장이 학회에서 상장을 수여한다고] 나한테 말해줬는데, 나는 누구에게인지 모르겠어.
b. ??연아는 [회장이 학회에서 상장을 수여한다는 소식을] 나한테 말해줬는데, 나는 누구에게인지 모르겠어.
(76) a. ?연아는 [회장이 학회에서 민지에게 수여한다고] 나한테 말해줬는데, 나는 무엇을인지 모르겠어.
b. *연아는 [회장이 학회에서 민지에게 수여한다는 소식을] 나한테 말해줬는데, 나는 무엇을인지 모르겠어.

한국어 새싹수문은 논항이 새싹(Sprouting)이 된 경우에 영어 새싹수문처럼 섬제약 효과를 보인다.

5.2.5 다중수문

4장에서 논의하였듯이, 영어 수문과 달리 한국어는 wh-잔여성분이 여러 개 나타나는 다중수문(Multiple Sluicing)이 허용된다.

(77) *Someone bought something, but I don't know who what.
(78) 누군가가 무언가를 샀는데, 나는 누가 {?무언지, ?무엇인지, ?무엇을인지} 모른다.

Nishiyama et al.(1996: 347)은 Takahashi(1993, 1994) 분석의 문제점으로 다음의 다중수문 구문을 제시하였다.

(79) 영희는 누군가를 어딘가에서 누군가에게 소개했지만, 나는 {?누구를 거기에서 누구에게인지, 누구를 어디에서 누구에게인지} 모른다.

저자가 박사논문(김정석 1997)에서 주장한 것처럼 한국어/일본어 수문의 일치자질이 [+focus]라면 (79)의 문법성을 TP 생략으로 설명할 수 있다.
그런데 한국어에 다중수문이 가능하다는 사실을 분열문 분석으로는 설명할 수 없다.

(80) a. 철수가 영희에게 책을 주었다.
   b. 철수가 영희에게 준 것은 책이다.
   c. 철수가 책을 준 것은 영희에게다.
   d. *철수가 준 것은 영희에게 책이다.
   e. *철수가 준 것은 책을 영희에게다.

한국어 분열문에서 분열성분은 오직 하나의 요소만 가능하기 때문이다. 즉, 한국어 분열문은 복수초점을 허용하지 않는다(손근원 2000, 김종복 2015).

5.3 주절 수문

다음은 영어 주절 수문(Matrix Sluicing)의 예이다.

(81) a. A: Mary bought something.
       B: Really? What?
   b. A: Someone came in.
       B: Yeah? Who?

Hasegawa(2006)는 일본어 내포절 수문은 분열문으로 분석되어야 하지만 일본어 주절 수문은 영어 수문과 유사한 TP 생략이라고 주장한다.

(82) a. A: Hanako-ga   nanika-o   katte-kita   yo.
           H-Nom   something-Acc bought
       B: Honto?   Nani-o?
           really   what-Acc
           'Hanako bought something.' 'Really? What?'
   b. A: Dareka-ga   haitte-kita   ne.
           someone-Nom came in
       B: Eh! Dare-ga?
           yeah who-Nom
           'Someone came in.' 'Yeah? Who?'

한국어 주절 수문은 다음의 특성을 보인다. 첫째, 격조사가 탈락한 주절 수문에는 의문형 보문소가 나타날 수 있다(83B2, 84B2). 둘째, 격조사가 출현한 주절 수문에는 의문형 보문소가 바로 나타날 수 없다(83B3, 84B3). 그런데 계사가 있는 경우 목적격조사는 나타날 수 있으나(83B4), 주격조사는 계사 앞에서 문법성을 떨어뜨린다(84B4).

(83) A: 영희가 무언가를 사왔어.
 B1: {무엇을, 무엇}?
 B2: {뭐지, 뭐니, 뭐야}?
 B3: {*무엇을지, *무엇을니, *무엇을야}?
 B4: {?무엇을이지, ?무엇을이니, ?무엇을이야}?

(84) A: 누군가가 들어 왔네.
 B1: {누가, 누구}?
 B2: {누구지, 누구니, 누구야}?
 B3: {*누가지, *누가니, *누가야}?
 B4: {*누가이지, *누가이니, *누가이야}?

앞에서 논의한 것처럼, 한국어 수문의 계사 앞에서의 격조사 탈락 여부는 통사적 현상이 아니라 다른 문법 영역에서 다루어져야 할 것으로 보인다.

한국어 분열문의 특성은 다음과 같다. 첫째, 계사 '이'가 나타날 수 있다(85a, b, c). 둘째, 대명사 '그것/그게'가 나타날 수 있다(85b). 셋째, 분열성분이 wh-논항인 경우 격조사가 반드시 탈락되어야 한다(85c).

(85) a. 철수가 먹은 것은 사과(??를) 이다.
 b. 철수가 먹은 것은 그것은 사과(*를) 이다.
 c. 철수가 먹은 것은 무엇(*을) 이니?

예를 들어, (83B4)와 (85c)의 문법성 차이는 수문이 분열문에서 도출되는 것이 아니라 생략으로 도출되는 것임을 보이는 증거다.

한국어 주절 수문은 영어 주절수문처럼 섬제약을 준수하지 않는다.

(86) A: 영희는 [철수가 무언가를 보냈던 여자를] 찾고 있는 것 같았어.
　　　B: {무엇, 무엇이지, 무엇을, ?무엇을이지}?
(87) A: [철수가 무언가를 전부 먹어버렸기 때문에] 영희가 화를 냈던 것 같았어.
　　　B: {무엇, 무엇이지, 무엇을, ?무엇을이지}?

앞에서 외현통사부에서 움직이지 않은 제자리 wh-부가어는 제자리 wh-논항과 달리 섬제약을 준수한다는 Huang(1982)의 관측과, 영어에서 wh-논항과 wh-부가어가 수문에서 각기 다른 섬제약 효과를 보인다는 Merchant(2001)의 관측을 논의하였다. 한국어 주절 수문도 wh-부가어가 이동을 할 때 섬제약 효과를 보인다.

(88) a. A: 철수는 [영희가 무언가의 이유로 해고되었다고] 말했어.
　　　　B: 어! {어떤 이유로, 왜}?
　　　b. A: 철수는 [무언가의 이유로 해고되었던 사람을] 불쌍하게 생각했어.
　　　　B: 어! {?어떤 이유로, *왜}?

따라서, 한국어 주절 수문은 한국어 내포절 수문처럼 생략문이다.

5.4 맺음말

지금까지 5장에서 우리는 한국어 수문과 분열문의 특성을 살펴보고 수문이 분열문으로 분석되면 안 되는 이유에 대해서 논의하였다. 한국어 수문이 분열문으로 분석되면 안 되는 이유는 다음과 같다.

첫째, 한국어 수문의 잔여성분은 격표시될 수 있으나 분열문의 분열성분은 격표시될 수 없다. 둘째, 한국어 병합수문은 섬제약을 준수하지 않지만 분열문은 섬제약을 준수한다. 셋째, 한국어 수문은 잔여성분이 복수로 나타나는 다중수문이 가능하지만 분열문은 분열성분이 복수로 나타날 수 없다.

또한 한국어 수문은 내포절뿐만 아니라 주절에서도 나타날 수 있다. 비한정적 표현의 존재가 수문을 규정하는 중요한 특성이라면 Kuwabara(1997)의 자료는 수문이 아니라 축약분열문이다. 그 밖에 영어 식의 대조수문과 새싹수문이 한국어에도 존재함을 보고하고 이들이 병합수문과 달리 섬제약을 준수함을 확인하였다.

06 영어 생략문에서의 최대축소 원리

6.1 들머리

6장에서 저자는 생략(ellipsis)이나 대용화(anaphora)와 같은 축소(reduction) 현상에서 나타나는 선호성(preference) 원리에 대해서 살펴보고자 한다. 특히 문법성(grammaticality)과 별개로 모국어 화자가 갖는 선호성에 대해서 논의한다.

Chomsky(1964, 1965)는 심층구조에서 표층구조를 도출하기 위해 변형을 적용할 때 A-over-A 제약(A-over-A Constraint)이라는 보편적 제약을 준수해야 한다고 주장한다. A-over-A 제약이란 어떤 변형을 수행할 수 있는 동일한 유형의 범주가 두 개가 있을 때 하위의 범주보다는 상위의 범주가 변형을 수행해야 한다는 원리다. 예를 들어, 아래와 같은 등위구조를 보자.

(1) a. We have to read [$_{NP}$ [$_{NP}$ some books] and [$_{NP}$ some papers]].
    b. *Which books$_1$ do we have to read [$_{NP}$ [$_{NP}$ t$_1$] and [$_{NP}$ some papers]]?
    c. [$_{NP}$ [$_{NP}$ Which books] and [$_{NP}$ which papers]]$_1$ do we have to read t$_1$?

A-over-A 제약은 (1b)처럼 상위에 NP가 있을 때 하위의 NP가 이동하는 것을 막는다. (1c)처럼 NP가 이동을 해야 한다면 상위의 NP가 이동을 해야 한다. A-over-A 제약은 문법성에 대한 통사제약으로 이 제약을 어기면 (1b)처럼 비문이 도출된다.

저자는 A-over-A 제약과 유사한 '최대축소(MaxReduce)의 원리'가 담화(discourse)에서 선호성 제약으로 존재함을 보일 것이다. 화자는 담화상에서 정보를 전달할 때 가능한 줄여서 전달하려는 경향이 있다. 예를 들어, 생략은 청자가 대화 내용을 쉽게 이해할 수 있게끔 정보처리의 부담을 덜어주려는 화자의 책략이다. 즉, 이전 담화에서 이미 존재하거나 쉽게 복구가 가능한 정보를 화자가 일부러 누락시켜 청자가 화자의 의도를 파악하는데 드는 노력을 덜어 주는 의사전달 방법이다. 최대축소의 원리는 위반되어도 비문법성을 초래하지는 않지만 정보구조의 변화를 주어 화자의 선호성에 영향을 미치는 화용적/담화적 제약이다.

6장의 구성은 다음과 같다. 6.2절에서는 Merchant(2001, 2008) 등이 주장한 최대생략의 원리에 대해서 개괄하고 한계점을 논의한다. 6.3절에서는 문법성에 대한 제약으로 제시된 최대생략의 원리와 달리 선호성에 대한 제약으로 최대축소의 원리를 소개한다. 6.4절은 맺음말이다.

6.2 최대생략

Lasnik(2001), Merchant(2001, 2008)는 wh-이동이 있을 경우 가능한 많은 정보를 생략해야 하는 원리가 존재함을 관측하였다.

(2) 최대생략(MaxElide)의 원리
A'-흔적을 포함하는 생략 구성성분 XP가 있다고 하자. YP 역시 삭제가 가능한 구성성분이라고 하자. 이때 XP는 YP내에 포함되어 있으면 안 된다(XP $\not\subset$ YP).
[Merchant 2008: 141]

이 제약은 wh-흔적을 포함하는 구조를 생략할 때 가능하면 가장 큰 구성성분을 삭제할 것을 요구한다.

다음 예들을 살펴보자.

(3) They attended a lecture on a Balkan language, but I don't know

        a. which they attended a lecture about t.

        b. which [~TP~ ~they~ ~attended~ ~a~ ~lecture~ ~about~ ~t~].

        c. *which [~TP~ they did [~VP~ ~attend~ ~a~ ~lecture~ ~about~ ~t~]].

(3)에서 wh-흔적을 포함하는 VP는 TP 내에 포함되어 있다. 이 경우 생략이 TP 대신에 VP를 삭제하게 되면 (3c)처럼 비문이 도출된다. 즉, 최대생략의 원리에 따르면 (3b)처럼 TP를 삭제해야 한다.

    그러나 다음 예는 다른 양상을 보여준다.

(4)   a. I know what I LIKE and what [~TP~ I DON'T [~VP~ ~like~ ~t~]].
       b. I know which books she READ, and which [~TP~ she DIDN'T [~VP~ ~read~ ~t~]].

(4)에서 삭제된 VP가 TP 내에 포함되어 있지만 이 TP는 복원가능성을 고려할 때 삭제될 수 없다. 왜냐하면 문장부정어인 *n't*의 삭제를 허용할 표현이 선행절에 존재하지 않기 때문이다. 따라서 최대생략의 원리가 적용될 수 없어서 VP 생략이 가능하다. 다음 예들의 문법성에도 최대생략의 원리가 적용되는 것 같다.

(5)   a. Ben knows who she invited, but Charlie doesn't know who she invited.
       b. Ben knows who she invited, but Charlie doesn't [~VP~ ~know~ ~who~ [~TP~ ~she~ [~VP~ ~invited~ ~t~]]].
       c. ??Ben knows who she invited, but Charlie doesn't [~VP~ know who [~TP~ she did [~VP~ ~invite~ ~t~]]].
       d. ??Ben knows who she invited, but Charlie doesn't [~VP~ know who [~TP~ ~she~ [~VP~ ~invited~ ~t~]]].   [Merchant 2008: (142)]

(5b)처럼 상위의 VP를 겨냥한 VP 생략은 문법적이다. 그러나 (5c), (5d)처럼 내포절 VP나 내포절 TP를 겨냥한 생략은 최대생략의 원리를 위반하여 문법성을 저하시킨다.

    (6)에서도 최대생략의 원리에 따라 상위 TP 생략이 하위 TP 생략의 가능성을 배제시키는 것 같다(Williams 1986).

(6) a. John knows how to do something, but I don't know what ~~he knows how to do t~~.
   b. *John knows how to do something, but I don't know what he knows how ~~to do t~~.

Shiobara(2011)는 (7c)가 (7a, b)보다 문법성이 좋다고 보고한다. 아마도 이는 Shiobara나 Merchant(2001: 124, 주 8)가 언급한 것처럼 *whom*이 지니는 격식 차림(formality)과 새싹도치수문(Swiping)이 나타내는 구어적 속성이 충돌하기 때문으로 추정된다.

(7) a. ?*You don't remember to whom John talked, but I remember who to.
   b. ?*You don't remember whom John talked to, but I remember who to.
   c. ??You don't remember who John talked to, but I remember who to.
   [Shiobara 2011: (15)]

(7)에서는 선행절의 주어와 생략절의 주어가 대조초점(contrastive focus) 관계에 놓여 강세를 받는다. 그런데 아래처럼 선행절과 생략절의 주어를 동일한 대명사로 만들면 수용성이 좋아진다. 이 경우 생략절의 주어 *I*는 더 이상 대조초점을 받을 수 없고 따라서 문장 끝에 위치한 전치사가 더 많은 강세를 받게 된다.

(8) a. ??I wasn't sure to whom John talked, but now I remember who TO.
   b. ??I wasn't sure whom John talked to, but now I remember who TO.
   c. ?I wasn't sure who John talked to, but now I remember who TO.
   [Shiobara 2011: (16)]

Shiobara에 따르면 (7)의 새싹도치수문에 비해 (9a)의 수문(Sluicing)이나 (9b)의 VP 생략이 더 좋은 문장이다.

(9) a. ?You don't remember who John talked to, but I remember who.
   b. You don't remember who John talked to, but I do.

TP 생략의 예인 새싹도치수문이나 보통의 병합수문(Merger Sluicing)에 비해 VP 생략이 더 선호된다는 Shiobara의 관측도 최대생략의 원리에 부합된다.

그러나 Merchant(2008)가 인정하고 있듯이 최대생략의 원리는 기술적 타당성만 만족시킬 뿐 통사적 설명으로 보기에는 불충분하다. 그런데 간과해서는 안 될 중요한 점은 최대생략의 원리가 A'-흔적을 포함하는 XP에만 국한된다는 것이다. 따라서 다음 예들은 모두 문법적으로 용인된다.

(10) a. Ben knows that she invited Klaus, but her father does not [$_{VP}$ know that she did [$_{VP}$ invite Klaus]].
 b. Ben knows that she invited Klaus, but her father does not [$_{VP}$ know that she [$_{VP}$ invited Klaus]].

흥미로운 점은 모국어 화자들은 내포절 VP 생략의 결과인 (10a)에 비해 주절 VP 생략의 결과인 (10b)를 선호한다는 것이다. 그렇다면 과연 그 이유가 무엇인지를 탐구해 보자.

6.3 최대축소

대화를 효율적으로 진행하기 위해서 화자는 청자와 공유하는 정보를 적절히 이용해야 한다. 화자와 청자가 공유하는 정보는 보통 발화의 초기에 위치하는데 이것을 구정보(given/old information)라고 한다. 대부분의 발화는 구정보 외에 화자가 전달하려는 메시지의 초점이 되는 정보를 포함하는데 이것을 신정보(new information)이라고 한다.[1] 두 요소는 하나의 정보 단위를 이룬다. 구정보는 보통 주어로 표현되고 신정보는 보통 술어로 표현된다. 예를 들어 다음을 보자.

---

[1] Chafe(1976: 30)는 구정보를 "발화 시에 화자가 청자의 의식 속에 존재하는 것으로 가정하는 지식"으로 정의하고, 신정보를 "화자가 발화를 통해 청자의 의식 속에 도입하려고 하는 지식"으로 정의한다.

(11) The movers arrived three hours late.

(11)에서 주어 *the movers*는 구정보이다. 구정보를 주어 자리에 표현함으로써 화자는 이것이 담화에서 이미 언급된 정보임을 암시한다. 술어 *arrived three hours late*는 화제(topic)에 대한 신정보를 표현한다. (11)의 어순은 구정보가 신정보를 선행하는 기본 형태를 보여준다((13)을 참고). 가끔 화자는 생략을 통해 구정보를 누락시키고 신정보를 부각시킨다. 따라서 정보단위는 출현이 수의적인 구정보와 출현이 의무적인 신정보로 구성된다.

Hankamer & Sag(1976)는 대용화(anaphora)를 심층대용화(deep anaphora)와 표층대용화(surface anaphora)의 두 종류로 구분한다. *Do it* 대형태(*pro*-form)는 심층대용화의 예이고 VP 생략은 표층대용화의 예이다.[2]

(12) [Hankamer points gun offstage and fires, whereupon a blood-curdling scream is heard. Sag says:]
    a. Jorge, you shouldn't have [$_{VP}$ done it]!
    b. *Jorge, you shouldn't have [$_{VP}$ Ø]!

Hankamer & Sag(1976)의 대용화 구별은 선행어가 언어적으로만 표현되느냐 아니면 화용적으로도 표현이 가능하느냐에 달려있다. (12)처럼 언어적 문맥이 없어도 심층대용화는 문법적인 반면 표층대용화는 그렇지 않다.

이제 저자는 언어문맥이 있는 경우에는 가능하면 표층대용화가 심층대용화에 비해 선호되는 경향이 있음을 제시하고 이러한 현상에 관여하는 세 가지 원리를 논의할 것이다. 이 원리들은 정보구조에 적용되어 담화를 특정한 방식으로 구성해 준다.

정보포장(information packaging) 이론에서는 다음의 두 원리가 중요한 역할을 수행한다고 주장되어왔다.[3]

---

[2] Sag & Hankamer(1984)는 대용화에 대한 이분법을 유지하기는 하지만 표층대용화 대신에 '생략'이라는 용어를, 심층대용화 대신에 '모델-해석 대용화(model-interpretive anaphora)'라는 용어를 사용한다.

[3] Chafe(1976)는 화용적 기능을 수행하는 통사구조를 지칭하기 위해 포장(packaging)이라는 용어를 사용한다. 화자는 자신이 표현하고자 하는 정보를 청자의 마음속에 각인시키기 위해서 특별한

(13) 정보흐름의 원리(The Principle of Information Flow)
　　　구정보는 신정보를 선행한다.　　　　　　　　　　[Prince 1981: 247]
(14) 문미중량의 원리(The Principle of End-Weight)
　　　일반적으로 무거운(heavy) 표현은 처리(processing)를 용이하게 하기 위해서 주절의 끝에 놓이는 경향이 있다.⁴　　　　[Quirk et al. 1985: 1361-1362]

수동형 문장은 위의 두 원리를 가장 잘 준수하고 있는 구문이다. 다음을 보자.

(15) For dessert I had a piece of a wonderfully delicious cake. [Given It] was made [New by the new pastry chef].
　　　비교: #The new pastry chef made it.
(16) [Given I] was approached [New by a man wearing dark glasses, a wide-brimmed hat, and a black scarf].
　　　비교: #A man wearing dark glasses, a wide-brimmed hat, and a black scarf approached me.

수동형 문장에서 행위자 논항이 *by*-구의 형태로 나타날 때 주어는 보통 구정보를 표현한다. (15), (16)은 정보흐름의 원리와 문미중량의 원리를 준수하고 있다.

(13), (14)의 정보원리들은 간접목적어를 포함하는 문장의 유형을 결정하는데 도움을 준다. 정보 흐름을 고려할 때 간접목적어가 구정보인 경우는 여격이동(dative movement) 유형이 선호된다.⁵

　　　통사구조를 선택하게 되는데 이 과정이 바로 정보를 포장하는 것이다.
4　영어의 중명사구전이(Heavy NP Shift), 우절점인상(Right-Node-Raising), 외치(Extraposition), 처격도치(Locative Inversion), 유사공백화(Pseudogapping), 수문(Sluicing), 제시(Presentational) *there* 구문 등에는 문미초점(End-Focus) 효과가 있다는 관측이 있었다. Quirk & Greenbaum (1973), Leech & Svartvik(1994)는 이러한 제약을 문미초점의 원리(Principle of End-Focus)라고 불렀다.
5　Akmajian & Henry(1975: 178-179)에 따르면, 여격이동 변형의 기저형은 아래쌍에서 (ia)이다.

　　　(i) a. Mr. Ponsonby sent a parcel to his son.
　　　　　b. Mr. Ponsonby sent his son a parcel.

　　　즉, 그들은 (ia)에서 (ib)가 도출되는 것으로 보았다. 6장에서는 편의상 여격이동이라는 용어를 사용할 것이다.

(17) A: You know, I can't figure out what to get John for his birthday. Any ideas?
B: Give [Given him] a CD. You know how much he likes music.

직접목적어가 구정보라면 아래처럼 전치사 유형이 선호된다.

(18) I have two pistols here, a Colt .45 and a German Luger. Here are the rules of the duel. I'm going to give [Given the Colt] to Fred and [Given the Luger] to Alex...

(14)의 문미중량의 원리에 따르면, 중명사구는 의사소통의 효율성을 높이기 위해 (즉, 중명사구전이를 통해) 절의 끝으로 이동을 할 수 있다. 이것은 (19b)에서 보여지는 것처럼 여격이동 규칙을 적용함으로써 이루어진다.

(19) a. ?Abby gave [foot-long frankfurters that had been roasted over an open hickory fire] [to the kids].
b. Abby gave [the kids] [foot-long frankfurters that had been roasted over an open hickory fire].

저자는 이제 위에서 논의한 두 정보원리들 외에 축소(reduction)의 경제원리를 제안하고자 한다. (21a)의 대형태(*pro*-form)와 (21b)의 생략(ellipsis)은 잉여성(redundancy)을 회피하기 위해 구정보를 약화시키는 통사적 장치이다.[6]

(20) She might sing tonight, but I don't think she will *sing tonight*.
(21) a. She might sing tonight, but I don't think she will *do it*.
b. She might sing tonight, but I don't think she will ~~sing tonight~~.

즉, 언어 사용자는 가능한 다음의 원리를 준수한다.[7]

---

[6] Quirk et al.(1985: 876-878)에 따르면 *do it*과 *do that*은 *do so*의 변이형이다. *Do the same, do likewise, do similarly*는 비교 상황에서 나타나는 *do that*의 변이형이다. 그런데 Hankamer & Sag(1976)는 *do so*와 *do it*이 다르다고 주장한다. 그들의 분류에 따르면 *do so*는 표층대용화의 예이고 *do it*은 심층대용화의 예이다.

[7] 유사한 관점에서 Kennedy(2001: 17)는 생략문에서는 접합부(interface) 조건을 만족시키기 위해

(22) 최대축소의 원리(The Principle of MaxReduce)
의미에 변화를 주지 않으면서 정보를 축소할 수 있는 방법이 있을 때 가능한 많은 정보를 축소하라.

위의 정보원리는 단순한 경제원리를 넘어선다. 아래의 조각문 응답은 정보축소를 통해 청자의 관심을 신정보로 집중시킴으로써 발화 혹은 문장의 명료성을 높이는데 기여한다.

(23) A: Have you spoken to Jenny?
B: Not yet. (= I have not yet spoken to Jenny.)

다음의 패러다임은 Quirk et al.(1985: 882-883)이 관측한 것인데 최대축소의 원리를 준수하고 있다.

(24) a. You asked him to leave, and I did so.
비교: You asked him to leave, and I did so, too.
b. You asked him to leave, and so did I.
비교: #You asked him to leave, and so did I, too.
c. You asked him to leave, and so I did.
비교: #You asked him to leave, and so I did, too.

(24a)의 so는 do so 대형태의 일부이다. 따라서 too 혹은 either를 의미하는 전제 촉발요소(presupposition trigger)와 같이 나타날 수 있다. 그런데 (24b)의 so는 대형태가 아니고 전제 촉발요소로 사용되었기 때문에 예시된 것처럼 too와 같이 나타날 수 없다. 즉, (24b)는 생략을 포함하는 표층대용화 현상이다. (24c)에서는 주어와 VP 생략을 허가하는 조동사 did가 문두에 위치한 so와 도치되지 않았다. 즉, (24c) 역시 생략을 포함하는 표층대용화의 예이다. 흥미롭게도 모국어 화자들은 심층대용화인 (24a)보다 표층대용화인 (24b), (24c)를 선호한다. (22)의 최대축소의 원리에 따르면

필요한 구조만을 가정하면 된다고 주장하였다.

표현된 정보의 양으로 볼 때 표층대용화인 생략이 심층대용화인 대형태에 비해 경제적이다.

다음의 패러다임은 VP 심층대용화의 예인 *do it*과 이에 해당되는 표층대용화의 예인 VP 생략의 쌍을 예시해 준다.

(25) A: I'm going to stuff this ball through this hoop.
B1: It's not clear that you'll be able to [vp do it].
B2: It's not clear that you'll be able to [vp Ø]. [Hankamer & Sag 1976: 392]

(26) A: I produce a cleaver and prepare to hack off my left hand.
B1: Don't be alarmed, ladies and gentlemen, we've rehearsed this act several times, and he never actually [vp does it].
B2: Don't be alarmed, ladies and gentlemen, we've rehearsed this act several times, and he never actually does [vp Ø]. [Hankamer & Sag 1976: 392]

모국어 화자들은 언어문맥이 있을 경우에 표층대용화를 심층대용화에 비해 선호하는 경향이 있다. 다음의 예들도 유사한 패러다임을 보여준다.

(27) a. They planned to reach the top of the mountain, but nobody knows if they [vp did so].
b. They planned to reach the top of the mountain, but nobody knows if they did [vp Ø].

(28) a. Rules of decorum change over the years. For instance, my grandmother says that a lady always wears a hat to church, but few young women [vp did so] nowadays.
b. Rules of decorum change over the years. For instance, my grandmother says that a lady always wears a hat to church, but few young women do [vp Ø] nowadays.

(29) a. You can take the train back to Madrid, but I shouldn't [vp do so] until tomorrow morning.
b. You can take the train back to Madrid, but I shouldn't [vp Ø] until tomorrow

morning.

(30) a. As no one else has succeeded in solving the mystery, I'll attempt to [$_{VP}$ did so] myself.

b. As no one else has succeeded in solving the mystery, I'll attempt to [$_{VP}$ Ø] myself.

Hankamer & Sag(1976)에 따르면 *do so*는 VP 생략과 마찬가지로 표층대용화의 예이다. 그런데 최대축소의 원리는 내현적(covert) 표층대용화의 예인 VP 생략이 외현적(overt) 표층대용화의 예인 *do so* 대형태에 비해 선호될 것으로 예측한다. 이 예측은 위의 패러다임을 고려해 볼 때 타당해 보인다.[8]

하나 이상의 조동사를 포함하는 문장에서 생략은 여타의 조건이 동일할 때 가능한 큰 크기의 범주를 생략의 범위로 선호한다. 따라서 다음 예들에서 (B2)의 발화들이 선호된다.

(31) A: Would you have written a formal letter of complaint, do you think?
B1: I might have ~~written a formal letter of complaint~~, I don't know.
B2: I might ~~have written a formal letter of complaint~~, I don't know.

(32) A: Debbie should have said something, shouldn't she?
B1: Yes, she should have ~~said something~~.
B2: Yes, she should ~~have said something~~.

(33) [octogenarian talking about being old]
A: I presume every day it's a bonus, isn't it?

---

[8] (30)과 관련하여 다음을 살펴보자.

(i) A: I believe him to be honest.
B: *Mary believes him to.
C: ?Mary believes him to be so.
D: Mary believes him to be.

(iA) 발화에 대한 답변으로 (iB)는 비문법적이다. 그 이유는 통제(control) *to*와 달리 예외적 격표시(ECM) *to*는 VP 생략을 허가하지 않기 때문이다(Martin 1996). 따라서 최대축소의 원리는 (iB)와 (iC)의 대조와 무관하다. 대신 최대축소의 원리는 (iC)와 (iD)의 수용성 차이에 적용되어 *so*가 발화된 (iC)의 답변과 비교하여 *so*가 발화되지 않은 (iD)의 답변을 선호하는 것 같다.

B1: It could be a bonus.
B2: It could be a bonus.

최대생략의 원리는 A'-이동을 포함하고 있지 않는 위의 예들에는 적용되지 않는다. 대신 최대축소의 원리가 적용되는데 이 원리는 통사제약이 아니라 화용제약이기 때문에 문법성이 아니라 선호성에 영향을 미친다.

비교문에서 후행절은 선행절에서 이미 등장한 요소들을 탈락시켜 정보를 축소하는 경향이 있다. 불평등비교(inequality comparison)에서 두 절의 주어가 다르고 VP가 동일할 때 후행절의 VP는 보통 탈락이 된다. 혹은 VP가 조동사를 남기고 생략이 된다. 만약 VP 내에 대조되는 요소가 있을 경우에는 생략되지 않고 잔여성분으로 남는다.

(34) a. I enjoyed the concert more than Susan did enjoy the concert.
 b. I enjoyed the concert more than Susan enjoyed the concert.
(35) a. I enjoyed the concert more than Susan had enjoyed the concert.
 b. I enjoyed the concert more than Susan had enjoyed the concert.

다음처럼 두 절의 주어와 동사가 동일한 경우에는 대조초점 관계에 놓인 요소들만을 제외하고 모두 탈락이 된다(이에 대한 통사적 분석으로는 김정석(2005)을 참고).

(36) They spent more time in EUROPE than they spent time in NEW YORK.
(37) He has more FRIENDS than he has ENEMIES.

불평등 비교에서도 생략이 있을 경우 최대축소의 원리를 따라 가능한 범위가 큰 생략이 선호되는 것 같다.

평등비교(equality comparison)에서도 최대축소의 원리를 준수하는 것 같다. 아래에서 모국어 화자들은 (b)를 선호한다.[9]

---

[9] Chomsky(1977) 이래 비교문은 wh-이동을 포함하는 것으로, 즉, A'-흔적을 포함하는 것으로 분석되었다. 그렇다면 (38)-(41)에서 Merchant의 최대생략의 원리에 따르면 상위 범주의 삭제가 하위 범주의 삭제를 막아서 (a) 문장들은 비문법적으로 예측될 것이다. 따라서 최대생략의 개념에 대한

(38) a. He enjoyed the concert as much as Susan did ~~enjoy it~~.
　　　b. He enjoyed the concert as much as Susan ~~enjoyed it~~.
(39) a. She's taller than John is ~~tall~~.
　　　b. She's taller than John ~~is tall~~.
(40) a. They spend as much time here as they do ~~spend~~ in Europe.
　　　b. They spend as much time here as ~~they spend~~ in Europe.
(41) a. Their decision affected him as much as it did ~~affect~~ me.
　　　b. Their decision affected him as much as ~~it affected~~ me.

　요약하면, 사람들은 가능한 효율적으로 대화를 진행하려는 경향이 있어서 문맥에서 이해가 가능한 요소를 생략하기도 한다. 이러한 견지에서 볼 때 최대축소의 원리는 담화상에서 선호되는 원리이다.

6.4 맺음말

　언어는 의사소통의 수단으로 문장(절) 단위로 발화가 되는데 어떤 발화는 문장이 아닌 것처럼 보이는 경우가 있다. 이 경우의 축소된 발화는 원래 완전한 문장이었으나 생략이나 대형태와 같은 통사적 수단을 통해 구조가 변형된 것이다. 언어가 정보 전달의 수단이라면 이러한 축소 현상은 화자가 정보구조의 변화를 통해 청자의 정보 처리 부담을 덜어 주려는 잉여성 회피 책략에 기인한 것이다.

　Merchant(2001, 2008)는 동사구 생략과 수문의 대조를 통해 A'-흔적을 포함하는 생략이 있을 경우는 가능한 큰 범주가 생략되어야 한다는 최대생략의 원리를 제안하였다. 이러한 원리는 문법성에 영향을 미치는 통사제약으로 주목을 받았으나 왜 A'-흔적을 포함하는 생략에만 이러한 제약이 요구되는지에 대한 명백한 근거를 제시하지 못하여 문법성 원리로 필요한지에 대한 의문이 가시지 않고 있다.

　저자는 Chomsky(1964) 이래 통사제약으로 논란의 대상이 되어온 A-over-A 제약과 유사한 최대축소의 원리가 담화에서 선호성 제약으로 존재함을 정보포장 이론에

심층 논의가 필요할 듯하다.

근거하여 주장하였다. 정보포장 이론에서 중요한 원리는 대개 정보흐름의 원리와 문미중량의 원리 형태로 압축이 되었는데 6장은 최대축소의 원리도 정보구조를 관할하는 중요한 경제원리의 하나임을 주장하였다.

07 한국어 초점문에서의 생략

7.1 들머리

7장에서 저자는 '한국어 초점문(focus sentence)에서 허용되는 생략의 범위'에 대해서 논의하면서 생략을 허가하는데 있어서 초점이 중요한 역할을 수행함을 논증하고자 한다.

먼저 영어 공백화(Gapping)의 예를 살펴보자.

(1)   John eats apples, and Mary Ø <u>bananas</u>.   [Ross 1970]

(1)에 예시된 공백화의 중요한 특징 중의 하나는 *bananas*처럼 생략지점의 우측에 잔여성분(remnant)이 나타난다는 점이다. (2)는 VP 생략(VP ellipsis)의 예인데 VP 생략의 특징 중의 하나는 조동사가 나타난다는 점이다.

(2)   John eats apples, and Mary <u>does</u> too.

(3)은 Levin(1978)이 유사공백화(Pseudogapping)라고 명명한 현상이다.

(3)   John eats apples, and Mary <u>does bananas</u>.

유사공백화는 우측 잔여성분이 존재한다는 점에서 공백화와 유사하고 조동사가 존재한다는 점에서 VP 생략과 유사하다.

저자는 박사논문(김정석 1997)에서 영어 유사공백화와 유사한 구문이 한국어 초점문에서 나타남을 관측하였다. 잘 알려진 바와 같이, 한국어에는 영어 유형의 *do*-보조가 출현하는 VP 생략은 존재하지 않는다.[1] [2]

(4)　A:　철수가 사과를 먹어.
　　　B:　??영희도 Ø 해.　　　　　　　　　　　　　　　　[-0.70, 0.52]

그런데 (4B)처럼 생략된 VP 뒤에 조동사 '하'가 나타나면 비문으로 판정되는 반면, 계사(Copular)와 형태적으로 동일한 동사 '이'가 나타나면 정문으로 관측된다(김정석 1997):[3]

(5)　A:　철수가 사과를 먹어.
　　　B:　영희도 Ø 야.　　　　　　　　　　　　　　　　　[0.56, 0.67]

(5B)의 생략문에는 '도'라는 초점표지를 지닌 잔여성분과 의미가 없는 조동사인 '이'가 발음되고 있다. 박사논문에서 저자는 잔여성분과 조동사가 출현한다는 점에서 이러한 문장을 한국어의 '유사공백화'라 명명하였다.

7장의 구성은 다음과 같다. 7.2절에서는 영어 유사공백화 구문을 탐구한다. 7.3절에서는 한국어 유사공백화 구문을 포함한 여러 유형의 생략문을 소개하고 이들이

---

[1] 설문에는 총 43명의 모국어화자가 참여하였는데, 그중 필러(filler) 항목과의 연관성을 통해 신뢰할 수 없는 참가자 12명의 응답은 버리고 31명의 응답을 유효한 값으로 사용했다. 직관을 수량적으로 수집하기 위해 5단계(1-5)의 리커트 척도(Likert Scale)를 사용하였고, 응답은 표준화하였다. 예문의 우측에 적힌 숫자가 그 예문에 대한 z-표준점수(z-score)와 표준편차(standard deviation = SD)이다.

[2] 다음의 B 응답은 VP 생략이 아니라 영어의 *do so*에 해당하는 한국어 표현이다.

　(i)　A: 철수가 사과를 먹어.
　　　B: 영희도 그래.　　　　　　　　　　　　　　　　　　[0.99, 0.49]

[3] 저자의 박사논문(김정석 1997)에 따라, 조동사 '이'는 긍정표지인 '야'와 결합하여 '야'로 실현된다고 가정한다.

초점문에서 등장하며 초점이 생략을 허가하는데 중요한 역할을 수행함을 입증한다. 또한 생략의 범위와 관련하여 선호성(preference)에 영향을 미치는 생략의 경제성에 대해서 논의한다. 7.4절에서는 한국어 유사공백화 구문에서 나타나는 관용어 해석을 통해 이 구문이 분열문/계사문이 아니라 생략문임을 입증한다. 7.5절은 맺음말이다.

7.2 영어의 유사공백화

Lasnik(1995, 1999)은 유사공백화 현상을 영어에 '외현적 목적어전이(Overt Object Shift)'가 있다는 증거로 사용하였다.

(6) John ate apples, and Mary did bananas₁ [VP eat t₁].

Lasnik은 (6)과 같은 유사공백화 구문이 외현적 목적어전이 후에 VP 생략이 뒤따르면 도출되는 것으로 분석하였다. 영어에 외현적 목적어전이가 있다고 전제를 하면 영어의 어순을 고려할 때 동사도 외현이동을 한다고 가정해야 한다. 그러지 않으면 (7)과 비교하여 (8)처럼 비문이 도출된다.

(7) John ate apples.
(8) a. *John apples ate.
    b. *John did apples eat.

그렇다면 동사가 외현이동을 겪은 목적어의 뒤에 남아있는 것처럼 보이는 (6)이 어떻게 허용되는가의 문제가 제기된다.

이러한 문제에 대해 Lasnik(1995)은 강자질(strong feature) 제거와 관련하여 Chomsky(1993)의 음성형태(PF) 이론을 가정하면서 (7)에서 동사가 외현이동을 하는 이유는 동사 자체가 강자질을 가지고 있기 때문이라고 주장한다. Chomsky에 따르면 강자질은 자질점검(feature checking)에 의해서 제거된다. 그런데 강자질을 제거하는 대안으로 Lasnik(1995)은 (6)에서 동사의 강자질은 음성형태에서 VP 삭제가 일어날 때 구조상에서 제거될 수 있다고 주장한다. 그 결과 (8)과 달리 (6), (7)의 경우는 마지막 음성형태 층위(PF-level)에 강자질이 존재하지 않아서 도출이 성공적으로 마무리 되는 것이다.

Lasnik(1999)은 Chomsky(1995)의 두 단계 이동(two-step movement)가설을 받아들여 자신의 이전 분석(Lasnik 1995)을 다음처럼 재해석한다. Agbayani(1998), Ochi(1999)에 의해서 구체화된 두 단계 이동가설에서, 외현이동은 자질이동(feature movement)이 먼저 일어나고 차후에 남은 범주가 대동이동(pied-piping movement)을 하는 것으로 이해된다. Ochi(1999)를 따라 Lasnik(1999)은 대동이동이 후행해야만 하는 이유는 형식자질(formal feature)이 음성적으로 결함이 있기 때문이라고 가정한다. 이러한 결함은 전체 범주가 형식자질의 근처로 대동이동을 함으로써 극복된다. 그런데 대동이동에 대한 대안으로 Lasnik(1999)은 (6)처럼 음성형태에서 결함이 있는 부분이 삭제되면 도출 과정에서 발생했던 비문법적인 요소가 제거가 되었기 때문에 문법성이 수정된다고 주장한다.

하지만 Lasnik(1995, 1999)의 분석은 부가어 PP가 유사공백화의 잔여성분으로 살아남는 경우를 명쾌히 설명하지 못한다.

(9) a. ?John swam beside Mary, and Bill did ~~swim~~ beside Susan.
  b. ?John stood near Mary, and Bill did ~~stand~~ near Susan.

(9)처럼 부가어 PP는 유사공백화에서 잔여성분으로 남을 수 있다. Lasnik는 부가어 PP도 AgrO의 지정어로 이동을 해서 확대투사원리(Extended Projection Principle = EPP)를 만족시킬 수 있다고 주장을 할 수 밖에 없다. 그러나 부가어가 확대투사원리를 만족시킨다는 독립된 근거를 찾기가 어렵다.

예를 들어, 처격도치(locative inversion)문을 보면 오직 PP 보어만이 주어 자리에 출현할 수 있음을 알 수 있다.

(10) a. [NP [N' ∅N [PP Onto the ground]]] had fallen a few leaves.
  b. *[PP Onto the ground] had spit a few sailors.

Bresnan(1994: 78)의 관측에 따르면 (10b)에서 도치된 처격 PP는 전체 사건(event)의 장소를 기술하는 것이지 반드시 주어의 장소를 기술하는 것은 아니라는 점에서 부가어이다. 즉, (10b)는 선원들이 반드시 땅에 있어야 함을 암시하지 않는다. 반면에 (10a)에서 도치된 처격 PP는 논리적 주어의 위치를 기술해야만 한다. 따라서 (10a)에서 나뭇잎은 반드시 땅 위에 있어야 한다. 이는 보어 PP만이 처격도치를 인허한다는 것을 시사한다. Lasnik이 제시한 것처럼 부가어 PP도 확대투사원리를 만족시킬 수 있다면 (10)에서 보이는 대조를 설명할 길이 없다. 김정석(1998b, 2000)에서 저자는 처격도치문에서 허용되는 처격 PP는 약간의 결함(defection)이 있기는 하나 실상은 NP임을 주장한 바 있다. 즉, (10a)의 보어 PP는 사실 NP이기 때문에 T의 [+EPP]를 만족시킬 수 있다. 그러나 (10b)의 PP는 부가어 PP로 단지 PP에 불과하기 때문에 T의 [+EPP]를 만족시킬 수 없다.

이러한 관점에서 [+EPP] 만족과 관련된 다음의 두 주장이 함의하는 이론적 파장을 생각해 보자.

(11) 모든 범주자질(categorial feature)은 T의 [+EPP]와 점검관계를 형성할 수 있다 (Collins 1997).

(12) 확대투사원리(EPP)는 자질점검에 의해서 충족되는 것이 아니라 TP의 지정어가 외현적으로 채워져야 한다는 보편적 요건을 의미한다(장영준 1997).

위의 두 주장은 어떤 범주라도 확대투사원리를 만족시킬 수 있다는 점에서 경험적으로는 거의 유사한 주장이다. 그러나 다음의 예를 보면 이러한 주장에는 무리가 따른다는 것을 쉽게 알 수 있다.

(13) a. *Completely drunk jumped a man.
      b. *Crammed with babies rolled a baby carriage.
      c. *In love with my daughter entered a man.
      d. *Crying loudly fell a baby.
      e. *At 10 o'clock arrived the train.
      f. *Because Mary had left arrived someone.
      g. *By the policeman was found a child.

(13)은 모든 범주가 확대투사원리를 만족시키는 것은 아니라는 점을 명백히 보여 준다.

7.3 한국어의 생략과 초점

한국어 생략문에서 나타나는 초점성분은 문자화(Spell-Out) 이전에 생략지점 밖으로 이동을 해야 한다.

7.3.1 유사공백화: VP 생략

박사논문(김정석 1997)에서 저자는 한국어 유사공백화를 잔여성분인 초점성분이 FocP의 지정어로 외현이동을 한 후 음성형태에서 VP 삭제가 일어나서 도출되는 현상으로 분석하였다. 논의전개를 위해 저자의 이전 분석(김정석 1997)을 간단히 소개하고자 한다.

다음의 예를 보자.

(14) A: 철수가 사과를 먹어.
    B1: 영희도 Ø 야.   [0.56, 0.67]
    B2: 바나나도 Ø 야.   [0.79, 0.55]

(14B1)의 생략지점에서는 동사와 목적어가 삭제되었다. (14B2)의 생략지점에서는 주어와 동사가 삭제되었다. 이 예들은 잔여성분과 조동사가 출현한다는 점에서 영어의 유사공백화와 닮아있다. 그러나 영어 유사공백화와 달리 한국어 유사공백화에서는 잔여성분이 초점표지인 '도'를 가지고 있어야 한다. 다음을 보자.

(15) A: 철수가 사과를 먹어.
    B1: ?*영희가 Ø 야.   [-0.51, 0.78]
    B2: ?*바나나를 Ø 야.   [-0.67, 0.75]

(15)에서 초점표지 대신에 격표지를 지닌 잔여성분들은 수용성을 저하시킨다.

이러한 사실에 근거하여 저자는 한국어 유사공백화에서의 선행이동은 초점이동이며 초점성분은 TP위의 FocP의 지정어로 외현이동을 한다고 주장하였다. 그런데 초점문에서는 잔여성분으로 복수의 초점성분이 출현할 수 있기 때문에 저자는 움직이는 요소와 초점핵인 Foc 모두에 강한 [+focus] 자질이 있는 것으로 가정을 하고 '부가에 의한 점검(Checking-through-Adjunction)'을 제안하였다.[4]

초점이동이 외현이동이라는 증거는 다음과 같다.

(16) A: 여름을 삼촌은 철수가 __ 싫어한다고 말했어.
     B: ??겨울도 야.   [-0.41, 0.85]
        겨울도ᵢ [ᵥₚ 삼촌은 [cp 철수가 tᵢ 싫어한다고] 말하였] 야.
(17) A: 코끼리를 삼촌은 철수가 __ 무서워한다는 사실을 몰랐어.
     B: ?*기린도 야.   [-0.62, 0.75]
        기린도ᵢ [ᵥₚ 삼촌은 [ɴₚ [cp 철수가 tᵢ 무서워한다는] 사실을] 몰랐] 야.

(16B)의 수용성보다 (17B)의 수용성이 떨어지는 이유는 초점성분이 외현이동을 할 때 복합명사구제약(CNPC)을 위반했기 때문이라고 볼 수 있다.

박사논문에서 저자는 Chomsky(1993)와 Lasnik(1999)을 따라 AgrS와 AgrO는 동일한 자질을 가지고 있으며 한국어의 Agr에 있는 EPP 자질은 약자질이라고 가정하였다. Chomsky(1995)의 자질이동(Move-F)이론을 수용한다면 이는 한국어의 주어와 목적어는 외현통사부(overt syntax)에서 VP 내에 존재하며 형식자질(formal feature)만이 내현통사부(covert syntax)에서 이동하는 것을 의미한다.[5]

(14B1, B2)는 각각 다음과 같이 도출된다.

---

[4] '부가에 의한 점검'이라는 운용은 정덕호가 사석에서 제안한 것처럼 Hornstein(2009)의 연합(concatenation)과 명칭(label)의 개념으로 재해석될 수 있을 것 같다. A와 B가 연합되어 [A-B]를 형성한 후 명칭이 투사되면 계속 통사이동을 할 수 있으며 C와 연합이 가능하지만 명칭이 투사되지 않으면 더 이상 통사이동을 수행할 수 없다.

[5] 박사논문(김정석 1997)에서 저자는 한국어의 주동사가 외현통사부에서 상위의 동사(higher V)까지 이동하는 것으로 가정하였다. 한국어의 동사가 외현통사부에서 VP 밖으로 이동하지 않는다는 주장에 대해서는 박명관(1994)과 저자의 박사논문을 참고하기 바란다.

(18) [FocP 영희도₁ [TP [AgrSP t'₁ [VP1 t₁ [AgrOP [VP2 사과를 t_v] AgrO] 먹] AgrS] 야]
[+focus]]

(19) [FocP 바나나도₁ [TP [AgrSP [VP1 철수가 [AgrOP t'₁ [VP2 t₁ t_v] AgrO] 먹] AgrS] 야]
[+focus]]

Koizumi(1995), Lasnik(1999) 유형의 분열동사구(Split VP) 구조를 수용하면 각각의 VP가 하나의 논항만을 포함하고 있기 때문에 지정어 자리와 보어 자리 사이의 구별이 불필요하다. 따라서 보어도 지정어 자리에서 기저생성된다고 가정할 수 있다. (18)에서 초점화된 주어는 강한 초점자질(strong focus feature)을 점검하기 위해 상위의 VP에서 FocP의 지정어로 이동하였다. (19)에서 초점화된 목적어 역시 강자질 점검을 위해 FocP의 지정어로 이동을 하였다. 그 결과 (14B1, B2)가 각각 도출된다. 한국어 유사공백화는 영어와 달리 복수의 잔여성분을 허용한다.

(20) A: 아빠가 동생에게 책을 주었어.
B1: ?형에게 공책도 야.　　　　　　　　　　　　　　[-0.23, 0.76]
B2: ??공책을 형에게도 야.　　　　　　　　　　　　　[-0.43, 0.71]
'아빠가 형에게 공책을 주었다는 의미'

(20B1)의 선행하는 잔여성분은 초점표지를 가지고 있지는 않지만 직관적으로－아마도 초점성분의 앞에 위치하여－초점화된 표현이다. 모든 초점성분이 FocP의 지정어로 이동을 해야 하기 때문에 외현이동을 유발하는 강자질이 존재한다면 이것은 핵인 Foc이 아니라 이동요소인 초점성분에 존재해야 한다. 만약 강자질이 Foc에만 존재한다면 아마도 하나의 초점성분만 이동이 가능할 것이다(Bošković 1998). 한국어 유사공백화에서 복수의 잔여성분이 허용되는 현상을 설명하기 위해 저자는 강자질인 [+focus]가 핵과 이동요소 모두에 존재하는 것으로 가정하고 강자질 점검을 위해서 '부가에 의한 점검'이라는 특별한 점검 방식을 제안을 하였다. 좀더 상세히 말하면, (20B1)에서 하위의 초점성분이 상위의 초점성분에 부가되면 서로의 강자질을 점검할 수 있다고 주장을 하였다(Saito 1994, 손근원 1994a). 이후 부가되어 하나로 묶인 두 초점성분은 Foc 핵의 강자질을 점검하기 위해 다시 이동을 한다고 주장

을 하였다. 강한 [+focus] 자질은 점검 후에 강자질의 특성이 사라지기는 하지만 [+focus] 자질은 해석자질(interpretable feature)이기 때문에 자질 자체가 제거되지는 않는다. (20B1), (20B2)는 각각 다음처럼 도출된다.

(21) a. [FocP 형에게₂ 공책도₁ [TP [AgrP1 [VP1 아빠가 [AgrP2 [VP2 t₂ [AgrP3 [VP3 t₁ tv3] Agr3] tv2] Agr2] 주ᵥ₁] Agr1] 야ᴛ] [+focus]]

b. [FocP 공책을₂ 형에게도₁ [TP [AgrP1 [VP1 아빠가 [AgrP2 [VP2 t₁ [AgrP3 [VP3 t₂ tv3] Agr3] tv2] Agr2] 주] Agr1] 야ᴛ] [+focus]]

이전에 기술한 바와 같이 조동사 '하'는 VP 생략에서 좌초된 시제를 구제하지 못한다.

(22) A: 철수가 사과를 먹어.
　　　B1: 영희도 야.　　　　　　　　　　　　　　[0.56, 0.67]
　　　B2:?*영희도 해.　　　　　　　　　　　　　[-0.70, 0.52]
　　　　　[FocP 영희도₁ [TP [VP t₁ 사과를 먹ᵥ] 야ᴛ/*한다ᴛ] [+focus]]

(23) A: 철수가 사과를 먹었어.
　　　B1: 영희도 였어.　　　　　　　　　　　　　[0.21, 0.72]
　　　B2:*영희도 했어.　　　　　　　　　　　　　[-0.84, 0.43]
　　　　　[FocP 영희도₁ [TP [VP t₁ 사과를 먹ᵥ] 이-었어ᴛ/*하-었어ᴛ] [+focus]]
　　　B3:*영희가 였어.　　　　　　　　　　　　　[-0.85, 0.65]
　　　B4: 영희도 그랬어.　　　　　　　　　　　　[0.99, 0.51]

(22B1), (23B1)에서 초점성분이 VP를 벗어나 FocP의 지정어로 이동을 하고 음성형 태에서 VP가 삭제될 때 T에 있는 시제가 좌초된다. 박사논문에서 저자는 초점조동 사인 '이'가 T에 삽입되면 좌초된 시제의 숙주 역할을 하여 통사적 문제가 해결이 되고 V-자질을 가지고 있는 '이'가 Foc 핵으로 이동하여 Foc의 V-자질을 점검해 주면 정문이 도출되는 것으로 보았다.[6] 이와 달리, 조동사 '하'는 Foc의 V-자질을

---

[6] Hiraiwa & Ishihara(2002, 2012)는 일본어 분열문에서 나타나는 계사 *da* 'be'를 초점첨사(focus particle)로 보았다.

점검할 수 없어서 비문이 도출되는 것으로 보았다.

요약하면, 한국어 유사공백화는 잔여성분인 초점성분이 FocP의 지정어로 외현이동을 한 후 음성형태에서 VP가 삭제되는 현상이며 여기서 출현하는 계사 '이'는 최후수단(last resort)으로 삽입되는 초점조동사(focus auxiliary)이다.

7.3.2 생략의 범위

한국어 초점문에서의 생략은 [+focus]가 인허하는 경우 VP를 비롯하여 다양한 범위의 범주가 삭제될 수 있다.

7.3.2.1 NegP 생략

한국어에는 두 종류의 부정형태가 존재한다. (24)는 장형부정(long-form negation)의 예를 포함하고, (25)는 단형부정(short-form negation)의 예를 포함한다.

(24)   A: 철수가 사과를 먹지 않았어.
      B1: 영희도 아니야.   [0.30, 0.78]
          영희도₁ [NegP [VP t₁ ~~사과를 먹지~~] 아니] 야
      B2: 영희도 야.   [0.62, 0.63]
          영희도₁ [NegP [VP t₁ ~~사과를 먹지~~] ~~아니~~] 야

(25)   A: 철수가 사과를 안 먹었어.
      B1: 영희도 아니야.   [0.41, 0.63]
          영희도₁ [NegP [VP t₁ ~~사과를 먹지~~] 아니] 야
      B2: 영희도 야.   [0.75, 0.71]
          영희도₁ [NegP [VP t₁ ~~사과를 먹지~~] ~~아니~~] 야

의미적으로 볼 때 (24B1, B2), (25B1, B2)의 두 문장들은 매우 유사하다. 위에서 논의한 것처럼 (24B1), (25B1)는 VP 생략의 예라고 볼 수 있다. 쟁점은 (24B2), (25B2)을 어떻게 도출하냐는 것이다. NegP가 VP보다 높은 곳에서 생성된다는 가정 하에 (24), (25)의 생략문은 같은 방식으로 도출된다고 볼 수 있다. VP가 삭제되면

B1 문장들이 도출이 되고, NegP가 삭제되면 B2 문장들이 도출된다.

7.3.2.2 AgrSP 생략

한국어에서는 경칭형태소(honorific morpheme)인 '시'가 동사에 붙어서 나타날 수 있다.

(26) a. 나의 아버지가 오셨다.   [0.77, 0.63]
      b. 나의 아버지가 왔다.   [0.17, 0.75]
(27) a. 철수가 아버지를 불렀다.   [1.28, 0.51]
      b. ?*철수가 아버지를 부르셨다.   [-0.64, 0.81]

경칭형태소 '시'는 주어만이 인허한다. 윤종열(1990)을 따라 경칭일치가 주어-동사 일치의 예라고 가정하면 이는 한국어에 AgrSP가 존재한다는 증거가 될 수 있다.

한국어에 AgrSP가 존재한다는 다른 증거는 수 일치(number agreement)에서 찾을 수 있다.

(28) a. 학생들이 빨리 달려들 왔다.   [0.10, 0.79]
      b. *한 학생이 빨리 달려들 왔다.   [-0.79, 0.79]
(29) a. 자네들 잘 가게들.   [0.48, 0.59]
      b. 자네 잘 가게들.   [0.25, 0.84]
(30) a. ?철수가 학생들이 선생님에게 갔다고들 말했다.   [-0.16, 0.83]
      b. *철수가 학생이 선생님에게 갔다고들 말했다.   [-0.82, 0.41]

위의 예처럼, 복수형태소 '들'은 주어가 복수일 때 동사에 나타나는 것이 선호된다.

만약 IP가 AgrSP와 TP로 분해될 수 있다면 어느 것이 더 상위에 위치하는가를 결정해야 한다.

(31) a. 나의 아버지가 오시었다.   [0.03, 0.82]
      b. *나의 아버지가 오었시다.   [-1.24, 0.59]

　　　　c. ?나의 아버지가 오다　　　　　　　　　　　　[-0.23, 0.74]
(32)　a. 나의 어머님이 편지를 쓰신다.　　　　　　　　[0.93, 0.46]
　　　　b. *나의 어머님이 편지를 쓴시다.　　　　　　　[-0.77, 0.93]
　　　　c. 나의 어머님이 편지를 쓴다.　　　　　　　　 [0.08, 0.80]

관련된 예를 보면, 주어일치형태소 다음에 시제형태소가 나타나는 것을 알 수 있다. 한국어가 핵후행(head-final) 언어임을 감안하면 한국어에서는 TP가 AgrSP보다 위에 존재한다고 볼 수 있다.

다음 예를 살펴보자.

(33)　A:　　선생님께서 책을 읽으셔.
　　　　B1:?*신문도 셔.7　　　　　　　　　　　　　　[-0.70, 0.73]
　　　　B2:　신문도 야.　　　　　　　　　　　　　　　[0.66, 0.65]

(33B1), (33B2)의 유사성은 두 문장이 초점이동을 후행하는 삭제에 의해 도출되었다고 보면 쉽게 설명된다. 전자는 유사공백화의 예로 VP 생략문이다. 즉, '시-야'(AgrS+be)가 '셔'로 발음된다. 후자는 AgrSP 삭제로 도출된다.

7.3.2.3 TP 생략

최소공백화(Stripping)는 생략절에서 하나의 잔여성분을 제외하고는 모든 것이 삭제되는 현상이다(Hankamer & Sag 1976).

(34)　a. John eats/ate apples, and Mary *(too).
　　　　b. John eats/ate apples, but *(not) Mary.

(34)를 보면 영어 최소공백화는 담화상의 이유로 부사나 부정어를 요구하는 것을

7　(33B1)의 수용성이 많이 떨어지는 이유는 아마도 '시'는 경칭의 대상이 되는 주어와 일치하는데 음성형태에서 삭제가 일어난 후 발화할 때 주어가 사라지기 때문인듯하다. 따라서 '시'와 일치하는 경칭주어는 발음되어야 한다는 별도의 조건이 필요하다.

알 수 있다.

한국어 초점문에서도 최소공백화에 해당하는 구문을 발견할 수 있다.

(35) A: 철수가 사과를 먹었어.
   B1: 영희도.   [1.15, 0.39]
   B2:*영희가.   [-0.85, 0.72]
   영희도/가₁ [$_{TP}$ [$_{VP}$ t₁ 사과를 먹] 었어]

(36) A: 철수가 사과를 먹지 않았어.
   B1: 영희도.   [0.84, 0.42]
   B2:*영희가.   [-0.88, 0.66]
   영희도/가₁ [$_{TP}$ [$_{Neg}$ [$_{VP}$ t₁ 사과를 먹지] 아니] 했어]

(37) A: 철수가 사과를 안 먹었어.
   B1: 영희도.   [1.15, 0.39]
   B2:*영희가.   [-0.97, 0.63]
   영희도/가₁ [$_{TP}$ [$_{Neg}$ t₁ 사과를 아니 먹] 었어]

(35B1, 36B1, 37B1)의 문법성을 고려해 보면 한국어 최소공백화는 별도의 담화표지를 요구하지 않는다는 것을 알 수 있다. 이것은 초점표지인 '도'가 자체적으로 *too* 혹은 *either*에 해당하는 어휘적 의미를 지니기 때문이다. 만약 (35B1, 36B1, 37B1)에 '야' 혹은 '아니 야'가 추가되면 아래처럼 유사공백화가 도출된다.

(38) A: 철수가 사과를 먹었어.
   B: 영희도 야.   [0.85, 0.64]
(39) A: 철수가 사과를 먹지 않았어.
   B1: 영희도 야.   [0.47, 0.46]
   B2:?영희도 아니야.   [-0.20, 0.80]
(40) A: 철수가 사과를 안 먹었어.
   B1: 영희도 야.   [0.75, 0.71]
   B2: 영희도 아니야.   [0.41, 0.63]

결국 (35, 36, 37)의 최소공백화와 (38, 39, 40)의 유사공백화는 모두 초점이동 후에 음성형태 삭제의 결과로 도출된다. 따라서 한국어 유사공백화가 복수의 초점 잔여성분을 허용하는 것과 마찬가지로 한국어 최소공백화에서도 복수의 초점 잔여성분이 허용되는 것은 당연하다.

(41)   A: 아빠가 동생에게 책을 주었어.
       B1: 형에게 공책도.   [0.17, 0.70]
       B2: 공책을 형에게도.   [0.01, 0.59]

7.3.3 생략의 경제성

지금까지 살펴본 것을 정리하면 한국어 초점문에서의 생략은 VP 생략을 위시하여 NegP 생략, AgrSP 생략, TP 생략 등 그 크기가 다양하다는 것이었다. 그런데 흥미로운 점은 모국어 화자의 직관에 의하면 생략의 크기를 정하는데 있어서 가능한 큰 크기의 범위를 삭제하는 생략이 선호된다는 점이다.

(42)   [$_{TP}$ ⋯ [$_{AgrSP}$ ⋯ [$_{NegP}$ ⋯ [$_{VP}$ ⋯]]]]
(43)   NegP 생략은 VP 생략인 유사공백화보다 선호된다.
       A: 철수가 사과를 먹지 않았어.
       B1: 영희도 야.   [0.62, 0.63]
       B2: 영희도 아니야.   [0.30, 0.78]
       C: 철수가 사과를 안 먹었어.
       D1: 영희도 야.   [0.75, 0.71]
       D2: 영희도 아니야.   [0.41, 0.63]
(44)   AgrSP 생략은 VP 생략인 유사공백화보다 선호된다.
       A: 선생님께서 책을 읽으셔.
       B1:   신문도 야.   [0.66, 0.65]
       B2: ?*신문도 셔.   [-0.70, 0.73]
(45)   TP 생략인 최소공백화는 NegP 생략보다 선호된다.
       A: 철수가 사과를 먹지 않았어.

  B1: 영희도. [0.84, 0.42]

  B2: 영희도 야. [0.62, 0.63]

 (46) TP 생략인 최소공백화는 VP 생략인 유사공백화보다 선호된다

  A: 철수가 사과를 먹었어.

  B1: 영희도. [1.15, 0.39]

  B2: 영희도 야. [0.85, 0.64]

  C: 철수가 사과를 먹지 않았어.

  D1: 영희도. [0.84, 0.42]

  D2: 영희도 야. [0.47, 0.46]

  E: 철수가 사과를 안 먹었어.

  F1: 영희도. [1.15, 0.39]

  F2: 영희도 야. [0.75, 0.71]

그런데 (43)-(46)에서 포착된 관측과 관련하여 떠오르는 의문점은 왜 상위의 절점을 삭제하는 것이 하위의 절점을 삭제하는 것보다 선호되냐는 것이다.

 일단 다음과 같은 경제원리가 한국어 초점문의 생략에 적용된다고 추정할 수 있다.[8]

 (47) 초점문 생략의 최대화원리

  초점문의 구정보는 가능한 많이 삭제하라.

이와 관련하여 다음 현상을 살펴보자.

 (48) a. 철수가 세 권의 책을 샀다. [1.39, 0.50]

  b. 철수가 책을 세 권을 샀다. [0.63, 0.74]

  c. 철수가 세 권의 책들을 샀다. [0.48, 0.68]

  d. 철수가 책들을 세 권을 샀다. [0.01, 0.81]

  e. ?*철수가 책들을 세 권들을 샀다. [-0.56, 0.49]

  f. ?*철수가 책을 세 권들을 샀다. [-0.65, 0.52]

---

[8] 그런데 6장에서 논한 Merchant(2001)의 최대생략(MaxElide)의 원리와 7장에서 탐구하는 '초점문 생략의 최대화원리'는 서로 다른 개념이다. 여기서 말하는 '초점문 생략의 최대화원리'는 6장의 최대축소(MaxReduce)의 원리와 유사한 개념이다.

(49) a. 친구들이 세 명이 달려 왔다. [0.22, 0.75]
　　 b. ?친구들이 세 명이 달려들 왔다. [-0.03, 0.78]

복수형태소 '들'은 숙주가 되는 명사와 일치하면 나타날 수 있는데 위의 예문에서 복수형태소가 나타나는 문장보다는 오히려 탈락한 문장이 선호된다. 한국어는 언어문맥 혹은 화용문맥에서 잉여정보를 복원할 수 있으면 가능한 많은 잉여정보가 사라져야 하는 언어인 듯하다.

7.4 한국어 유사공백화와 관용어 해석

관용어는 논리형태에서 구성성분을 이루어야 한다. 만약 관용어를 이루는 구성성분의 일부에 의미변화가 생기면 관용어 해석이 사라진다. 도출 과정 중, 관용어 성분에서 분리된 요소들은 관용어 해석을 허가받기 위해 논리형태에서 기저위치로 재구성되어야 한다. 관용어는 합성되지 않으며 어휘부에서 하나의 독립된 어휘항목으로 등록되어 있다. 관용어가 음성형태에서 구성성분을 이루지 못하는 것처럼 보이더라도 관용어 해석이 점검되는 논리형태에서는 구성성분을 이루어야 한다.

Rottman & Yoshida(2013)는 영어 수문에서 관용어 해석이 유지된다는 점을 포착하였다.

(50) a. John pulled strings to get his position, but I don't know which strings.
　　 b. I heard John made headway on his project, but I don't know how much headway. [Rottman & Yoshida 2013: (7)]

이는 영어 수문이 완전한 문장에서 생성되었으며 생략에 의해서 일부분이 발음이 되지 않는다고 하더라도 구조를 보존하고 있다는 점을 시사한다.

이러한 고찰을 한국어 유사공백화에 적용해 보자. 이때 관용어의 잔여성분은 '도'와 결합되어 발음이 되고 술어는 생략이 되며 좌초된 시제를 보조하기 위해 초점조동사인 '이'가 삽입된다.[9]

(51) [가슴에 새기다 = 뼈에 새기다: '잊지 않게 단단히 마음에 기억하다']
　　　A: 철수는 어릴 때 부모님이 돌아가셔서 삼촌 집에 얹혀살았다 더라.
　　　B: 나도 들었어. 철수는 그 은혜를 가슴에 새기고 있는 거 같아.
　　　C1: 뼈에도야. 주말마다 농사일을 거들러 삼촌 집에 가더라고.　[0.02, 1.02]
　　　C2:*그것이 뼈에도야. 주말마다 농사일을 거들러 삼촌 집에 가더라고.
　　　　　　　　　　　　　　　　　　　　　　　　　　　　　　　　　　[-1.02, 0.70]

(51C1)의 '도야' 구문에서 관용어 해석이 유지되고 있다는 점은 한국어의 '도야' 구문이 생략문으로 구조를 가지고 있다는 증거가 된다. 흥미로운 것은 (51C2)처럼 외현대명사 '그것'이 같이 나타나는 계사문 구조에서는 관용어 해석이 나오지 않는다는 점이다.

생략 분석에 대한 대안으로 Nishiyama et al.(1996), 손근원(2000), 박명관(2001), 조정민(2005) 등은 (적어도 일부분의) 일본어/한국어 수문이 생략현상이 아니라 분열문(Cleft Sentence)이나 계사문(Copular Sentence)이라고 주장한다.

(52) A: 철수는 [자기가 어떤 이유로 비난을 받았는지] 모른다.
　　　B1: 영희는 [*pro* 왠지/왜인지] 안다.
　　　B2: 영희는 [그것이 왠지/왜인지] 안다.

그들에 따르면 (52B1)은 (52B2)와 같은 분열문/계사문에서 주어가 탈락하여 *pro*로 구현되어 도출된 것이다. 그러나 이러한 분열문/계사문 분석은 '그것'과 같은 외현대명사가 주어로 나타날 경우, 4장에서 논의한 것처럼 수문에서 관용어 해석이 사라진다는 점을 설명할 수 없다.

(53) a. 철수가 이번에도 뒤통수를 때렸다는데, 나는 {누구 뒤통수인지, *그게 누구 뒤통수인지} 모르겠다.
　　　b. 철수가 취업하려다가 번번이 미역국을 먹었는데, 이제까지 {총 몇 번의 미역국인지, *그것이 총 몇 번의 미역국인지} 모르겠다.

9　한국어 유사공백화 구문에서의 관용어 해석과 관련하여 (51), (54), (56)의 예문을 만들어 준 김윤희에게 고마움을 전한다.

(53)에서 관용어 해석이 사라지는 이유는 '그게, 그것'이 가지는 지시적(referential) 의미가 강해서인 것 같다. 관용어는 구성성분끼리 긴밀한 관계를 유지해야 하는데 의미의 변화를 초래하는 요소가 개입하면 관용어 해석이 사라진다.

다음에 유사한 대조 쌍을 고려해보자.

(54) [싸전에 가서 밥 달라 한다 = 우물에 가 숭늉 찾는다: '성미가 매우 급하다']
    A: 철수가 요새 학위논문 마감일 때문에 많이 힘들어하더라.
    B: 맞아. 싸전에서 밥 달라 할 것처럼 굴더라.
    C1:?숭늉도야. 벌써부터 취직 걱정 하던데?   [-0.17, 1.05]
    C2:*그것이 숭늉도야. 벌써부터 취직 걱정 하던데?   [-0.89, 0.78]

(51C1)의 '도야' 구문과 비교하여 (54C1)의 '도야' 구문에서 관용어 해석이 약하게 나오는 이유는 아마도 매체변화(vehicle change)효과 때문인 것으로 짐작이 된다.

(55) a. 가슴에 새커타 = 뼈에 새커타
    b. 싸전에 카서 밥 달라 한다 = 우물에 카 숭늉 찾는다

(55a)와 비교하여 (55b)에서의 생략이 관용어 해석의 유지에 영향을 미치는 것은 삭제된 부분의 의미적 동일성은 유사하지만 음성적 동일성에서 차이가 생기기 때문이다.

또 다른 쌍에 대한 모국어 화자의 직관은 7장의 분석이 올바른 방향으로 향해 있음을 시사한다.

(56) [손목을 묶어놓다 = 굴레를 씌우다: '활동을 구속하거나 제재를 가하다']
    A: 철수가 지난 번에 크게 사고를 치고 나서 철수의 부모님이 철수의 손목을 단단히 묶어놓은 것 같더라.
    B1:??굴레도야. 통금 시간이 생긴 건 물론이고 용돈도 줄었다더라.
                                                               [-0.38, 0.83]
    B2:?*그것이 굴레도야. 통금 시간이 생긴 건 물론이고 용돈도 줄었다더라.
                                                               [-0.52, 0.94]

(57) 손목을 묶어놓다 = 굴레를 씌우다

요약하면, 한국어 수문과 유사공백화에서 관용어 해석이 유지되는 것은 이 구문들이 내부 구조를 가지고 있는 생략현상이라는 증거가 된다.

7.5 맺음말

지금까지 7장에서 저자는 한국어 초점문에서의 생략은 [+focus]가 인허하는 경우 VP 생략을 위시하여 NegP 생략, AgrSP 생략, TP 생략 등 그 크기가 다양함을 관측하고, 생략범주의 선택이 가능한 경우 큰 크기의 범주를 삭제하는 생략이 선호된다는 일반화를 제시하였다. 이러한 '초점문 생략의 최대화원리'는 일종의 경제원리로 문법성에 직접적인 영향을 미치지는 않지만 담화에서 선호성 원리로 존재한다. 이는 저자가 6장에서 제안한 '최대축소의 원리'가 한국어 초점문에서의 생략에 적용되고 있음을 뒷받침한다. 또한 한국어 초점문에서 술어가 생략되더라도 관용어 해석이 유지되고 있다는 사실을 통해 관련 구문이 계사문이나 분열문으로 분석될 수 없으며 통사구조를 갖는 생략문임을 보였다.

08 영어와 한국어의 영보어 대용화

8.1 들머리

대용화(anaphora)란 어떤 표현이 언어문맥(linguistic context) 혹은 상황문맥(situational context)에서 존재하는 다른 요소를 지칭하는 현상을 의미한다. 대명사(pronoun)는 이러한 대용화 표현의 한 예로서 많은 주목을 받아왔다. 1960년대 말에는 대명사가 변형으로 도출(Bach 1970) 되는 것인지 아니면 기저생성(Jackendoff 1969, Bresnan 1970)되는 것인지가 논쟁거리였다. 외현대명사(overt pronoun)는 변형으로 도입되는 것이 아니라 기저생성되는 것이라는 주장이 보편적이나 다른 형태의 대용화 표현에 대해서는 여전히 연구가 필요한 실정이다. 이러한 논점과 관련하여 Hankamer & Sag (1976), Sag & Hankamer(1984)는 심층대용어(deep anaphor)는 기저생성되고 표층대용어(surface anaphor)는 변형으로 도출된다는 대용화에 대한 절충 이론을 제시하였다. Hankamer & Sag(1976)는 이러한 구별이 대용어의 음가(phonetic content)와는 무관함을 주장하였다. 예를 들어, *do so*는 발음이 되는 표층대용어의 예이며, 영보어 대용화(Null Complement Anaphora = NCA)는 발음이 되지 않는 심층대용어의 예이다.

8장은 Hankamer & Sag(1976)의 주장에 따라 그 동안 심층대용화의 예로 분류되어왔던 영어의 영보어 대용화가 표층대용화의 특성도 보임을 입증할 것이다. 영보어 대용화의 이러한 이중성은 영어의 *do so* 구문이 심층대용화와 표층대용화의 특성을 모두 보이기 때문에 저층대용화(shallow anaphora)로 분류되어야 한다는 김정석(2010)의 주장과 일맥상통한다.

8장의 구성은 다음과 같다. 8.2절에서는 화용적 선행어(pragmatic antecedent), 통사적 병행성(syntactic parallelism), 사라진 선행어(missing antecedent), 적출 가능성(extraction possibility)을 근거로 영어 영보어 대용화의 심층대용화적 특성을 검토한다. 8.3절에서는 이완지시 해석(sloppy interpretation)을 근거로 영어 영보어 대용화의 표층대용화적 특성을 논의한다. 8.4절은 이완지시 해석을 결속변항 대용화(Bound Variable Anaphora)로 설명하는 Hoji(2003)의 분석을 소개한다. 8.5절에서는 한국어 영보어 대용화가 어떤 대용화의 특성을 보이는지를 논의한다. 8.6절은 맺음말이다.

8.2 영보어 대용화의 심층대용화적 특성

Hankamer & Sag(1976)는 대용화 현상을 다음과 같이 이분화하였다.

(1) a. 심층대용화: *do it* 대용화(Do It Anaphora), 문장 *it* 대용화(Sentential It Anaphora), 영보어 대용화(NCA), *one* 대명사화(One Pronominalization) 등
b. 표층대용화: VP 생략(VP Ellipsis = VPE), 수문(Sluicing), 최소공백화(Stripping), 공백화(Gapping), 접속축소(Conjunction Reduction), *do so* 대용화(Do So Anaphora) 등

그들은 몇 가지 기준에 따라 대용화를 이분하였다. 8장의 관심은 심층대용화로 분류된 영어의 영보어 대용화이다. 대용화 분류의 기준은 오랜 기간 동안 논란의 대상이 되어 왔는데, 예를 들어, Cyrino(2004)는 브라질에서 사용되는 포르투칼어(Brazilian Portuguese)의 영보어 대용화가 표층대용화의 예로 분류되어야 한다고 주장을 하였다.

영어의 영보어 대용화가 심층대용화의 특성을 보인다는 Hankamer & Sag의 주장에 대해서는 이견이 거의 없었던 것이 사실이다. Depiante(2000, 2001)는 영어뿐만 아니라 스페인어와 이태리어의 영보어 대용화도 심층대용화의 예라고 주장을 하였다. 주목할 것은 관련된 술어의 보어가 음성적으로 실현되지 않는다는 사실이다.

(2) a. I asked Bill to leave, but he refused [NCA Ø].
   Ø = to leave
   b. Sue was attempting to kiss a gorilla, and Harry didn't approve [NCA Ø].
   Ø = to kiss a gorilla
   c. The judge insisted that someone had to escort the clothes to Holland. Barie Goetz volunteered [NCA Ø].
   Ø = to escort the clothes to Holland
   d. I wanted to talk to you. But I almost forgot [NCA Ø].
   Ø = to talk to you
   e. "What do you think about switching from defensive end to linebacker?" a fan inquired [NCA Ø].
   Ø = to switch from defensive end to linebacker
   f. He'd once told me he'd been tempted to use the acronym of Armitage Security Services instead, but his wife had objected [NCA Ø].
   Ø = to use the acronym of Armitage Security Services
   g. You can't get away with it. I've tried [NCA Ø].
   Ø = to get away with it

이 현상은 이미 많은 학자(Radford 1977, Zubizarreta 1982, Depiante 2000, 2001)가 지적한 바와 같이 몇몇 술어에 한정되어 나타난다. 즉, 영보어 대용화는 어휘적으로 결정된다. 다음은 영보어를 허용하는 동사들의 예이다.

(3) agree, approve, forget, inquire, know, object, refuse, succeed, try, volunteer

Depiante(2000, 2001)는 영어와 스페인어의 영보어 대용화 구문은 적절한 문맥에 의해 제공된 한정적 해석(definite interpretation)를 갖는다는 점을 지적한다.

(4) I eat meat and go late to bed, and my brother doesn't approve [NCA Ø].

그녀는 영보어 대용화를 허용하는 동사는 *eat*과 같은 자동사와 다르다는 점을 분명히 한다. Fillmore (1986), García-Velasco & Muñoz (2002), Groefsema (1995) 등에 따르면 *eat, write, teach*와 같이 타동사에서 전환된 자동사(transitive-converted intransitives)의 사라진 목적어는 보통 비한정적(indefinite)이다(김정석 2014). 즉, 발음되지 않는 직접 목적어들은 어떤 특정한 지시(specific reference)가 없다. 예를 들어 다음을 보자.

(5) a. John already ate.
b. John already ate it.

(5a)에서는 화자가 존이 무엇을 먹었는지 모를 가능성이 있다. 화자가 기술하려고 하는 것은 존이 어떤 음식을 입에 넣고 씹고 삼키었다는 사건(event)이다. 사실 García-Velasco & Muñoz(2002)는 British National Corpus(BNC)의 연구를 통해 동사 *eat*이 자동사로 사용되었을 때는 행위의 성과물이 아니라 행위 자체에 중점을 둔 해석을 유발한다고 보고하였다. 한편 동사가 외현대명사를 선택했을 때는 (5b)처럼 특정 의미를 유발한다고 하였다. 그런데 (4)의 문장은 단순히 내 동생이 화자가 하려는 어떤 것을 승인하지 않았다는 것을 의미하는 것이 아니라, 화자가 고기를 먹고 늦게 자려고 했다는 분명한 사실을 승인하지 않았다는 것을 의미한다.

8.2.1 화용적 선행어

표층대용화는 어떤 적절한 통사형태가 언어문맥에서 선행어로 표현되는 것을 요구한다. 반면에 심층대용화는 언어적 선행어뿐만 아니라 화용적 선행어도 용인한다. 다음의 VP 대용화 현상을 살펴보자.

(6) A peace agreement in the Middle East needs to be negotiated.
a. An agreement between India and Pakistan does [$_{VP}$ Ø] too.
b. *Colin Powell volunteered to [$_{VP}$ Ø].
c. Colin Powell volunteered to do it.

VP 생략의 예인 (6a)는 선행표현(*need to be negotiated*)이 언어문맥에서 존재하기 때문에 문법적이다. (6b)는 VP 생략이나 선행표현(*negotiate a peace agreement*)이 언어문맥에서 존재하지 않기 때문에 비문법적이다. (6c)가 문법적인 이유는 *do it*은 심층대용어로서 *negotiate a peace agreement*에 대한 의미표상(semantic representation)이 재구성될 수 있는 담화모델에서 해석이 가능하기 때문이다.

Schachter(1977: 764)는 어떤 VP 생략은 화용적 선행어만 있어도 용인되는 예를 제시한다.[1]

(7)　a. [John tries to kiss Mary. She says:]
　　　　John, you mustn't [VP Ø].
　　b. [John pours another martini for Mary. She says:]
　　　　I really shouldn't [VP Ø].
　　c. [In a situation where both participants hesitate in doing something, as jumping into an icy cold swimming pool]:
　　　　Don't [VP Ø]!

그러나 Hankamer(1978), Sag(1979)는 (7)의 예들은 언표내적(illocutionary) 표현으로 서술문(declarative statement)이나 정보의문문(informational question)의 전형적인 예들은 아니라고 주장한다. (7)을 다음과 비교해 보자.[2]

(8)　a. [John tries to kiss Mary. She says:]
　　　　*John, you're the first man who ever has [VP Ø].　[Hankamer 1978: (7a')]
　　b. [John pours another martini for Mary. She says:]
　　　　*John, are you aware that no one else has [VP Ø]? [Hankamer 1978: (7b')]

이러한 관점에서 다음의 영보어 대용화를 살펴보자.

---

[1] Williams(1977), Chao(1987: 119-120)도 비슷한 관측을 하고 있다.
[2] Hankamer(1978)는 어쩌면 VP 생략에 두 종류가 있을지도 모른다고 제안한다. 하나는 통사적 동일성을 준수하는 삭제 규칙에 의해 도출되는 표층대용화의 성격을 보이는 VP 생략이고 다른 하나는 기저생성되어 화용적으로 해석되는 심층대용화의 특성을 보이는 VP 생략이다.

(9) [Hankamer attempts to stuff a 9-inch ball through a 6-inch hoop.]
Sag: It's not clear you'll succeed [NCA Ø].   [Depiante 2000: 9: (24)]

영보어 대용화가 화용적 문맥에서 허용된다는 점에는 이견이 없는 듯하다. 따라서 영보어 대용화는 적어도 화용적 선행어와 관련해서는 심층대용화의 특성을 보인다고 결론을 내릴 수 있다.[3]

8.2.2 통사적 병행성

Hankamer & Sag에 의하면 표층대용어만이 통사적 병행성(syntactic parallelism)에 민감하다.

(10) The oats had to be taken to the bin,
    a. *so Bill did [VP Ø].
    b. so Bill did it.   [Hankamer & Sag 1976: (65)]

(10a)의 사라진 VP(*take the oats to the bin*)는 선행표현(*had to be taken to the bin*)과 구조적으로 동일하지 않아 문장이 비문법적이다. 이러한 통사적 병행성은 (10b)에서도 위반되지만 (10b)는 심층대용화의 예이기 때문에 문법적이다.

이러한 관점에서 다음의 영보어 대용화 구문을 살펴보자.

(11) The oats had to be taken to the bin, so Bill volunteered [NCA Ø].
[Hankamer & Sag 1976: (65)]

위 문장의 문법성을 통해 영보어 대용화가 통사적 병행성과 관련해서는 심층대용화의 특성을 보임을 알 수 있다.

---

[3] Depiante(2000, 2001)는 스페인어와 이태리어의 영보어 대용화는 화용적 문맥에서 허용이 되기 때문에 심층대용화의 예라고 주장한다.

8.2.3 사라진 선행어

Grinder & Postal(1971), Bresnan(1971)는 오직 표층대용어만이 사라진 선행어를 수용할 수 있다고 관측하였다. 즉, 음가가 없는 영요소가 후행하는 대명사의 선행어를 포함할 수 있다는 것이다. 이러한 관측을 영요소의 선행어는 도출의 어떤 단계에서 반드시 존재해야 한다는 것을 의미한다. 다음의 VP 생략의 경우를 살펴보자.

(12) I've never ridden a camel, but Ivan has [VP Ø] and he says *it* stank horribly.
[Hankamer & Sag 1976: (23)]

(12)에서 생략된 VP는 선행어(*ridden a camel*)로 추정되는 표현이 구조상에서 존재하기 때문에 대명사 *it*의 선행어가 될 수 있다. (13)이 비문법적인 것을 감안하면 대명사 *it*은 첫 번째 절에 있는 *a camel*을 직접 지시할 수는 없음을 알 수 있다.

(13) *I've never ridden a camel but Ivan says *it* stank horribly.
[Hankamer & Sag 1976: (25)]

비한정적 명사구인 *a camel*은 부정어의 작용역(scope) 내에 있기 때문에 선행어가 될 수 없다. 즉, 이것의 지시는 부정어의 작용역 내에 갇혀있다.
그러나 Hankamer & Sag는 모든 대용화 표현이 선행어가 사라지는 것을 허용하는 것은 아니라는 관측을 제시하고 있다.

(14) *Jack didn't cut Betty with a knife—Bill did it, and *it* was rusty.
[Hankamer & Sag 1976: (30)]

(14)의 *do it*은 대명사 *it*의 선행어가 될 수 있는 표현(*the knife Bill cut Betty with*)을 포함할 수 없다. 이는 심층대용화의 증거이다.
이러한 맥락에서 Depiante(2000, 2001)는 영보어 대용화는 사라진 선행어를 허용하지 않는다는 관측을 제시한다.

(15) *John didn't want to give up his seat, so Peter volunteered [NCA Ø] because *it was too narrow for him anyway.* [Depiante 2000: 10, (28)]

위 문장이 비문법적이라는 사실은 영보어 대용화는 내부 구조를 갖고 있지 않으며 심층대용화의 한 예임을 시사한다.4

8.2.4 적출 가능성

Depiante(2000, 2001)는 심층대용화와 표층대용화를 구별할 수 있는 새로운 기준으로 적출 가능성(extraction possibility)을 제안한다.

(16) a. I know which book Mary read t, and Peter knows which article Sally did [VP Ø].
b. *I know which book Mary read t, and Peter knows which article Sally did it.

(16)은 VP 대용화의 예인데, wh-표현은 표층대용화의 밖으로 이동이 가능하나 심층대용화의 밖으로는 이동이 불가능한데 그 이유는 심층대용어는 통사적으로 내부 구조를 갖지 않기 때문이다. Depiante는 영보어 대용화도 wh-이동을 허용하지 않는다고 관측한다.

(17) *I know which book Mary volunteered to read t, and Peter knows which article Sally volunteered [NCA Ø].

영보어 대용화가 하나의 굳어진(frozen) 덩어리로 존재한다는 또 다른 증거는 다음과 같이 화제이동(topicalization)이 일어났을 때의 비문법성에 기인한다.

(18) *This novel, Bill agreed to read t, and this biography, Peter agreed [NCA Ø].

---

4 그러나 Bresnan(1971), Johnson(2001), Houser(2008) 등은 '사라진 선행어'가 대용화를 구별하는 적절한 기준이 아니라고 주장한다.

(17), (18)의 비문법성은 영보어의 경우 내부 구조가 없이 화제화된 표현이나 전치된 wh-표현이 결속할 변항이 없기 때문이다. 영보어 대용어는 소위 말하는 '선행사내포삭제(Antecedent-Contained Deletion)' 구문에서도 나타날 수 없다.

(19) a. *I always eat anything that he volunteers [NCA Ø].
b. *I refused to do everything that he refused [NCA Ø].

반면에 VP 생략은 선행사내포삭제를 허용한다.

(20) a. I always eat anything that he does [VP Ø].
b. I refused to do everything that he did [VP Ø].

이러한 점에서 Depiante는 영보어 대용어는 통사적으로 내부 구조를 갖지 않으며 발음이 되지 않는 *pro*-형태라고 주장한다. 이러한 영 *pro*-형태는 의미적으로 자유변항(free variable)처럼 행동한다. 따라서 적출 가능성은 영보어 대용화가 심층대용화임을 시사한다.

8.3 영보어 대용화의 표층대용화적 특성

표층대용화의 전형적인 예인 VP 생략은 엄밀지시 해석(strict reading)과 이완지시 해석(sloppy reading)을 모두 보여준다.

(21) George claimed he won the election and Al did [VP Ø] too.
a. [Ø = claim George won the election]
b. [Ø = claim Al won the election]

일반적으로 (21b)의 이완지시 해석은 표층대용화의 특성으로 인식되어왔다. 그런데 Fiengo & May(1994)는 이완지시 해석이 표층대용화의 고유한 특성은 아니라고 주장한다.

(22) Max hit his friend, and Oscar did it, too.

그들에 따르면 심층대용화의 전형적인 예인 *do it* 대용화(Fiengo & May 1994: 248, 주 13)도 이완지시 해석을 갖는 경우가 있다고 한다.
유사하게 Houser(2008: 13)도 영보어 대용화에서 이완지시 해석이 나오는 경우가 있다고 보고한다.

(23) a. Jordan was happy to help her mom in the greenhouse, but Jacqueline refused [NCA Ø].
b. John refused to talk to his mother, but Mary agreed [NCA Ø].

이러한 관측 때문에 Depiante(2000: 34)는 이완지시 해석이 어떤 대용화를 심층대용화로 분류하는데 필요한 혹은 충분한 조건은 아니라고 결론을 내린다.
Depiante에 따르면 영보어 대용화는 통사부에서 내부 구조를 갖지 않는 영 *pro*-형태로 구현되어 명제(proposition), 속성(property), 혹은 의문(question)으로 해석될 수 있다. 영보어 대용어는 언어문맥이나 화용문맥에서 환기되(evoked)거나 추론이 가능한 대상에서 지시(reference)를 얻는다는 점에서 대명사와 유사하다. 따라서 대명사의 선행사로 쓰일 수 없다. 이러한 연유로 (15)의 영보어 대용어는 대명사 *it*의 잠재적 선행어가 될 수 없는 것이다.
영어의 *it*이나 *so*, 스페인어의 *lo*는 절이나 문장을 대신하는 대형태(*pro*-form)로 사용되는데 영보어 대용어는 이러한 절 대형태의 내현적 표현이라고 할 수 있다.

(24) Mary believes that Anne is pregnant but I don't believe {it, so}.

[Depiante 2000: 75, (41)]

(25) Maria   cree   que   Ana   esta   embarazada   pero
     Maria   believes that   Ana   is   pregnant   but

yo   no   lo   creo
I   not   it   believe   스페인어

'Maria believes that Ana is pregnant but I don't believe it.'

[Depiante 2000: 75, (42)]

이러한 점에서 Depiante는 다음의 일반화를 제시한다.

(26) 영보어 대용어를 선택하는 술어는 이에 상응하는 외현적 대형태를 취할 수 없다.

요약하면, 영어 영보어 대용화가 이완지시 해석을 허용한다는 점은 영어 영보어 대용어가 표층대용화의 특성도 보임을 시사한다.

8.4 이완지시 해석과 결속변항 대용화

Fiengo & May(1994)는 엄밀지시 해석과 이완지시 해석은 독립적 발생(independent occurrence)과 종속적 발생(dependent occurrence)을 모두 가질 수 있는 대명사가 출현하기 때문에 나타나는 결과라고 주장한다. 그들의 용어를 따라 대명사가 잠재적 선행어와 무관하게 사용되었다면 α-발생(α-occurrence)이라고 하고 선행어에 종속적으로 사용되었으면 β-발생(β-occurrence)이라고 하자. 발생이 독립적이면 재구(reconstruction)는 지표(index)를 복사한다. 발생이 종속적이면 재구는 의존관계(dependency)를 복사한다. α-발생들의 지시(reference)는 그들이 공지표(coindexed)되었다고 하더라도 각각의 발생과 무관하게 성립된다. β-발생들은 지표적 의존관계(indexical dependency)를 표현하며 그들이 의존할 수 있는 같은 지표 값(index value)을 가진 다른 발생이 있을 경우에 허용된다. 따라서 β-유형의 지표를 가진 대명사는 연관되어있는 요소로부터 지시를 얻을 수 있다. 다음을 살펴보자.

(27) John$_1^α$ told his$_1^β$ wife$_2^α$ that she$_2^β$ is beautiful.
    <[$_{NP}$ John]^α, [$_{NP}$ his]^β, 1>
    <[$_{NP}$ his wife]^α, [$_{NP}$ she]^β, 2>

(27)에는 4개의 명사구가 있는데 John과 his는 공지표되어 있고 his wife와 she가 공지표되어 있다. John과 his wife는 지시 관계가 독립적이기 때문에 [+α]로 표시된다. his와 she는 지시 관계가 의존적이기 때문에 [+β]로 표시된다. 이제 Hoji(2003)가 제시한 엄밀지시 해석과 이완지시 해석과의 차이점을 영보어 대용화에 적용해 보자.

Hoji는 이완지시 해석이 결속변항 대용화(bound variable anaphora = BVA) 해석과 같은 방식(Lasnik 1976, Reinhart 1983)으로 분포한다고 가정한다. BVA(A, B)는 두 명사적 표현 A와 B 중에서 한 표현의 해석이 다른 표현의 해석에 형식적(formally)으로 의존한다면 두 표현이 대용적으로(anaphorically) 관련되어 있다는 직관을 의미한다.

FD(A, B)에 대해서는 3개의 필요조건이 있다(A와 B는 논항위치에 있는 논항이고 FD는 형식적 의존관계(formal dependency)를 의미함).

(28) a. 어휘요건(Lexical Requirement)
  B는 [+β]로 표시된다.
 b. 성분통어요건(C-command Requirement)
  A가 B를 성분통어한다.
 c. 반국부성요건(Anti-Locality Requirement)
  A는 B의 국부영역(local domain)안에 있지 않다.

먼저 어휘요건을 살펴보자. 영어의 인칭대명사는 [+β]로 표시된다. 그런데 영어의 이름(name)은 [+β]로 표시될 수 없고 [+α]로 표시되어야 한다.

(29) a. [Every boy]$_1$ will praise his$_1$ father.
 b. [Only I]$_1$ voted for my$_1$ father.
 c. [Only John]$_1$ thinks that we will support him$_1$.
(30) *[Only John]$_1$ voted for John$_1$'s father.
  ≠ 'ONLY x, x = John, x voted for x's father'

둘째, FD(A, B)라는 형식적 의존관계를 수립하기 위해서는 A가 B를 성분통어해야만 한다.

(31)　a. [Even John]₁ praised his₁ father.
　　　b. *His₁ father praised [even John]₁.

셋째, A와 B사이에는 반국부성요건이 존재한다. Hoji의 국부영역에 대한 정의는 다소 복잡한데 간략하게 얘기하면 B의 국부영역(local domain = LD)이란 B를 관할(dominate)하는 최소의(minimal) DP 혹은 TP를 의미한다.

(32)　a. Only I₁ t₁ voted for [LD my₁ father].
　　　　'ONLY x, x = me, x voted for x's father'
　　　b. *[LD Only I₁ t₁ voted for me₁].
　　　　'ONLY x, x = me, x voted for x'

이제 오직 표층대용화에서만 나오는 이완지시 해석은 결속변항 대용화에서 나오는 해석과 같은 방식으로 분포한다는 Hoji의 주장을 살펴보자.

8.4.1 어휘요건 검사

Hoji는 심층대용화만이 특정 해석을 허용한다고 주장한다. 그는 표층대용화는 대명사가 [+β]로 표시된 경우에만 이완지시 해석을 가지지만 심층대용화는 대명사가 [+α]로 표시된 경우에도 이완지시 해석을 가진다는 관측을 제시한다.

(33)　A: John washed his car on that rainy day.　　　　　[Hoji(2003)에 기초]
　　　B: Bill did too.
　　　B1:'Bill washed John's car on that rainy day.'　　　　[엄밀지시 해석]
　　　B2:'Bill washed Bill's car on that rainy day.'　　　　[이완지시 해석]
(34)　A: John washed John's car on that rainy day.[5]

---

[5] Lasnik(1989: 161-162)은 영어에서 나타나는 명사적 표현들 사이의 결속관계를 다음과 같이 요약한다.

B: Bill did too.
B1: 'Bill washed John's car on that rainy day.'   [엄밀지시 해석]
B2:*'Bill washed Bill's car on that rainy day.'   [*이완지시 해석]

(34B2)는 영어의 VP 생략이 표층대용화임을 시사한다.

그런데 do the same thing, do so와 같은 VP 대용화는 심층대용화의 예로 알려져 왔다.

(35) A: John washed his car on that rainy day.
     B: Bill {did the same thing, did so}.   [엄밀/이완지시 해석]
(36) A: John washed John's car on that rainy day.
     B: Bill {did the same thing, did so}.   [엄밀/이완지시 해석]

예측한 것처럼 심층대용화를 포함하는 문장은 논항 B가 α-발생이더라도 문맥에 따라 엄밀지시와 이완지시 해석을 모두 가질 수 있다.

이제 영보어 대용화의 해석 가능성을 고려해 보자.

(37) John$_1$ refused to talk to his$_1$ mother, and Peter also refused [$_{NCA}$ Ø].
[엄밀/이완지시 해석]
(38) John$_1$ refused to talk to John$_1$'s mother, and Peter also refused [$_{NCA}$ Ø].
[엄밀지시 해석만 가능]

(i) a. 결속자가 대명사(pronoun)인 경우: 대명사만 결속 가능
    b. 결속자가 별칭(epithet)인 경우: 대명사, 별칭을 결속 가능
    c. 결속자가 이름(name)인 경우: 대명사, 별칭, 이름을 결속 가능

(i)에 근거하여 Lasnik은 다음과 같은 일반화를 제시한다.

(ii) 명사표현은 자신보다 지시적(referential) 힘이 강한 표현을 결속할 수 없다.

한국어와 일본어에서 선행어가 이름이면 결속조건 C의 효과가 사라진다.

(iii) a. 철수가 철수를 사랑한다.
     b. 영희는 영희가 예쁘다고 생각한다.

요약하면, 어휘요건 검사는 영보어 대용화가 표층대용화임을 시사한다.

8.4.2 국부적 이접성 검사

Hoji에 따르면 표층대용화는 국부적 이접성(local disjointness) 효과를 보이나 심층대용화는 그렇지 않다.

이완지시 해석에 대한 국부적 이접성 검사는 영어의 VP 생략이 표층대용화라는 것을 확인시켜준다.

(39) A: Mary voted for her husband.
　　 B: Susan did too.　　　　　　　　　　　　[엄밀/이완지시 해석]
(40) A: Mary voted for Mary.
　　 B: Susan did too.　　　　　　　　　　　　[엄밀지시 해석만 가능]

한편 이완지시 해석에 대한 국부적 이접성 검사는 영어의 *do the same thing, do so* 동사구 대용화가 심층대용화라는 것을 확인시켜준다.

(41) A: Mary voted for her husband.
　　 B: Susan {did the same thing, did so}.　　[엄밀/이완지시 해석]
(42) A: Mary voted for Mary.
　　 B: Susan {did the same thing, did so}.　　[엄밀/이완지시 해석]

이제 영어의 영보어 대용화에서 나타나는 이완지시 해석에 대해서 이접성 검사를 고려해 보자.

(43) A. $Mary_1$ quit academia for her_1 husband.
　　 B: Susan refused [$_{NCA}$ Ø].　　　　　　[엄밀/이완지시 해석]
(44) A. $Mary_1$ quit academia for $Mary_1$.
　　 B: Susan refused [$_{NCA}$ Ø].　　　　　　[엄밀지시 해석만 가능]

위의 대조는 영어의 영보어 대용화가 표층대용화라는 것을 시사한다.

8.5 한국어의 영보어 대용화

한국어에도 영어의 영보어 대용화와 유사한 구문이 존재한다. 다음은 (2a, b, c)에 있는 영어의 영보어 대용화에 상응하는 한국어 구문이다.[6]

(45) a. 나는 현우에게 떠나라고 부탁했지만 그는 Ø 거절했다.　　[1.28, 0.28]
　　 b. 영희는 고릴라와 키스하려고 시도했지만 철수는 Ø 허락하지 않았다.
　　　　　　　　　　　　　　　　　　　　　　　　　　　　　　[0.78, 0.58]
　　 c. 사장은 누군가가 그 의복들을 상점에 가져다 주기를 바랐는데 민지가 Ø 지원했다.
　　　　　　　　　　　　　　　　　　　　　　　　　　　　　　[0.61, 0.61]

Depiante(2000, 2001)는 영보어 대용화를 허용하는 동사는 영어에서의 절 대형태 *it*이나 스페인어에서의 접어(clitic) *lo*를 허용하지 않는다는 상보적 분포(complementary distribution)를 제안하는데 이러한 제안이 한국어에는 적용되지 않는다. 한국어에서는 영보어 대용어와 절 대형태 '그것'이 상호 배타적이지 않다.

(46) a. 나는 민호에게 떠나라고 부탁했지만 그는 <u>그것</u>을 거절했다.　　[0.97, 0.33]
　　 b. 영수는 고릴라와 키스하려고 시도했지만 지우는 <u>그것</u>을 허락하지 않았다.
　　　　　　　　　　　　　　　　　　　　　　　　　　　　　　[1.04, 0.40]
　　 c. 사장은 누군가가 그 의복들을 상점에 가져다 주기를 바랐는데 연아가 <u>그것</u>을 지원했다.　　　　　　　　　　　　　　　　　　　　　　　　[0.49, 0.49]

이제 한국어의 영보어 대용화에서 나타나는 엄밀지시 해석과 이완지시 해석의

---

[6] 설문에는 총 43명의 모국어화자가 참여하였는데, 그중 필러(filler) 항목과의 연관성을 통해 신뢰할 수 없는 참가자 12명의 응답은 버리고 31명의 응답을 유효한 값으로 사용했다. 직관을 수량적으로 수집하기 위해 5단계(1-5)의 리커트 척도(Likert Scale)를 사용하였고, 응답은 표준화하였다. 예문의 우측에 적힌 숫자가 그 예문에 대한 z-표준점수(z-score)와 표준편차(standard deviation = SD)이다.

가능성을 검토해 보자.

(47) 철수₁는 그₁의 엄마와 대화하는 것을 거절했지만 영희₂는 Ø 동의했다.
[엄밀/이완지시 해석]
(48) 철수₁는 철수₁의 엄마와 대화하는 것을 거절했지만 영희₂는 Ø 동의했다.
[엄밀/이완지시 해석]

비록 모국어 화자들의 직관이 모두 일치하는 것은 아니지만 한국어의 영보어 대용화는 선행어의 α-발생, β-발생 여부와 상관없이 엄밀지시 해석과 이완지시 해석이 모두 나오는 것 같다. 이는 관련된 대용화가 심층대용화라는 증거이며 한국어의 영대용화(null anaphora)에 대한 *pro*-분석을 제안하는 배은경·김정석(2012) 등의 주장과 맥을 같이한다.

이제 김정석(1997)에서 한국어의 VP 생략으로 분석된 유사공백화를 영보어 대용화와 비교해 보자.

(49) 철수₁는 그₁의 엄마와 대화하는 것을 거절했어. 영희₂도 Ø 야.
[엄밀/이완지시 해석]
(50) 철수₁는 철수₁의 엄마와 대화하는 것을 거절했어. 영희₂도 Ø 야.
[엄밀지시 해석만 가능]

α-발생인 선행어를 포함하는 (50)의 문장이 엄밀지시 해석만 가능하다는 사실은 한국어의 '도야' 구문에 대한 김정석(1997)의 표층대용화 접근이 옳다는 것을 시사한다.

흥미로운 점은 영보어 대용어가 외현적 대명사인 '그것'으로 교체되면 선행어가 α-발생이건 β-발생이건 상관없이 이완지시 해석이 사라진다는 것이다.

(51) 철수₁는 그₁의 엄마와 대화하는 것을 거절했지만 영희₂는 그것을 동의했다.
[엄밀지시 해석만 가능]
(52) 철수₁는 철수₁의 엄마와 대화하는 것을 거절했지만 영희₂는 그것을 동의했다.
[엄밀지시 해석만 가능]

이러한 사실은 지시적 대명사인 '그것'의 한정적(definite) 특성이 강해서 담화상에서 오직 엄밀지시 해석만 가능한 것으로 보인다.

Depiante(2000, 2001)는 영보어 대용화는 속성이나 명제로만 해석이 되고 명사적으로는 해석될 수 없다고 주장한다.

(53) a. The teacher told the children that it was time to leave even though they already knew [$_{NCA}$ Ø]. [Ø = that it was time to leave]
b. John asked me to go to the party, and I accepted [$_{NCA}$ Ø].
[Ø = to go to the party]
(54) a. *The children learned the song on Monday but by Friday they no longer knew Ø. [Ø = the song]
b. *John gave me an invitation, and I accepted Ø. [Ø = the invitation]

달리 말하면 절 유형의 표현인 CP만이 영어의 영보어 대용화의 선행어가 될 수 있다는 것이다.

그런데 한국어의 영보어 대용화는 CP 선행어뿐만 아니라 DP 선행어도 허용한다.

(55) a. 현우가 나에게 파티에 가자고 했고 나는 Ø$_{CP}$ 승낙했다. [1.05, 0.29]
b. 민호가 나에게 파티에 가자는 부탁을 했고 나는 Ø$_{DP}$ 승낙했다.[1.12, 0.31]

(55a)의 영보어 대용어는 영보문소구(pro_{CP} = Ø$_{CP}$)로 해석될 수 있고, (55b)의 영보어 대용어는 영한정사구(pro_{DP} = Ø$_{DP}$)로 해석될 수 있다. 즉, (55a)의 영보어 대용어는 '파티에 가기로 부탁 받음'을 지시하고, (55b)의 영보어 대용어는 '부탁'을 지시한다.

요약하면, 한국어의 영보어 대용화는 영어의 영보어 대용화와 달리 속성과 명제뿐만 아니라 명사적으로도 해석될 수 있다. 이러한 점에서 한국어의 영보어 대용화는 통사부에서 내부 구조를 가지지 않는 영 *pro*-형태로 구현된다고 할 수 있다.

8.6 맺음말

'영보어 대용화'는 여러 언어에서 관측이 되며 조동사나 상동사와 관련이 있다. 영보어가 출현하는 환경에 대해서는 어떤 제약이 가해지는데 이에 대한 연구는 지금까지 미진하였다.

대용화에 대한 Hankamer & Sag(1976)의 이분적 분류에 따라 영보어 대용화는 그 동안 심층대용화의 예로 인식되어 왔다. 그러나 이러한 인식은 '브라질에서 사용되는 포르투갈어'의 영보어 대용화에 대한 Cyrino(2004)의 연구에서 비판이 되었다. 이러한 맥락에서 8장은 영어와 한국어의 영보어 대용화 구문을 연구하였다. 그 결과 영어의 영보어 대용화는 심층대용화와 표층대용화의 특성을 모두 보이는 저층대용화임을 보였고 한국어의 영보어 대용화는 심층대용화의 예로 통사부에서 영대형태로 구현됨을 주장하였다.

8장에서 저자는 영어 영보어 대용화의 모호한 특성들을 조명하기 위해 대용화에 대한 Hankamer & Sag(1976)의 이분법적 분류의 중간 지점에 존재할 것 같은 '저층대용화'의 개념을 제안하였다. 그러나 '저층'이라는 개념이 '심층'과 '표층' 사이에서 얼마만큼 저층인지 또한 어떻게 도출되는지에 대한 연구(김정석 2010)는 대규모의 범언어적 비교에 근거해야 하는 만큼 숙제로 남겨둔다.

09 *Why*-최소공백화와 섬제약 효과

9.1 들머리

영어의 *Why*-최소공백화(*Why*-Stripping)는 아래처럼 주절(matrix clause, 1aB)과 내포절(embedded clause, 1b)에서 각각 나타난다.

(1)   a. A: John was eating natto.
           B: Why natto (and not another food)?
      b. John was eating natto, but why natto (and not another food)?

Yoshida et al.(2015)은 *why*를 수반하는 최소공백화(Stripping)가 발생하기 전의 문장 (2)는 비문법적이기 때문에 *Why*-최소공백화는 TP가 의무적으로 생략되는 현상이라고 주장한다.

(2)   *Why natto {was John, John was} eating?

이에 반해 병합수문(Merger Sluicing)은 (3a)처럼 wh-이동 후에 TP가 수의적으로 생략된다(Ross 1969, 김정석 1997, Lasnik 2001, Merchant 2001 등을 참고).

(3) a. John ate something, but I don't know what.
　　 b. John ate something, but I don't know what he ate.

Why-최소공백화와 달리 병합수문이 일어나기 이전의 생략이 없는 wh-구문 (3b)는 문법적이다.

Yoshida et al.에 따르면 *Not*-최소공백화도 *Why*-최소공백화처럼 TP 생략이 의무적으로 발생한다. (4b)처럼 잔여성분(remnant)이 이동한 뒤에 TP 생략이 없으면 비문법적이다.

(4) a. John was eating natto, but not sushi.
　　 b. *John was eating natto, but not sushi, {was he, he was} eating.

생략의 의무성과 관련하여 Yoshida et al.은 *Why*-최소공백화가 최소공백화와 유사하고 병합수문과 다르다고 고찰한다.

Yoshida et al.은 *Why*-최소공백화가 절 생략(clausal ellipsis)의 예로서 다음과 같은 과정을 거쳐서 도출된다고 주장한다.

(5) a. *why*는 CP의 지정어 자리에서 기저생성
　　 b. 잔여성분이 Foc(us)P의 지정어 자리로 외현이동(overt movement)
　　 c. Foc 핵의 보어인 TP가 삭제

9장은 *Why*-최소공백화의 잔여성분이 이동하는 이유는 Yoshida et al.이 주장하는 것처럼 초점(focus)과 관련된 것이 아니라 화제(topic)와 관련된 것임을 보임으로써 *Why*-최소공백화가 화제이동(topic movement) 후에 TP가 삭제되는 생략임을 입증할 것이다. 이러한 분석은 *Not*-최소공백화 구문이 섬제약(Island Constraint)을 위반하면 그 위반이 유지되는 반면에 병합수문과 *Why*-최소공백화 구문이 섬제약을 위반하면 그 위반이 왜 구제(repair)되는지의 미해결 문제에 대한 하나의 해법을 제시할 수 있을 것으로 기대한다.

9장의 구성은 다음과 같다. 9.2절에서는 *Why*-최소공백화의 두드러진 특성 세 가지

를 살펴본다. 9.3절에서는 이 현상에 대한 Yoshida et al.(2015)의 분석을 논의하고 문제점을 지적한다. 9.4절에서는 Yoshida et al. 분석의 문제점을 극복할 수 있는 대안으로 Why-최소공백회기 화제이동 후의 TP 사제로 도출된다는 점을 보이고 섬제약과 관련하여 다른 절 단위의 생략인 병합수문, 조각문 응답(Fragment Answer), Not-최소공백화와의 비교를 통해 제시한 분석의 타당성을 부각시킨다. 9.5절은 맺음말이다.

9.2 Why-최소공백화의 특성

Yoshida et al.은 Why-최소공백화가 다음과 같은 특성을 보인다고 진술한다.

첫째, Why-최소공백화는 병합수문과 최소공백화처럼 절 단위의 TP 생략으로 연계성(connectivity) 효과를 보인다. 예를 들면, Why-최소공백화가 생략구조를 가지고 있다면 (7)처럼 (6B)를 결속이론 C 위반으로 처리할 수 있다.

(6)   A: He$_1$ is selling all of these pictures.
          B: *Why pictures of John$_1$?   [Yoshida et al. 2015: (25a)에 기초]
(7)   *Why is he$_1$ selling pictures of John$_1$?

또한 선행절 (8A)를 보면 독일어의 동사 *gefallen*은 목적어에게 대격(accusative Case)이 아니라 여격(dative Case)을 부여하는데 주어와 동사가 니타나지 않은 (8B)에서 여격이 유지되어야 한다는 것은 Why-최소공백화가 통사구조를 지닌다는 사실을 시사한다.

(8)   A: Peter will der Sekretärin gefallen.
            Peter wants the.DAT secretary please
            'Peter wants to please the secretary.'
         B: Warum {der, *die} Sekretärin?
            why {the.DAT, *the.ACC} secretary
            'Why the secretary?'   [Yoshida et al. 2015: (20a)]

둘째, *Why*-최소공백화는 병합수문과 최소공백화처럼 *why* 뒤의 잔여성분이 외현 이동을 하는 것처럼 보인다. 만약 그렇다면 이 외현이동은 Merchant(2001)의 전치사-좌초 일반화(P-stranding Generalization)를 준수할 것이다.

(9)   A: John was talking to Mary.
         B: Why (to) Mary?   [Yoshida et al. 2015: (31a)]

(10)   A: Anna hat mit Abel gesprochen.
           Anna has with Abel spoken
           'Anna has spoken with Abel.'
         B: Warum *(mit) Abel?
           why *(with) Abel   [Yoshida et al. 2015: (33)]
           'Why with Abel?'

(9B)처럼 영어는 전치사-좌초를 허용하는 언어로 보아 잔여성분이 전치사를 동반하지 않아도 정문이다. 그러나 (10B)처럼 독일어는 전치사-좌초를 허용하지 않는 언어로 보어가 전치사를 동반하지 않으면 비문이다. 병합수문 현상과 관련하여 Merchant(2001)가 제시한 논증이 타당하다면 이러한 대조는 *Why*-최소공백화의 잔여성분이 통사이동을 했다는 증거를 보여 준다.

셋째, (11)의 최소공백화는 섬제약 위반을 유지하는 반면, (12)의 병합수문과 (13)의 *Why*-최소공백화는 섬제약 위반을 구제한다.

(11) a. *John loves [ISLAND a girl who is learning Italian], but not Spanish.
      b. *John left [ISLAND because Mary invited David], but not Bill.

(12) a. No linguist$_1$ recommended [ISLAND a book that contains one of his$_1$ own articles], but I wonder which one of his$_1$ articles.
      b. No politician$_1$ hated a political commentator$_2$ [ISLAND because he$_2$ criticized his$_1$ campaigns], but I wonder how many of his$_1$ campaigns.

(13) a. A: No linguist$_1$ recommended [ISLAND a book that contains his$_1$ own article].
          B: Why his$_1$ own article?
      b. A: No politician$_1$ hated a political commentator$_2$ [ISLAND because he$_2$ criticized

                his$_1$ campaign].
      B: Why his$_1$ campaign?

다시 말하면, 최소공백화는 선행이동(prior movement)이 야기한 섬제약 위반이 TP 삭제로 무효가 되지 않는 반면, 병합수문과 *Why*-최소공백화는 선행이동이 야기한 섬제약 위반이 TP 삭제로 무효가 된다.

9.3 선행연구: 초점이동 + TP 삭제 분석

    Yoshida et al.(2015)은 *Why*-최소공백화가 생략구조를 지니는 TP 생략의 일종으로 *why*는 CP 영역에서 기저생성되고 잔여성분은 초점이동(focus movement)을 한다고 주장한다.
    영어의 초점은 보통 강세로 표시가 되고 초점화된 표현은 외현이동을 할 필요가 없다. *Why*-의문문의 경우 초점표현이 외현이동을 하면 (14b)처럼 비문이 된다.

(14) a. Why was John eating NATTO?
       b. *Why NATTO was John eating?
       c. Why NATTO?

Yoshida et al.은 *Why*-최소공백화의 생략은 단지 의무적인 것이 아니라 잔여성분의 이동을 요구한다고 주장한다. 즉, wh-요소가 아닌 잔여성분의 이동은 생략이 있을 경우 외현이동을 해야만 한다. 영어의 초점은 음성효과가 있는 강세로 구현되는데, Yoshida et al.에 따르면 *Why*-최소공백화의 생략영역은 강세가 표현될 수 없는 환경으로 초점표현이 삭제 후에 잔여성분으로 남으려면 반드시 외현이동을 해야만 한다.[1]
    영어의 강세는 (14a)처럼 보통 제자리에서 표현된다. (15)처럼 CP$_2$의 지정어 위치

---

[1] Yoshida et al.은 초점성분의 외현이동이 회복성조건에 의해서 요구된다("[O]vert movement is forced by the recoverability condition")고 주장한다. 그러나 이러한 주장은 '미리보기(look-ahead)'의 문제를 야기한다.

로 초점이동을 유발하는 형식자질(formal feature)이 있다면 그것은 약자질(weak feature)이다. Chomsky(1995)의 복사이동이론(copy theory of movement)에 따르면 제자리 초점현상은 이동이 있어서 연쇄(chain)가 구성될 때 연쇄의 아래 복사(copy)가 발음되는 것으로 이해가 된다.

(15) [CP1 ⋯ [CP2 ⋯ [TP ⋯ [VP ⋯]]]]

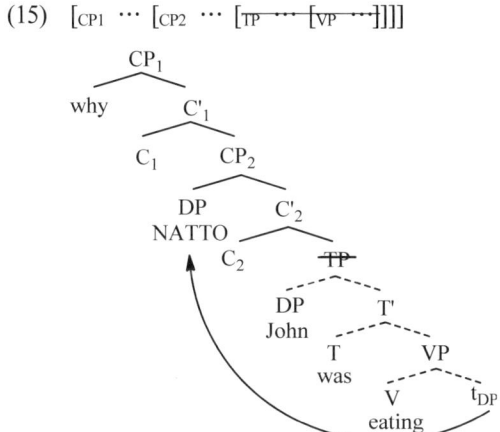

즉, (14a)는 (16)의 구조를 갖는다. 초점이동의 결과 상위 복사는 삭제되고 하위 복사는 발음이 된다.

(16) [CP1 why [CP2 ~~NATTO~~ [TP John was eating [+F NATTO]]]]

[Yoshida et al. 2015: (112)]

약자질은 초점이 외현이동을 하는 것을 유발하지 않기 때문에 (14b)의 도출은 허용되지 않는다. Yoshida et al.에 따르면 (17)처럼 TP내의 초점성분이 TP 삭제로 사라지면 (18)에 기술된 Pesetsky(1997)의 회복성조건을 위반한다.

(17) [CP1 why [CP2 ~~NATTO~~ ~~[TP John was eating [+F NATTO]]~~]]

[Yoshida et al. 2015: (113)]

(18) 회복성(Recoverability)

의미를 수반하는 어떤 통사 단위가 충분히 가까운(sufficiently local) 영역에서 선행어를 찾지 못한다면 반드시 발음되어야만 한다.   [Pesetsky 1997: 342]

초점성분은 신정보(new information) 혹은 대조적 정보(contrastive information)를 표현하기 때문에 의미를 수반한다. Yoshida et al.은 Why-최소공백화에서는 초점 정보를 표시하는 국부적 선행어(local antecedent)가 가까운 위치에 없다고 지적한다. 그런데 회복성조건은 초점성분이 발음되기를 요구한다. Yoshida et al.은 이러한 상황을 해결하기 위해 (19)처럼 생략으로 초점성분의 하위 복사가 발음이 되지 않을 경우에 한하여 상위 복사가 발음된다고 주장한다.[2, 3]

(19)   [CP1 why [CP2 NATTO [TP ~~John was eating~~ [+F ~~NATTO~~]]]]

[Yoshida et al. 2015: (115)]

Richards(2001)는 약자질도 생략이 전제되면 외현이동을 유발할 수 있다고 주장한다. 그는 어느 복사를 발음할 것인가는 (20)의 원리에 의해서 결정되며, 약자질이 반드시 내현이동(covert movement)만을 유발하는 것은 아니라고 주장한다.

(20)   a. 음성형태(Phonetic Form = PF)는 연쇄의 어느 부분이 발음되어야 하는지에 관하여 명백한 지시를 받아야 한다.
       b. 강자질(strong feature)은 연쇄에서 자질점검(feature checking) 관계에 있는 복사를 음성형태가 발음할 수 있도록 지시를 내린다.

요약하면, Yoshida et al.은 Richards의 이론과 Pesetsky의 이론을 결합하여 Why-최

---

[2] *Not*-최소공백화 구문과 관련하여 유사한 주장이 Nakao(2009)에 의해서 제기되었다.
[3] Yoshida et al.(2015: 359)은 (i)의 도출을 제시하였으나 궁극적으로 Why-최소공백화가 TP 삭제 현상이라면 *was*는 본문의 (19)처럼 TP내에 존재해야 한다.

(i) [CP1 why [CP2 NATTO was [TP ~~John eating~~ [+F ~~NATTO~~]]]]

즉, *was*가 T에서 C로 이동하기 전의 단계를 상정하고 TP 삭제로 제거되어야 올바른 Why-최소공백화 구문이 도출된다.

소공백화의 잔여성분인 초점성분이 생략을 전제로 할 경우에만 외현이동을 한다고 주장한다.

회복성조건이 만족된다면 초점이동이 영어에서 외현적으로 일어나서는 안 된다. 그런데 Yoshida et al.의 가정을 받아들이면 (21)의 문법성은 문제가 될 수 있다.

(21) John ate NATTO, but I don't understand why NATTO. [*Why*-초점구문]

위의 예에서 초점인 *NATTO*가 선행절에서 표현되었음에도 생략절에서 반복적으로 표현되고 있다. 따라서 뒤의 *NATTO*는 삭제가 되더라도 '회복가능한' 것처럼 보인다. 그럼에도 불구하고 발음이 되고 있다.

(21)의 문법성과 관련하여 Yoshida et al.은 선행절에 있는 초점성분은 생략절의 잔여성분인 초점이 회복가능함을 보장하지는 않는다고 주장한다. 즉, 선행절의 *NATTO*는 초점화되더라도 생략절의 *why*와 상관이 없어서 생략절의 *NATTO*에 있는 [+F]를 회복가능하게 만들어 주지 못한다는 미봉책을 제시한다.

Why-초점의 관계에서 회복성조건을 만족시키기 위해서 초점성분이 항상 외현적으로 표시되어야 한다면 (22)의 병합수문은 문제가 된다. 이 문장은 (21)과 동일한 해석을 가질 수 있는데 초점성분이 외현적으로 발현되지 않았다.

(22) John ate NATTO, but I don't understand why. [*Why*-의문문]

즉, (22)의 *Why*-의문문은 초점표현이 없어도 사건(event)의 특정 부분을 지칭할 수 있어서 *Why*-초점 구문과 동등한 해석을 가질 수 있다. 그러나 Yoshida et al.은 (22) 가 (21)처럼 해석될 수 있다는 사실이 (22)의 기저구조가 (23a)처럼 초점성분 *NATTO* 를 포함해야 한다는 것을 반드시 의미하는 것은 아니라고 주장한다. 그들은 (23b)처럼 초점 강세가 없는 중립적 표현인 *natto*가 생략절의 기저구조에 있다고 가정한다.

(23) a. John ate NATTO, but I don't understand [$_{CP1}$ why [$_{CP2}$ NATTO [$_{TP}$ John ate [$_{+F}$ NATTO]]]]? [Yoshida et al. 2015: (121)]
b. John ate NATTO, but I don't understand [$_{CP1}$ why [$_{CP2}$ [$_{TP}$ ~~John ate [natto]~~]]]?

Yoshida et al.은 음성강세가 없는 *natto*가 음성강세가 있는 초점성분 *NATTO*처럼 [+F] 자질을 포함하고 CP₂의 지정어로 이동을 하는지의 문제를 미해결 과제로 남겨두고 있다. 그들은 *natto*가 *Why*-초점의 *NATTO*와 같은 해석을 갖는다고 하더라도 음성강세 정보를 복원할 필요가 없어서 생략이 될 수 있고 따라서 (22)가 문법적이라고 주장한다.

병합수문이 섬제약 위반을 구제하는 효과에 관한 유력한 설명 중의 하나는 Merchant(2001)의 이론이다. 그에 따르면 몇몇 섬제약 현상은 음성형태부(PF Component)에서 다루어져야 할 현상이며, 병합수문에서 선행이동이 섬을 건너서 발생한 위반은 음성형태에서 완화 혹은 무효화 될 수 있다. 예를 들어, (24a)는 (24b)처럼 도출이 되는데, 선행이동이 유발한 섬제약 위반은 음성형태에서 TP가 삭제되면 없어진다.

(24) a. Each of the politicians hated a political commentator who criticized the other politicians, but I am not sure how many of the other politicians.
b. [CP [how many of the other politicians]₁ [TP ~~each of the politicians hated~~ [ISLAND ~~a political commentator who criticized t₁~~]]]   [복합명사구제약 위반]

Yoshida et al.은 이러한 설명을 *Why*-최소공백화의 도출에 적용을 한다. (25b)의 섬제약 위반은 TP 삭제로 구제되어 (25aB)의 문장은 정문이 된다.[4]

(25) a. A: Each of the politicians hated a political commentator who criticized the other politicians.
B: Why THE OTHER POLITICIANS?
b. [IntP Why [FocP [+F THE OTHER POLITICIANS]₁ [TP ~~each of the politicians hated~~ [ISLAND ~~a political commentator who criticized t₁~~]]]]

[Yoshida et al. 2015: (127)]

---

[4] (25b)의 IntP는 Interrogative Phrase의 약자로 Rizzi(1997)식으로 CP를 세분화 했을 때 서법(force)을 표현하는 ForceP에 해당한다.

그러나 *Not*-최소공백화가 선행이동이 유발한 섬제약 위반을 구제하지 못한다는 사실은 여전히 미결과제로 남는다. (26b)에서 *Not*-최소공백화의 잔여성분이 좌측의 높은 위치로 이동한다고 가정할 때 발생하는 위반은 왜 TP 삭제로 구제가 되지 않을까?

(26) a. *John loves [ISLAND a girl who is learning Italian], but not Spanish.
  b. ... but not [FocP Spanish₁ [TP ~~John loves [ISLAND a girl who is learning t₁~~]]]

Merchant(2004)는 의문문의 답변으로 사용되는 조각문 응답이 최소공백화처럼 초점이동을 뒤따르는 TP 생략으로 도출된다고 주장한다. (27)처럼 조각문 응답은 선행이동이 유발한 섬제약 위반을 구제하지 못하는 것으로 여겨진다. 조각문에서의 *Charlie*는 선행절의 섬에 갇혀 있는 *Ben*을 대응성분(correlate)으로 취할 수 없다.

(27) A: Does Abby speak [ISLAND the same Balkan language [that *Ben* speaks]]?
  B: *No, *Charlie*.

Merchant(2004)는 섬제약과 관련하여 나타나는 조각문 응답과 병합수문의 대조를 설명하기 위해 Fox(1999)의 제안을 채택한다. Fox에 따르면 wh-이동은 모든 최대투사(X^max)를 목표로 이동을 하고 섬(Island)을 건널 때 생성된 중간 흔적(intermediate trace)들에는 *-표시(*-marking)가 남는다.[5] 그 결과 (28b)에서 vP에 부가된 중간 흔적과 TP에 부과된 중간 흔적은 *-표시된다.

(28) a. John wants to hire [ISLAND someone [who speaks a Balkan language]], but I don't know which.
  b. [CP which₁ [TP *t₁ [TP John [vP *t₁ [vP want to hire [ISLAND someone who speaks t₁]]]]]]
  c. [CP which₁ [TP *t₁ ~~[TP John [vP *t₁ [vP want to hire [ISLAND someone who speaks t₁]]]]]]~~

---

5 그러나 Chomsky(1986)의 장벽이론(theory of barriers)에 따르면 wh-요소가 장거리 이동을 할 때 논항인 CP와 IP/TP에는 부가가 허용되지 않는다.

병합수문에서는 TP 전체가 음성형태에서 삭제되기 때문에 (28c)처럼 *-표시된 문제성 있는 흔적/복사가 음성형태부에서 모두 사라져서 문법성이 수정된다.

한편 최소공백화와 조각문 응답에서는 초점성분인 잔여성분이 FocP의 지정어 위치로 이동을 하게 되는데 Merchant는 이 지점이 CP의 지정어 위치보다 상위에 존재한다고 가정한다.[6] 그렇다면 (29b)처럼 잔여성분은 병합수문의 경우보다 흔적을 하나 더 생성하게 된다. 즉, *-표시 흔적이 vP와 TP외에 CP 영역에도 남게 된다.

(29) a. A: Does Abby speak [ISLAND the same Balkan language [that *Ben* speaks]]?
B: *No, *Charlie*.
b. [FocP Charlie$_1$ [CP *t$_1$ [TP *t$_1$ [TP Abby [vP *t$_1$ [vP speaks [ISLAND the same language that t$_1$ speaks]]]]]]]
c. [FocP Charlie$_1$ [CP *t$_1$ [TP *t$_1$ [TP Abby [vP *t$_1$ [vP speaks [ISLAND the same language that t$_1$ speaks]]]]]]]

Merchant는 (29c)처럼 TP가 음성형태에서 삭제될 때 CP 지정어에 있는 *-표시된 흔적이 삭제영역 밖에 존재하기에 삭제로 제거되지 않는다고 지적한다. 따라서 그는 섬제약 효과와 관련된 TP 생략의 차이가 잔여성분이 이동하는 동인(motivation)에 있는 것이 아니라 잔여성분이 남기는 흔적의 구조적 차이에서 기인한다고 주장한다.[7]

그런데 간과할 수 없는 점은 *Why*-최소공백화는 조각문 응답과 최소공백화처럼 선행이동이 초점이동임에도 불구하고 섬제약 위반을 구제하는 것처럼 보인다는 것이다. 이 때문에 Yoshida et al.은 초점이동이 CP 위의 지점으로 향하는 조각문 응답이나 최소공백화와 달리 *Why*-최소공백화에서는 잔여성분이 CP(혹은 IntP)와 TP 사이에 위치하는 FocP의 지정어로 이동을 한다고 제안한다. 즉, *Why*-최소공백화에서는 *-표시된 중간 흔적이 TP 밖에 존재하지 않기 때문에 섬제약 위반이 구제된다.

---

[6] Merchant는 CP 위의 이 상위의 절점을 FP라고 명명하였는데 9장에서는 FocP로 표시하였다.
[7] 이러한 제안의 문제점에 대해서는 Nakao(2009)를 참고하기 바란다. 그녀에 따르면 병합수문과 조각문 응답/최소공백화의 대조에서 보이는 섬제약과 관련된 차이는 이동의 시기(timing)에서 기인한다.

(30) [IntP Why [FocP THE OTHER POLITICIANS]₁ [TP *t₁ [TP each of the politicians [vP *t₁ [vP hated [ISLAND a political commentator who criticized t₁]]]]]]

그러나 Yoshida et al.이 인정하듯이 이러한 제안은 최소공백화와 *Why*-최소공백화에서의 잔여성분 이동이 서로 다른 두 개의 FocP를 겨냥한다는 점에서 문제점이 있다. 즉, 그들은 두 종류의 초점이동이 있다고 가정을 하는 것이다.[8]

9.4 제안: 화제이동 + TP 삭제 분석

Yoshida et al.의 생략 분석은 (6), (8)처럼 *Why*-최소공백화가 연계성 효과를 보이고 (9)처럼 전치사-좌초 일반화를 준수하는 특성을 잘 설명해 준다. 그러나 또 다른 TP 생략인 *Not*-최소공백화와 조각문 응답이 (26), (27)처럼 섬제약 위반을 구제하지 않는 반면 *Why*-최소공백화에서는 왜 도출 도중에 발생한 섬제약 위반을 (25)처럼 구제하는지를 제대로 설명하지 못한다. 9.3절에서 검토하였듯이 Yoshida et al.이 내놓은 두 종류의 초점이동에 근거한 구조적 설명은 독립된 증거가 없는 미봉책에 불과하다. 9.4절은 Yoshida et al.의 분석을 수정 제안함으로써 이러한 의문에 답하고자 한다.[9]

Yoshida et al.은 *Why*-최소공백화의 잔여성분이 초점(focus)이라고 주장한다. 그러나 *Why*-최소공백화의 잔여성분은 이전 담화(discourse)와 연결해 주는 고리로써 초점이 아니라 화제(topic)에 해당된다. 다음의 예에서 보이는 것처럼 '긍정의 *Why*-최소공백화'(*Why not*-최소공백화는 제외)의 잔여성분은 반드시 선행절에서 발화된 표현이어야 한다.

---

[8] Weir(2014)는 *Why*-최소공백화의 Foc은 보어로 TP를 선택하는 것이 아니라 VoiceP를 선택한다고 주장하는데 *Why*-최소공백화의 선행이동이 초점이동이라는 점에서는 Yoshida et al.의 주장과 궤를 같이 한다. Weir(2014) 분석에 대한 검토는 10장으로 미룬다.
[9] 섬제약 위반의 구제 효과에 관한 대안으로, 생략이 준수하는 병행성(parallelism)을 통하여 구제 효과를 설명하려는 시도가 있었다. 이러한 연구에 대해서는 Fox & Lasnik(2003), Saab(2010), 박범식·박자연(2011), Griffiths & Lipták(2014) 등을 참고하기 바란다.

(31) A: Mary left.
　　　B: Why Mary?　　　　　　　　　　　　　　　　　　　[주어]

(32) A: John ate natto.
　　　B: Why natto?　　　　　　　　　　　　　　　　　　　[목적어]

(33) A: Gazpacho soup is served cold.
　　　B: Why cold?　　　　　　　　　　　　　　　　　　　　[보어]

(34) A: They're leaving for Italy on Tuesday.
　　　B: Why on Tuesday?　　　　　　　　　　　　　　　　　[부가어]

이러한 사실은 *Why*-최소공백화의 잔여성분이 화제일 가능성이 높다는 것을 시사한다. (32)를 예로 들면, (32A)의 발화 시점에서 목적어 *natto*는 신정보(new information)로서 초점이었으나 (32B)에서 발화된 잔여성분으로서의 목적어 *natto*는 이미 구정보(given/old information)이어서 초점이 될 수가 없다. 이러한 견지에서 저자는 *Why*-최소공백화의 잔여성분은 초점이동이 아니라 화제이동을 수행하는 것이라고 제안한다. *Why*의 잔여성분의 위치와 관련하여 Rizzi(1997: 297)가 제안한 보문소(Complementizer = C) 체계를 받아들여 CP가 다음과 같이 세분화된다고 가정하자.

(35) [$_{ForceP}$ ... [$_{TopP}$ ... [$_{FocP}$ ... [$_{TopP}$ ... [$_{FinP}$ ... [$_{TP}$ ...]]]]]]

위의 구조를 받아들이면 (32B)은 다음과 같이 도출된다.

(36) A: John ate natto.
　　　B: [$_{ForceP}$ Why [$_{TopP}$ natto$_1$ [$_{TP}$ ~~John ate t$_1$~~]]]?

Yoshida et al.를 따라서 *Why*-최소공백화의 *why*는 CP 영역에 있는 ForceP에서 기저생성되는 것으로 가정하자. 잔여성분인 *natto*는 화제이동을 하여 TopP의 영역으로 이동을 하고 TP가 음성형태에서 삭제가 되면 (36B)처럼 (32B)가 도출된다. *Why*-최소공백화와 *Why*-수문이 가지는 의미의 유사성에 대해서는 다음과 같은 도출을 제안한다.

(37) A: John ate natto.
　　 B: [_ForceP_ Why₁ [_TP_ ~~John ate natto t₁~~]]?

Why-수문에서의 목적어 *natto*는 생략지점 안에 위치한다. 이 경우 *why*는 ForceP에서 기저생성되는 것이 아니라 wh-부가어(wh-adjunct)로 TP내에서 생성되었다가 ForceP의 지정어 자리로 wh-이동을 한다. 후에 수의적으로 TP가 삭제되면 (37B)의 *Why*-수문이 도출된다. 즉, *natto*는 이전 발화에서 언급된 구정보로 기본적으로 외현이동을 하지 않아서 TP가 삭제가 되면 *Why*-수문 구문(37B)이 도출이 되는 것이고, 화제화되어 TopP의 지정어 위치로 외현이동을 한 후 TP가 삭제가 되면 *Why*-최소공백화 (36B)가 도출되는 것이다.

　즉, (36B)와 (37B)가 동일한 의미를 가질 수 있는 것은 초점화된 [+F] 자질을 지닌 *NATTO*가 초점이동 후에 어느 복사를 발음하느냐의 문제가 아니며, 또한 [+F] 자질을 지닌 *NATTO*와 초점화되지 않은 *natto*의 차이일 수도 있다는 Yoshida et al.의 주장과 달리, 그 차이는 *natto*가 제자리에 있거나 수의적으로 화제화되기 때문이다.

　Merchant(2006)는 *not*이 잔여성분처럼 행동하는 *why not* 구문이 존재한다고 관찰한다. *Why*는 TP 생략에서 부정어(negation)인 *not*과 결합할 수 있다.

(38) A: Anna is not leaving.
　　 B: Why not?　　　　　　　　　　　　　　[Merchant 2006: 주 1]
　　　 'Why isn't Anna leaving?'

Merchant에 따르면 *why*는 CP의 지정어 위치에서 기저생성되는 XP 부가어(adjunct)이고 *not* 역시 XP로서 *why*에 부가(adjoin)된다. 그렇다면 *why not*이 *Why*-최소공백화를 허가할 수도 있다는 예측이 가능하다. 다음 문장은 이러한 예측이 타당함을 예시한다.

(39) Even an ordinary man must be respected. Then, why not Mary?

이러한 맥락에서 Yoshida et al.도 (39)는 *not*이 *why*에 부가된 *Why*-최소공백화의 예라고 주장한다.

그런데 *Why*-최소공백화와 다르게 *Why not*-최소공백화의 잔여성분은 화제이동이 아니라 초점이동을 한다. 다음의 예를 보자.

(40) a. A: John ate natto.
B: Why natto?
b. A: John ate natto.
B: *Why SUSHI?   [Yoshida et al. 2015: (9)]

Yoshida et al.이 관찰하였듯이 *Why*-최소공백화의 잔여성분은 반드시 선행절에서 발화된 표현이어야 한다. 그러나 '부정의 *Why*-최소공백화'인 *Why not*-최소공백화의 잔여성분이 되려면 선행절에서 발화되지 않아야 한다.

(41) a. A: John ate natto.
B: *Why not natto?
b. A: John ate natto.
B: Why not SUSHI?

이러한 점에서 *Why*-최소공백화의 잔여성분은 화제이고 *Why not*-최소공백화의 잔여성분은 초점이라는 추론이 가능하다. 따라서 (41bB)의 구조는 다음과 같다.

(42) [ForceP why not [FocP SUSHI₁ [TP ~~John ate t₁~~]]]

부정어를 포함한 *Not*-최소공백화의 잔여성분도 이전 문맥에서 발화되지 않은 새로운 정보로 (대조)초점에 해당한다. 설명의 편의를 위해서 *Not*-최소공백화의 잔여성분도 좌측으로 초점이동을 한다고 가정을 해보자. 그러면 (43a)는 (43b)처럼 도출이 될 수 있다.[10]

---

[10] *Why not*-최소공백화의 경우처럼 *Not*-최소공백화의 경우에도 *not*이 이동을 하는 것이 아니라 CP의 외곽에서 기저생성되는 것으로 가정할 수도 있을 것 같다. 이점에 대해서는 논외로 한다.

(43) a. John was eating natto, but not SUSHI.

   b. ... [ForceP not₂ [FocP SUSHI₁ [TP ~~he was~~ [NegP ~~t₂~~ [VP ~~eating t₁~~]]]]]

요약하면, *Why*-최소공백화는 잔여성분이 화제이동을 하는 TP 생략이고 *Not*-최소공백화와 *Why not*-최소공백화는 잔여성분이 초점이동을 하는 TP 생략이다.

이러한 분석을 기반으로 섬제약 위반의 효과가 사라지는 현상을 재논의하자. (44)의 *Why*-최소공백화와 (45)의 병합수문에서는 잔여성분이 생략지점인 TP 밖의 위치로 각각 화제이동과 wh-이동을 할 때 섬을 건너면서 *-표시된 흔적을 남기지만 음성형태 삭제로 모든 *-표시된 흔적이 사라져서 섬제약 위반의 효과가 없어진다.[11]

(44) A: Each of the politicians hated a political commentator who criticized the other politicians.

   B: [ForceP why [TopP the other politicians₁ [TP ~~each of the politicians~~ [VP *t₁ [VP ~~hated~~ [ISLAND ~~a political commentator who criticized t₁~~]]]]]]

(45) a. John wants to hire [ISLAND someone [who speaks a Balkan language]], but I don't know which.

   b. [ForceP which₁ [TP ~~John~~ [VP *t₁ [VP ~~want to hire~~ [ISLAND ~~someone who speaks t₁~~]]]]]

여전히 문제는 TP 생략이라는 측면에서 유사한 (46)의 *Not*-최소공백화와 (47)의 조각문 응답에서는 왜 섬제약 위반이 구제되지 않느냐는 것이다.

(46) *John loves [ISLAND a girl who is learning *Italian*], but not *Spanish*.

(47) A: Does Abby speak [ISLAND the same Balkan language [that *Ben* speaks]]?

   B: *No, *Charlie*.

요약하면, *Not*-최소공백화와 조각문 응답에서의 선행이동이 *Why*-최소공백화와 병합수문에서의 선행이동과 다른 점은 전자의 경우에는 초점이동을 하고 후자의

---

[11] Merchant(2004, 2008)의 분석과 약간 다르게 잔여성분이 섬을 넘어서 이동을 하면 섬을 형성하는 절점에 *-표시를 남긴다고 가정(Chomsky 1972)을 하거나 절점과 흔적 모두에 *-표시를 남긴다고 가정을 하면서 논의를 진행할 수도 있다.

경우는 화제이동을 한다는 것이다. 저자는 이러한 차이가 두 부류의 TP 생략을 초래한다고 전제하고 이 난제 풀이에 대한 실마리를 제공하려고 한다.

현시점에서 우선적으로 떠오르는 해결안은 Merchant의 분석을 약간 수정하는 것이다. FocP와 TP 사이에 어떤 기능범주가 존재하고 이 기능범주가 섬제약과 관련된 TP 생략의 대조를 설명하는데 유용하다는 Merchant의 주장에는 동의하지만 이 기능범주가 CP라는 설정에는 무리가 있다. CP 위에 FocP가 존재한다는 독립적인 증거가 없다. 논의전개상 이 기능범주를 αP라고 가정하자. αP의 정체에 대한 연구가 필요한데, Rizzi에 따르면 αP는 FinP일 수도 있을 것 같다.

(48) a. but not [FocP SPANISH₁ [FinP *t₁ [TP John loves [ISLAND a girl who is learning t₁]]]]

b. [FocP CHARLIE₁ [FinP *t₁ [TP Abby [vP *t₁ [vP speaks [ISLAND the same language that t₁ speaks]]]]]]

그러나 이러한 제안은 섬제약 효과와 관련된 문제에 대한 근본적인 해결책이 아니라 다소 기능적인 미봉책에 불과하다.

대안으로, 생략에서의 섬제약 효과의 유무와 관련하여 재생(resumption) 분석을 적용해 보자. Ross(1967) 이래 많은 통사론자들은 재생대명사가 섬 환경에서 공백위치에 나타날 때 문법성이 향상된다고 보고하였다.

(49) a. *Which woman did John start laughing [after __ kissed Bill]?

b. (Tell me again:) Which woman was it that John start laughing [after she kissed Bill]?

예를 들어, Wang(2007)이 제안하는 재생 분석에서 병합수문은 wh-흔적 자리에 재생대명사가 나타나는 것을 가정하기 때문에 처음부터 섬제약 위반이 발생하지 않는다.[12]

(50) Each of the politicians hated a political commentator who criticized the other

---

[12] 자세한 논의는 2장을 참고하기 바란다.

politicians, but I am not sure [CP [how many of the other politicians]₁ it was that [TP ~~each of the politicians hated~~ [ISLAND ~~a political commentator who criticized them₁~~]]].

Wh-의문문에서 나타나는 wh-표현은 담화연결된(D-linked) 경우와 그렇지 않은 경우(non-D-linked)의 두 종류로 분류될 수 있는데(Pesetsky 1987), 문맥상 명시되거나 제한된(restricted) 개체의 집합이 존재하는 경우를 담화연결되었다고 할 수 있다. Boeckx(2003)는 여러 언어의 자료를 통해 재생대명사는 담화에 연결되어 있는 환경에서 나타난다고 관측한다. 이러한 관측이 옳다면, 섬제약 위반의 효과가 사라지는 *Why*-최소공백화는 병합수문처럼 담화에 연결된 환경이어서 흔적 위치에 재생대명사가 나타날 수 있다.

(51) A: Each of the politicians hated a political commentator who criticized the other politicians.
 B: [ForceP Why [TopP the other politicians₁ ~~it was that~~ [TP ~~each of the politicians hated~~ [ISLAND ~~a political commentator who criticized them₁~~]]]]?

Why-최소공백화의 잔여성분은 담화의 초점이 아니라 화제로서 이전 담화와 발화를 통해 연결되어 있고 따라서 흔적 위치에 재생대명사를 남겨 둘 수 있기 때문에 처음부터 섬제약 위반이 발생하지 않는다.

그런데 섬제약 위반의 효과가 유지되는 생략인 *Not*-최소공백화와 조각문 응답의 경우는 이전 담화에 연결되지 않은 상황이어서 재생 전략을 사용할 수 없다.

(52) *John loves a girl who is learning Italian, but not [FocP SPANISH₁ [TP ~~John loves~~ [ISLAND ~~a girl who is learning t₁~~]]].
(53) A: Does Abby speak the same Balkan language that Ben speaks?
 B: *No, [FocP CHARLIE₁ [TP ~~Abby speaks~~ [ISLAND ~~the same language that t₁ speaks~~]]].

Not-최소공백화와 조각문 응답에서의 잔여성분들은 담화에 연결되지 않는 환경에서 나타난다. 이 잔여성분들은 선행절에 외현적 대응성분을 갖기는 하지만 서로 대조적인 해석을 받게 된다. 즉, 대조적 상황이 전제하는 것은 선행절에서 결정된 개체의 집합과 관련이 없으며, 비교가 요구되는 상황에서 대조초점(contrastive focus)을 받는 요소들은 신정보를 표현하고 비담화적(non-D-linked)이다.

요약하면, 도출 중에 재생 전략을 이용하여 섬제약 위반이 발생하지 않을 수 있는 병합수문과 *Why*-최소공백화와 달리, *Not*-최소공백화와 조각문 응답의 경우는 도출 중에 섬제약 위반이 발생하면 이 위반이 접합부(interface)까지 유지되어 비문이 생성된다.

9.5 맺음말

Yoshida et al.(2015)은 *Why*-최소공백화가 TP 생략의 일종으로 *why*는 CP 영역에서 기저생성되고 잔여성분은 초점이동을 한다고 주장한다. 그러나 *Why*-최소공백화의 잔여성분은 이전 담화와 연결된 화제에 해당된다. 그렇다면 *Why*-최소공백화는 잔여성분이 화제이동을 하는 TP 생략이다. 반면 *Not*-최소공백화, *Why not*-최소공백화, 조각문 응답은 잔여성분이 초점이동을 하는 TP 생략이다.

생략은 NP, VP, TP 등의 단위로 발생하는 현상(Lobeck 1995)인데 최근 가장 활발히 논의되고 있는 생략범주는 절 단위의 생략인 TP 생략이라고 할 수 있다. TP 생략 중에서 *Not*-최소공백화와 조각문 응답은 섬제약 위반을 구제하지 못하고 *Why*-최소공백화와 병합수문은 섬제약 위반을 구제하는 것으로 알려져 왔다. 이러한 차이를 설명하기 위해 Merchant(2001, 2004, 2008), Yoshida et al.(2015) 등은 도출 과정에서 문법적인 오류가 발생한 곳에 *-표시를 하고 차후에 삭제로 제거하는 방안을 제시하였으나 Chomsky(1995)의 내포성조건을 위반하는 등의 만족스럽지 못한 결과를 초래한다. 9장은 이러한 오류를 지적하고 대안으로 2장처럼 재생 전략을 통하여 섬제약 효과의 발현 여부를 설명하는 방안을 모색하였다.

10 *Why*-최소공백화와 '왜'-최소공백화

10.1 들머리

Yoshida et al.(2015)은 *Why*-최소공백화(*Why*-Stripping) 현상을 논의하면서 주어와 목적어 등이 *Why*-최소공백화의 잔여성분이 될 수 있음을 관측하였다.

(1) A: Mary left.
    B: Why Mary?
(2) A: John ate natto.
    B: Why natto?

Yoshida et al.은 *Why*-최소공백화가 절 생략(clausal ellipsis)의 예로서 다음과 같은 과정을 거쳐서 도출된다고 주장한다.

(3) a. *why*는 CP의 지정어 자리에서 기저생성
    b. 잔여성분이 Foc(us)P의 지정어 자리로 외현이동
    c. Foc 핵의 보어인 TP가 삭제

Weir(2014)는 Yoshida et at.의 분석이 기본적으로 옳지만 그들의 주장과 달리 *Why*-최소공백화에서는 TP가 생성되지 않으며 Foc이 VoiceP(Collins 2005)를 보어로 선

택한다고 주장한다. 따라서 그는 *Why*-최소공백화를 초점이동이 일어난 후에 VoiceP 가 삭제되는 현상으로 분석한다.

　10장은 Yoshida et al.과 Weir식의 분석이 타당한지를 검증한다. 특히 *Why*-최소공백화의 잔여성분이 초점이동이 아니라 화제이동을 수행함을 밝혀 기존 분석이 남겨 놓은 미해결 문제를 해결할 것이다. 또한 유사한 문장이 한국어에도 존재함을 고찰하고 영어 *Why*-최소공백화와 한국어 *Why*-최소공백화(즉, '왜'-최소공백화)가 어떠한 차이를 보이는지 연구할 것이다. 다음은 (1)-(2)에 해당하는 한국어 구문의 예이다.[1]

(4)　A: 영희가 떠났어.
　　　B: 왜 영희가?　　　　　　　　　　　　　　　　　　　　　　　[0.28, 0.69]
　　　　'왜 하필이면 (순희가 아니라) 영희가 떠났어?
(5)　A: 철수가 과자를 먹었어.
　　　B: 왜 과자를?　　　　　　　　　　　　　　　　　　　　　　　[0.70, 0.60]

　10장의 구성은 다음과 같다. 10.2절에서는 Yoshida et al.(2015)의 TP 삭제 분석과 Weir(2014)의 VoiceP 삭제 분석을 검증할 것이다. 10.3절에서는 *Why*-최소공백화의 잔여성분 이동이 초점이동이 아니라 화제이동임을 밝혀 선행 분석이 남겨 놓은 문제들을 적절히 설명할 것이다. 10.4절에서는 한국어에도 *Why*-최소공백화에 해당하는 '왜'-최소공백화가 존재함을 보이고 *Why*-최소공백화와 '왜'-최소공백화를 통합적으로 설명할 수 있는 방법을 모색할 것이다. 10.5절은 맺음말이다.

10.2 선행연구

10.2.1 Yoshida et al.(2015)의 TP 삭제 분석

　Yoshida et al.은 (2B)가 다음의 수형도와 같은 구조를 갖는다고 주장한다.

---

[1]　설문에는 총 43명의 모국어화자가 참여하였는데, 그중 필러(filler) 항목과의 연관성을 통해 신뢰할 수 없는 참가자 12명의 응답은 버리고 31명의 응답을 유효한 값으로 사용했다. 직관을 수량적으로 수집하기 위해 1-5 사이의 리커트 척도(Likert Scale)를 사용하였고, 응답은 표준화하였다. 예문의 우측에 적힌 숫자가 그 예문에 대한 z-표준점수(z-score)와 표준편차(standard deviation = SD)이다.

(6) [CP (= CP1) ··· [FocP (= CP2) ··· [TP ···]]]

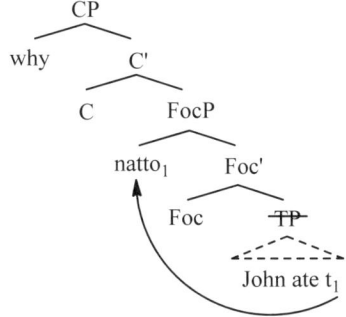

영어에서 초점이동은 내현적으로 음성적 효과를 보이지 않는다. 즉, 생략이 없는 문장에서 초점이 외현이동을 하면 비문법적이다.

(7) *Why NATTO did John eat?

Yoshida et al.은 초점이동이 원래는 내현적이지만 생략이 있는 경우에는 TP 내부에 있는 흔적이 삭제되어 발음될 수 없기 때문에 부득이하게 외현적일 수 있다고 가정한다.² 그들은 *Why*-최소공백화 구문은 통사구조를 포함하는 생략현상으로 *why*는 CP의 지정어 위치에서 기저생성되며 잔여성분은 생략이 일어나기 전에 생략지점 밖의 위치로 초점이동을 한다고 주장한다.³

Yoshida et al.은 다음의 세 가지 증거를 토대로 *Why*-최소공백화 구문이 통사구조를 갖는다고 주장한다. 첫째, *Why*-최소공백화가 나타나는 절의 결속 현상을 살펴보면 연계성(connectivity) 효과가 보인다. (9)처럼 (8B)는 결속이론 C를 위반하여 비문

---

2 Chomsky(1995)의 복사이론(copy theory of movement)을 가정한다면 이동한 요소의 꼬리구성원(tail)이 아니라 머리구성원(head)이 발음된다는 전제하에 초점이동이 외현적으로 발현될 수 있다는 주장이다.
3 Yoshida et al.은 *Why*-최소공백화가 CP 층위를 갖는다는 증거로 다음의 예를 제시한다.

   (i) a. John kissed Mary. I wonder [CP why Mary]
      b. John kissed Mary. Bill then inquired [CP why Mary].

   Wonder, inquire 부류의 동사는 보어로 CP만을 선택하는데 *Why*-최소공백화가 이들 동사의 보어로 내포될 수 있다는 것은 *Why*-최소공백화가 CP를 갖는다는 것을 의미한다.

이다.

(8) A: He₁ is selling all of these pictures.
    B: *Why pictures of John₁? [Yoshida et al. 2015: (25a)에 기초]
(9) *Why is he₁ selling pictures of John₁?

둘째, 선행절 (10A)를 보면 독일어의 동사 *gefallen*은 목적어에게 대격(accusative Case)이 아니라 여격(dative Case)을 부여하는데 주어와 동사가 나타나지 않은 (10B)에서 여격이 유지되어야 한다는 것은 *Why*-최소공백화가 통사구조를 지니는 생략문임을 입증하는 것이다.

(10) A: Peter will   der   Sekretärin gefallen.
        Peter wants the.DAT secretary   please
        'Peter wants to please the secretary.'
     B: Warum   der/*die   Sekretärin?
        why   the.DAT/*the.ACC secretary
        'Why the secretary?' [Yoshida et al. 2015: (20a)]

셋째, *Why*-최소공백화의 잔여성분은 Merchant(2001)의 전치사-좌초 일반화(P-stranding generalization)를 준수한다.

(11) A: John was talking to Mary.
     B: Why (to) Mary? [Yoshida et al. 2015: (31a)]
(12) A: Anna   hat   mit   Abel   gesprochen.
        Anna   has   with   Abel   spoken
        'Anna has spoken with Abel.'
     B: Warum   *(mit)   Abel?   독일어
        why   *(with)   Abel   [Yoshida et al. 2015: (33)]
        'Why with Abel?'

(11B)처럼 영어는 전치사-좌초를 허용하는 언어로 보아 잔여성분이 전치사를 동반

하지 않아도 정문이다. 그러나 (12B)처럼 독일어는 전치사-좌초를 허용하지 않는 언어로 보어가 전치사를 동반하지 않으면 비문이다. 수문(Sluicing) 현상과 관련하여 Merchant(2001)가 제시한 논증이 타당하다면 이러한 대조는 *Why*-최소공백화의 잔여성분이 통사이동을 했다는 증거를 보여주는 것처럼 보인다.

10.2.2 Weir(2014)의 VoiceP 삭제 분석

Weir는 *Why*-최소공백화의 Foc은 보어로 TP를 선택하는 것이 아니라 VoiceP (Collins 2005, Merchant 2013)를 선택한다고 주장한다.[4] Voice는 능동형과 수동형 정보가 표시되는 위치로 vP를 보어로 선택한다. Weir에 따르면 (2B)는 다음처럼 분석된다.

(13) [CP ··· [FocP ··· [VoiceP ··· [vP ··· [VP ···]]]]]

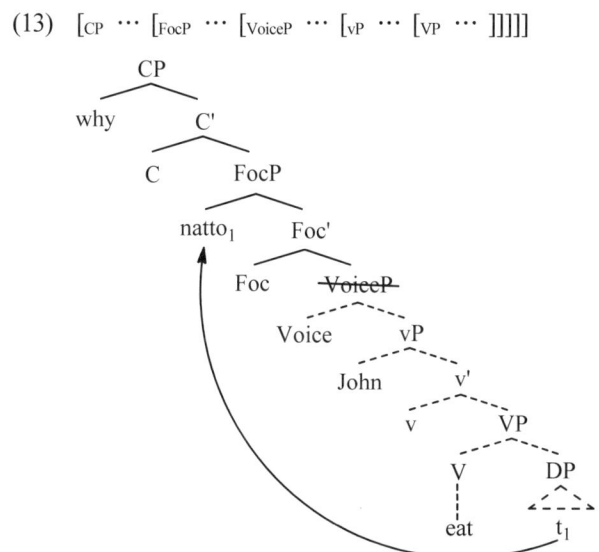

Weir는 수동분사(passive participle)와 완료분사(perfect participle)의 대조를 통하여 흥미로운 제안을 한다.[5]

---

4 Zanuttini(1996)는 CP/TP의 결합체가 VP를 보어로 선택할 수 있다고 제안을 하였는데 Weir는 이러한 제안을 받아들여 *Why*-최소공백화에는 TP가 존재하지 않는다고 가정한다.
5 Weir는 (14b)는 비문이며 만약 (14b)가 정문이라면 이 때는 (i)와 유사하게 '왜 그런 단어를 선택

(14) a. John was <u>fired</u>, but I don't know why <u>fired</u> (rather than fêted).
    b. ?*John has <u>resigned</u>, but I don't know why <u>resigned</u> (rather than applied for promotion).

Weir는 *Why*-최소공백화를 VoiceP가 삭제되어 도출되는 현상이라고 가정하면 (14)의 대조를 설명할 수 있다고 주장한다. 예를 들어 (14b)는 다음과 같은 기저구조를 가져야 한다.

(15) a. ⋯ why ~~John has~~ resigned   [Weir 2014: (12)에 기초]
    b. ⋯ [CP why [FocP [TP T Pres [vP have [AspP en Perf [VoiceP [vP John resign]]]]]]
    c. ⋯ [CP why [FocP resigned [TP T Pres [vP have [AspP t Perf [~~VoiceP~~ [vP ~~John~~ t T]]]]]]

그러나 완료분사를 생성하는 상조동사 핵(aspectual head)은 VoiceP보다 높은 위치에서 생성되기 때문에 완료분사는 VoiceP 밖으로 이동할 수 없다. 즉, *Why*-최소공백화에서 Foc이 VoiceP를 보어로 선택해야 한다면 (14b)의 문장을 결코 생성할 수 없다는 주장이다. Weir는 수동분사는 생략지점인 VoiceP의 내에서 생성되었다가 초점이동을 하기 때문에 *Why*-최소공백화에 나타날 수 있지만 완료분사는 VoiceP 안에서 생성될 수 없기에 *Why*-최소공백화의 잔여성분이 될 수 없다고 주장한다.

Weir는 *Why*-최소공백화가 선행절에 나타나는 부정의 의미를 보존하지 못한다고 고찰한다. 다음의 *Why*-최소공백화에서 부정어가 나타나지 않으면 비문법적이다.

(16) A: Mary didn't fix her printer. She did<u>n't</u> fix her computer either.
    B1: Why <u>not</u> her computer?   [Weir 2014: (13)에 기초]
    B2: ?*Why her computer?
         'Why didn't she fix her computer?'의 의미로는 비문'

했지?'와 같이 인용(quotative) 해석을 받는다고 주장한다.

  (i) [첫 줄에 'Smith has resigned'라고 쓰여진 신문기사를 읽은 상황]
      Why 'resigned'? Why not 'left to pursue opportunities elsewhere'?

선행절 (16A)에 나타나는 부정어 *not*은 생략지점 내에서 해석되지 않는다.[6] 다시 말해서 부정어가 *Why*-최소공백화에서 반드시 출현해야 한다는 것인데 이는 또 다른 TP 생략 유형인 수문과 대조를 이룬다. 수문에서는 부정어가 생략지점에 포함되어도 무방하다.

(17) Mary didn't fix her printer because she didn't have the parts.
 She di<u>dn't</u> fix her computer, either, but I don't know why.
 'I don't know why Mary didn't fix her computer.'

Weir는 자신의 분석이 이러한 대조를 설명할 수 있다고 주장한다. Zanuttini(1996)의 제안을 따르면 문장부정은 시제와 관련이 있는데 *Why*-최소공백화에서는 시제가 나타나지 않기 때문에 Weir는 (16B1)의 *Why*-최소공백화에서 나타나는 부정이 문장부정(sentence negation)이 아니라 성분부정(constituent negation)의 예라고 주장한다.

Merchant(2006)에 따르면 구 층위(XP-level)의 부가어(adjunct) 부정어 표지가 나타나는 언어에서는 그 표지가 *Why*-최소공백화에서 부정어로 사용되는데, 핵 층위(X-level)의 부정어를 보유하는 언어에서는 그 핵 층위의 표지가 *Why*-최소공백화에서 부정어로 사용되지 못하고 대신에 영어의 *no*에 해당하는 표현이 사용된다.

---

[6] *Why*-최소공백화의 주어는 유일성 전제(presupposition of uniqueness)와 같은 의미적 효과를 유발한다. 다음을 보자.

 (i) A: Mary di<u>dn't</u> fix her computer.
  B: Why her computer?
   'Why didn't she fix her computer?'

(16B2)처럼 선행절이 부정의 의미를 지닐 때 이 부정의 의미는 *Why*-최소공백화에서 보존되지 않는다. 그런데 Weir는 갑자기 (iB)에서는 부정이 생략지점에서 보존되고 있는 듯이 보인다면서 (16B2)의 문법성과 상충되는 관측을 한다. Weir는 (iB)의 경우에는 분열문에 포함되어 있는 내포절의 부정어가 은밀히 전이(smuggling in)되는 과정이 있다고 주장한다.

 (ii) Why her computer₁ it was t₁ she didn't fix [Weir 2014: (30)]

그러나 부정어를 전이하기 위해 분열문 구조를 사용하는 것은 분열문이 초래하는 유일성 전제조건을 유발하는 결과를 가져온다. 그래서 (16B2)가 비문이다. 만약 유일성 전제(즉, 메리가 고치지 않은 것이 오직 하나만 존재한다는 사실)가 사라지는 문맥이 형성된다면 분열문 구조가 적절히 (felicitously) 사용될 수 없다.

(18) a. Mary won't leave. Why not?
     b. ... Perchè {no, *non}　　　　　　　　　　이태리어
         why　Neg

Weir는 Merchant를 따라서 *why not*의 *not*은 *why*에 직접 부가된 것이라고 제안한다. 핵 층위의 부정어를 가진 언어에서 *why not* 구문이 허용되지 않는 이유는 핵 층위의 부정어가 구 층위의 부가어인 *why*에 부가될 수 없기 때문이라고 주장한다.

(19)

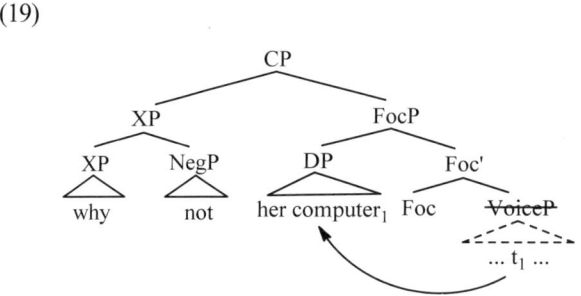

이러한 점에서 Weir는 *Why not*-최소공백화의 *not*은 성분부정어라고 결론을 내린다.
  Weir는 *Why*-최소공백화의 분석을 근거로 때로는 생략 요소가 분열문을 포함할 수 있다는 Craenenbroeck(2010)의 주장을 옹호한다. 앞서 보았듯이, 목적어와 주어 모두가 *Why*-최소공백화의 잔여성분이 될 수 있다.

(20) a. John ate <u>natto</u>, but I don't know why <u>natto</u>.
     b. Mary kissed <u>Bill and John</u>. Why <u>John</u>?　　[Weir 2014: (23)]
(21) a. <u>Mary</u> left the party early, but I don't know why <u>Mary</u>.
     b. <u>James and Morag</u> were snooping around. Why <u>James and Morag</u>?
                                       [Weir 2014: (24)]

Weir에 따르면 '목적어가 나타나는 *Why*-최소공백화'와 달리 '주어가 나타나는 *Why*-최소공백화'는 유일성 전제(presupposition of uniqueness)조건을 만족시켜야 한다.

(22) a. John ate the beans. He ate the natto too, but I don't know why the natto.
　　 b. Mary kissed Bill and John. Why John?
(23) a. Mary ate natto. John did too, #but I don't know why John.
　　　 'OK: ⋯ why John did.'
　　 b. James and Morag were snooping around. #Why James?
　　　 'OK: Why James and Morag? or: Why was James?'
　　 c. Catriona is standing on one leg. Betsy is too, #but I don't know why Betsy.
　　　 'OK: ⋯ why Betsy is.'

Weir는 *Why*-최소공백화가 VoiceP를 삭제하는 현상이라면 이러한 차이를 설명할 수 있다고 주장한다.

Rodrigues et al.(2009), Craenenbroeck(2010)는 수문이 분열문 구조를 가지는 경우가 있다고 주장하였는데 이와 같은 견지에서 Weir는 주어가 나타나는 *Why*-최소공백화의 경우도 분열문 구조를 갖는다고 주장한다. 분열문이 유일성 전제를 요구한다는 것은 잘 알려진 사실이다.

(24) 　It was Mary {that, who} left.
　　　 '오직 한 명이 떠났다는 사실을 전제함.'

Weir에 따르면 목적어가 나타나는 *Why*-최소공백화는 다음처럼 분석된다.

(25) a. John ate natto. Why natto?
　　 b. [$_{CP}$ why [$_{FocP}$ natto$_1$ [$_{VoiceP}$ [$_{vP}$ John v [$_{VP}$ ate t$_1$]]]]]

목적어는 vP내에서 대격을 허가 받고 FocP의 지정어로 외현이동한다. 그런데 주어는 T에서 주격을 허가 받는다는 일반적인 가정을 따르면, *Why*-최소공백화에서 TP를 가정하지 않는 Weir의 분석은 문제점을 야기한다. 기본적으로 T가 존재하지 않으면 주격을 허가할 수 없다. 그런데 만약 주어가 생략지점에 남아 있다면 생략이 발생한 후 발음이 되지 않아서 격 문제를 회피할 수 있다.

Weir에 따르면 주어가 잔여성분으로 나타나는 *Why*-최소공백화는 분열문 구조를 삭제하는 것이다.7

(26) A: Mary left the party early.
  B: Why Mary₁ [it was t₁ (that left the party early)]?

Craenenbroeck(2010)는 생략문에서 통사적으로 적절한 선행어가 부재할 경우에는 분열문 구조가 최후수단으로 사용될 수 있다는 제안을 한다.

그러나 Weir의 분석은 다음과 같은 문제점을 야기한다. 첫째, (14)의 대조를 논의하면서 Weir는 수동분사는 생략지점인 VoiceP의 내부에서 생성되었다가 초점이동을 하기 때문에 *Why*-최소공백화의 잔여성분이 될 수 있지만 완료분사는 VoiceP 내부에서 생성될 수 없기에 *Why*-최소공백화의 잔여성분이 될 수 없다고 주장한다. 그렇다면 *Why*-최소공백화는 왜 AspP를 보어로 선택하지 못하는가 하는 의문이 생긴다. 다시 말해서 *Why*-최소공백화는 왜 VoiceP 만을 보어로 선택해야만 하는가? 오히려 완료분사는 VoiceP 밖에서 생성되기 때문에 VoiceP가 삭제가 될 때 CP 영역에서 기저생성된 *why*처럼 잔여성분이 될 수가 있다. 또한 Weir가 제시한 수형도에 따라 (14a)의 구조를 검토해 보자. 그에 따르면 영어의 완료형은 *be-en*의 형태로 구현되는데 (27a)를 도출하기 위해서 VoiceP의 핵인 *en*이 주동사 *fire*에 접사도약(Affix Hopping)된 후 FocP의 영역으로 이동을 하고 VoiceP가 음성형태에서 삭제가 된다면 완료 조동사 *be*는 어떻게 처리해야 할지 의문이다.

---

7 주어가 잔여성분인 *Why*-최소공백화에서 주어는 주격(nominative Case)이 아니라 대격(accusative Case)을 할당 받는다.

  (i) A: She left the party early.
    B1: ?*Why she?
    B2: ?Why her?

이는 분열문에서 의미적으로 내포절의 주어 역할을 하는 표현이 대격을 받은 것과 유사하다.

  (ii) It was {her, *she} who left.

Yoshida et al.은 *her*가 기본격(default Case)를 받는다고 가정한다.

(27) a. ⋯ why ~~John was~~ fired   [Weir 2014: (12)에 기초]
　　　b. ⋯ [CP why [FocP [TP TPast [vP be [VoiceP enPass [vP John fire]]]]]]
　　　c. ⋯ [CP why [FocP fired [TP TPast [vP be [VoiceP ~~tPass~~ [vP John t₁]]]]]]

둘째, (25)에서 동사의 시제－예를 들어, *ate*과 *eat*의 차이－를 어떻게 설명할 것인가의 문제가 발생한다. 이는 '*Why*-최소공백화 구문에는 TP가 없다'라는 전제에서 파생하는 문제이다. 즉, (25)의 *Why*-최소공백화가 처음부터 시제가 없는 상태에서 생성되었다면 (25b)가 '나또를 현재 시점에서 왜 먹느냐 혹은 미래 시간에 왜 먹느냐'의 의미가 아니라 반드시 '나또를 왜 과거에 먹었느냐'라는 의미가 나오게 보장해 줄 수 있는 방법이 무엇인지를 고민해야 한다.

10.3 제안: 화제이동과 TP 삭제

Yoshida et al.은 *Why*-최소공백화의 잔여성분이 초점이라고 주장한다. 그러나 *Why*-최소공백화의 잔여성분은 이전 담화에 연결되어 있는 화제(topic)에 해당된다. 즉, 다음의 예에서 보여지는 것처럼 '긍정의 *Why*-최소공백화'(*Why not*-최소공백화는 제외)의 잔여성분은 반드시 선행절에서 발화된 표현이어야 한다.

(28)　A: <u>Mary</u> left.
　　　B: Why <u>Mary</u>?　　　　　　　　　　　　　　　　　[주어]
(29)　A: John ate <u>natto</u>.
　　　B: Why <u>natto</u>?　　　　　　　　　　　　　　　　　[목적어]
(30)　A: Gazpacho soup is served <u>cold</u>.
　　　B: Why <u>cold</u>?　　　　　　　　　　　　　　　　　　[보어]
(31)　A: They're leaving for Italy <u>on Tuesday</u>.
　　　B: Why <u>on Tuesday</u>?　　　　　　　　　　　　　　[부가어]

이러한 사실이 시사하는 바는 *Why*-최소공백화의 잔여성분이 화제일 가능성이 높다는 것이다. (29)를 예로 들면, (29A)의 발화 시점에서 목적어 *natto*는 새로운 정보(new information)로서 초점이었으나 (29B)에서 발화된 잔여성분으로서의 목적어 *natto*는 이미 주어진 정보(given/old information)이어서 초점이 될 수가 없다. 이러한 점에서 10장은 9장에서 이미 논의한 것처럼 *Why*-최소공백화의 잔여성분은 초점이동이 아니라 화제이동을 수행하는 것이라고 제안한다.

*Why*와 잔여성분의 위치와 관련하여 Rizzi(1997: 297)가 제안한 보문소 체계를 받아들여 CP가 다음과 같이 세분화된다고 가정하자:

(32) [ForceP … [TopP … [FocP … [TopP … [FinP … [TP …]]]]]]

이러한 구조를 받아들이면 (29B)은 다음과 같이 도출된다.

(33) A: John ate natto.
      B: [ForceP Why [TopP natto₁ [TP ~~John ate t₁~~]]]?

Yoshida et al.과 Weir처럼 *Why*-최소공백화의 *why*는 CP-영역에 있는 ForceP에서 기저생성되는 것으로 가정한다.⁸ (29B)는, (33B)에서 보이는 바와 같이, 잔여성분인 *natto*가 화제이동을 하여 TopP의 영역으로 이동을 하고 TP가 음성형태에서 삭제가 되면서 도출된다.

Why-최소공백화와 *Why*-수문이 공유하는 의미의 유사성에 대해서는 다음과 같은 도출을 제안한다.

---

8 '완전히 담화와 절연된(aggressively non-D-linked)' 표현인 *the hell*은 wh-요소에 부가되어 강조의 의미를 지닐 때 그 wh-요소가 이동을 했음을 보여주는 지표가 되어 왔다(Lasnik & Saito 1984, Pesetsky 1987, Dikken & Giannakidou 2002). 그런데 (iB1)과 (iB2)의 문법성에 큰 차이가 없다는 점에서 *Why*-최소공백화의 *why*는 CP 영역에서 기저생성되는 것이 아니라 이동을 통해 CP 영역으로 이동해 갔다는 추론이 가능하다.

　　(i) A:　John ate natto.
　　　　B1: Why natto?
　　　　B2: ?Why the hell natto?

Why-최소공백화의 *why*가 wh-의문문에서의 *why*와 달리 CP에서 기저 생성되었는지의 문제는 저자의 분석에 큰 영향을 미치는 것이 아니어서 10장에서는 더 이상 논의를 하지 않는다.

(34) A: John ate natto.

B: [ForceP Why₁ [TP ~~John ate natto t₁~~]]?

Why-수문에서의 목적어 *natto*는 생략지점 내부에 위치한다. 이 경우 *why*는 ForceP에서 기저생성되는 것이 아니라 부가어 의문사로 TP 내부에서 생성되었다가 ForceP의 지정어 자리로 wh-이동을 한다. 후에 수의적으로 TP가 삭제되면 (34B)의 *Why*-수문이 도출된다. 즉, *natto*는 이전 발화에서 언급된 구정보로 기본적으로 외현이동을 하지 않아서 TP가 삭제가 되면 *Why*-수문 구문(34B)이 도출이 되는 것이고, 화제화(topicalized)되어서 TopP의 지정어 위치로 외현이동을 한 후 TP가 삭제가 되면 (33B)의 *Why*-최소공백화가 도출되는 것이다.

요약하면, (33B)와 (34B)가 동일한 의미를 가질 수 있는 경우는 초점화된 [+F] 자질을 지닌 NATTO가 초점이동 후에 어느 복사를 발음하느냐의 문제이거나 [+F] 자질을 지닌 NATTO와 [+F] 자질을 지니지 않은 *natto*의 차이일 수 있다는 Yoshida et al.의 주장과 달리, 그 차이는 [+F] 자질을 지니지 않은 *natto*가 제자리에 있거나 화제화되기 때문이라고 본다.

10.4 '왜'-최소공백화

Why-최소공백화에 해당하는 구문은 한국어에도 존재한다. 아래에서 보는 것처럼 주어, 목적어, 보어, 부가어를 위시한 많은 표현들이 '왜'-최소공백화의 잔여성분이 될 수 있다.

(35) A: 영희가 떠났어.

B: 왜 영희가? [0.28, 0.69]

'왜 하필이면 (순희가 아니라) 영희가 떠났어?'

(36) A: 철수가 과자를 먹었어.

B: 왜 과자를? [0.70, 0.60]

'왜 하필이면 (피자가 아니라) 과자를 먹었어?'

(37) A: 토마토 스프가 차갑게 나왔어.

　　　　B: 왜 차갑게?　　　　　　　　　　　　　　　　　[0.40, 0.66]
　　　　　 '왜 (뜨겁게가 아니라) 차갑게 나왔지?'
　(38)　A: 지우와 영수는 화요일에 하와이로 떠나.
　　　　B: 왜 화요일에?　　　　　　　　　　　　　　　　[1.19, 0.36]
　　　　　 '왜 (토요일이 아니라) 화요일에 떠나지?'
　(39)　A: 철수가 영희에게 뽀뽀했어.
　　　　B: 왜 영희에게?　　　　　　　　　　　　　　　　[1.06, 0.43]
　　　　　 '왜 (순희가 아니라) 영희에게 뽀뽀했지?'
　(40)　A: 현우가 민호와 통화했어.
　　　　B: 왜 민호와?　　　　　　　　　　　　　　　　　[1.05, 0.39]
　　　　　 '왜 (진수가 아니라) 민호와 통화했지?'

'왜'-최소공백화에서의 기본 어순은 예를 들어 (41)이 아니라 (36B)라고 가정한다.

　(41)　과자를 왜?

(36B)의 경우는 과자를 포함해 떡볶이, 피자 등 여러 간식이 있는 상황에서 '철수가 왜 하필 과자를 먹었냐'는 특정 해석을 가지고 (41)의 경우는 '철수가 어떠한 이유 (배가 고파서 혹은 입이 심심해서 등)로 과자를 먹었냐'는 해석을 갖는다.[9] 유사한 비교를 위해 다음의 예문들을 참고하기 바란다.

　(42)　A: 민지가 떠났어.
　　　　B: 민지가 왜?　　　　　　　　　　　　　　　　　[1.29, 0.38]
　　　　　 '민지가 어떤 이유로 떠났어? (어떤 일이 있었어?)'
　(43)　A: 연아가 나또를 먹었어.
　　　　B: 나또를 왜?　　　　　　　　　　　　　　　　　[1.09, 0.48]
　　　　　 '나또를 어떤 이유로 먹었지?'
　(44)　A: 현우와 민호가 화요일에 영국으로 떠나.
　　　　B: 화요일에 왜?　　　　　　　　　　　　　　　　[0.62, 0.80]
　　　　　 '화요일에 어떤 이유로 떠나지?'

9　이러한 직관 차이에 대해서는 김윤희에게 고마움을 전한다.

(45) A: 소고기볶음밥이 맵게 나왔어.
    B: ?맵게 왜?   [-0.24, 0.76]
    '소고기볶음밥이 어떤 이유로 맵게 나왔지?'

10.4.1 특성

'왜'-최소공백화가 보이는 특징은 다음과 같다. 첫째, '왜'-최소공백화는 Why-최소공백화처럼 후치사가 나타나지 않아도 정문이다.

(46) A: John kissed with Mary.
    B: Why (with) Mary?
(47) A: 민지가 연아에게 전화했어.
    B1: 왜 연아에게?
    B2: 왜 연아-Ø에게?   [0.06, 0.79]
(48) A: 현우가 민호와 여행했어.
    B1: 왜 민호와?
    B2: ?왜 민호-Ø와?   [-0.09, 0.73]

그러나 다음처럼 잔여성분이 앞으로 이동되면 후치사가 생략될 수 없다.

(49) 연아*(에게) 왜?
(50) 민호*(와) 왜?

둘째, 한국어는 영어와 달리 선행절에 부정어가 있을 때 Why-최소공백화에서 부정의 의미가 보존된다. 즉, not에 해당하는 '아니'의 발음 여부에 상관없이 (51B1), (51B2) 모두 수용성이 나쁘지 않다.

(51) A: 민호는 부품이 없어서 프린터를 수리하지 않았어.
         민호는 컴퓨터도 수리하지 않았어.
    B1: ?아니 왜 컴퓨터를?   [-0.06, 0.85]
    '왜 컴퓨터를 고치지 않았냐는 의미'

B2:?왜 컴퓨터를? [-0.11, 0.63]
'왜 컴퓨터를 고치지 않았냐는 의미'

주목할 것은 영어 수문과 마찬가지로 한국어 수문에서도 선행절에 있는 부정의 의미가 보존된다는 점이다. 박사논문(김정석 1997)에서 저자가 논의한 대로 (53)과 같은 수형도가 가능하다면 (52)처럼 세 종류의 한국어 수문을 고려해 볼 수 있다.

(52) 영희는 부품이 없어서 프린터를 수리하지 않았어. 영희는 컴퓨터를 수리하지도 않았어. 그런데
    a. 나는 왜인지 몰라.   NegP 수문 [0.33, 0.59]
       '왜 영희가 수리를 안 했는지 몰라의 의미'
    b. 나는 왠지 몰라.   TP 수문   [0.02, 0.57]
    c. ?*나는 왜 아닌지 몰라.   VP 수문   [-0.63, 0.51]

(53)

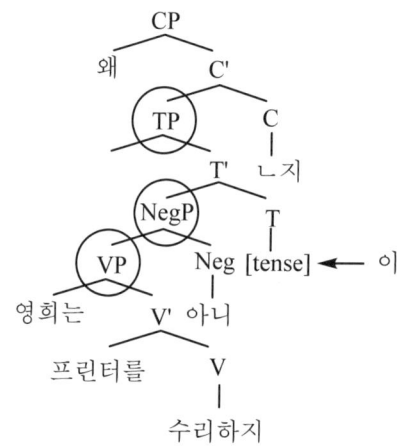

셋째, 한국어에는 XP-부가어인 '아니'(장형부정어)와 접어(clitic)처럼 행동하는 X-층위의 핵인 '안'(단형부정어)의 두 종류의 부정어가 있다.

(54) a. 철수가 나또를 먹지 <u>아니</u>하였다(= 않았다).
     b. 철수가 나또를 <u>안</u> 먹었다.

그런데 '왜'-최소공백화에서는 장형부정어인 '아니'만 허용이 된다.[10]

(55) B1: ?아니 왜 컴퓨터를?   [-0.06, 0.85]
      '왜 컴퓨터를 고치지 않았냐는 의미'
    B2: *안 왜 컴퓨터를?   [-1.35, 0.43]

다음은 선행 발화에서 단형부정이 사용된 경우인데 이 경우의 '왜'-최소공백화에서도 장형부정인 '아니'만 허용이 된다.[11]

(56) A: 철수가 당근을 안 먹었어.
    B: 아니 왜 당근을?   [0.83, 0.57]
(57) A: 현우가 피망을 안 먹었어.
    B: *안 왜 피망을?   [-1.17, 0.59]

넷째, Why-최소공백화의 잔여성분이 목적어인 경우에 only 혹은 the hell 등이 잔여성분과 같이 나타날 수 있는데, '왜'-최소공백화의 잔여성분이 목적어인 경우에는 '도대체', '아니', '굳이' 등이 잔여성분과 같이 나타날 수 있다.

(58) a. John was eating natto, but why NATTO (and not another food)?
    b. ... but why only NATTO (and not another food)?
    c. ... but why the hell NATTO (and not another food)?
    d. ... but why the hell only NATTO (and not another food)?
(59) a. 철수가 시집을 샀어, 그런데 왜 시집을?
    b. ... 그런데 도대체 왜 시집을?   [1.15, 0.61]
    c. ... 그런데 아니 도대체 왜 시집을?   [1.07, 0.47]

---

10 '왜'와 '아니'의 어순이 아래처럼 바뀌면 수용성이 많이 더 떨어진다.

    (i) ?*왜 아니 컴퓨터를?   [-0.71, 0.53]

11 이 경우에도 '왜'와 '아니'의 어순이 아래처럼 바뀌면 수용성이 많이 떨어진다.

    (i) A: 민호가 버섯을 안 먹었어.
        B: *왜 아니 버섯을?   [-0.88, 0.75]

d. ... 그런데 도대체 아니 왜 시집을?
e. ... 그런데 굳이 왜 시집을?
f. ... 그런데 왜 굳이 시집을?
g. ... 그런데 도대체 굳이 왜 시집을?
h. ... 그런데 도대체 왜 굳이 시집을?
i. ... 그런데 도대체 아니 굳이 왜 시집을?
j. ... 그런데 도대체 아니 왜 굳이 시집을?

다섯째, 영어 wh-의문절에서의 최소공백화는 why(혹은 how come)만 가능하나 한국어는 거의 모든 wh-구가 최소공백화에서 나타날 수 있다.12

(60) a. A: John was eating natto.
　　　　B: Why NATTO?
　　b. A: John was eating natto.
　　　　B: *How/*When/*Where NATTO?
　　c. A: Someone was eating natto.
　　　　B: *Who NATTO?
　　d. A: Something made John eat natto.
　　　　B: *What NATTO?
(61) a. A: 철수가 나또를 먹었어.
　　　　B: 왜 나또를?
　　b. A: 민호가 나또를 먹었어.
　　　　B: 언제 나또를? 　　　　　　　　　　　　　　　[0.67, 0.68]
　　c. A: 누군가가 초밥을 먹었어.
　　　　B: 누가 초밥을? 　　　　　　　　　　　　　　　[0.58, 0.62]
　　d. A: 현우가 나또를 먹었어.

---

12 그런데 '무엇'을 이용하여 wh-최소공백화 구문을 만들기는 쉽지 않아 보인다.

　(i) A: 무언가가 철수가 나또를 먹게 했어.
　　　B: ?*무엇이 나또를?

이점에 대해서는 논외로 한다.

        B: 어떻게 나또를? [0.58, 0.74]
    e. A: 민지가 초밥을 먹었어.
        B: 어디서 초밥을? [0.37, 0.65]

Merchant, Weir 등은 영어에서 *why*만이 CP의 지정어에서 기저생성될 수 있다고 주장을 하는데 그렇다면 한국어에서는 (거의) 모든 wh-구가 CP의 지정어에서 기저생성될 수 있다고 주장을 할 수 있는지는 추후 연구로 미룬다.

여섯째, 영어의 주절 수문은 내포절 수문과 달리 상황문맥에 의해서 허용이 된다. 한국어 수문은 주절과 내포절에서 모두 상황문맥만으로도 허용이 되기 때문에 심층대용화(deep anaphora)로 분류되는 것이 타당해 보인다.

(62) [Hankamer is standing in front of a table-tennis table, a second bat in his hand, looking at the bystanders.]
    A: Who?
    B:*I wonder who. [Riemsdijk 1978: 234-235]
(63) [지우가 농구 경기 중에 관중석에 있는 관객 중 한 명을 보며]
    A: 누구지? [0.96, 0.47]
    B1: (나는) 누군지 궁금해. [0.83, 0.69]
    B2: (나는) 누구인지 궁금해. [0.69, 0.73]

영어 주절 *Why*-최소공백화는 영어 내포절 *Why*-최소공백화와 달리 상황문맥에 의해서 허용이 된다. 한국어에서는 (65B)처럼 *Why*-최소공백화가 내포절에서 수문의 형태와 유사하게 발화되는데 그 이유는 의문 보문소(interrogative C)가 생략되지 못하기 때문이다. '왜'-최소공백화는 주절에서뿐만 아니라 내포절에서도 상황문맥에 의해서 허가될 수 있다.

(64) [John is eating sushi, miso-soup, and natto.]
    A: Why natto?
    B: *I don't understand why natto.
(65) [현우가 초밥, 미소국, 그리고 나또를 먹고 있는 것을 보고 영희가]

A: 왜 나또를? [0.75, 0.80]
B: ?나는 왜 나또인지 모르겠어. [-0.23, 0.81]

그런데 한국어 내포절 수문과 내포절 '왜'-최소공백화 사이에는 의미 차이가 있다.

(66) A: 영희가 일찍 파티 장소를 떠났어.
B1: 나는 왜인지 몰라.
B2: 나는 왜 영희인지 몰라.

(66B1)의 한국어 내포절 수문은 '화제의 대상인 영희가 일찍 떠난 사실에 대한 궁금증'을 표현하며, (66B2)의 한국어 내포절 '왜'-최소공백화는 '일찍 떠난 화제의 대상인 영희에 대한 궁금증'을 표현한다.

10.4.2 관용어 해석

Rottman & Yoshida(2013)는 영어 수문에서 나타나는 관용어 해석을 근거로 영어 수문이 생략문이며 통사구조를 가지고 있다고 논증한다.

(67) a. John pulled strings to get his position, but I don't know which strings.
b. I heard John made headway on his project, but I don't know how much headway. [Rottman & Yoshida 2013: (7)]

이러한 논증을 '왜'-최소공백화 구문에 적용해 보면 관용어 해석이 유지되는 것을 알 수 있다. 다음은 '왜'를 후행하는 잔여성분이 관용어구의 목적어에 해당하는 예들이다.

(68) 미역국을 먹다(= 시험에서 떨어지다, 직위에서 떨려 나다)
A: 철수가 재수를 하면서까지 서울대에 지원했는데 미역국을 먹었대.
B: 왜 미역국을?
(69) 바가지를 쓰다(= 상품의 원래 가격보다 비싸게 값을 치르다)

A: 현우가 친구를 통해 중고차를 구입했다가 바가지를 썼대.
B: 왜 바가지를?
(70) 눈을 붙이다(= 잠을 자다)
A: 민지가 중요한 발표과제를 마친 후에 휴게실에서 눈을 붙였대.
B: 왜 눈을?

다음은 위의 예들과 달리 ['왜'+목적어 잔여성분]이 관용어 해석을 갖지 않는 경우를 예시한다.

(71) A: 영희가 비린내 때문에 미역국을 싫어하는데도 미역국을 먹었대.
B: 왜 미역국을?
(72) A: 민호가 영화에 나오는 히어로를 흉내 내려고 바가지를 썼대.
B: 왜 바가지를?
(73) A: 연아가 학비를 벌기 위해 방학 동안 인형공장에서 눈을 붙였대.
B: 왜 눈을?

생략 상황에서 관용어의 일부가 목적어인 경우에 관용어 해석이 유지되는 예는 많이 발견되는데, 생략 상황에서 관용어의 일부가 주어인 경우는 상대적으로 드물게 발견된다. 그러나 이 경우에도 관용어 해석이 유지된다.

(74) 배가 아프다(= 남이 잘되어 심술이 나다)
A: 철수가 잘나가는 동기의 소식을 듣고는 배가 아팠대.
B: 왜 배가?
(75) 손이 거칠다(= 손버릇이 나쁘다)
A: 민호가 집안이 망한 후 방황하기 시작하면서 손이 거칠어졌대.
B: 왜 손이?
(76) 발이 묶이다(= 움직일 수 없는 형편이 되다)
A: 민지가 제주도에 갔다가 태풍이 심해지면서 발이 묶였대.
B: 왜 발이?

다음은 위의 예들과 달리 ['왜'+주어 잔여성분]이 관용어 해석을 갖지 않는 경우를 예시한다.

(77) A: 영희가 여행지에서 과식을 하고는 한밤중에 배가 아팠대.
B: 왜 배가?
(78) A: 현우가 식당에서 주방보조 일을 시작한 후 손이 거칠어졌대.
B: 왜 손이?
(79) A: 연아가 장애물 달리기에서 그물을 통과하다가 발이 묶였대.
B: 왜 발이?

'왜'-최소공백화에서 잔여성분의 격조사/후치사의 탈락은 대개의 경우 문법성에 영향을 미치지 않는다.13

(80) A: 영희가 육회를 먹었어.
B: 왜 육회-Ø를?   [0.32, 0.89]
(81) A: 민지가 연아에게 전화했어.
B: 왜 연아-Ø에게?   [0.06, 0.79]
(82) A: 현우가 민호와 여행했어.
B: ?왜 민호-Ø와?   [-0.09, 0.73]
(83) A: 지우와 영수는 목요일에 파리로 떠나.
B: 왜 목요일-Ø에?   [0.59, 0.67]

---

13 일반적으로 생략에서의 격조사 탈락은 주격조사와 목적격조사 사이에 비대칭성이 없다고 관측되어왔으나 실제 설문조사의 결과는 달랐다. 목적격조사와 달리 주격조사의 탈락은 적어도 '왜'-최소공백화의 수용성을 매우 떨어뜨렸다.

  (i) A: 철수가 떠났어.
     B: *왜 철수-Ø가?   [-0.94, 0.55]

'왜'-최소공백화에서의 주격조사 탈락은 아래처럼 부가어의 형태소 일부가 탈락한 경우보다 더 크게 수용성 변화를 초래하였다.

  (ii) A: 미소 스프가 차갑게 제공되었어.
     B: *왜 차갑-Ø게?   [-0.77, 0.68]

그런데 '왜'-최소공백화에서 격조사/후치사 탈락여부는 관용어 해석이 나오는 문맥에서 문법성에 영향을 미친다.

(84) A: 철수가 재수를 하면서까지 서울대에 지원했는데 미역국을 먹었대.
B1: 왜 미역국을?
B2:*왜 미역국?

이것은 '왜'-최소공백화에서 격조사/후치사 탈락여부가 관용어 해석이 나오지 않는 문맥에서는 문법성에 영향을 끼치지 않는 것과 대조적이다.

(85) A: 영희가 비린내 때문에 미역국을 싫어하는데도 미역국을 먹었대.
B1: 왜 미역국을?
B2: 왜 미역국?

안희돈(2012)은 한국어 조각문이 TP 생략으로 도출된다고 분석하면서 생략문의 잔여성분이 격표지를 갖는다는 것은 관련된 도출이 통사적임을 보장하는 징표라고 주장하였다. 그렇다면 (84B2)에서 관용어 해석이 사라지는 이유는 무엇일까? 잔여성분이 격표지를 지닌 (84B1)은 통사적으로 도출되기 때문에 기저에 혹은 논리형태에서 '미역국을 먹다'라는 관용어구가 존재하지만 잔여성분의 격표지가 탈락한 (84B2)는 화용적으로 도출되기 때문에 기저에서 그리고 논리형태에서 '미역국을 먹다'라는 관용어구를 재구성할 수 없고 따라서 관용어 해석이 불가하다.

관용어를 이루는 성분이 강조가 되는 경우 관용적 의미 관계가 무너지기 때문에 한국어의 분열문에서는 관용어 해석이 유지가 되지 않는다는 주장(고광주 2000)을 고려해 보면, '왜'-최소공백화에서의 잔여성분은 앞에서 주장한 것처럼 초점이 아니라 화제에 해당된다고 볼 수 있을 것 같다. 4장에서 이미 밝힌 바와 같이 관용어 성분은 화제화되더라도 관용어의 의미를 깨뜨리지 않는다.

(86) a. 미역국은 내가 아닌 동생이 먹었어.
b. 투자자들의 단물은 외국 자본이 빨아 먹었다.

c. 오래 앓던 이는 이번 일로 쑥 빠졌다.

10.4.3 수문과 *Why*-최소공백화의 비교

영어 수문과 한국어 수문간의 유사점 중의 하나는 생략지점에 포함되어 있는 표현과 선행절의 대응성분 사이에는 병행성이 엄격하게 준수되어야 하지만 생략지점을 벗어난 표현은 병행성을 엄격하게 준수할 필요가 없다는 것이다. Merchant(2008, 2013)에 따르면 영어 수문의 경우, 아래처럼 *to someone*이라는 대응성분에 대해서 대동이동된 wh-표현은 *to who(m)*나 *with who(m)*의 형태를 가질 수 있다. 한국어 수문의 경우에도 병행성이 느슨하게 준수된다.

(87) John was talking to someone, but I don't know {to, with, *of} who(m).
(88) 민지가 누군가에게 말하고 있었는데,
    a. 나는 누군지 모른다.   [0.94, 0.38]
    b. 나는 누구인지 모른다.   [0.73, 0.46]
    c. 나는 누구에게인지 모른다.   [0.53, 0.66]
    d. ?나는 누구와인지 모른다.   [-0.12, 0.66]
    e. *나는 누구처럼인지 모른다.   [-0.94, 0.48]

다음은 선행절에 잠재되어 있는 표현이 수문에서 나타나는 경우로 새싹(Sprouting)유형의 수문이다. 이 경우 전치사/후치사가 생략되면 비문이다.

(89) John served dinner, but I don't know *(to) who.
(90) 영희가 저녁을 준비했는데,
    a. 나는 누구를 위해서인지 몰라.   [0.58, 0.43]
    b. ?*나는 누구인지 몰라.   [-0.65, 0.71]
    c. *나는 누군지 몰라.   [-1.14, 0.65]

위의 유사성은 *Why*-최소공백화와 '왜'-최소공백화 사이에도 존재한다. 다음은 새싹유형의 *Why*-최소공백화 구문인데 이 경우 잔여성분은 이전 문맥에서 언급되지 않았기 때문이 구정보가 아니라 신정보라고 할 수 있다. 즉, 새싹유형의 *Why*-최소공백화에서 잔여성분은 화제가 아니라 초점이라고 할 수 있다. 이 경우에도 전치사가 생략되면 비문이다.

(91) [Both A and B know that John hates Bill, and both believed John would never do something such as serve Bill dinner.]
A: John served dinner.
B: Why (even) *(TO) BILL?
(92) John served dinner, but I don't understand why (even) *(TO) BILL.

다음은 새싹유형의 '왜'-최소공백화인데 영어와 마찬가지로 잔여성분은 초점에 해당한다.

(93) A: 지우가 초콜릿을 줬어.
B1: 아니 왜 영수에게? [0.25, 1.03]
B2:?왜 민지에겐지 몰라. [-0.24, 0.72]

새싹 '왜'-최소공백화의 잔여성분에서 후치사가 탈락하면 문법성에 영향을 미친다.

(94) A: 철수가 선물을 줬어.
B1:?*왜 영희인지 몰라. [-0.57, 0.72]
B2: *왜 민진지 몰라. [-0.92, 0.58]
B3: *왜 연아? [-1.09, 0.81]
B4: *아니 왜 연아? [-1.32, 0.43]

Why-최소공백화와 '왜'-최소공백화의 또 다른 유사성은 능동형과 피동형의 차이가 문법성에 영향을 미친다는 점이다. 이는 *Why*-최소공백화가 통사구조를 지닌다는 점을 시사한다.

(95) A: Max brought the roses.
      B: Why MAX?
(96) A: Max brought the roses.
      B: *Why BY MAX?
(97) A: The roses were brought by Max.
      B: Why BY MAX?

'왜'-최소공백화에서도 이러한 통사관계가 유지되고 있다.

(98) A: 현우가 꽃을 배달했어.
      B: 왜 현우가?   [0.82, 0.70]
(99) A: 우유가 민호에 의해서 운반되어왔어.
      B: 왜 민호에 의해서?   [0.11, 0.72]
(100) A: 민지가 과일을 배달했어.
      B: *왜 민지에 의해서?   [-0.87, 0.47]

Weir에 따르면 '목적어가 나타나는 Why-최소공백화'와 달리 '주어가 나타나는 Why-최소공백화'는 유일성 전제를 만족시켜야 한다. 이점에 관해서는 Why-최소공백화와 '왜'-최소공백화 사이에 차이점이 있다. '왜'-최소공백화의 경우 잔여성분이 주어이건 목적어이건 유일성 전제가 없다.

(101) A: 지우와 영수가 기웃거리고 있어.
      B: 왜 지우와 영수가?   [0.77, 0.60]
(102) A: 민지와 연아가 학교에 지각했어.
      B: 왜 민지가?   [0.55, 0.61]
(103) A: 철수와 영희가 약속시간에 늦었어.
      B: 왜 영희가?   [0.33, 0.68]
(104) A: 현우가 나또와 생선회를 먹고 있어.
      B: 왜 나또와 생선회를?   [0.90, 0.53]
(105) A: 영수가 떡볶이와 순대를 먹고 있어.

B: 왜 순대를? [0.75, 0.56]
(106) A: 민호가 떡볶이와 순대를 먹고 있어.
B: 왜 떡볶이를? [0.69, 0.75]

이러한 차이는 '왜'-최소공백화 구문의 도출에서는 분열문이 기저구조로 필요하지 않다는 점을 암시한다.

지금까지 살펴본 것처럼, 한국어의 '왜'-최소공백화에서도 잔여성분은 선행 발화에서 언급된 화제에 해당한다. 한국어 최소공백화 구문에서도 영어의 *why*에 해당하는 '왜'가 ForceP(= CP)의 지정어에서 기저생성되고 잔여성분은 화제이동을 한다고 가정하면 잔여성분이 목적어인 '왜'-최소공백화는 다음처럼 분석이 될 것이다.

(107) A: 철수가 과자를 먹었어.
B: [ForceP 왜 [TopP 과자를₁ [TP 철수가 t₁ 먹었어]]]?

선행 발화가 부정어를 포함하고 있는 문장에 대해서는 이전에 살펴본 것처럼 기본적으로 두 형태의 '왜'-최소공백화가 가능하다. 먼저 선행 발화가 장형부정을 포함하는 경우를 살펴보자.

(108) A: 민호가 컴퓨터를 수리하지 않았어.
B1: [ForceP 왜 [TopP 컴퓨터를₁ [TP 민호는 t₁ 수리하지 않았어]]]?
B2: [ForceP 아니 왜 [TopP 컴퓨터를₁ [TP 민호가 t₁ 수리하지 않았어]]]?

'왜'-최소공백화는 수문의 경우처럼 생략지점이 부정어를 포함할 수 있기 때문에 (108B1)과 같은 '왜'-최소공백화가 가능하다. 또한 (108B2)처럼 '아니 왜'-최소공백화도 가능하다. 그런데 이 경우의 '아니'는 부정어 '아니'가 아니라 직관적으로 볼 때 '굳이'나 '도대체' 등과 같은 부가어에 해당된다. 따라서 이 경우의 '아니'는 최대투사(XP) '왜'에 부가되어 나타나는 최대투사(XP) 부가어로 가정한다. 선행 발화가 단형부정을 포함할 때의 최소공백화도 동일하게 도출된다.

(109) A: 철수가 당근을 안 먹었어.
　　　B1: [$_{ForceP}$ 왜 [$_{TopP}$ 당근을₁ [$_{TP}$ 철수가 t₁ 안 먹었어]]]?
　　　B2: [$_{ForceP}$ 아니 왜 [$_{TopP}$ 당근을₁ [$_{TP}$ 철수가 t₁ 안 먹었어]]]?

　　병합유형의 '왜'-최소공백화와 달리 새싹유형의 '왜'-최소공백화의 잔여성분은 앞에서 살펴본 것처럼 초점에 해당되기 때문에 외현적 초점이동을 수행한다.

(110) A: 지우가 초콜릿을 줬어.
　　　B1: [$_{ForceP}$ 왜 [$_{FocP}$ 영수에게₁ [$_{TP}$ 지우가 t₁ 초콜릿을 줬어]]]?
　　　B2: [$_{ForceP}$ 아니 왜 [$_{FocP}$ 영수에게₁ [$_{TP}$ 지우가 t₁ 초콜릿을 줬어]]]?

　　요약하면, 병합유형의 '왜'-최소공백화는 병합유형의 *Why*-최소공백화처럼 잔여성분이 화제이동을 한 후 TP가 삭제되면 도출된다. 그런데 *Why not*-최소공백화와 유사하게 보이는 '아니 왜'-최소공백화의 '아니'는 부정어 '아니'가 아니라 '굳이'나 '도대체'에 상응하는 강조의 부가어이다. 영어 새싹유형의 *Why*-최소공백화처럼 한국어 새싹유형의 '왜'-최소공백화에서의 잔여성분은 화제가 아니라 초점이어서 초점이동을 수행한다.

10.5 맺음말

　　Yoshida et al.(2015)은 병합유형의 *Why*-최소공백화가 잔여성분의 초점이동 후에 TP 생략으로 도출된다고 주장한다. 그러나 병합유형의 *Why*-최소공백화의 잔여성분은 선행 발화에서 언급된 화제에 해당된다. 그렇다면 병합유형의 *Why*-최소공백화는 잔여성분이 화제이동을 하는 TP 생략이다. 반면에 *Why not*-최소공백화와 새싹유형의 *Why*-최소공백화의 잔여성분은 담화에 연결되지 않은 초점이어서 초점이동을 수행한다. 한국어의 새싹 '왜'-최소공백화의 잔여성분도 담화에 연결되지 않는 초점이다. 그런데 영어 *Why not*-최소공백화의 부정어 *not*에 상응하는 것처럼 보이는 한국어 '아니 왜'-최소공백화의 '아니'는 부정어가 아니라 강조의 부가어이다.

근본적으로 Yoshida et al.(2015), Weir(2014)의 생략에 의존한 구제 분석은 다음과 같은 문제를 야기한다. 첫째, 보통은 내현적으로 움직이는 이동이 왜 생략 환경에서만 외현적으로 이동을 하는지를 설명해야 한다. 이와 관련하여 Ross(1969)는 섬제약 위반의 경우 도출과정에서 비문법적으로 생성되었던 부분이 음성형태에서 제거가 되면 생략이 문법성을 향상시킬 수 있다는 방법론을 제시하였다. 이러한 제안은 최소주의 프로그램에서 Lasnik(2001), Merchant(2001) 등에 의해서 *-표시의 개념으로 발전되었다. 즉, 어떤 요소가 문법원리를 위반하면서 이동을 하면 흔적이나 절점에 *-표시를 남기는데 이 *-표시된 흔적이 도출이 접합부 지점에 도달하기 전에 생략으로 제거가 되면 문법성이 향상된다는 제안이다. 그러나 이러한 제안은 어휘부나 배번집합에 포함되지 않은 요소는 도출과정에서 새롭게 도입될 수 없다는 Chomsky(1995)의 내포성조건을 위반한다.

둘째, 생략에 의존한 구제 분석은 선행이동이 있을 경우 이 선행이동이 원래는 내현적이지만 생략이 후행하면 외현적일 수 있다는 가능성을 확인하기 위해 도출의 모든 과정을 점검해야 하는 미리보기의 '비국부적 복잡성' 문제를 초래하여 문법모형 구축에 부담을 주게 된다.

11 영어와 한국어의 우절점공유

11.1 들머리

다음은 양쪽 연접소(conjunct)에서 과거시제(past tense) 표지가 나타나는 한국어의 전형적인 등위접속문의 예이다.[1]

(1) 현우는 김밥을 먹었고, 민호는 과일을 먹었다.   [1.16, 0.26]

이 경우 좌측 연접소의 과거시제 표지가 탈락해도 과거시간(past time)을 지칭하는 데에는 문제가 없어 보인다.

(2) 현우는 김밥을 먹-Ø-고, 민호는 과일을 먹었다.
     '현우도 김밥을 과거시간에 먹었다는 의미'

이러한 맥락에서 흥미로운 것은 좌측 연접소에서 동사와 시제 표지가 나타나지 않아도 과거시간의 사건(event)을 기술할 수 있다는 점이다.

---

[1] 우절점공유문의 직관을 조사하기 위한 온라인 설문에는 32명의 모국어화자가 참여를 하였다. 직관을 수량적으로 수집하기 위해 1-7 사이의 리커트 척도(Likert Scale)를 사용하였고, 응답은 표준화하였다. 예문의 우측에 적힌 숫자가 그 예문에 대한 z-표준점수(z-score)와 표준편차(standard deviation = SD)이다.

(3)　현우는 김밥을 Ø, 민호는 과일을 먹었다.

　이러한 현상을 문헌에서는 공백화(Gapping), 우절점공유(Right-Node-Sharing), 혹은 우절점인상(Right-Node-Raising = RNR)이라고 칭하였다. 11장에서는 중립적인 입장에서 이러한 현상을 '우절점공유'라고 부른다.
　일본어의 이 현상에 대하여 Saito(1987)는 우절점인상 분석을 제시하였다. Abe & Hoshi(1997)는 일본어의 우절점공유가 생략현상이라는 가정 하에 논리형태 복사(LF copying) 분석을 제시하였고, 비슷한 맥락에서 한국어의 우절점공유가 생략현상이라는 가정 하에 김정석(1997, 1998a), 손근원(1994b, 1999, 2001)은 음성형태 삭제(PF deletion) 분석을 제시하였다. Mukai(2003)는 비구성성분도 삭제가 가능하다고 가정하면서 음성열(Phonetic string) 삭제 분석을 제시하였다.[2] 정대호(2004)는 Mukai의 이론을 비판하면서 다중관할(Multiple Dominance) 분석을 제시하였다.
　11장에서는 한국어의 우절점공유 구문에 대한 선행연구를 개괄하고, 온라인 설문조사를 통해 얻은 직관을 근거로 선행연구의 장단점을 논의하고자 한다. 저자는 이전의 분석(김정석 1997, 1998a)을 수정하여 한국어의 우절점공유를 음성형태 삭제가 아니라 논리형태 복사로 분석할 것이다. 좀 더 자세히 말하면, 한국어의 우절점공유는 생략현상으로 우측의 연접소가 먼저 생성이 되고 좌측의 연접소가 부가되어 나타나며 논리형태 복사를 통하여 의미가 해석된다. 그 근거는 섬제약(Island Constraint) 효과의 유무와 경칭형태소(honorific morpheme)의 일치 여부이다.
　11장의 구성은 다음과 같다. 11.2절에서는 영어 우절점공유의 특성을 고찰하고 선행연구로 우절점인상 분석, 다중관할 분석, 후행삭제(Backward Deletion) 분석을 검토한다. 11.3절에서는 한국어 우절점공유의 특성을 개괄하고 선행연구로 우절점인상 분석, 논리형태 복사 분석, 음성형태 삭제 분석, 음성열 삭제 분석, 다중관할 분석, 의존생략(Dependent Ellipsis) 분석 등의 다양한 이론들을 검토한다. 11.4절에서는 수용성 설문조사의 결과를 근거로 이 구문의 특성들-섬제약 효과, 경칭형태소의 일치, 복수의존 형태소의 허가, 후치사/격조사 탈락 여부, 동음이의어-을 어떤

2　김정석(1997, 1998a)에서 저자는 우절점공유를 Ross(1970: 251)의 견해를 따라 한국어와 일본어에 나타나는 공백화(Gapping)로 규정하였다. 이에 반해 손근원(1999, 2001)은 관련 구문을 우절점인상(RNR) 구문이라고 칭하였고 Mukai(2003)는 무동사(verbless) 구문이라고 불렀다.

이론이 가장 잘 설명할 수 있는지를 탐구한다. 11.5절은 맺음말이다.

11.2 영어의 우절점공유

11.2.1 우절점인상 분석

Ross(1967)를 비롯하여 많은 연구자들(Maling 1972, Bresnan 1974, Postal 1974, 1993, 1998, Hudson 1976, Sabbagh 2003)은 (4)에서 공유된 요소인 축(pivot)이 우측으로 전역이동(across-the-board movement)을 수행하여 부가어처럼 연접소의 우측에 부가된다는 우절점인상 분석을 제시하였다.[3]

(4)   a. John bought, and Mary read the book.
       b. [John bought t_1 and Mary read t_1] [the book]$_1$

그러나 이러한 분석은 우절점공유가 섬제약을 준수하지 않는다는 점을 설명하지 못한다.[4]

(5)   복합명사구제약
       Mary knows [a man who buys __], and Bill knows [a man who sells __] pictures of Fred.

(6)   Wh-섬제약
       John wonders [when Bob Dylan wrote __], and Mary wants to know [when he recorded __] his great song about the death of Emmet Till.

(7)   부가어조건
       Josh got angry [after he discovered __], and Willow quit [after finding out about __] the company's pro-discriminatory policy.

---

[3] 그런데 (4)와 같은 우절점공유문에서 축이 중명사구(heavy NP)가 아닌데도 우절점인상될 수 있다는 사실은 우절점공유문이 중명사구전이(HNPS)로 생성되지 않는다는 것을 암시한다.

[4] 복합명사구제약, wh-섬제약, 부가어조건은 모든 이동에 적용되는 섬제약이고 우측지붕제약(Right Roof Constraint)은 우측이동에만 적용되는 섬제약이다. 즉, 우측이동은 좌측이동보다 이동에 훨씬 더 제약이 많다.

(8) 우측지붕제약

Hans told me [that the suspect admired __], and Betty told me [that he hated __] the victim.

또한 이동이 불가능한 요소들이 축으로 나타날 수 있다는 사실을 우절점인상 분석은 설명하기가 어렵다.

(9) a. John believes that, and Bill claims that [Mary is honest].
    b. *[Mary is honest], John believes that __.
(10) a. Mary bought expensive, and Susan bought cheap [dresses].
     b. *Mary bought expensive __ very much [dresses].

보문소 뒤의 TP는 이동을 할 수 없고 또한 명사구의 핵도 수식어를 남겨두고 이동할 수 없다.

11.2.2 다중관할 분석

McCawley(1982), Goodall(1987), Muadz(1991), Moltmann(1992), Wilder(1999), Abels(2004), Kasai(2007) 등은 하나의 구성성분이 두 개의 모절점(mother node)을 가질 수 있다고 가정한다.

특히 Wilder(1999)는 등위접속이 통사적으로 비대칭적(asymmetric)이며 우절점공유의 축이 양쪽 연접소에서 공유된다는 다중관할 분석을 제시한다.

(11)

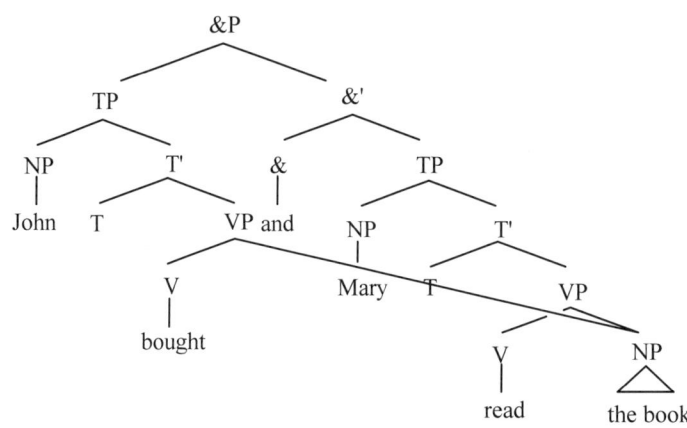

　　Wilder의 다중관할 모델에서 수형도(tree)는 관할(dominance)만을 표시하고 선형성(precedence)은 Kayne(1994)의 선형대응공리(Linear Correspondent Axiom = LCA)에 의해 결정된다.

　　그런데 이러한 모델에서는 하나의 구성성분이 스스로를 비대칭적으로 성분통어할 수 있기 때문에 재귀성(reflexivity)의 문제가 발생한다. 예를 들어, (11)에서 좌측 연접소의 *the book*은 우측 연접소의 *the book*을 비대칭적으로 성분통어한다. 이러한 문제를 해결하기 위해 Wilder는 Kayne의 선형대응공리를 수정하여 구성성분이 완전히 관할되지(fully dominated) 않으면 선형화(linearized) 되지 않는다고 가정한다. 등위접속에 대한 비대칭적 견해를 받아들이면 좌측 연접소가 우측 연접소를 비대칭적으로 성분통어하기 때문에 좌측 연접소에 있는 모든 요소들은 우측 연접소에 있는 모든 요소들을 선행한다. 그 결과 다음과 같은 어순이 도출된다: *John* > *bought* > *and* > *Mary* > *read* > *the book*.

　　그러나 Wilder의 다중관할 분석은 다음과 같은 문제점을 풀어야 한다. 첫째, VP 생략과 우절점공유 사이에 병행성이 존재한다.

(12) a. ?*Betsy must, and Peter could have been hassled by the police.
　　　b. 　Betsy must have, and Peter could have been hassled by the police.
　　　c. 　Betsy must have been, and Peter could have been hassled by the police.

(13) a. *Betsy must have been hassled by the police, and Peter must too.
    b. Betsy must have been hassled by the police, and Peter must have too.
    c. Betsy must have been hassled by the police, and Peter must have been too.

(12)처럼 우절점공유문은 오직 특정한 부류의 동사형태들만을 축으로 삼을 수 있다. 유사하게 (13)처럼 VP 생략도 특정한 부류의 동사형태만을 허용한다. 이러한 병행성을 다중관할 분석이 포착하는 것은 쉽지 않아 보인다.

둘째, Kayne(1994)에 따르면 우절점공유문은 긍정극어(Positive Polarity Item)와 부정극어(Negative Polarity Item) 사이의 매체변화(vehicle change)를 허용한다.[5]

(14) Mary bought ~~some books about linguistics~~, but John didn't buy any books about linguistics.

(14)의 문법성은 긍정극어인 *some*과 부정극어인 *any*가 우절점공유문에서는 차이가 없다는 것을 보여준다. 극어 간의 구별은 VP 생략에서도 드러나지 않는다(Klima 1964).

(15) I didn't buy any books, but John did ~~buy some books~~.

우절점공유에서는 대명사 간의 차이도 무시될 수 있다.

(16) I turned in ~~my assignment~~, but most of the other students didn't turn in their assignment.

---

[5] Fiengo & May(1994: 218-227)의 매체변화에 따르면 명사구의 성(gender)이나 수(number)와 같은 일치자질들은 논리형태에서 선행지점과 생략지점의 동일성(identity)을 점검할 때 무시될 수 있다. 이러한 가정에 따르면 (ib)의 VP₁과 VP₂는 대명사의 성, 수의 차이에도 불구하고 동일하다고 할 수 있고 따라서 (ia)의 VP 생략은 (ib)처럼 해석될 수 있다.

(i) a. John and Bill recommended their boss before I did.
    b. John and Bill [VP1 recommended their boss] before I [VP2 recommended my boss].

따라서 우절점공유문을 VP 생략으로 분석하면 동일성 문제를 쉽게 해결할 수 있다.

셋째, 축은 가까운 연접소와 긴밀한 관계를 갖는다(홍성심 2000, Bošković 2004). (17)에서 공유된 부정극어의 허가는 우측 연접소에 부정어(negation)가 나타날 때만 허가된다.

(17) a. Mary bought, but John did$\underline{n't}$ buy $\underline{any}$ books about linguistics.
　　　b. *Mary did$\underline{n't}$ buy, but John did buy $\underline{any}$ books about linguistics.

또한 공유된 명사구의 수 일치도 가까운 연접소에 의해 결정된다.

(18) a. John is, and $\underline{the\ women}$ want to be $\underline{doctors}$.
　　　b. The women are, and $\underline{John}$ wants to be $\underline{a\ doctor}$.
　　　c. *The women are, and $\underline{John}$ wants to be $\underline{doctors}$.
　　　d. *John is, and $\underline{the\ women}$ want to be $\underline{a\ doctor}$.

공유된 대형태는 가까운 연접소 안에 선행어를 가져야 한다.

(19) a. 　John$_1$ hates, but Bill$_2$ loves himself$_2$.
　　　b. *John$_1$ hates, but Mary$_2$ loves himself$_1$.
　　　c. ??Mary$_1$ hates, but Bill$_2$ loves himself$_2$.

이러한 대조는 공유된 축이 발화주체 지시어(logophor)라는 가정 하에 설명될 수 있다(Reinhart & Reuland 1993). 발화주체 지시어는 통상적으로 가장 가까운 선행어를 선택하기 때문에 (17, 18, 19)에 있는 근접(proximity)효과를 예상할 수 있다(Williams 1990). 이러한 근접효과는 오직 비대칭적 성분통어만이 어휘항목 간의 선형관계에 사상(mapping)될 수 있다는 Wilder의 다중관할 분석으로는 포착하기 어렵다.

넷째, Bresnan(1972)은 's는 후접어(proclitic)이기에 축약이 일어날 때 후행하는 어휘항목에 접사화된다고 주장한다. 즉, 조동사 축약은 뒤에 생략지점과 같은 공백이 존재할 때 불허된다. 's는 일종의 음성형태 접사(PF affix)로서 후행하는 숙주에

의해 허가된다.[6]

(20) a. She is Ø, and therefore he is fond of the iguana.
　　 b. She is Ø, and therefore he's fond of the iguana.
　　 c. *She's Ø, and therefore he's fond of the iguana.
　　 d. *She's Ø, and therefore he is fond of the iguana.
(21) a. He is Ø, but she is not home right now.
　　 b. He is Ø, but she's not home right now.
　　 c. *He's Ø, but she is not home right now.
　　 d. *He's Ø, but she's not home right now.

우절점공유문에서의 이러한 축약현상은 좌측 연접소에는 's 축약을 위한 적절한 숙주가 부재한다는 것을 보여준다. 's 축약현상을 다중관할 분석이 설명하기는 쉽지 않을 것이다.

11.2.3 후행삭제 분석

우절점공유 현상에 대한 설명 중의 하나는 후행삭제 분석이다(Wexler & Culicover 1980, Levin 1985, 2001, Kayne 1994, Wilder 1997, Hartmann 2000, 2003, Bošković 2004). 이 분석에 따르면 (4)는 다음과 같이 분석된다.

(22)　[John bought ~~the book~~] and [Mary read the book]

공유된 축은 우측 연접소에 있는 동사의 보어이고 이 자리에서 기저생성된다. 좌측 연접소에 있는 동사의 보어인 축은 우측 연접소에 있는 동사의 축과 대응되면 동일성 조건 하에 음성형태에서 삭제된다.

후행삭제 분석이 풀어야 문제점으로는 다음과 같은 것이 있다. 첫째, 만약 우절점 공유가 삭제로 도출된다면 삭제 분석은 왜 선행삭제가 아니라 후행삭제만이 가능한

---

[6] 's가 후접어라는 상세한 증거에 대해서는 3장을 참고하기 바란다.

지를 설명해야 한다. Neijt(1979), Kayne(1994) 등이 지적하였듯이 축이 우측에서 사라지면 비문법적이다.

(23) *John likes your best friend, and Peter hates __.

우절점공유의 방향성에 대해서 Wilder(1999)의 다중관할 분석은 Kayne의 선형대응공리를 수정하여 통사적 설명을 제공하고 있다. 삭제 분석에서 방향성 문제는 축이 좌측 연접소보다는 우측 연접소에서 강하게 발음된다는 음성적 특성에서 해법을 찾을 수도 있을 것이다.

둘째, 삭제 분석은 우절점공유의 축이 연접소 끝에 위치해야만 하는 특성을 설명해야 한다(Neijt 1979, Bošković 2004).

(24) a. *[Friends of __] cooked the rice, and [enemies of HARRY] ate the rice.
b. [That Mary cooked __], and [that Harry ate THE RICE] is fantastic.

(24)의 대조는 우절점공유의 축이 초점화되어야 한다는 특성에서 기인한다. 즉, 공유된 요소인 축은 정보초점(informational focus)이 되어야만 한다. 정보초점은 초점위치에 있어야 하는데 영어에서 VP의 우측 외곽(edge)은 전형적인 초점위치(Rochemont 1986)이지만 (24a)에서 축이 나타나는 자리는 그렇지 않다.[7]

영어 우절점공유문에 대한 포괄적인 분석을 제시하는 것은 11장의 논의를 벗어나는 것이지만 저자는 논리형태 복사 분석의 가능성을 조심스럽게 제시하고자 한다. 예를 들어, (17)의 대조는 다음처럼 분석이 가능하다.

---

[7] Hartmann(2000, 2003)은 단순히 어휘적 동일성만 충족되면 음성형태에서 삭제가 일어나는 것이 아니라 음성적, 화용적 요소도 작용하는 것으로 보았다.

(25) a. Mary bought, but John didn't buy any books about linguistics.
   b. *Mary didn't buy, but John did buy any books about linguistics.

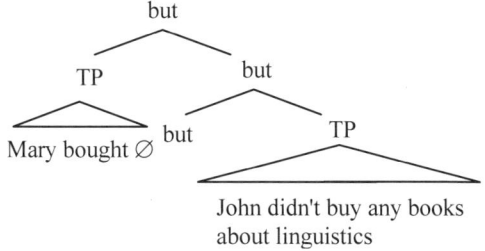

영어 우절점공유문은 대응 연접소 TP가 별도로 생성이 되고 후에 공백 연접소 TP가 부가되어 도출된다고 가정해 보자. 대응 연접소는 독립된 절/문장으로 생성이 되기 때문에 이 구문이 보이는 음성적 특성(예를 들면, 우절점공유문의 마지막 연접소가 다른 연접소들보다 강하게 발음된다)을 포착할 수 있으며, 부정극어나 긍정극어의 허가가 자신이 속한 연접소에서 결정된다는 근접 효과를 설명할 수 있고, 또한 축이 이동을 하지 않기 때문에 섬제약 효과가 나타나지 않음을 예견할 수 있다.

특히, 부정극어/긍정극어의 허가와 관련해서는 (17)이 통사부에서 다음과 같은 모습으로 구현되고 있다고 가정하자.

(26)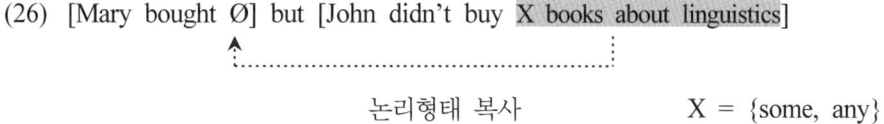

*X books about linguistics*의 X는 대응 연접소에서 부정어 *not*의 영향으로 형태음운규칙(morphophonemic rule)을 거치면 *any*로 발음이 된다. 공유된 축인 *X books about linguistics*는 논리형태에서 공백 연접소로 복사가 된다.

11.3 한국어의 우절점공유

11.3.1 우절점인상 분석

Saito(1987)는 일본어 우절점공유를 아래처럼 우절점인상(Maling 1972, Kuno 1973)으로 분석한다. 여기서 의미하는 우절점인상은 음성형태에서 작동하는 문체규칙(stylistic rule)이다.

(27) a. 철수가 잡지를, 영희가 책을 샀다.
 b. [s [s [s 철수가 잡지를 t₁] & [s 영희가 책을 t₁]] 샀다₁]

위에서 공유된 요소인 '샀다'는 양쪽 연접소에서 우측으로 전역이동을 수행하여 S에 부가된다.

다음의 예에서는 동사보다 더 큰 구성성분이 우절점인상되어야 한다.

(28) a. 철수에게 과자를, 진수에게 사탕을 영희가 보냈다.
 b. [s [s 철수에게₁ [s 과자를₂ t₃]] &
  [s 진수에게₁ [s 사탕을₂ t₃]] [s 영희가 t₁ t₂ 보냈다]₃]

(28)에서 먼저 양쪽 연접소의 직접목적어들이 각각 어순재배치되어 S에 부가되고, 그 다음 양쪽 연접소의 간접목적어들이 직접목적어들의 앞으로 각각 어순재배치되어 S에 부가된다. 그 다음 잔여절인 S₃가 우절점인상되어 S에 부가되면 (28)이 도출된다.[8]

그러나 Saito의 분석은 (10)의 후치사/격조사-탈락 현상을 설명하지 못한다.

---

[8] Saito(1987) 분석의 문제점 중의 하나는 (28b)처럼 우절점인상된 S₃가 선행어의 성분통어 영역 밖에 위치하기 때문에 흔적 t₁과 흔적 t₂가 적정결속조건(Fiengo 1977: Proper Binding Condition)을 위반한다는 것이다. 이와 관련하여 Saito는 적정결속조건이 음성형태에서는 작동하지 않는다고 가정한다. 그런데 적정결속조건이 음성형태에서는 작동하지 않지만 공범주원리(Empty Category Principle)는 음성형태에서 작동한다는 Saito의 주장은 설득력이 부족하다(손근원 1994b).

(29) 철수가 진수, 영희가 순희에 대해 말했다.

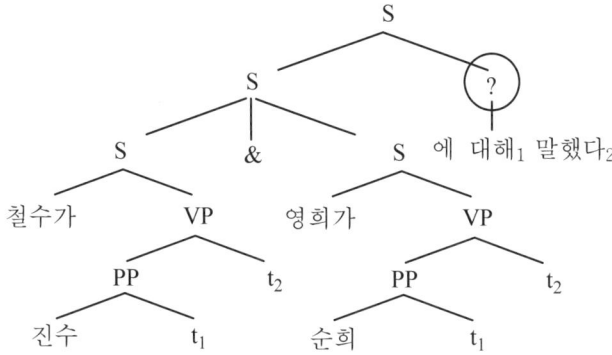

(10)에서 우절점인상된 축은 구성성분을 이루지 못한다.[9] 이는 Hankamer(1971), Bresnan(1974), Postal(1974) 등이 관측한 것처럼 오직 구성성분만이 우절점인상될 수 있다는 기본 가정에 위배된다.[10]

(30) a. *He tried to persuade, but he couldn't convince them that he was right.

[Abe & Hoshi 1995: 주 1]

b. *John told, and Harry showed Seymour that Sally was a virgin.

[Hankamer 1971: Paper 1, (86c)]

---

9 '에 대해'와 '말했다'가 한 단어로 재분석된다고 주장할 수도 있겠지만 이러한 재분석이 한국어/일본어에도 가능하다는 독립된 증거가 없다. 또한 다음 예문에서의 축은 비구성성분임이 분명하다.

(i) 철수는 영희의, 진수는 순희의 논문을 읽었다.

10 그러나 Abbott(1976)는 비구성성분이 우절점인상되는 경우가 있다고 관측한다.

(i) ?John tried to persuade, but failed to convince his skeptical examiners that he knew the right answers.

그녀는 (30)이 비문법적인 것은 비구성성분이 우절점인상되어 발생한 것이 아니라 처리(processing)를 어렵게 하거나 혹은 문체적으로 부적절한 예를 생산하는 요인들에 의한 것이라고 제안한다. 만약 Larson(1988)의 동사구껍질(VP-shell) 구조를 받아들인다면 (30), (i)에서 우절점인상된 축이 구성성분을 이룰 수도 있어서 구성성분성(constituency)이 우절점공유의 결정적 특성이라고 보기는 어렵다.

11.3.2 논리형태 복사 분석

Abe & Hoshi(1993, 1995, 1997)는 공백 연접소의 잔여성분에 상응하는 대응성분이 우측 연접소에서 좌측 내현이동을 수행하고 하위 T'가 공백 연접소에 복사된다는 논리형태 복사 분석을 제시한다. 그들은 좌측이동이 있을 경우 P-좌초는 모든 언어의 논리형태에서 허용되지만 우측이동은 그렇지 않다(Huang 1982, Aoun 1985)는 가정 하에 우절점공유의 후치사/격조사-탈락 현상을 설명할 수 있다고 주장한다.

(31) a. 철수가 영희에 대해, 진수가 순희에 대해 말했다.
     b. 철수가 영희, 진수가 순희에 대해 말했다.

(32) a. [$_{TP}$ 철수가 [$_{T'}$ 영희에 대해   [$_{T'}$ e]]]
       [$_{TP}$ 진수가 [$_{T'}$ 순희에 대해$_1$ [$_{T'}$ t$_1$ 말했다]]]
   b. [$_{TP}$ 철수가 [$_{T'}$ 영희   [$_{T'}$ e]]]
       [$_{TP}$ 진수가 [$_{T'}$ 순희$_1$ [$_{T'}$ t$_1$-에 대해 말했다]]]

(31a)의 우측 연접소에서 주어 '진수가'는 이미 T' 밖에 존재하고 PP '순희에 대해'는 논리형태에서 좌측이동을 수행하여 T'에 부가되어 아래 T'를 공백 연접소의 복사지점으로 만든다. (31b)의 우측 연접소에서 주어 '진수가'는 T' 밖에 있고 P의 보어 '순희'는 T'에 부가되어 아래 T'를 공백 연접소의 복사지점으로 만든다. 이때 P는 좌초되지만 논리형태에서는 문제를 야기하지 않는다. 널리 알려진 것처럼 외현 통사부에서 P-좌초는 한국어/일본어에서 허용되지 않는다.

(33) *영희$_1$, 철수가 t$_1$-에 대해 말했다.

그러나 다음의 대조를 살펴보자.

(34) a. ?영희에 대해 철수가, 진수가 순희에 대해 말했다.
     b. *영희 철수가, 진수가 순희에 대해 말했다.

(31)에서 잔여성분의 순서를 (34)처럼 바꾸면 P-좌초 효과와 관련하여 수용성이 떨어진다. (34b)의 논리형태는 아래와 같다(점선 화살표는 내현이동을 의미함).

(35) *[TP 영희 [TP 철수가 [T e]]]
     [TP 순희₁ [TP 진수가 [T t₁-에 대해 말했다]]]

공백 연접소에서 복사지점인 T'는 영범주로 기저생성된다. 대응 연접소에서 후치사가 좌초되면서 '순희'가 내현이동을 하면 복사지점 T'가 생성된다. 논리형태에서 대응 연접소의 T'가 공백 연접소의 T'에 복사되면 후치사가 탈락한 (34b)가 문법적인 것으로 예측되지만 실제로는 그렇지 않다.

11.3.3 음성형태 삭제 분석

김정석(1997, 1998a)에서 저자는 한국어/일본어의 우절점공유를 통사초점이동 + TP 삭제로 분석하였다. 우절점공유의 공백절에서는 시제를 포함하는 동사가 출현하는 경우가 없기 때문에 우절점공유가 생략이라면 VP 생략이 아니라 TP 생략으로 보는 것이 타당하다.

(36) a. 철수가 영희에 대해, 진수가 순희에 대해 말했다.
     b. [FocP 철수가₁ 영희에 대해₂ [TP [VP t₁ t₂ 말하] 었]] &
        [FocP 진수가₁ 순희에 대해₂ [TP [VP t₁ t₂ 말하] 었]]다

박명관(1994)의 주장대로 한국어의 [+EPP]가 약자질이라면 잔여성분/대응성분을 VP 밖으로 이동하는 요인으로 별도의 강자질이 존재해야 한다. 저자는 (36b)에서 잔여성분/대응성분이 움직이는 이유가 강한 [+focus] 자질에 기인하는 것으로 보았다.

우절점공유문에서 다중잔여성분(Multiple Remnant)이 가능한 이유에 대해 손근원(1999)는 두 가지 가능성을 제시한다. 첫 번째 가능성은 Kuroda(1988)가 가정한 것처럼 다중지정어(Multiple Spec) 구조를 받아들여 모든 잔여성분들이 FocP의 지

정어로 이동하는 것이다. 두 번째 가능성은 Saito(1994)의 추가-wh(additional-wh) 효과 혹은 손근원(1994a)의 추가-논항(additional-argument) 효과에 대한 분석을 받아들여 하나의 잔여성분이 다른 잔여성분에 부가되어 복합체를 형성하고 이 복합체가 하나의 구성성분으로 작용하여 FocP의 지정어로 이동하는 것이다. 손근원(1999)은 이들 가능성을 경험적 측면에서 비교하지 않았으나 박사논문(김정석 1997)에서 저자는 부가를 통한 복합체 이동 방안이 다중지정어(Kuroda 1988, Chomsky 1995, Ura 1996) 분석보다 경험적으로 우세함을 논증하였다.

이러한 분석은 한국어 우절점공유의 공백절에 잔여성분이 복수로 나타날 수 있다는 사실뿐만 아니라 잔여성분들 간의 순서가 비교적 자유롭다는 사실을 쉽게 설명할 수 있다.

(37) a. 철수가 영희에게 과자를, 진수가 순희에게 사탕을 주었다.
b. 철수가 과자를 영희에게, 진수가 사탕을 순희에게 주었다.
c. 영희에게 철수가 과자를, 순희에게 진수가 사탕을 주었다.
d 영희에게 과자를 철수가, 순희에게 사탕을 진수가 주었다.
e. 과자를 철수가 영희에게, 사탕을 진수가 순희에게 주었다.
f. 과자를 영희에게 철수가, 사탕을 순희에게 진수가 주었다.

Fukui(1993)의 주장을 따라 복합체로의 부가가 좌측부가(left adjunction)와 우측부가(right adjunction)를 모두 허용하는 것으로 가정하면 위의 어순 변화를 설명할 수 있다.

11.3.4 음성열 삭제 분석

Mukai(2003)는 음성형태 동일성을 근거로 일본어 우절점공유가 동일한 음성열(phonetic string)에 적용되는 비구성성분 삭제에 의해 도출된다고 주장한다. 이때, 생략지점은 연속되어야 하며 동사를 포함하고 있어야 한다.

(38) *Boku-ga   tempura-o,   kyotyoosensei-ga   osusi-o   mesiagatta.
     I-Nom   tempura-Acc   principal-Nom   sushi-Acc ate(honorific)
     'I (ate) tempura, the principal ate(honorific) sushi.'   [Mukai 2003: (22)]

(39) a. *내가 튀김을, 교장 선생님이 초밥을 드셨다.
     b. *[내가 튀김을 먹었다] & [교장 선생님이 초밥을 드셨다]

예를 들어, (39)가 비문인 이유는 공백 연접소의 동사가 대응 연접소의 동사와 형태적으로 동일하지 않음에도 불구하고 삭제가 되었기 때문이다.

그러나 이러한 음성열 삭제 분석은 동음이의어(homonym)와 관련하여 잘못된 예측을 한다.

(40) John-ga   Mary-ni,   Bill-ga   Susan-ni   kumo-o   miseta.
     John-Nom   Mary-Dat   Bill-Nom   Susan-Dat   cloud/spider-Acc showed
     'John showed Mary a cloud/spider, and Bill showed Susan a cloud/spider.'
                                                    [Mukai 2003: 주 12 (i)]

(41) #철수가 영희에게, 진수가 순희에게 배를 보여주었다.
     a. √먹는 배, 먹는 배
     b √항해하는 배, 항해하는 배
     c. *먹는 배, 항해하는 배
     d. *항해하는 배, 먹는 배

예를 들어, (41)에서 '배'는 '먹는 배'와 '항해하는 배'를 의미할 수 있는데 생략이 단순히 음성이 동일한 열의 삭제라면 왜 (41c), (41d)의 해석이 불가한지를 설명해야 한다. 결국 Mukai(2003: 213)는 우절점공유의 경우에는 동일성이 음성형태뿐만 아니라 논리형태에서도 준수되어야 한다고 하는데 음성열 삭제에 적용되어야 하는 논리형태 동일성요건에 대한 심도가 있는 논의가 필요하다(Sato 2009: 36).[11]

---

[11] 그 밖에 '같다' 등의 동사가 나타내는 문장내적-문장외적 의미와 관련된 문제점으로는 안희돈조용준(2006)의 논문을 참고하기 바란다.

11.3.5 다중관할 분석

정대호(2004)는 복수의존 형태소를 포함하는 우절점공유 현상을 근거로 선행연구들을 비판하고 대안으로 다중관할 분석을 제안한다.

(42) a. 철수는 논문을 열심히(*들) 읽었다.
　　　 b. 철수는 논문을 열심히(*들) 읽고 영희는 책을 열심히(*들) 읽었다.
　　　 c. 철수는 논문을, 영희는 책을 열심히(들) 읽었다.

예를 들어, (42c)를 정대호(2004)는 다음처럼 분석한다.

(43)

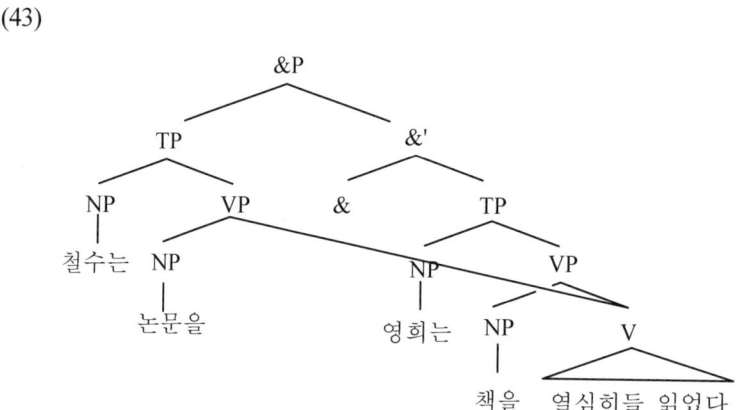

정대호의 다중관할 분석은 다음과 같은 문제를 내포한다. 첫째, 이혜란(2005)이 제시한 것처럼 한국어 우절점공유의 축에 나타난 경칭형태소는 자신이 속한 연접소의 주어와 일치한다.

(44) a. 영희는 사과를, 어머니는 바나나를 사셨다.
　　　 b. *어머니가 바나나를, 영희가 사과를 사셨다.

둘째, 손근원(2001)이 관측한 작용역 중의성(scope ambiguity)을 문제를 설명하지 못한다.

 (45) a. 올해는 철수가 많은 친구에게서 생일 선물을 받지 못했다.
    i. '많은'이 넓은 작용역을 갖는 해석
       '올해는 철수에게 생일 선물을 주지 않은 친구가 많았다.'
    ii. '못'이 넓은 작용역을 갖는 해석
       '올해는 철수에게 생일 선물을 준 친구의 숫자가 적었다.' = '올해는 소수의 친구만이 철수에게 생일 선물을 주었다.'
  b. 올해는 철수가, 작년에는 영희가 많은 친구에게서 생일 선물을 받지 못했다.
 (46) a. 올해는 많은 졸업생이 동창회에 참석하지 못했다.
  b. 작년에는 모든 졸업생이, 올해는 많은 졸업생이 동창회에 참석하지 못했다.
                                                              [비중의성]

(45a)에서 '많은'과 '못'은 각각 넓은 작용역을 가질 수 있다. (45b)에서도 '많은'과 '못'은 운용자들이 공유된 축에 존재하는 관계로 작용역을 주고 받을 수 있다. 그런데 (46a)와 달리 (46b)에서는 '못'이 좁은 작용역만 갖는다. 이러한 작용역 중의성은 다중관할 분석으로는 설명이 어렵지만 '모든', '많은'과 같은 양화사가 생략과 관련하여 좌측이동을 수행하는 논리형태 복사나 음성형태 삭제 분석으로는 쉽게 설명할 수 있다.[12]

김정석(2006)에서 저자는 음성형태 삭제 분석으로 (42c)를 다음처럼 분석할 수 있다고 주장하였다.

 (47) [철수는₁ 논문을₂ [t₁ t₂ 열심히*들 읽었]] & [영희는₃ 책을₄ [t₃ t₄ 열심히들 읽었]다]

공백 연접소에 존재하는 복수의존 형태소 '들'은 문법적으로 허가되지 않은 요소이지만 도출이 접합부에 도달하기 전에 음성형태부에서 TP 삭제로 사라진다. 즉, Lasnik(1999, 2001), Merchant(2001)가 제안한 생략에 의존한 구제(Repair-by-Ellipsis) 제안을 받아들이면 생략 분석(즉, 삭제 혹은 복사)으로 우절점공유문에서의 복수의존 형태소의

---

[12] 또 다른 다중관할 분석의 난점에 관해서는 안희돈·조용준(2006)을 참고하기 바란다.

허가를 설명할 수도 있다. 그러나 좌측 연접소의 기저구조에서 처음부터 비문법적인 음성열을 설정해야 한다는 부담이 있어서 돌이켜 보면 좋은 해법은 아니었다.

11.3.6 의존생략 분석

Williams(1997)는 등위구조가 2가인 핵(bivalent head)의 투사에서 비롯된다고 주장한다. 그렇다면 영어 공백화는 2가 핵의 하나가 0일 때 발생하는 등위생략(Coordinate Ellipsis)이다.

(48) a. I think that John will eat meat, and Mary will drink wine.
[T, T] P = TP and TP
b. I think that John will eat meat, and Mary drink wine.
[T, 0] P = TP and 0P
[Sato 2009: (8b), (9b)]

등위생략에서 도출된 영핵(null head)은 자신에게 의존하는 생략 혹은 의존요소의 핵을 허가해 줄 수 있다. 즉, 의존생략(Dependent Ellipsis)을 허가한다.

(49) a. John gave Mary a book today, and 0_V 0_{NP} a record yesterday.
b. John saw pictures of Mary on Tuesday, and [0_V [0_N of Sue]$_{0P}$ on Wednesday].
[Ackema & Szendrői 2002: (4), (9)]

Williams(1997)의 반대용화 법칙(Disanaphora Law)에 따르면, 공백절에서 생략된 성분은 선행절의 대응성분에 대용화(anaphoric)되어야 하는 반면 잔여성분들은 반대용화(disanaphoric)되어야 한다.

(50) a. John gave Mary a book today, and 0_V 0_{NP} a record yesterday.
b. *John gave Mary$_1$ a book today, and 0_V her$_1$ a record yesterday.
[Ackema & Szendrői 2002: (4), (7)에 기초]

Sato(2009)는 Williams(1997)의 반대용화 이론을 채택하여 일본어 우절점공유문을 분석한다. 그에 따르면 일본어 우절점공유문은 등위절(coordinated clause)에서 나타나는 의존생략 구문이다.

(51) 철수가 잡지를, 영희가 책을 샀다.   [Sato 2009: (14)]

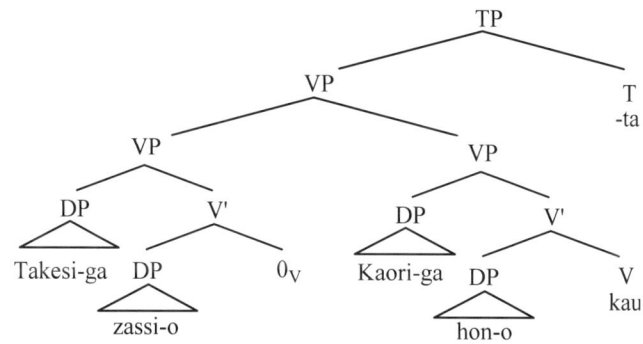

의존생략 분석에서 우절점공유가 보이는 대조초점 효과는 반대용화 법칙으로 자연스럽게 설명할 수 있다.

(52) *철수가 **잡지를**, 철수가 **책**을 샀다.

외곽 잔여성분의 후치사/격조사 탈락 가능성은 0_V가 자신의 직접 의존요소(immediate dependent)의 핵이 생략되는 것만을 허가할 수 있다는 가정으로 설명할 수 있다.

(53) 철수가 영희(에 대해), 진수가 순희*(에 대해) 말했다.

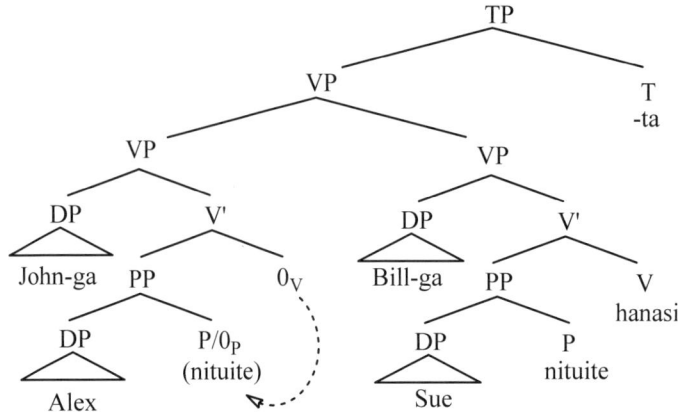

그러나 의존생략 분석은 한국어 이중목적어 구문이 우절점공유를 포함할 때 나타날 수 있는 다중생략의 경우를 설명할 수 없다.

(54) a. 철수가 영희, 진수가 순희에게 바나나를 주었다.
　　　 [철수가 영희-0에게 0바나나를 0주었다] & [진수가 순희에게 바나나를 주었다]
　　 b. 어제 철수, 오늘 진수가 목재로 창고를 지었다.
　　　 [어제 철수-0가 0목재로 0창고를 0지었다] & [오늘 진수가 목재로 창고를 지었다]

왜냐하면 의존생략은 다른 의존생략을 허용하지 않는다는 것이 정설이기 때문이다.

(55) 의존생략의 비이행성(Nontransitivity of Dependent Ellipsis)
　　 의존생략의 결과로 나타난 영핵(null head)은 다른 의존생략을 허가할 수 없다 (Ackema & Szendrői 2002: 29)).

11.4 제안

온라인 설문조사를 통해 얻은 모국어 화자의 직관을 근거로 우절점공유문이 보여주는 기본적인 특성을 재고해보자.

첫째, 우절점공유는 의사전달의 효율성을 높이기 위해 한국어에서 흔히 발견되는 생략현상인데 잔여성분이 2개 이상 나타나도 수용성이 나쁘지 않다.

(56) a. 연아는 정치에 대해, 민지는 예술에 대해 이야기했다. [1.12, 0.23]
    b. 철수는 잡지를, 영희는 시집을 샀다. [1.06, 0.20]
    c. 지우는 김교수가, 영수는 홍교수가 쓴 책을 읽었다. [0.83, 0.42]
(57) a. 영수는 책상에 볼펜을, 지우는 식탁에 열쇠를 두었다. [0.78, 0.47]
    b. 영희는 아버지에게 꽃을, 철수는 어머니에게 책을 주었다. [0.70, 0.38]
    c. 연아는 작년에 논문을, 민지는 올해 책을 발표했다. [0.70, 0.63]

둘째, 우절점공유문의 연접소들 사이에 시제가 일치하지 않으면 수용성이 약간 떨어진다.[13]

(58) a. ?아버지는 <u>작년에</u>, 어머니는 <u>지금</u> 병으로 누워계신다. [-0.01, 0.85]
    b. ?지우는 <u>어제</u> 유람선을, 영수는 <u>오늘</u> 비행기를 탄다. [-0.12, 0.80]

셋째, 공백 연접소의 우측 성분이 형태적으로 불완전하면 수용성이 나쁘다.

(59) a. *현우는 고양이를 <u>좋아</u>, 민호는 고양이를 싫어한다. [-1.23, 0.39]
    b. *철수가 다친 고양이를 <u>치료해</u>, 영희가 커다란 곰동이를 죽여 주었다. [-1.00, 0.47]
    c. ??지우는 엄마의 비상금을 쪽쪽 <u>빨아</u>, 영수는 아빠의 퇴직금을 탈탈 털어 먹었다. [-0.31, 0.62]

넷째, 우절점공유문에서 공유된 축이 동음이의어(homonym)인 경우는 일반적으로 수용성이 좋지 않다(이전에 논의된 (40), (41)의 문법성과 비교할 것).

---

[13] 우절점공유문에서의 시제 불일치 현상은 다중관할 분석으로 설명하기 어렵다.

(60) a. *현우는 교복을, 민호는 손해를 입었다. [-1.19, 0.36]
　　 b. *연아는 편지를, 민지는 컴퓨터를 썼다. [-0.94, 0.51]
　　 c. *연아는 영어 실력을, 민지는 부엌칼을 갈고 닦았다. [-0.92, 0.55]
　　 d. *철수는 가을을, 영희는 버스를 탄다. [-0.88, 0.47]
　　 e. ?*지우가 접시를, 영수가 흥을 깼다. [-0.67, 0.59]
　　 f. ?현우는 칼을, 민호는 전구를 갈았다. [-0.04, 0.81]

다섯째, 공백 연접소의 잔여성분들은 대응 연접소의 대응성분들과 병행성을 유지해야 한다.14

(61) a. ??철수가 강아지에게 공을, 영희가 쟁반을 던졌다. [-0.40, 0.72]
　　 b. ?어머니가 지우에게 용돈을, 아버지가 간식을 영수에게 주었다.
　　　　　　　　　　　　　　　　　　　　　　　　　　[-0.04, 0.66]

여섯째, 잔여성분과 대응성분은 서로 대조초점 관계에 놓여야 한다. Féry & Hartmann(2005)은 영어 우절점공유문이 대조초점 효과를 보인다는 것을 실험으로 증명하였다.

(62) a. John BOUGHT the book, and John READ the book.
　　 b. JOHN BOUGHT, and MARY READ the book.
　　 c. *John BOUGHT, and John READ the book.

Féry & Hartmann에 따르면 (62b, c)처럼 우절점공유문에서 공유된 축이 아닌 요소들은 서로 대조초점의 관계에 있어야 한다. 이러한 대조초점 관계는 한국어의 우절점공유문에서도 유지되어야 한다.

---

14 (61b)의 수용성이 그리 나쁘지 않은 이유는 직접목적어와 간접목적어의 어순이 병행성 유지를 방해하지 않기 때문인 것같다. 다음 예문의 수용성이 좋은 이유도 시간 부가어와 장소 부가어가 병행성에 준하는 효과를 보이기 때문인 듯하다.

　　(i) 연아가 어제 시집을, 민지는 도서관에서 잡지를 빌렸다. [0.09, 0.82]

(63) a. 철수는 소설을 샀다. 그리고 철수는 만화를 샀다.
    b. 연아는 잡지를, 민지는 책을 샀다.   [1.07, 0.26]
    c. *현우는 소설을, 민호는 소설을 샀다.   [-1.16, 0.56]

(63c)는 목적어들이 대조관계에 있지 않아 수용성이 나쁘다.

11.4.1 섬제약 효과

Abe & Hoshi(1993, 1995, 1997), 손근원(1994b, 1999, 2001), 김정석(1997, 1998a)은 한국어/일본어 우절점공유문이 섬제약 효과를 보인다고 관측한다.

(64) 철수가 포도를, 진수가 사과를 [영희가 좋아한다고] 생각한다.
(65) a. ??철수가 피아노를, 진수가 기타를 [영희가 잘 친다는 소문을] 들었다.
    b. ?철수가 포도를, 진수가 사과를 [영희가 좋아하는지] 알고 싶어한다.
    c. ??철수가 책을, 영희가 노트를 [산 후에] 음식을 먹었다.

(64)는 문법적인 문장으로 잔여성분/대응성분들이 섬과 무관한 경우이다. (65a)의 잔여성분/대응성분들은 복합명사구섬과 관련이 있고, (65b)의 경우는 *Whether*-섬, (65c)의 경우는 부가어섬과 관련이 있어서 문법성이 떨어지는 것으로 보았다.

Abe & Hoshi(1993, 1995)는 일본어/한국어 우절점공유문이 섬제약 효과를 보인다는 관측에 동의하지만 내현이동도 외현이동처럼 하위인접조건을 준수해야 한다고 가정한다(Nishigauchi 1986, 1990, 최재웅 1987, Pesetsky 1987, Reinhart 1991).[15]

그런데 Mukai(2003), 정대호(2004), Sato(2009)는 일본어/한국어 우절점공유문이 섬제약 효과를 보이지 않는다고 관측한다.

(66) 철수가 사자에게, 진수가 곰에게 [공격받은 사람을] 구했다.
    Mike-ga   raion-ni,   Tom-ga   kuma-ni

---

[15] 그러나 Huang(1982), Lasnik & Saito(1984), Chomsky(1986) 등은 섬제약 효과가 외현이동에서만 발생한다고 가정한다.

Mike-Nom   lion-Dat   Tom-Nom   bear-Dat
osowareta   otoko-o   tasuketa.
was attacked man-Acc   saved   [Mukai 2003: (16)]
'Mike saved the man who was being attacked by a lion, and Tom a bear.'

(67) a. 철수는 영희가, 진수는 순희가 [쓴 논문을] 심사했다.
  b. 철수는 영희가, 진수는 순희가 [오기 때문에] 일찍 떠났다. [정대호 2004]

그들은 우절점공유문이 섬제약 효과를 보이지 않는 것은 대응성분(correlate)이 이동을 하지 않기 때문이고 이동을 가정하지 않는 자신들의 분석이 이러한 현상을 포착하고 있다고 주장한다.

이제 우절점공유문의 섬제약 효과와 관련하여 문헌에서 보고된 상반된 직관의 타당성을 검증해 보자.

먼저 복합명사구제약의 준수여부를 살펴보자. (68)은 우측 연접소의 우측 대응성분이 복합명사구섬에 인접해 있는 경우로 명확하게 복합명사구제약의 위반이 발생했다고 볼 수 없다. 아마 이러한 연유로 화자에 따라 차이가 있겠지만 수용성이 그리 나쁘지 않은 것으로 어림짐작된다.

(68) ?현우는 영어를, 민호는 [일본어를 영희가 잘 한다는 소문을] 들었다.
                                                    [-0.23, 0.63]

반면에 (69)처럼 내포절에서 기저생성된 좌측 대응성분이 주절까지 이동한 경우는 수용성이 매우 나쁘다.

(69) *피아노를 연아는, 기타를 민지는 [철수가 잘 친다는 소문을] 들었다.
                                                    [-1.10, 0.50]

이 경우는 명확하게 복합명사구제약 위반이 발생했으며 전치된 목적어는 내포절 주어와 주절 주어를 모두 건너서 이동했다.

다음으로 부가어조건의 준수 여부를 살펴보자. 아래의 예는 수용성이 좋은데 우측 연접소의 우측 대응성분이 부가어 내에서 생성된 경우로 부가어조건을 위반하여 이동하였다는 명확한 증거는 없다.

(70) 현우는 수학을, 민호는 [영어를 공부하기 전에] 씻었다.   [0.52, 0.68]

다음은 우측 연접소의 좌측 대응성분이 부가어 내에서 생성되었다가 외현통사부에서 전치된 경우로 부가어조건을 위반하여 비문이다.

(71) *연극을 영수는, 영화를 지우는 [관람하기 전에] 밥을 먹었다.   [-0.91, 0.46]

이제 *Whether*-섬의 준수 여부를 살펴보자. 아래의 예는 우측 연접소의 우측 대응성분이 *Whether*-섬 내에서 생성된 후 섬 내부에서 전치된 경우로 수용성이 그리 나쁘지 않다.

(72) ?영수는 포도를, 지우는 [사과를 철수가 좋아하는지] 알고 싶어한다.
                                                              [-0.04, 0.68]

다음은 우측 연접소의 좌측 대응성분이 *Whether*-섬 내에서 생성된 후 주절까지 좌측 이동을 한 경우로 수용성이 매우 나쁘다.

(73) ?*통사론을 현우는, 의미론을 민호는 [영희가 수강했는지] 알고 싶어한다.
                                                              [-0.75, 0.49]

요약하면, 우절점공유문에서 섬제약 효과가 나타나는 경우는 공백 연접소의 잔여성분에 상응하는 대응 연접소의 구성성분이 외현이동을 통해서 명확히 섬을 건너간 경우이다. 대응 연접소의 구성성분이 섬과 인접(adjacent)해 있는 경우는 명확히 섬을 건너갔다고 볼 수 없고 이 경우의 섬제약 효과는 미미하다. 따라서 섬제약 효과의 발현 여부는 대응 연접소의 구성성분이 얼마만큼 이동을 했느냐에 달려있는데 음성형태 삭제이론보다는 논리형태 복사이론으로 이러한 대조를 설명할 수 있다. 즉,

(69), (71), (73)의 수용성 저하는 대응 연접소에서의 외현이동이 촉발한 섬제약 위반의 효과라고 할 수 있다.

위의 대조를 아래처럼 재고해보자(실선 화살표는 외현이동을, 점선 화살표는 내현이동을 의미함).

(74) a. ?현우는 영어를, 민호는 일본어를 [Ø 영희가 잘 한다는 소문을] 들었다.

　　 b. 현우는 수학을, 민호는 영어를 [Ø 공부하기 전에] 씻었다.

　　 c. ?영수는 포도를, 지우는 사과를 [Ø 철수가 좋아하는지] 알고 싶어한다.

(75) a. *피아노를 연아는, 기타를 민지는 [철수가 Ø 잘 친다는 소문을] 들었다.

　　 b. *연극을 영수는, 영화를 지우는 [Ø 관람하기 전에] 밥을 먹었다.

　　 c. ?*통사론을 현우는, 의미론을 민호는 [영희가 Ø 수강했는지] 알고 싶어한다.

(74)의 경우는 공백 연접소에 복사할 생략지점이 논리형태에서 이동을 통해 생성되어 섬제약 효과가 보이지 않는 반면, (75)의 경우는 공백 연접소에 복사할 생략지점이 외현통사부에서 이동을 통해 생성되는 관계로 섬제약 효과가 나타난다.

마지막으로 짚고 넘어갈 점은 우절점공유문이 좌분지섬과 관련하여 상이한 직관을 보인다는 것이다. 공백 연접소의 우측 잔여성분이 소유격 표현인 경우는 수용성이 좋지만 형용사인 경우는 수용성이 떨어진다.

(76) a.　지우는 <u>친구의</u>, 영수는 <u>동생의</u> 체육복을 빌렸다.　　　　[0.23, 0.79]
　　 b.　현우는 <u>좋아하는 두 명의</u>, 민호는 <u>싫어하는 세 명의</u> 친구가 있다.
　　　　　　　　　　　　　　　　　　　　　　　　　　　　　[0.03, 0.68]
(77) a.　?연아는 <u>좋아하는</u>, 민지는 <u>싫어하는</u> 작가가 세 명 있다.　[-0.12, 0.74]
　　 b.　??연아는 <u>좋아하는</u>, 민지는 <u>싫어하는</u> 세 명의 친구가 있다. [-0.33, 0.55]

다음 문장은 (76a)보다 수용성이 높다.

(78) 현우는 <u>친구의 체육복을</u>, 민호는 <u>동생의 체육복을</u> 빌렸다.   [1.18, 0.27]

여기서는 소유격 표현이 직접적으로 대조되는 것이 아니라 소유격을 포함하는 목적어가 대조되는 경우인데 즉, '친구의 체육복'과 '동생의 체육복'이라는 명사구들이 대조를 보이기 때문에 수용성이 높아진다.

11.4.2 경칭형태소의 일치

우절점공유에서의 경칭형태소 일치는 좌측의 공백 연접소가 아니라 우측의 대응 연접소에서 결정된다.

(79) a. ?*할아버지께서는 초밥을, <u>동생은</u> 우동을 <u>드셨다</u>.   [-0.71, 0.61]
    b. 할아버지께서는 초밥을, <u>동생은</u> 우동을 <u>먹었다</u>.   [0.88, 0.31]

주어와 경칭형태소의 외현적 일치는 의무적이지 않다.

(80) a. 동생은 바나나를, <u>할아버지께서는</u> 복숭아를 <u>드셨다</u>.   [0.61, 0.64]
    b. 동생은 바나나를, <u>할아버지께서는</u> 복숭아를 <u>먹었다</u>.   [0.57, 0.51]
(81) a. 동생은 뮤지컬을, <u>할머니는</u> 마당극을 <u>관람하셨다</u>.   [0.37, 0.69]
    b. 동생은 뮤지컬을, <u>할머니는</u> 마당극을 <u>관람했다</u>.

생략이 없는 등위접속문에서도 경칭형태소가 동사에 실현되었을 경우에 주어는 반드시 경칭의 대상이 되어야 한다. (79), (80)의 우절점공유문과 다음의 VP 등위접속문을 비교해 보자.

(82) a. *할아버지께서는 짜장면을 먹고, <u>동생은</u> 짬뽕을 <u>드셨다</u>.   [-1.18, 0.57]
    b. 할아버지께서는 짜장면을 먹고, 동생은 짬뽕을 먹었다.   [0.08, 0.90]

(83) a. 동생은 호떡을 먹고, 할아버지께서는 호빵을 드셨다.   [1.12, 0.28]
    b. 동생은 호떡을 먹고, 할아버지께서는 호빵을 먹었다.   [0.47, 0.53]

우절점공유문, VP 등위접속문과 비교하여 다음의 TP 등위접속문을 살펴보자.

(84) a. *할머니께서는 신문을 보았고, 동생은 만화를 <u>보셨다</u>.   [-1.06, 0.56]
    b. 할머니께서는 신문을 보았고, 동생은 만화를 보았다.   [0.84, 0.56]
(85) a. 동생은 교과서를 보았고, 할머니께서는 드라마를 보셨다.   [0.93, 0.40]
    b. 동생은 교과서를 보았고, 할머니께서는 드라마를 보았다.   [0.53, 0.57]

요약하면, 우절점공유문, VP 등위접속문, TP 등위접속문 모두에서 경칭형태소 일치는 좌측의 공백 연접소가 아니라 우측의 대응 연접소에서 결정되며 경칭형태소가 동사에 나타났을 경우에만 경칭의 대상이 되는 주어를 요구한다는 것을 알 수 있다.
이러한 경칭형태소 일치의 비대칭성은 다중관할 분석의 문제점이라고 할 수 있다. 이러한 맥락에서 우절점공유문의 공백 연접소는 우측의 대응 연접소에 부가되어 생성되고 그 의미가 논리형태 복사에 의해 해석된다고 볼 수 있다.

(86) a. * = √[할아버지께서는 초밥을 Ø] & *[동생은 우동을 <u>드셨다</u>]
    b. √ = √[할아버지께서는 초밥을 Ø] & √[동생은 우동을 <u>먹었다</u>]

11.4.3 복수의존 형태소의 허가

우절점공유문의 축에 복수의존 형태소(plurality-dependent morpheme) '들'이 포함된 경우의 수용성을 검토해 보자. 정대호(2004)는 (87a)의 경우, 공백 연접소와 대응 연접소의 단수 주어들이 성분통어하는 분열선행어(split antecedent)로 작용하여 복수의존 형태소를 허가하는 것으로 보고 이를 다중관할 분석의 근거라고 주장하였다.

(87) a. 철수는 논문을, 영희는 책을 열심히들 읽었다.   [0.40, 0.50]
    b. 영수와 지우는 논문을, 연아는 책을 열심히들 읽었다.   [0.66, 0.57]
    c. 민지는 토플을, 현우와 민호는 토익을 열심히들 공부했다.   [0.66, 0.41]
    d. 철수와 영희는 토플을, 지우와 영수는 토익을 열심히들 공부했다.
                                                                [0.65, 0.41]

(87b, c, d)의 예문을 보면 공백 연접소나 대응 연접소가 자체적으로 복수의 선행어를 갖고 있어도 수용성에 큰 변화가 없음을 알 수 있다.
  다음은 복수의존 형태소를 포함하는 표현이 좌절점공유된 경우이다.

(88) a. ??열심히들 연아는 기사를, 민지는 대본을 썼다.   [-0.35, 0.68]
    b. ?열심히들 철수와 영희는 기사를, 현우는 대본을 썼다.   [-0.21, 0.74]
(89) a. *많이들 민호는 나초를, 지우와 영수는 팝콘을 먹었다.   [-1.18, 0.37]
    b. ?*많이들 지우와 영수는 나초를, 연아와 민지는 팝콘을 먹었다.
                                                                [-0.63, 0.58]

정대호(2004), 박명관・이우승(2009)은 우절점공유와 좌절점공유가 동일한 기저구조에서 변형을 거쳐 도출된 거울영상(mirror image)이라고 주장하는데 그들의 주장이 옳다면 위 예문들의 수용성이 왜 나쁜 지를 설명하기 어렵다. 게다가 분열선행어가 단수가 아니라 복수인 경우라도 수용성이 좋지 않다.
  다음은 시제가 공유된(T-sharing) VP 등위접속문인데 복수의존 형태소가 우측 연접소에서 허가되고 있다.

(90) a. 현우는 거실을 치우고, 민호는 부엌을 열심히들 치웠다.   [0.15, 0.62]
    b. 철수와 영희는 거실을 치우고, 지우는 부엌을 열심히들 치웠다.
                                                                [0.35, 0.62]
(91) a. 영수는 탱고를 추고, 연아와 민지는 디스코를 즐겁게들 추었다.
                                                                [0.67, 0.49]
    b. 철수와 영희는 탱고를 추고, 현우와 민호는 디스코를 즐겁게들 추었다.
                                                                [0.51, 0.50]

정대호(2004)에 따르면 복수의존 형태소는 복수의 의미를 지니는 선행어에 의해 성분통어되어야 하는데 위 예문들에서 통사적 성분통어가 유지되고 있다고 보기 어렵다. 따라서 '들'의 허가는 완전히 통사적으로 이루어 지는 것이 아니라 어느 정도는 담화에서 이루어 지는 것으로 보는 것이 타당할 듯하다.

다음은 양쪽 연접소에 시제표지가 나타나는 TP 등위접속이 우측 연접소에 복수의존 형태소를 포함하고 있는 예인데 VP 등위접속의 경우와 비교하여 다소 수용성이 떨어지기는 하지만 비문이라고 보기 어렵다.

(92) a. <u>지우는</u> 수학을 배웠고, <u>영수는</u> 과학을 열심히들 배웠다.   [0.14, 0.69]
      b. <u>연아와 민지는</u> 수학을 배웠고, <u>현우는</u> 과학을 열심히들 배웠다.
                                                                                                 [0.01, 0.65]

이 또한 복수의존 형태소의 허가와 관련된 정대호(2004)식의 통사적 접근이 옳지 않음을 시사한다.

지금까지의 논의를 요약하면, 적어도 등위접속문에서의 복수의존 형태소 '들'의 허가는 구조적으로 성분통어하는 복수의 선행어를 반드시 요구하는 것이 아니라 단순히 어순상 선행하는 복수의 선행어로도 충분한 것으로 보인다.[16]

(93) a. √철수 … 영희 … XP-들 …
      b. *XP-들 … 철수 … 영희 …

11.4.4 후치사/격조사 탈락

Abe & Hoshi(1993, 1995, 1997)의 논리형태 복사 분석은 일본어와 한국어의 격조사/후치사-좌초 현상을 설명하는 것을 주 목적으로 하고 있으나 모든 자료를 다 설명

---

[16] 정대호·손근원(2007)는 단순히 선행하는 복수의 선행어가 '들'을 허가하는 것이 아니라는 증거로 다음의 예를 제시한다.

     (i) *<u>철수</u>가 <u>영희</u>가 들어온 뒤에 열심히들 공부했다.   [정대호·손근원 2007: (82)]

그런데 위의 예에서 분열선행어 '철수'와 '영희'는 등위접속절에서 나타난 것이 아니라.

할 수 있는 것은 아니다. 특히 후치사/격조사의 탈락이 공백절의 끝에서만 가능하고 좌측 잔여성분에서는 탈락할 수 없다는 사실을 설명하지 못한다.

(94) a. 철수*(가) 영희(에 대해), 진수가 순희에 대해 말했다.
  b. 영희*(에 대해) 철수(가), 순희에 대해 진수가 말했다.

이와 관련하여 손근원(1994b)이 제시한 일반화는 다음과 같다.

(95) 한국어/일본어 우절점공유문에서 후치사와 격조사의 탈락은 공백절의 숙주 잔여성분 다음에 바로 등위접속사 '그리고'가 나타나는 경우만 허용된다.
[손근원 1994b: 주 13]

일반적으로 공백 연접소의 우측 잔여성분에서 후치사/격조사가 탈락해도 수용성이 크게 떨어지지 않는다는 문헌의 관측은 설문조사에서 입증이 되었다.

(96) a. 현우는 과자-Ø, 민호는 커피를 샀다. [1.00, 0.30]
  b. 지우가 철학-Ø, 영수가 역사에 대해 이야기했다. [0.71, 0.64]
  c. 철수는 최교수-Ø, 영희는 박교수가 쓴 책을 읽었다. [0.45, 0.58]
  d. ?연아가 동생-Ø, 민지가 친구의 이야기를 했다. [-0.14, 0.67]

그런데 다음의 대조들을 살펴보자. (97a)는 (68)의 예문이고 (97b)는 이에 상응하면서 공백 연접소의 우측 잔여성분에서 격표지가 탈락한 예인데 수용성에서 적잖은 차이를 보이고 있다.

(97) a. ?현우는 영어를, 민호는 [일본어를 영희가 잘 한다는 소문을] 들었다.
[-0.23, 0.63]
  b. ?*지우는 볶음밥-Ø, 영수는 [파스타를 철수가 잘 만든다는 소문을] 들었다.
[-0.73, 0.63]

또한 (98a)는 (72)의 예문이고 (98b)는 이에 상응하면서 공백 연접소에서 우측 성분의 격표지가 탈락한 경우로 수용성에서 상당한 차이를 보이고 있다.

(98) a. ?영수는 포도를, 지우는 [사과를 철수가 좋아하는지] 알고 싶어한다.
　　　　　　　　　　　　　　　　　　　　　　　　　　　　[-0.04, 0.68]
　　　b. ??영수는 통사론-Ø, 지우는 [의미론을 철수가 수강했는지] 알고 싶어한다.
　　　　　　　　　　　　　　　　　　　　　　　　　　　　[-0.44, 0.53]

요약하면, 우절점공유문의 복잡성(complexity)이 증가하면 후치사/격조사의 탈락이 수용성에 영향을 준다는 것인데 이러한 특성은 후치사/격조사의 탈락 여부가 통사적인 이유가 아니라 손근원(1994b, 1999, 2001), 김정석(1997, 1998a)이 제안하였듯이 음운론적 특성에서 기인하거나 아니면 처리나 담화적 특성에서 기인할 수 있음을 시사한다.

11.4.5 동음이의어

앞에서 기술한 것처럼, 우절점공유문의 축(pivot)이 동음이의어(homonym)인 경우는 수용성이 좋지 않다.

(99) a. *현우는 교복을, 민호는 손해를 입었다.　　　　　　[-1.19, 0.36]
　　　b. *연아는 편지를, 민지는 컴퓨터를 썼다.　　　　　　[-0.94, 0.51]
　　　c. *연아는 영어 실력을, 민지는 부엌칼을 갈고 닦았다.　[-0.92, 0.55]
　　　d. *철수는 가을을, 영희는 버스를 탄다.　　　　　　　[-0.88, 0.47]
　　　e. ?*지우가 접시를, 영수가 흥을 깼다.　　　　　　　 [-0.67, 0.59]
　　　f. ?현우는 칼을, 민호는 전구를 갈았다.　　　　　　　[-0.04, 0.81]

안희돈·조용준(2006)은 (99b, f)를 정문('?'로 표시)으로 관측하고 이를 다중관할 분석의 문제점이라 지적하였고, 김용하(2007)는 이들 문장의 문법성을 '??' 정도로 표시하였다. 설문조사의 결과대로 (99)에 있는 예문들의 수용성이 나쁘다면 이것은 음성형태 삭제 분석, 음성열 삭제 분석, 다중관할 분석의 문제점이 된다. 그런데 저자가 제안하는 논리형태 복사 분석은 적절한 설명을 제시한다.

(100) [TP [VP 현우는 교복을 Ø] & [VP 민호는 손해를 <u>입</u>]었다]

예를 들어, (99a)를 도출하기 위해서는 우측 연접소에서 공유된 축을 논리형태에서 공백 연접소로 복사해야 한다. 이때 복사되는 요소는 '입었다'의 음성정보가 아니라 의미정보이다. 즉, '손해를 입었다'에서의 '입었다'와 '교복을 입었다'에서의 '입었다'는 의미가 동일하지 않기 때문에 문법성이 나쁜 것으로 예측된다. 다음처럼 축의 일부가 동음이의어인 경우도 논리형태 분석만이 적절한 설명을 제공한다.

(101) #철수가 영희에게, 진수가 순희에게 <u>배를 보여주었다</u>.
    a. √먹는 배, 먹는 배
    b √항해하는 배, 항해하는 배
    c. *먹는 배, 항해하는 배
    d. *항해하는 배, 먹는 배

앞에서 기술한 것처럼, (101) 예문의 의미가 (101a, b)로만 해석이 가능한 이유는 음성적 동일성을 중요시 하는 음성형태 삭제 분석이나 음성형태 열 분석으로는 설명할 수 없다. 또한 축이 양쪽 연접소에서 관할된다는 다중관할 분석으로도 특정 해석만이 가능한 이유를 설명할 수 없다.

11.5 맺음말

지금까지 11장에서 우리는 우절점공유문의 특성을 개괄하고 선행연구들의 장단점을 검토하였다. 영어 우절점공유문과 마찬가지로 한국어 우절점공유문은 오랜 기간 많은 관심을 받아온 바 다양한 관찰과 분석이 제시되었는데, 11장에서는 온라인 수용성 조사를 근거로 한국어 우절점공유문의 특징을 5가지로 압축하였다.

첫째, 공백 연접소에 복사할 생략지점이 논리형태에서 이동을 통해 생성되는 경우는 섬제약 효과가 보이지 않는 반면, 공백 연접소에 복사할 생략지점이 외현통사부에서 이동을 통해 생성되는 경우는 섬제약 효과가 나타나는 것을 확인하였다. 따라서 섬제약 효과의 발현 여부는 대응 연접소의 구성성분이 이동한 시기에 달려있는데 음성형태 삭제이론보다는 논리형태 복사이론으로 이러한 대조를 설명할 수 있다.

둘째, 우절점공유문, VP 등위접속문, TP 등위접속문 모두에서 경칭형태소 일치는 좌측의 공백 연접소가 아니라 우측의 대응 연접소에서 결정되며 경칭형태소가 동사에 나타났을 경우에만 경칭의 대상이 되는 주어를 요구한다는 것을 확인하였다.

셋째, 우절점공유문, VP 등위접속문, TP 등위접속문을 포함한 모든 등위접속문에서의 복수의존 형태소 '들'의 허가는 구조적으로 성분통어하는 복수의 선행어를 반드시 요구하는 것이 아니라 단순히 어순상 선행하는 복수의 선행어로도 충분한 것으로 보였다. 그렇다면 복수의존 형태소의 허가는 더 이상 다중관할 분석의 장점이 아니다.

넷째, 우절점공유문의 복잡성이 증가하면 후치사/격조사의 탈락이 수용성에 영향을 주는데 이러한 특성은 후치사/격조사의 탈락 여부가 통사적인 이유가 아니라 음운론적 특성 혹은 처리나 담화적 특성에서 기인하는 것으로 보인다.

다섯째, 우절점공유문의 축이 동음이의어을 포함할 경우 수용성이 떨어지는 이유는 생략의 회복성이 의미적 동일성에 달려 있음을 보여준다.

이러한 맥락에서 저자는 우절점공유문의 공백 연접소는 우측의 대응 연접소에 부가되어 생성되고 그 의미가 논리형태 복사에 의해 해석된다고 주장하였다.

12 한국어의 좌절점 공유

12.1 들머리

우절점공유(Right-Node-Sharing)문에서 공유된 요소인 축(pivot)은 우측 연접소(conjunct)에서 발음이 되어야 한다.

(1) a. John likes, and Peter hates your best friend.
    b. *John likes your best friend, and Peter hates.
(2) a. 존은 메리를, (그리고) 피터는 수잔을 만났다.
    b. *존은 메리를 만났고, (그리고) 피터는 수잔을.

Yatabe(2001), Nakao(2009, 2010), Abe & Nakao(2009)는 우절점공유의 거울영상(mirror image)으로 좌절점공유(Left-Node-Sharing)가 일본어에 존재한다고 관측하였다.[1]

(3) Sandowicchi-o   Taroo-ga   tsukuri,   Hanako-ga   tabeta.
    sandwich-Acc   T-Nom   make   H-Nom   eat-Past
    'Taroo made, and Hanako ate the sandwich.'

---

[1] 이러한 현상을 문헌에서는 좌절점인상(Left-Node-Raising)이라고 불렀는데 12장에서는 중립적인 입장에서 이 현상을 좌절점공유(Left-Node-Sharing)라고 부른다.

다음은 (3)에 상응하는 한국어의 좌절점공유문이다.[2]

(4) 샌드위치를 철수가 만들고, 영희가 먹었다. [1.04, 0.45]

일본어의 좌절점공유와 관련하여 Nakao(2009)는 공유된 축이 연접소에서 각각 기저 생성되고 등위접속(coordination)의 좌측 외곽(left-edge)으로 전역(across-the-board = ATB)이동을 한다는 전역어순재배치(ATB Scrambling) 분석을 제안하였다. 이러한 분석의 대안으로 박명관·이우승(2009)은 선형화(Linearization) + 접속축소(Conjunction Reduction) 분석을 제시하였고, 정대호(2010b)는 축이 기저에서 다중관할(Multiple Domination)되어 한 번만 나타나고 좌측 외곽으로 이동한다는 다중관할 분석을 제안하였다.

12장은 한국어 좌절문공유의 특성을 조명하고 적절한 통사적 설명을 제시하는 것을 목표로 한다. 12장의 구성은 다음과 같다. 12.2절에서는 선행연구로 전역어순재배치 분석, 선형화 + 접속축소 분석, 다중관할 분석을 검토한다. 12.3절에서는 온라인으로 진행된 수용성 설문조사의 결과를 토대로 선행연구 중에서 어떤 이론이 가장 설명력이 뛰어난지를 탐구한다. 12.4절은 맺음말이다.

12.2 선행연구

12.2.1 전역어순재배치 분석

Nakao(2009, 2010)는 좌측 외곽에서 발음되는 좌절점공유된 요소는 좌측 연접소에서 이동을 한 것이고 우측 연접소에는 이에 상응하는 공대명사(empty pronoun) *pro*가 존재한다는 *pro*-탈락(*pro*-drop) 분석을 비판한다.

---

[2] 좌절점공유문의 직관을 조사하기 위한 온라인 설문에는 40명의 모국어화자가 참여를 하였다. 직관을 수량적으로 수집하기 위해 1-7 사이의 리커트 척도(Likert Scale)를 사용하였고, 응답은 표준화하였다. 예문의 우측에 적힌 숫자가 그 예문에 대한 z-표준점수(z-score)와 표준편차(standard deviation = SD)이다.

(5) [샌드위치를₁ 철수가 t₁ 만들고] & [영희가 pro₁ 먹었다].

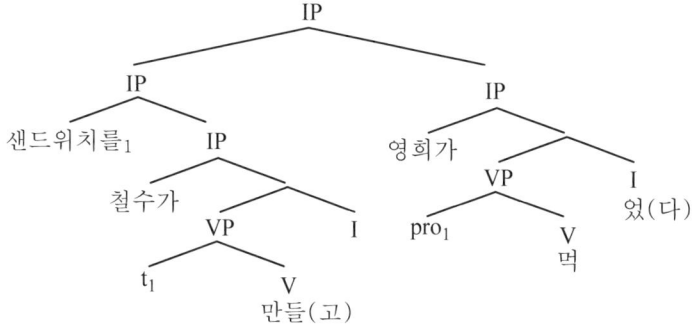

Nakao(2009)는 그 근거로 격(Case)부합과 경칭(honorific)부합을 제시한다.[3] 첫째, 좌절점공유는 격부합을 요구하는데 pro-탈락 현상으로 분석되는 영목적어문(Null Object Construction)은 그렇지 않다.

(6) *메리에게/*메리를 존은 꽃을 주었고, 톰은 위로했다. [정대호 2010b: (6)]
(7) √메리에게/*메리를 존이 꽃을 보냈다. 톰은 pro 위로했다.
[정대호 2010b: (7)]

둘째, 좌절점공유는 경칭부합을 요구하고 영목적어문은 그렇지 않다.

(8) √딸을/*따님을 선생님은 배웅하러 가시고, 나는 데리러 갔다.
[정대호 2010b: (8)]
(9) √딸을/?따님을 선생님은 배웅하러 가셨다. 나는 pro 데리러 갔다.
[정대호 2010b: (9)]

Nakao(2009)는 좌절점공유문에서 공유된 축은 양쪽 연접소에서 동일해야 한다고 보았다. 이러한 동일성요건을 설명하기 위해 (10)의 전역어순재배치 분석을 제안하였다.

---

[3] Nakao(2010)는 좌절점공유문이 영목적어문으로 분석될 수 없다는 증거로 격부합과 경칭부합의 자료 외에도 배분적 작용역(distributive scoping)과 의문보어(interrogative complement)의 자료를 제시한다. 이 자료의 타당성에 대해서는 논외로 한다.

(10)   샌드위치를₁ [철수가 t₁ 만들고] & [영희가 t₁ 먹었다]

12.2.2 선형화 + 접속축소 분석

박명관·이우승(2009)은 좌절점공유의 예문으로 다음을 제시한다.

(11)   선생님은 공부를 [[Ø 잘하는 학생이거나] [Ø 못하는 학생이거나]] 모두 좋아하신다.   [박명관·이우승(2009): (1)]

Saito(1985)이래 일본어/한국어는 복합명사구제약(Complex NP Constraint)을 준수한다고 알려져 왔는데 Nakao(2009)의 주장대로 (11)에서 외현이동(overt movement)이 있다면 복합명사구제약을 위반하는 것으로 보이는데 정문이다.4 이러한 점에서 박명관·이우승(2009)은 Nakao(2009)의 전역이동 분석을 거부하고 좌절점공유문이 우절점공유문의 변이형이라는 가정하에 우절점공유에 대한 박명관(2009)의 분석으로 이 구문의 특성을 설명할 수 있다고 주장한다. 이런 이유로 박명관(2009)의 분석을 간단하게 검토해보자.

다음은 단순 우절점공유의 예이다.

(12)   영희는 영어를, 민지는 불어를 열심히 공부한다.   [1.34, 0.38]

박명관(2009)은 통사-음운 접합부(Syntax-Phonology Interface)에서 선형화될 때 접속축소로 우절점공유문이 도출된다고 주장한다. 그는 복합 우절점공유문의 경우에는 우절점공유되지 않은 요소나 우절점공유된 요소나 모두 등위접속으로 형성된다고 주장한다.5

---

4   그러나 (11)에서 공유된 축인 '공부를'이 복합명사구섬을 건너서 외현이동을 했는지는 명확하지 않다. 축은 (11)에서 Ø로 표시된 공백 위치에 인접해 있어서 외현이동을 한 것이 아닐 수도 있다.
5   그러나 온라인 설문의 결과, 복합우절점공유 구문은 박명관(2009)이 제시한 직관보다 수용성이 많이 떨어지는 것으로 나타났다.

   (i)   [철수와 연아는 문과대학 소속 밴드부원이다. 철수는 기타리스트이고 연아는 보컬이다. 지난 정기공연에서 철수와 연아는 합동무대를 준비했다.]

(13) a. 존은 피아노를, 그리고 메리는 노래를 (각각) 치고 불렀다.
　　 b. 빌은 TV를, 그리고 수지는 라디오를 (각각) 보고 들었다.
[박명관·이우승(2009): (6)]

그는 단순 우절점공유문인 (12)처럼 우측 외곽이 동일할 경우는 축이 우측 연접소에서 발음되고, 복합 우절점공유문인 (13)처럼 두 연접소의 우측 외곽이 동일하지 않을 경우는 등위접속으로 결합되어 발음된다고 주장한다.

박명관(2009)은 Fukui & Takano(1998)의 선형화 이론을 응용하여 단순 우절점공유문의 경우 먼저 연접소들이 각각 독립된 작업영역(working space)에서 생성되고 동시에 선형화 작업이 수행된다고 가정한다(박스는 통사부를 의미하고 외곽선 글자는 선형화된 것을 의미함.)

(14) 현우는 유재석이, 민호는 박명수가 재밌다고 말했다.　　　　[1.05, 0.80]
　　 'Hyunwoo said that YOO Jae Seok is funny, and Minho said that PARK Myoung Soo is funny.
　　 a. 현우는 유재석이 재밌다고 말했다
　　　　민호는 박명수가 재밌다고 말했다
　　 b. 현우는 현우는 유재석이 재밌다고 말했다
　　　　민호는 민호는 박명수가 재밌다고 말했다
　　 c. 현우는 + 유재석이 현우는 유재석어 재밌다고 말했다
　　　　민호는 + 박명수가 민호는 박명수카 재밌다고 말했다
　　 d. 현우는 + 유재석이 + 민호는 + 박명수가
　　　　현우는 & 민호는 유재석어 & 박명수가 재밌다고 말했다
　　 e. 현우는 + 유재석이 + 민호는 + 박명수가 + 재밌다고 말했다
　　　　현우는 & 민호는 유재석어 & 박명수가 재밌다고 말했다
[박명관·이우승(2009): (7)을 수정]

　　　?*철수는 기타를, 연아는 노래를 치고 불렀다.　　　　　　　[-0.66, 0.64]
(ii)　[영희가 거실에서 영화를 보는 동안 민지는 방에서 청소를 했다. 민지는 청소를 할 때 항상 최신 가요를 듣는다. 오늘도 민지는 음악을 들으며 청소했다.]
　　　??영희는 영화를, 민지는 음악을 보고 들었다.　　　　　　　[-0.26, 0.68]

그에 따르면, (14a)처럼 독립된 영역에서 연접소가 생성되고, (14b)와 (14c)처럼 필요한 요소들이 순차적으로 선형화되어 결합된다. 이때 (14d)처럼 두 연접소가 완전히 선형화되기 전에 우측 외곽에서 축이 등위접속을 수행하고 나머지 요소들이 선형화되면 단순 우절점공유문이 도출된다.

그러나 이러한 설명은 많은 이론적 가정을 필요로 한다. (14a)처럼 각각 독립적인 영역에서 통사구조를 형성한 후 (14b, c)처럼 선형화된 음성형태 출력물(PF output)들이 (14d)처럼 접속축소라는 운용(operation)에 의해 어떻게 하나의 음성형태 출력물로 결합될 수 있는지, 그렇다면 접속축소는 음성형태 운용인지, (14d)처럼 나머지 통사적 출력물도 접속축소로 이전의 출력물에 결합된다면 접속축소는 통사적 운용이기도 한 것인지, (14e)처럼 접속축소에 의해 하나의 통사체로 결합한 후에도 다시 선형화가 일어나 이전의 음성형태 출력물에 합쳐질 수 있는지 등.

한국어는 어순재배치가 전역이동으로 수행될 때 복합명사구제약을 준수한다.

(15) ??그 책을 선생님은 [존이 Ø 추천해 준 학생과 빌이 Ø 읽어 준 학생을] 찾고 있다.

그런데 (15)보다 (16)의 좌절점공유문의 문법성이 좋기 때문에 박명관·이우승은 Nakao(2009)의 전역이동 분석이 문제가 있다고 지적한다.

(16) 선생님은 그 책을 [존이 Ø 추천해 준 학생과 빌이 Ø 읽어 준 학생을] 찾고 있다.
[박명관·이우승(2009): (7)]

또한 한국어의 어순재배치는 좌분지조건(Left Branch Condition)을 준수하는데 좌절점공유에서는 이러한 섬제약 효과가 보이지 않기 때문에 박명관·이우승은 이 점도 Nakao(2009)의 전역이동 분석의 문제점이라고 지적한다.

(17) *선생님의$_1$ 존이 [t$_1$ 강의를] 수강하고 [t$_1$ 책을] 읽었다.
(18) (작년에) 선생님의 [Ø 강의를 수강했던 학생과 Ø 책을 읽었던 학생이] 실험에 참가할 것이다. [박명관·이우승(2009): (11)]

박명관·이우승은 좌절점공유된 요소는 후행하는 등위구조의 밖에 존재한다는 두 가지 증거를 논의하고 있다. 첫째, Yatabe(2001)에 따르면 다음의 우측 연접소에서 wh-표현이 음성적으로 실현되지 않으면 비문이다.

(19) [존이 어떤 책을 좋아하는지 알고 있는 학생과] [메리가 *(어떤 책을) 싫어하는지 알고 있는 학생이] 손을 들었다. [박명관·이우승(2009): (13)]

이는 한국어의 의문형태소는 음가가 없는 wh-표현에 의해 허가되지 않는다는 정대호(2010a)의 주장에 부합된다. 그런데 좌절점공유문은 다른 직관을 보인다고 관측한다. 아래에서 좌절점공유된 wh-표현은 후행하는 연접소들의 밖에서 의문형태소들을 허가해 줄 수 있다는 것이다.[6]

(20) 어떤 책을 [존이 Ø 좋아하는지 알고 있는 학생과 메리가 Ø 싫어하는지 알고 있는 학생이] 손을 들었다. [박명관·이우승(2009): (14)]

박명관·이우승은 다음에서도 좌절점공유된 wh-표현이 두 관계절 밖에 존재하고 있어서 의문형태소와 관련을 맺을 수 있다고 관측한다.[7]

---

[6] 그러나 온라인 설문의 결과, (19)와 (20)의 차이는 미미했다.

   (i) ??감독이 어떤 배우를 선호하는지 아는 직원과 작가가 Ø 기피하는지 아는 직원이 손을 들었다. [-0.45, 0.66]

   (ii) ??어떤 배우를 [감독이 Ø 선호하는지 아는 직원과 작가가 Ø 기피하는지 아는 직원이] 손을 들었다. [-0.40, 0.81]

[7] 그러나 온라인 설문의 결과, wh-표현인 '누구에게서'가 좌절점공유된 경우는 부정대명사(indefinite pronoun)와 일반 명사가 각각 좌절점공유된 경우와 달리 수용성이 많이 떨어지는 것으로 나타났다.

   (i) ??누구에게서 [Ø 지갑을 빼앗은 사람과 Ø 노트북을 훔친 사람이] 고발을 당한 거야? [-0.49, 0.70]

   (ii) ?누군가에게서 [Ø 지갑을 빼앗은 사람과 Ø 자동차를 훔친 사람이] 실형을 받았어? [-0.05, 0.94]

   (iii) 민지에게서 [Ø 지갑을 빼앗은 사람과 Ø 돈을 훔친 사람이] 고소를 당했니? [0.55, 0.85]

(21) 누구에게서 [Ø 자동차를 훔친 사람과 Ø 돈을 빼앗은 사람이] 고발을 당했니?
[박명관·이우승(2009): (15)]

둘째, 박명관·이우승은 좌절점공유된 요소가 후행하는 연접소의 밖에 존재하는 증거로 부정극어(Negative Polarity Item)의 분포에 대한 관측을 제시하고 있다. 만약 (22b)와 달리 (22a)가 정문이라면 부정극어가 부정어(negation) '안'과 같은 절에서 짝(clause-mate)을 이루기 때문이라고 할 수 있다(손근원(1995)을 참고).[8]

(22) a. ?아무에게서도 [Ø 자동차를 훔친 사람과 Ø 돈을 빼앗은 사람이] 고발을 당하지 않았다.
b. *[자동차를 아무에게서도 훔친 사람과 Ø 돈을 빼앗은 사람이] 고발을 당하지 않았다.
[박명관·이우승(2009): (16)]

박명관·이우승은 좌절점공유는 섬제약을 준수하지 않기 때문에 보통의 이동 운용으로 도출된다고 할 수 없지만 격부합 여부를 감안할 때 통사적 운용으로 도출된다고 봐야 한다고 주장한다. 즉, 좌절점공유된 요소는 연접소 밖에 존재하지만 격부합 여부를 감안할 때 연접소 안에서 생성되었다가 도출되는 것으로 보아야 한다는 것이다.

(23) 그 책을 [존이 Ø 사준 친구와 메리가 Ø 읽어 준 친구]
[박명관·이우승(2009): (20)]

박명관·이우승에 따르면 (11)의 좌절점공유문은 다음처럼 도출된다.

---

[8] 그러나 온라인 설문의 결과, 부정극어가 좌절점공유된 경우는 수용성이 매우 나쁜 것으로 나타났으며 (22a)와 (22)의 차이는 미미했다.

(i) a. *아무에게서도 [Ø 돈을 빼앗은 사람과 Ø 자동차를 훔친 사람이] 연행되지 않았다.
[-1.27, 0.42]
b. *돈을 아무에게서도 빼앗은 사람과 자동차를 Ø 훔친 사람이 연행되지 않았다.
[-1.16, 0.40]

(24) a. 선생님은 공부를 잘하는 학생이거나 모두 좋아하신다
    선생님은 공부를 못하는 학생이거나 모두 좋아하신다
  b. 선생님은 + 공부를
    선생님은 공부를 잘하는 학생이거나 모두 좋아하신다
    선생님은 공부를 못하는 학생이거나 모두 좋아하신다
  c. 선생님은 + 공부를 + 잘하는 학생이거나 + 못하는 학생이거나
    선생님은 공부를 잘하는 학생어거나 모두 좋아하신다
    선생님은 공부를 못하는 학생어거나 모두 좋아하신다
  d. 선생님은 + 공부를 + 잘하는 학생이거나 + 못하는 학생이거나 + 모두 좋아하신다
    선생님은 공부를 잘하는 학생어거나 모두 좋아하신다
    선생님은 공부를 못하는 학생어거나 모두 좋아하신다

[박명관·이우승(2009): (25)를 수정]

먼저 (24a)처럼 두 연접소가 독립적으로 다른 영역에서 생성되고, 선형화 원리에 따라 (24b)처럼 개개의 요소들이 순차적으로 선형화되어 결합된다. 이때 선형화되고 남은 요소들은 여전히 통사부에 남아있다. 축인 '공부를'은 두 연접소에서 공유된 요소이기 때문에 선형화되는 도중에 접속축소라는 운용에 의해서 하나의 음성형태 출력물로 통합된다. 그 다음 두 관계절과 두 관계절의 핵명사들이 접속축소되고 선형화되면 관련 구문이 도출된다.

그러나 선형화와 접속축소로 우절점공유를 설명하려는 박명관·이우승(2009)의 분석은 적지 않는 이론적 문제를 야기할 수 있다. 선형화와 접속축소라는 운용이 적용되는 순서가 순환성(cyclicity)을 무시하고 문법의 필요에 의해 자의적으로 결정된다면 (25)가 생성되기도 하겠지만 (26), (27) 등의 비문법적인 음성열(phonetic string)도 과도생성(overgeneration)되는데 이를 막을 이론적 장치가 별도로 필요하게 된다.

(25)   선생님은 공부를 잘하는 학생이거나 모두 좋아하신다
    선생님은 공부를 못하는 학생이거나 모두 좋아하신다

(26) *선생님은 공부를 잘하는 학생이거나 ~~모두 좋아하신다~~
    선생님은 공부를 못하는 학생이거나 모두 좋아하신다
(27) *선생님은 공부를 잘하는 ~~학생이거나~~ ~~모두 좋아하신다~~
    선생님은 공부를 못하는 학생이거나 모두 좋아하신다

박명관·이우승은 (25)의 선형화 과정을 설명하면서 (24)에서 제시된 것처럼 다음과 같은 선형화 순서를 가정하였다(좌측 하위첨자는 선형화된 순서를 의미함).

(28) a. $_1$선생님은 + $_2$공부를
    b. 선생님은 + 공부를 + $_3$잘하는 학생이거나 + $_4$못하는 학생이거나
    c. 선생님은 + 공부를 + 잘하는 학생이거나 + 못하는 학생이거나 + $_5$모두 좋아하신다

그렇다면 예를 들어, (26)의 선형화가 다음처럼 진행되는 것을 어떻게 막을 수 있을지 의문이다.

(29) a. $_1$선생님은 + $_2$공부를
    b. 선생님은 + 공부를 + $_3$잘하는 + $_4$못하는
    c. 선생님은 + 공부를 + 잘하는 + 못하는 + $_5$학생이거나
    d. 선생님은 + 공부를 + 잘하는 + 못하는 + 학생이거나 + $_6$모두 좋아하신다.

선형화 과정이 (29b)에서 명사적 표현만을 하나의 단위로 취급해야 한다는 별도의 가정이 없다면 형용사가 양쪽 연접소에서 각각 선형화되고 이어서 (29c)에서 '학생이거나'가 접속축소를 거쳐서 선형화된다면 (26) 혹은 (27)의 음성열이 도출될 가능성이 있다.

또한 박명관·이우승은 (11)을 분석하면서 '공부를' 만이 좌절점공유된 축으로 보았는데 (11)을 (24)처럼 독립된 두 문장이 기저구조에서 생성되어 도출되는 것으로 가정한다면 아래처럼 주어인 '선생님은'도 좌절점공유된 것으로 보아야 한다.

(30) a. 선생님은 공부를 잘하는 학생이거나 못하는 학생이거나 모두 좋아하신다.

  b. <u>선생님은 공부를</u> 잘하는 학생이거나 모두 좋아하신다
   <u>선생님은 공부를</u> 못하는 학생이거나 모두 좋아하신다

'공부를'이 접속축소를 거쳐 하나의 요소로 선형화되는 과정은 수의적인 선택이다. 따라서 접속축소를 거치지 않고 양쪽 연접소에서 각각 선형화되어도 문법성은 변하지 않는다.

(31) 선생님은 <u>공부를</u> 잘하는 학생이거나 <u>공부를</u> 못하는 학생이거나 모두 좋아하신다.

그런데 '선생님은'은 접속축소되지 않고 '공부를'만이 접속축소된 다음의 문장은 비문인 것으로 여겨진다.

(32) *선생님은 <u>공부를</u> 잘하는 학생이거나 선생님은 Ø 못하는 학생이거나 모두 좋아하신다.

그렇다면 접속축소가 어떤 상황에서 언제 수의적일 수 있는지에 대한 논의가 필요해 보인다.
 박명관·이우승은 선형화가 통사적 제약이 아니라서 섬제약을 준수할 필요가 없다고 가정한다. 다음의 우절점공유문은 섬제약 효과를 보이지 않으며 정문이다.

(33) 존은 오렌지를, 그리고 빌은 바나나를 메리에게 준 사람을 찾고 있다.

그러나 다음의 우절점공유문은 비문인데 아마도 박명관·이우승의 추측대로 섬제약을 위반하여 비롯된 것으로 추정된다.

(34) *오렌지를 존은, 그리고 바나나를 빌은 메리에게 준 사람을 찾고 있다.
              [박명관·이우승(2009): (27)]

이와 관련된 박명관·이우승(2009: 521)의 논의는 다음과 같다.

> This means that adjacency relation holds when a certain expression or expressions of the pre-RNRed part count as a constituent or constituents of the RNRed part. […] For example, the underlined NPs in [34] have been extracted from the relative clauses by regular movement, before they undergo CR [= Conjunction Reduction]. This leads to a violation of the CNPC.

즉, (34)가 비문인 이유는 접속축소가 일어나기 전에 외현이동이 발생하였기 때문이라는 것이다. 박명관·이우승의 논리를 따른다면 (33)이 정문인 이유는 접속축소가 진행되고 차후에 외현이동이 일어났기 때문이라고 추정할 수 있다. 그런데 과연 그런지 의문스럽다.

박명관·이우승은 좌절점공유와 우절점공유에서 보이는 경칭형태소와 격표지의 부합여부를 모두 같은 현상으로 간주한다. 단순 우절점공유문에서 경칭형태소의 부합여부는 비대칭성(asymmetry)을 보여주는데 우측 연접소에서 결정된다.9

(35) 메리가 사과를, 그리고 어머니가 바나나를 사시었다.

[박명관·이우승(2009): (30)]

박명관·이우승은 복합 우절점공유문은 경칭형태소 부합과 관련하여 대칭성(symmetry)을 보인다고 관측한다: "The variant in [36] is markedly different from the example in [35], in that it exhibits not asymmetry but symmetry effects."10

---

9 이와 관련하여 정대호(2010b: 주 4)는 상반된 직관으로 다중관할 분석을 옹호한다. 그에 따르면 (35)의 예문은 비문이다. 그런데 온라인 설문의 결과는 수용성이 좋은 것으로 판명이 되었다.

  (i) [오랫동안 취업 준비를 하던 민호가 드디어 취업에 성공했다. 민호의 취업을 축하하기 위해 가족들은 파티를 했다. 동생은 민호에게 축하케이크를 사주었고, 어머니는 넥타이를 선물했다.]
  동생은 케이크를, 어머니께서는 넥타이를 사셨다.   [0.50, 0.62]

10 그러나 온라인 설문의 결과, 복합 우절점공유문은 경칭형태소의 부합여부와 무관하게 수용성이 나쁜 것으로 나타났다. 주목할 점은 박명관·이우승의 관측과 반대로 경칭형태소가 외현적으로 출현하는 경우에 수용성이 더 떨어진다는 것이다.

(36) a. 아버님은 피아노를, 그리고 존은 노래를 (각각) 치시고 불렀다.
    b. *아버님은 피아노를, 그리고 존은 노래를 (각각) 치고 불렀다.
    [박명관·이우승(2009): (31)]

이제 부가어의 좌절점공유를 살펴보자. 좌절점공유된 wh-부가어도 연접소의 밖에 위치하여 두 개의 서로 다른 의문형태소를 허가할 수 있다.

(37) 왜 [존이 그 책을 샀는지 알고 있는 사람과 메리가 그 책을 팔았는지 알고 있는 사람]   [박명관·이우승(2009): (32)]

좌절점공유된 양태부사도 연접소의 밖에 위치한다.

(38) 멋있게 [노래한 남학생과 춤을 춘 여학생은] 우리반 학생이다.
    [박명관·이우승(2009): (34)]

그러나 양태부사(manner adverb)는 후행하는 문장의 수식어로 사용되지 못한다.

(39) 존이 멋있게 노래했다. 그리고 메리도 춤을 추었다.

이러한 점에서 박명관(1994)은 양태부사가 *pro*나 공범주(empty category)로 실현될 수 없다고 하였다.
한국어에 존재하는 좌분지조건에 따르면 어순재배치나 화제이동(topicalization)

(i) a. [철수네 가족은 토요일 저녁이면 함께 노래연습장에 가곤 한다. 철수가 신나는 노래를 부르는 동안, 흥이 난 아버지는 리듬에 맞춰 탬버린을 쳤다.]
    *아버지께서는 탬버린을, 철수는 노래를 치시고 불렀다.   [-0.92, 0.58]
b. [영희네 가족은 토요일 저녁이면 함께 노래연습장에 가곤 한다. 영희가 신나는 노래를 부르는 동안, 흥이 난 아버지는 리듬에 맞춰 탬버린을 쳤다.]
    ?*아버지께서는 탬버린을, 영희는 노래를 치고 불렀다.   [-0.55, 0.58]

최기용(2003: 123, 주 7)의 주장대로 경칭형태소의 부합은 항상 일어나는데 단지 음성적으로 발현되거나 안 되거나의 문제라면 박명관이우승은 (i)에서 왜 수용성에 차이가 있는지를 부가적으로 설명해야 할 것이다.

으로 형용사구가 이동할 수 없다.

(40) *키 크고 잘 생긴 존이 [Ø 신부를] 찾고 있다. [박명관·이우승(2009): (36)]

박명관·이우승은 좌절점공유가 좌분지조건을 준수하지 않는 것으로 관측한다.

(41) 키 크고 날씬한 [Ø 신부를 존이 찾는다는 소문과 Ø 신랑을 메리가 찾는다는 소문]   [박명관·이우승(2009): (37)]

박명관·이우승은 좌절점공유된 요소와 연접소의 좌측 외곽에 있는 요소 사이에는 어떤 인접(adjacency)관계가 요구되는 것으로 보았다. 예를 들면, (41)처럼 좌절점공유된 형용사구는 연접소의 좌측 외곽에 명사구가 바로 뒤따라와야 한다. 만약 인접조건이 위반되면 (42)처럼 비문이 발생하는데 이는 (40)에서 발생한 좌분지조건 위반에서 기인한다.[11]

(42) *키 크고 날씬한 [존이 Ø 신부를 찾는다는 소문과 메리가 Ø 신랑을 찾는다는 소문]   [박명관·이우승(2009): (38)]

그러나 박명관·이우승이 섬제약과 관련하여 별도로 가정하는 '인접조건'은 관찰적 수준에 머무는 임시방편의 처방이다.

12.2.3 다중관할 분석

정대호(2010b)는 좌절점공유문에서 축이 격부합과 경칭부합을 요구하는 특성은

---

[11] 그러나 온라인 설문의 결과, (41), (42) 모두 수용성이 나쁜 것으로 판명되었는데, (42)의 경우 수용성이 더 나쁘게 나왔다.

  (i) ??키 크고 몸매 좋은 [신부를 민호가 찾는다는 소문과 신랑을 영희가 찾는다는 소문이] 퍼졌다.   [-0.26, -0.73]
  (ii) ?*키 크고 몸매 좋은 [철수가 신부를 찾는다는 소문과 민지가 신랑을 찾는다는 소문이] 퍼졌다.   [-0.54, 1.15]

다중관할 분석으로도 쉽게 설명이 된다고 주장한다. 또한 복수의존 형태소(plurality-dependent morpheme)의 분포를 통하여 다중관할의 당위성을 논증한다.

최현숙(1988)에 따르면 복수의존 형태소 '들'은 국부영역(local domain)에서 복수주어에 의해 성분통어되어야 한다.

(43) a. *존은 열심히들 책을 읽었다.
 b. 존과 메리는/그들은 열심히들 책을 읽었다.
 c. *존과 메리는/그들은 톰이 열심히들 책을 읽었다고 생각한다.
 d. *존은 책을 열심히들 읽고, 메리는 논문을 열심히들 읽었다.

정대호(2004)는 우절점공유문에 대해 다중관할 분석을 제시한 바 있다.[12]

(44) 존은 책을, 메리는 논문을 열심히들 읽었다.　　　　[정대호(2010b): (19)]

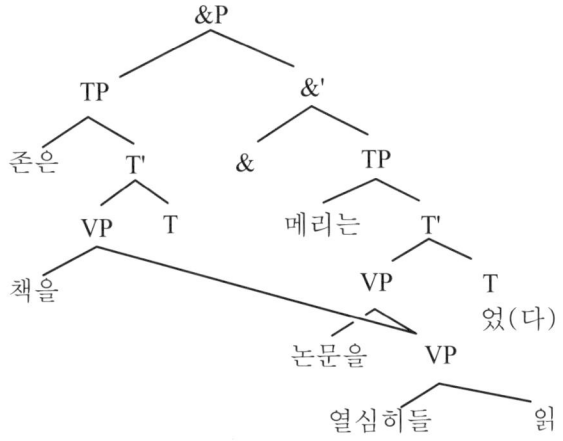

정대호(2010b)는 좌절점공유문에서도 복수의존 형태소가 허가될 수 있다고 관측한다. 공유된 요소인 축이 도출 과정에서 복수의 분열선행어(split antecedent)에 의해 성분통어되면 복수의존 형태소를 동반할 수 있다는 것이다.

---

[12] 정대호(2004, 2010b)가 제시한 수형도 (44), (46)에서 &P의 핵(head)인 &는 핵후행(head-final) 언어인 한국어의 매개변인(parameter)을 위반하고 있지만 이점에 대해서는 논외로 한다.

(45) 열심히들 존은 책을 읽고, 메리는 논문을 읽었다. [정대호(2010b): (20b)]
(46)

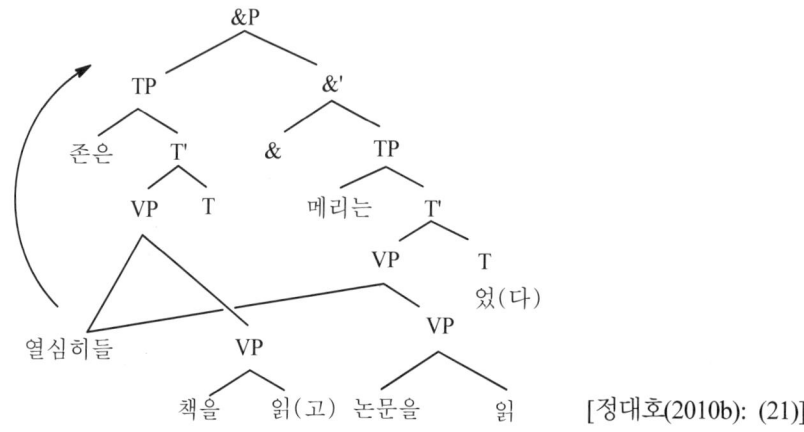

[정대호(2010b): (21)]

(45)에서 복수의존 형태소를 동반하는 부가어는 좌절점공유문의 기저에서 VP에 부가되어 생성된다. 그런데 아래의 예문들에 표시된 것과 같은 음성열(phonetic string)로 발음이 되면 복수의존 형태소를 동반하는 부가어가 복수의 분열선행어에 의해 성분통어되고 있음에도 불구하고 비문이 된다. 따라서 정대호 주장대로 (46)이 기저구조라면 축이 반드시 좌측 외곽으로 의무이동을 해야 한다.

(47) a. *존은 열심히들 책을 읽고, 메리는 논문을 읽었다.
　　 b. *존은 책을 열심히들 읽고, 메리는 논문을 읽었다.
　　 c. *존은 책을 읽고, 열심히들 메리는 논문을 읽었다.
　　 d. *존은 책을 읽고 열심히들, 메리는 논문을 읽었다.
　　 e. ?*존은 책을 읽고, 메리는 열심히들 논문을 읽었다.
　　 f. ??존은 책을 읽고, 메리는 논문을 읽었다 열심히들.

Nakao(2009)는 다중관할 분석에서 축이 좌측 외곽으로 반드시 이동해야 이유가 명확하지 않다고 비판하였다. 이에 대해 정대호(2010b)는 그 이유를 Wilder(1999, 2008)의 수정 선형대응공리(Revised Linear Correspondence Axiom)에서 찾을 수 있

다고 주장한다.13

(48) a. 우측외곽조건(Right-Edge Condition): 축은 등위접속 구조에서 마지막 연접소를 제외한 모든 연접소의 우측 끝에 위치해야 한다.
b. 방향성조건(Directionality Condition): 우절점공유문의 축은 마지막 연접소에서 발음되어야 한다.
(49) *John likes your best friends, and Peter hates.
(50)

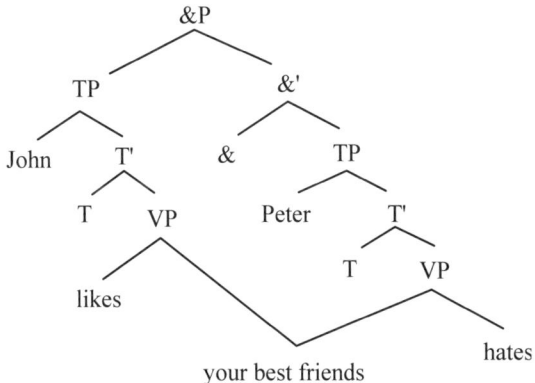

(49)에서 우측 연접소의 주어는 (50)처럼 축을 비대칭적으로 성분통어하지만 수정된 선형대응공리를 위반하고 있다.

이러한 문제를 해결하기 위해 정대호(2010b)는 공유된 요소인 축은 (51a)처럼 마지막 연접소에서 선형화되거나 아니면 (51b)처럼 원래 위치를 떠나 전체 등위구조를 성분통어할 수 있는 위치로 이동해야 한다고 주장한다.

(51) a. John likes, and Peter hates your best friends.
b. Your best friends, John likes, and Peter hates.

요약하면, 정대호(2010b)는 등위접속 구조에서 공유된 요소는 우측 연접소에서

---

13 그러나 Nakao(2010)에서는 Citko(2005)의 다중관할 이론을 받아들여 좌절점공유문의 축은 선형대응공리를 준수하기 위해 좌측 외곽으로 이동을 한다고 가정하면서 다중관할 분석이 자신의 전역어순재배치 분석과 유사한 설명력을 지닌다고 보았다.

우절점공유의 축으로 실현되거나 전체 등위구조의 좌측 외곽에서 좌절점공유의 축으로 실현되어야 한다고 주장한다. 좌절점공유에서 축이 반드시 이동해야 하는 이유는 우측외곽조건과 방향성조건 때문이다.

그러나 정대호(2010b)의 다중관할 분석은 다음과 같은 문제점이 있다. 첫째, 박명관·이우승(2009)이 지적한 것처럼 아래에서 공유된 요소인 축은 비구성성분(non-constituent)인데 [내포절 동사 + 내포절 보문소 + 주절 동사]로 구성된 축을 다중관할하는 절점이 상위에 존재하지 않는다.

(52) 현우는 유재석이, 민호는 박명수가 <u>재밌다고 말했</u>다. [1.05, 0.80]
'Hyunwoo said that YOO Jae Seok is funny, and Minho said that PARK Myoung Soo is funny. [박명관·이우승(2009): (5)를 수정]

다중관할된 요소의 선형화 문제를 해결하기 위해서 논의되고 방안은 크게 두 가지로 압축할 수 있다. 첫 번째 안은 Wilder(1997, 1999)의 수정 어순대응공리를 사용한 표상적(representational) 접근이고, 두 번째 안은 외현이동으로 다중관할된 요소의 선형화를 해결하려는 Citko(2005, 2006)의 도출적(derivational) 접근이다. 정대호(2004)는 우절점공유문을 다중관할로 분석하면서 공유된 축의 선형화 문제를 해결하기 위해 Wilder(1997, 1999)의 수정 어순대응공리에 의존하였다. 그런데 우절점공유문과 동일한 구조에서 도출된다고 가정하는 좌절점공유문의 선형화 문제를 해결하기 위해서 정대호(2010b)는 표상적 접근과 도출적 접근을 모두 가정하고 있는 듯하다. 즉, 다중관할이 복수로 문법에서 허용된다면 발생할 수 있는 이론적 파장에 대해서 논의가 필요해 보인다.

둘째, (47d)의 경우는—쉼표를 무시한다면 (47c)도 포함하여—Wilder의 수정 선형대응공리를 준수하는 것 같은데 왜 비문인지를 설명해야 한다.

(53) *[존은 책을 읽고 열심히들] & [메리는 논문을 읽었다]

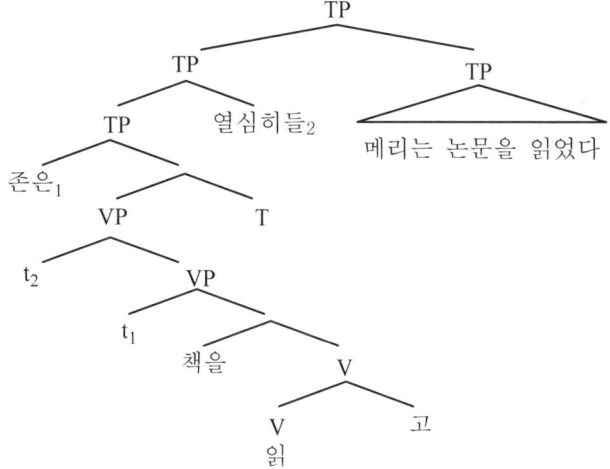

등위접속형 어미인 '고'는 동사에 부가되는 것으로 가정하고, 복수의존 형태소를 포함한 부가어인 '열심히들'은 VP에 부가되어 생성되었다고 좌측 연접소인 TP에 우측부가된 것으로 가정하자. (53)에서 공유된 요소인 '열심히들'은 우절점공유문이 아닌 이유로 (48b)와는 무관하고 (48a)의 우측외곽조건을 만족시키지만 비문이다.

12.3 제안

연구자는 좌절점공유와 관련된 연구를 진행하기 위해 40명의 한국어 모국어 화자에게 온라인 설문조사를 진행하였다. 이 절에서는 그 결과 드러난 좌절점공유의 특성을 논의해 보려고 한다.

첫째, Nakao(2009)의 관측 이래 좌절점공유는 양쪽 연접소에서 격부합을 요구하는 것으로 문헌화되었다. 그러나 설문결과는 격표지의 불일치가 가능한 것으로 나타났다.

(54) a. 철수에게 친구는 Ø철수에게 술을 샀고 부모님은 Ø*철수에게 위로했다.

[0.39, 0.66]

b. ??영희에게 부모님은 Ø*영희에게 위로했고 친구는 Ø영희에게 술을 샀다.

[-0.43, 0.77]

c. ?영수를 부모님은 Ø영수를 위로했고 친구는 Ø*영수를 술을 샀다.

[-0.05, 0.57]

d. *지우를 친구는 Ø*지우를 술을 샀고 부모님은 Ø지우를 위로했다.

[-0.88, 0.52]

좌절점공유된 축의 격표지는 좌측 연접소에 달려있는 것 같다. 이러한 대조는 전역 어순재배치 분석이나 다중관할 분석의 문제점이 될 수 있다. 또한 선형화 + 접속축소 분석의 문제점이 될 수도 있다.

둘째, Nakao(2009)의 관측 이래 좌절점공유는 양쪽 연접소에서 경칭형태소가 부합되어야 하는 것으로 문헌화되었다. 그러나 다음의 설문결과를 살펴보자.

(55) a. [철수는 지난 주말 공항에서, 고등학교 은사였던 류선생을 만났다. 철수가 인사를 하자, 류선생은 유학을 가는 딸을 배웅하러 왔다고 했다. 철수는 어학연수를 마치고 돌아오는 딸을 데리러 공항에 왔다고 하였다.]
??딸을 류선생님은 Ø 배웅하러 오셨고, 철수는 Ø 데리러 왔다.

[-0.40, 0.91]

b. [민지는 지난 주말 공항에서, 고등학교 은사였던 류선생을 만났다. 민지가 인사를 하자, 류선생은 유학을 가는 딸을 배웅하러 왔다고 했다. 민지는 어학연수를 마치고 돌아오는 딸을 데리러 공항에 왔다고 하였다.]
?*따님을 류선생님은 Ø 배웅하러 오셨고, 민지는 Ø 데리러 왔다.

[-0.54, 0.75]

위의 예문은 정대호(2010b)가 제시한 (8)의 예문에 기초하여 설문에 사용된 것이다. 경칭부합이 좌측 연접소에만 나타난 (55b)의 예문이 경칭부합이 나타나지 않은 (55a)보다 다소 z-표준점수가 떨어지기는 하지만 기본적으로 두 문장 모두 수용성이 좋지 않다. 그런데 다음의 예에서는 경칭부합이 좌측 연접소에서 나타난 경우보다 나타나지 않은 경우가 더 z-표준점수가 좋은 것으로 나타났다.

(56) a. [민호네 가족은 토요일에 가족 여행을 갔다. 그런데 민호의 동생인 현우가 너무 아파서 여행을 가지 못 하게 돼, 할아버지가 남아 현우를 돌보았다. 일요일 오전, 할아버지는 일찍 일어나 먼저 아침을 먹고, 현우를 위해 죽을 끓여 먹였다.]
밥을 할아버지는 Ø 일찍 잡수시고, 현우는 Ø 늦게 먹었다.   [0.65, 0.59]
b. [연아는 교통사고로 팔 수술을 하게 되어 입원했다. 은퇴 한 할아버지가 연아를 간병 중이다. 연아가 팔을 쓸 수 없기 때문에, 할아버지는 식사시간마다 빨리 밥을 먹고 들어 와서 연아에게 밥을 먹여 준다.]
진지를 할아버지는 Ø 일찍 잡수시고, 연아는 Ø 늦게 먹었다. [0.06, 0.66]

(55), (56)에서 나타난 상반되는 수용성에 대해서 그 원인이 무엇인지를 밝히는 것도 중요하다. 그런데 (55), (56) 모두 수용성이 나쁘거나 좋다는 점은 경칭형태소의 부합이 좌절점공유에서 중요한 포인트가 아니라는 것이다. 위의 예들에서 알 수 있는 점은 좌절점공유문에서 경칭형태소의 결정은 좌측 연접소에서 결정된다는 것이다.
 셋째, 앞에서 논의한 대로 정대호(2004)는 우절점공유된 복수의존 형태소가 분열선행어들에 의해 성분통어되어 허가될 수 있다고 하였다. 실제 설문결과도 이를 뒷받침하였다.

(57) 철수는 책을, 민지는 논문을 열심히들 읽었다.   [0.72, 0.54]

그런데 이와 관련하여 다음의 두 예문들은 우절점공유문도 아니고 좌절점공유문도 아닌데 여전히 복수의존 형태소가 분열선행어들에 의해 허가되고 있는 듯이 보인다 ((43)과 비교).

(58) a. 현우는 글을 쓰고, 연아는 그림을 열심히들 그렸다.   [0.06, 0.75]
     b. 철수는 웹툰을 읽었고, 민지는 소설을 열심히들 읽었다.   [0.16, 0.73]

정대호(2010b)가 채택한 Wilder의 수정 선형대응공리에 따르면 (58)에서 복수의존 형태소를 포함한 부가어는 반드시 좌측 외곽으로 이동을 해야 하지만 이동을 하지 않고도 정문인 것으로 판명이 되었다. 이러한 사실은 다중관할 분석의 문제가 된다. 또한 다음의 예문들은 복수의존 형태소를 포함한 부가어가 좌절점공유된 경우인데 Wilder의 수정 선형대응공리에 따라 좌측 외곽으로 이동을 했음에도 불구하고 z-표준점수가 마이너스로 나타났다.

(59) a. ?열심히들 철수는 책을 읽고, 민지는 논문을 읽었다.   [-0.02, 0.77]
    b. ?열심히들 현우는 글을 쓰고, 연아는 그림을 그렸다.   [-0.05, 0.69]
    c. ??열심히들 현우는 책을, 연아는 논문을 읽었다.   [-0.38, 0.71]
(60) a. ??열심히들 연아는 기사를, 민지는 대본을 썼다.   [-0.35, 0.68]
    b. ?열심히들 철수와 영희는 기사를, 현우는 대본을 썼다. [-0.21, 0.74]
(61) a. *많이들 민호는 나초를, 지우와 영수는 팝콘을 먹었다. [-1.18, 0.37]
    b. ?*많이들 지우와 영수는 나초를, 연아와 민지는 팝콘을 먹었다.
                                                              [-0.63, 0.58]

넷째, 우절점공유의 경우는 Féry & Hartmann(2005), 김정석(2006) 등에 의해 문헌화되었듯이 우절점공유되지 않은 요소들이 서로 대조(contrast)관계에 놓여 있어야 한다.

(62) a. 현우가 케이크를, 연아가 과자를 만들었다.
    b. *현우가 케이크를, 현우가 과자를 만들었다.
    c. *현우가 케이크를, 연아가 케이크를 만들었다.

그런데 좌절점공유의 경우는 '대조'가 필요조건이 아닌 것으로 나타났다.

(63) a. [현우는 연아와 만난 지 일년이 되던 날 연아에게 케이크를 만들어 주었다. 연아는 그 케이크를 맛있게 먹었다.]
       그 케이크를 현우가 Ø 만들고, 연아가 Ø 먹었다.   [1.25, 0.44]
    b. [현우는 연아와 만난 지 일년이 되던 날 연아에게 케이크를 만들어 주었다.

그런데 연아는 배탈이 나서 현우 혼자 케이크를 먹었다.]
그 케이크를 현우가 Ø 만들고, 현우가 Ø 먹었다.　　　　[1.00, 0.58]
c. [연아와 현우는 오랫동안 내버려 둔 창고를 서재로 쓰기로 하고 지난 주말 청소를 했다. 환기를 하기 위해 연아가 창문을 열려고 하자 오래된 창문은 열리지 않았다. 그래서 힘이 더 센 현우가 창문을 열었다.]
그 창문을 연아가 먼저 Ø 열고, 현우가 나중에 Ø 열었다.　　　　[0.29, 0.97]

(63a)는 좌절점공유되지 않은 주어와 술어가 모두 대조관계에 놓인 예문으로 수용성이 셋 중에서 제일 높았다. (63b)는 좌절점공유되지 않은 요소 중에서 술어는 대조적으로 사용되었으나 주어는 같은 사람을 지칭하도록 상황이 통제된 경우였다. 셋 중에서 수용성이 제일 떨어지는 (63c)는 술어가 반복되도록 상황이 통제된 것인데 여전히 정문으로 여겨질 정도로 수용성이 좋았다. 이러한 차이점은 좌절점공유와 우절점공유를 같은 현상으로 보려는 박명관·이우승(2009), 정대호(2010b) 분석에 부담이 될 것이다.

다섯째, 박명관·이우승은 좌절점공유문에는 섬제약 효과가 나타나지 않는다고 관측하고 이것이 Nakao(2009)가 주장하는 전역이동 분석의 문제점이라고 주장했다. 다음은 설문결과 복합명사구제약 효과가 나타나지 않은 예문이다.

(64) a. 최선생은 그 만화책을 민호에게 추천한 학생과 철수에게 공유해준 학생을 찾고 있다.　　　　[1.10, 0.60]
b. 박선생은 수영을 현우가 시작했다는 소문과 연아가 그만두었다는 소문을 들었다.　　　　[0.34, 0.85]

그러나 다음의 좌절점공유문은 복합명사구제약 효과를 보이고 있다.

(65) ??그 만화책을 김선생은 연아에게 빌려준 학생과 민호에게 보여준 학생을 찾고 있다.　　　　[-0.28, 0.71]

다음은 좌분지조건 효과를 보이는 좌절점공유의 예이다.

(66) a. *김교수의 연아가 통사론 강의를 수강하고 책을 읽었다. [-0.97, 0.53]
b. *아주 비싼 현우가 시계를 샀고, 민지가 가방을 샀다. [-1.17, 0.43]

좌절점공유의 거울영상이라고 할 수 있는 우절점공유의 경우도 섬제약 효과와 관련하여 직관이 상충하는 결과가 나타난다. 다음의 대조를 살펴보자.

(67) a. 이형사는 사과상자를, 박형사는 금괴를 연아에게 준 사람을 찾고 있다.
[0.55, 0.65]
b. *사과상자를 이형사는, 금괴를 박형사는 현우에게 준 사람을 찾고 있다.
[-0.95, 0.59]

이러한 갈등 상황을 해결하기 위해 저자는 (내현 혹은 외현)이동 + *pro* 허가분석을 주장하려고 한다. 다음의 좌절점공유문이 섬제약 효과를 보이지 않는 이유는 좌절점공유의 축이 논리형태에서 형성되기 때문이다(실선 화살표는 외현이동을, 점선 화살표는 내현이동을 의미함).

(68) a. 최선생은 그 만화책을 [__ 민호에게 __ 추천한 학생과 철수에게 *pro*
공유해준 학생을] 찾고 있다.
b. 박선생은 수영을 [__ 현우가 __ 시작했다는 소문과 연아가 *pro*
그만두었다는 소문을] 들었다.

위의 예문에서 축이 논리형태 이동을 통해 섬을 벗어나면 섬제약 효과가 보이지 않는다. 이동한 축은 우측 연접소에 있는 공범주인 *pro*를 성분통어하여 허가한다. 아래처럼 축이 좌측 연접소 내에서 수행한 외현이동은 섬을 벗어난 것이 아니어서 섬제약과 무관하다.

(69) a. 최선생은 그 만화책을 [__ 민호에게 __ 추천한 학생과 철수에게 *pro*

　　　　　공유해준 학생을] 찾고 있다.
　　b. 박선생은 수영을 [__ 현우가 __ 시작했다는 소문과 연아가 pro

　　　　　그만두었다는 소문을] 들었다.

　다음은 좌절점공유가 섬제약 효과를 보이는 경우인데 어순을 고려할 때 축의 형성은 외현통사부에서 이루어진 것으로 보아야 하고 이때 섬제약 위반이 발생하여 수용성이 떨어진다.

(70)　a. ??그 만화책을 김선생은 [연아에게 __ 빌려준 학생과 민호에게 pro

　　　　　보여준 학생을] 찾고 있다
　　b. *김교수의 연아가 [__ 통사론 강의를 수강하고 pro 책을 읽었다]

　우절점공유가 보여주는 섬제약 효과의 발현 여부도 유사한 방식으로 설명이 가능하다.

(71)　a. 이형사는 사과상자를 박형사는 금괴를 [__ 연아에게 __ 준 사람을] 찾고 있다.
　　b. *사과상자를 이형사는 금괴를 박형사는 [__ 현우에게 __ 준 사람을] 찾고 있다.

　섬제약 효과가 보이지 않는 (67a)의 경우는 (71a)처럼 우측 연접소의 우측 대응성분인 '금괴를'이 논리형태에서 이동을 하면서 생략 연접소에 복사할 복사지점이 형성되기 때문에 섬제약과 무관하다. 반면 섬제약 효과가 보이는 (67b)의 경우는 (71b)처럼 우측 연접소의 좌측 대응성분인 '금괴를'이 외현통사부에서 섬을 건너서 이동을 하면서 복사지점이 형성되기 때문에 섬제약 효과가 나타난다.[14]

---

[14] 이러한 제안을 해준 정덕호와 김윤희에게 고마움을 전한다. 우절점공유문에서의 섬제약 효과에 대한 자세한 논의는 11장을 참고하기 바란다.

12.4 맺음말

지금까지 12장에서 우리는 한국어(와 일본어) 좌절점공유문의 특성을 고찰하고, 선행연구로 Nakao(2009)의 전역어순재배치 분석, 박명관·이우승(2009)의 선형화와 접속축소 분석, 정대호(2010b)의 다중관할 분석을 검토하였다.

그런데 온라인 수용성 조사에서 확인된 좌절점공유문의 특성은 기존의 보고(Nakao 2009, 정대호 2010b)와 달리 좌절점공유문이 격표지와 경칭형태소의 부합을 요구하지 않고 문법성이 좌측 연접소에서 결정된다는 사실이었다. 이것은 일치와 관련된 요구가 우측 연접소에서 결정되는 우절점공유문과 대조적이다. 또한 우절점공유문은 축을 제외한 요소들이 대조초점을 유지해야 하는 반면 좌절점공유문의 축을 제외한 요소들은 반드시 대조초점을 유지해야 하는 것은 아니었다. 그리고 좌절점공유문에서도 우절점공유문에서처럼 섬제약 효과가 발현되는 경우와 그렇지 않은 경우가 공존함을 확인하였다. 이러한 특성을 모두 설명하기 위해서는 좌절점공유된 요소인 축은 좌측 연접소에서 이동을 한 것이고 우측 연접소에는 이에 상응하는 *pro*가 존재한다는 *pro*-탈락 분석이 가장 설득력이 있어 보인다.

13 한국어의 우전위

13.1 들머리

우전위(Right Dislocation)문은 다음에서 예시되어 있는 것처럼 숙주(Host)와 부속물(Appendix)의 구조를 갖는다.¹

(1)   a. 어제 영희를 만났어, 순희가.
          b. 순희가 어제 만났어, 영희를.

---

1   우전위는 후보충(Afterthought)으로 불리우기도 하지만 사실 영어의 우전위와 후보충은 다른 현상으로 분류된다(Ziv 1994, Ziv & Grosz 1994). 영어의 우전위문은 부속물과 공지표된 대명사가 숙주절에 나타나는 형태를 취하며 부속물은 항상 절의 끝에 위치한다.

    (i) They₁ seem pretty uncaring, her parents₁.   [김옥기·김종복 2014: (1)]

그러나 후보충은 절의 마지막 위치가 아닌 곳에서 나타날 수 있다.

    (ii) And what do we, the government, I mean, get from the deal?
                                                            [김옥기·김종복 2014: (4), COHA1962 FIC]

또한 후보충의 부속물은 숙주절에 나타난 명사구의 지시(reference)를 수정하는 역할을 수행할 수 있다.

    (iii) I met John yesterday, Bill, I mean.   [Ziv 1994: (18)]

우전위문과 관련된 두 가지 쟁점은 다음과 같다.

(2) a. 우전위문이 단일절(single clause) 구조로 구성되어 있는가 아니면 이중절(double clause) 구조로 구성되어 있는가?
b. 부속물이 통사적 이동을 하는가 아니면 기저생성되는가?

이와 관련하여 많은 연구가 진행되었고 현재에도 진행되고 있다. 예를 들어, 박명관·김선웅(2009)는 우전위문은 이중절로 구성되어 있으며 우전위 요소가 좌측이동을 한 후 TP가 삭제되어 도출된다고 주장한다. 이에 반하여 이우승(2009, 2010)은 우전위문이 이중절로 구성(Tanaka 2001)되어 있기는 하나 숙주절과 부속물 모두 기저생성되고 이동이 없다고 주장한다. 또한 고희정(2015)은 우전위문은 논항의 경우 단일절에서 부속물이 초점이동을 한 후에 나머지 TP(숙주)가 화제이동(topicalization)으로 생성되고 부가어의 경우 숙주절에 연합(concatenation)으로 연결되거나 부가어의 일부가 측면이동(sideward movement)을 통해 숙주절에 병합(merger)될 수 있다는 단일절 분석을 제안한다.

13장의 구성은 다음과 같다. 13.2절에서는 선행연구로 단일절 이동 분석, 단일절 기저생성 분석, 이중절 기저생성 분석, 이중절 이동 분석, 단일절 혼합 분석의 핵심을 소개한다. 13.3절에서는 온라인 설문을 통하여 얻은 직관의 평균값(z-score)을 기초로 우전위문의 특성들-비대칭성, 섬제약 효과, 동일절/동일명사구 생성조건, 격표지 탈락 여부, wh-의문문 해석-을 개괄하고 선행연구들이 제안한 다양한 분석이 어떤 해석을 제공할 수 있는지를 탐구한다. 13.4절은 맺음말이다.

13.2 선행연구

13.2.1 단일절 이동 분석

최현숙(1987), Simon(1989), 고희정·최재영(2009) 등은 우전위문의 부속물이 숙주절에서 생성되었다가 일종의 운용자이동(operator movement)을 수행하여 문장의 오른쪽 끝에 부가된다고 주장한다.

(3) a. 순희가 먹었다, 사과를.
     b. [s [s 순희가 t₁ 먹었다] 사과를₁]

13.2.2 단일절 기저생성 분석

Sells(1999)는 어휘기능문법(Lexical-Functional Grammar)의 체계에서 우전위문의 숙주절과 부속물이 모두 사건투사(event projection)인 E에 의해 관할되어 기저생성된다는 분석을 제시한다.

(4) a. 순희가 먹었다, 사과를.
     b. [E [순희가 먹었다] [사과를]]

이정식(2007, 2009, 2016)은 Kayne(1994)의 보편어순가설(Universal Word Order Hypothesis)에 따라 한국어의 기본 어순도 주어-동사-목적어(SVO)의 어순이라는 가정 하에 우전위문의 어순이 한국어 기본 어순이라는 단일절 핵선행(head-initial) 기저생성 분석을 제시한다.

(5) a. 순희가 먹었다, 사과를.
     b. [순희가 먹었다 사과를]

13.2.3 이중절 기저생성 분석

이 분석에서는 모든 표현이 기저생성되며 E에 의해 관할(Sells 1999, Tanaka 2001)되고 부속물 뒤에는 숙주절의 동사구/명사구와 공지시된 영동사구(null VP)/영명사구(null NP)가 나타난다(윤혜석·이우승 2005, 최영주 2006, 최영주·윤혜석 2007, 이우승 2009, 2010).

(6) a. 순희가 어제 만났어, 영희를.

b. [E [순희가 [VP 어제 만났]어] [영희를 *pro*VP1]]

(7) a. 철수가 아내가 필요해, 착하고 예쁜.

b. [E [철수가 [NP 아내가] ₁ 필요해] [착하고 예쁜 *pro*NP1]]

[이우승 2010: (42)]

부속물은 의존관계를 나타내는 격표지 등을 통해 우측에 기저생성된 공범주를 국부적으로 허가한다.

이우승은 이동이 없음에도 불구하고 우전위문에서 섬제약 효과가 나타나는 것은 하위인접조건이 처리(processing)의 어려움 때문에 발생한다고 가정하면 설명할 수 있다고 주장한다(Deane 1991, Hawkins 2004, Hofmeister, Sag & Snider 2007).[2]

(8) a. ?*철수가 [순희가 __ 좋아한다는 소문을] 들었다, 진수를.

b. 철수가 [순희가 <u>진수를</u> 좋아한다는 소문을] 들었다, 진수를.

[이우승 2010: (51)]

이우승이 제시한 직관에 따르면 (8a)는 비문법적인데, 그 이유는 아마도 공백(gap)과 충어(filler)인 '진수를'과의 의존관계를 파악하는데 요구되는 어려움으로 이해될 수 있다. 반면 (8b)가 문법적인 이유는 공백 자리에 나타나는 충어의 복사물인 '진수를'과 우전위된 충어인 '진수를'과의 의존관계가 명백하기 때문이라고 추측할 수 있다.

---

[2] 우전위문의 직관을 조사하기 위한 온라인 설문에는 33명의 모국어화자가 참여를 하였다. 직관을 수량적으로 수집하기 위해 1-7 사이의 리커트 척도(Likert Scale)를 사용하였고, 응답은 표준화하였다. 예문의 우측에 적힌 숫자가 그 예문에 대한 z-표준점수(z-score)와 표준편차(standard deviation = SD)이다.

온라인 설문의 결과, 복합명사구섬을 벗어난 우전위 목적어의 공백자리에 복사나 재생대명사가 나타난 경우 아래와 같은 직관을 얻었다.

(i) a. ?나는 [현우가 __ 때렸다는 소문을] 들었다, 민호를.   [-0.15, 0.67]
   b. 나는 [영희가 <u>철수를</u> 좋아한다는 소문을] 들었다, 철수를. [0.01, 0.73]
   c. ?나는 [현우가 <u>그를</u> 비난했다는 소문을] 들었다, 민호를. [-0.15, 0.52]

(ia), (ib)의 결과를 보면 우전위문이 보이는 섬제약 효과에 대한 처리 분석이 설득력을 얻을 수도 있겠지만 (ic)와 같이 공지표된 대명사(= 재생대명사)가 공백 자리에 나타날 때 왜 섬제약 효과가 완화되지 않는가에 대한 설명이 필요해 보인다.

이우승은 이중절 기저생성 분석이 다음과 같은 장점이 있다고 주장한다. 첫째, (9)처럼 다양한 표현이 우전위문의 부속물로 나타날 수 있음을 쉽게 설명할 수 있다.

(9) a. 어제 영희를 만났어, 순희가.   주어
     b. 순희가 어제 만났어, 영희를.   직접목적어
     c. 순희가 어제 책을 보냈어, 영희에게.   간접목적어
     d. 순희가 어제 자동차를 샀어, 대구에서.   부가어
     e. 나도 아내가 필요해, 착하고 살림 잘 하는.   관계절
     f. 너는 책을 더 사야 돼, 이런 종류의.   소유사
     g. 니체는 말했다, 신은 죽었다고.   종속절
     h. 철수가 담벼을 칠했다, 노랗게.   소절술어

둘째, 다음과 같은 우전위문에서는 절이 두 개이고 동사가 두 개이기 때문에 의미역기준(Θ-criterion)을 위반하지 않고도 복사(copying)/재생(resumption)현상을 설명할 수 있다.[3]

(10) a. 순희가 읽었다, 책을.
        [E [순희가 [VP 읽었다] [책을 *pro*VP]]
     b. 순희가 책을 읽었다, 책을.
     c. 순희가 그것을 읽었다, 책을.   [이우승 2010: (43)]

셋째, 기본 가정으로 채택한 E는 통사적 구성성분이 아니라 담화 단위(discourse unit)이기 때문에 내포절에 나타날 수 없는데 이러한 특성이 바로 우전위는 주절

---

[3] 온라인 설문의 결과, 목적어가 우전위될 때 공백 위치에 부속물의 복사가 나타난 경우는 수용성이 어느 정도 유지가 되었으나 재생대명사가 나타난 경우는 수용성이 상대적으로 떨어졌다.

(i) a. 지우는 __ 읽었다, 책을.   [0.85, 0.62]
    b. 연아는 책을 읽었다, 책을.   [0.11, 0.68]
    c. ?영수는 그것을 읽었다, 책을.   [-0.22, 0.64]

이러한 직관은 주 2에서 밝힌 것처럼 재생대명사가 나타나는 우전위문은 공백을 포함하는 우전위문과 다른 특성을 지닌다는 것을 암시한다. 주 1에서 밝힌 것처럼 한국어와는 다르게 영어의 우전위문은 공백 위치에 공지표된 대명사(coindexed pronoun)를 포함한다.

(matrix clause) 현상으로 어순재배치(Scrambling)와 달리 종속절에 부속물이 나타날 수 없다는 특성과 일치한다.

(11) a. *순희가 [영희가 __ 만났다고, 철수를] 말했어.
　　　b. 순희가 [철수를 영희가 __ 만났다고] 말했어.　　　[이우승 2010: (7)]

넷째, 이중절 기저생성 분석은 우전위의 순환성을 쉽게 설명할 수 있다.

(12) a. 순희가 __₁ 말했다, [영희가 __₂ 만났다고]₁, 철수를₂.
　　　b. 순희가 말했다 영희가 만났다고 [e₁] 철수를 [e₂]　 [이우승 2010: (45, 46)]
　　　　[e₁] = 순희가 말했다
　　　　[e₂] = 영희가 만났다고

13.2.4 이중절 이동 분석

13.2.4.1 좌측 어순재배치 + 삭제 분석

이중절 이동 분석에 따르면 숙주절과 부속물이 각각 절 형태로 기저생성되고, 부속물을 포함하는 절(= 부속절)에서 부속물이 좌측이동을 한 후 부속절에서 숙주절과 동일성 조건 하에 TP 삭제가 발생하면 우전위문이 도출된다고 주장한다.

예를 들어, 정대호(2009)는 숙주절의 공백은 *pro*이고 부속물에 나타난 표현이 먼저 좌측으로 어순재배치된 후 TP 삭제로 우전위문이 도출된다고 주장한다 (Tanaka 2001, Abe 2004, Yamashita 2008, Takita 2010).

(13) a. 철수가 영희에게 주었다, 책을.
　　　b. [철수가 영희에게 *pro*₁ 주었다] [책을₁ [철수가 영희에게 t₁ 주었다]]

다중우전위(Multiple Right Dislocation)문의 경우 Tanaka(2001)는 부속물이 여러 번 나타날 수 있다고 주장한다.

(14) a. 나는 생각한다, 순희가 만났다고, 철수를.
    b. [나는 pro₁ 생각한다] [[순희가 pro₂ 만났다고]₁ 나는 t₁ 생각한다]
    [철수를₂ [나는 [순희가 t₂ 만났다고] 생각한다]]

그러나 이중절 이동 + 삭제 분석은 부속물 논항이 숙주절의 pro와 공지시되는 것을 구조적으로 어떻게 형상화할 수 있는지의 궁극적인 문제에 봉착할 수 밖에 없다: 부속물이 별도의 독립된 숙주절의 pro를 성분통어할 수 있는가?

13.2.4.2 조각문 분석

정대호(2009)는 이중절 이동 분석을 주장하고 있으나 조각문(Fragment)과 우전위문은 다르다는 입장을 고수한다.4 우전위문의 조각문 분석은 대표적으로 박명관·김선웅(2009), 김선웅·홍용철(2013), 안희돈·조성은(2015) 등이 제시하였다.

그러면 우전위문과 조각문의 공통점에 대해서 살펴보자. 첫째, 조각된 논항의 격형태와 부속물 논항의 격형태는 보통의 문장에서 나타나는 명사구의 격형태와 일치한다.

(15) A: 누가 그 책을 샀니?
    B: {진수가, *진수를, *진수에게}.
(16) 책을 샀어, {진수가, *진수를, *진수에게}.   [고희정 2014: (20, 21)]

둘째, 조각문과 우전위문은 결속이론 A와 C를 준수한다.

(17) A: [영희와 순희가]₁ 누구를 비난했니?
    B: 서로의₁ 부모를.
(18) [영희와 순희가]₁ 비난했어, 서로의₁ 부모를.   [고희정 2014: (24, 25)]
(19) A: 그 아이는₁ 어디에 머물고 있니?
    B: 철수의*₁/₂ 집에.
(20) 그 아이는₁ 머물고 있어, 철수의*₁/₂ 집에.   [고희정 2014: (22, 23)]

---

4 여러 논문에서 정대호(2009)가 조각문 분석을 제시한 것으로 잘못 인용되었다.

셋째, 조각문과 우전위문은 좌분지조건을 위반한다.

(21) A: 순희가 누구의 팔을 잡았니?
    B: 철수의.
(22) 나는 [__ 차를] 빌렸어, 지난 번과 똑같은. [고희정 2014: (12, 27)]

넷째, 한국어의 보문소(Complementizer) '고'는 탈락을 할 수도 있지만 절이 문두(sentence-initial)로 이동했을 경우에는 탈락하지 못하는 제약이 있다. 이러한 제약이 조각문과 우전위문에서 공통적으로 준수된다.

(23) A: 철수가 진수에게 뭐라(고) 말했니?
    B: ?*영희가 그 모임에 올거라.
(24) ?*철수가 진수에게 말했어, 영희가 그 모임에 올거라.[5]

[고희정 2014: (29, 30)]

13.2.5 단일절 혼합 분석

고희정(2015)은 부속물 논항은 주절의 명시적 초점(specificational focus)으로서 지정된 초점투사(focus projection)로 좌측이동하고 절의 나머지 부분은 더 상위의 지점으로 좌측이동한다고 주장한다(Hiraiwa & Ishihara 2012 참고).

---

[5] 그러나 온라인 설문의 결과를 보면 (24)의 수용성은 고희정이 보고한 직관과 달리 아래처럼 좋았다.

  (i) a. 나는 철수에게 __ 말했어, 영희가 그 모임에 올거라고   [1.14, 0.44]
      b. 나는 철수에게 __ 말했어, 영희가 그 모임에 올거라-Ø.   [0.11, 0.82]

그럼에도 불구하고 z-표준점수의 차이를 보면 양자간의 대조가 뚜렷해 보인다.

(25)

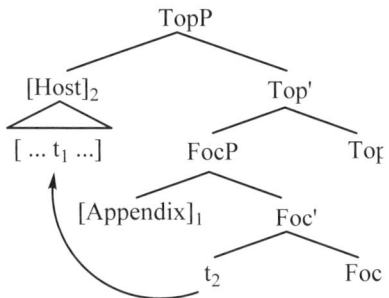

[고희정 2015: (23)]

의미적으로 볼 때 FocP의 지정어에 있는 요소들은 명시적 초점을 받고 숙주절은 명시적 초점에 대한 화제(술어)로서의 기능을 수행한다.

혹자는 숙주절이 미결속 흔적(unbound trace)을 포함하기 때문에(Saito 1989) 적정결속조건(Proper Binding Condition)을 위반한다고 지적할지 모르지만, 두 요소가 서로 다른 유형의 이동을 수행할 때는 잔여이동(remnant movement)이 허용될 수 있다는 Müller(1996)의 견해를 따르면 적정결속지배 효과는 최소성(Minimality) 효과로 귀착된다(Takita 2010, Müller 1996).

(26) [t₁ zu lesen]₂ hat keener [das Buch]₁ t₂ versucht. 독일어
To read has no.one the book tried
화제이동 어순재배치
'No one has tried to read the book.' [고희정 2015: (26)]

이러한 분석은 다음과 같은 장점이 있다. 첫째, 우전위가 주절 현상이라는 점을 쉽게 포착할 수 있다. 이 분석에서 우전위의 최종 종착지는 명제 전체에 영향을 미치는 주절 C의 초점 위치이다. 따라서 우전위문의 초점이동은 영어의 wh-이동처럼 중간 지점에서 멈출 수 없다.

(27) a. Who do you think [CP __ John likes __ most]?
b. *Do you think [CP who John likes __ most]? [고희정 2015: (31)]
(28) a. 나는 [철수가 __ 만났었다고] 생각한다, 영희를.

　　　　b. *나는 [철수가 __ 만났었다고, 영희를] 생각한다. [고희정 2015: (29)]

　둘째, 우전위된 논항은 통사초점이동(syntactic focus movement)을 수행하기 때문에 일반적인 섬제약 조건을 준수하는 것으로 예측할 수 있다.[6]

(29) a. *철수는 [__ 사준 목걸이를] 버렸어, 엄마가.　　　[복합명사구제약 위반]
　　　b. *[__ 오기 전에] 철수가 공항에 도착했다, 영희가.　　[부가어조건 위반]
　　　c. *[__ 무엇을 샀는지] 철수가 모른다, 영희가.　　　[*Whether*-섬제약 위반]
　　　d. *[내가 __ 먹었고], 너가 과자를 먹었다, 사과를.　　[등위접속조건 위반]
　　　　　　　　　　　　　　　　　　　　　　　　　　　[고희정 2015: (32, 35)]

　셋째, 우전위문의 작용역(scope)특성은 명시적 초점문의 의미적 특성에서 유래한다. 양화사구가 명시적 초점을 받으면 양화적 요소로 해석될 수 없다(Heycock & Kroch 1999). 대신 양화사구는 특정적 부정어구(specific indefinite) 혹은 집단지시 개체(group-denoting individual)로 해석되어 부정어(negation)보다 넓은 작용역(wide scope)을 가지며 존재양화사(existential quantifier)를 배분할 수 없다―즉, 보편양화사(universal quantifier)는 존재양화사보다 좁은 작용역(narrow scope)을 갖는다.

(30) a. Hilo　lo　　raata　sham　ish-xad.　　　　　　　　　　히브리어
　　　　She　Neg　saw　there　man-one
　　　　'There is a man that she didn't see.'　　　　　(∃>>Neg, *Neg>>∃)
　　　b. The problem in some school is every boy.　(some>>every, *every>>some)
　　　　　　　　　　　　　　　　　　　　　　　　　　　[고희정 2015: (38, 40)]

---

[6] 우전위문이 등위접속조건(Coordinate Structure Constraint)을 준수하는지의 여부는 세심한 주의가 필요하다.

　　(i) [철수가 사과를 먹었고], [영희가 __ 먹었다], 과자를.

　위의 문장은 수용성이 좋은 것 같은데 등위접속조건을 위반하였는가? 부속물이 좌측이동을 한다고 전제하는 고희정의 분석에서는 아마도 비문으로 예측이 될 것이다. 저자가 옹호하는 논항 부속물의 우측이동 분석에서는 (29d)와 (i)의 차이를 설명할 수 있다. (29d)에서 부속물의 우측이동은 등위접속조건을 위반하지만 (i)에서의 부속물이 우측이동을 하여 우측 연접소(conjunct)에 부가되는 것으로 보면 등위접속조건 위반이 아니다.

(31) a. 철수가 만나지 않았어, 둘 다.　　　　　　　(two>>Neg, *Neg>>two)
　　　b. 둘 아이가 보았어요, 모든 영화를.　　　　　(two>>all, *all>>two)
　　　　　　　　　　　　　　　　　　　　　　　　　[고희정 2015: (36, 37)]

넷째, 이러한 분석에서 부정극어의 허가는 초점이동 이전에 선행하는 부정어에 의해 이루어진다.

(32) 철수가 먹지 않았어, {아무것도, 생선밖에, 어느 것도}.7
(33) a. [철수가 {아무것도, 생선밖에, 어느 것도} 먹지 않았어]
　　　b. {아무것도, 생선밖에, 어느 것도}₁ [철수가 t₁ 먹지 않았어]
　　　c. [철수가 t₁ 먹지 않았어]₂ {아무것도, 생선밖에, 어느 것도}₁ t₂
　　　　　　　　　　　　　　　　　　　　　　　　　[고희정 2015: (15, 42)]

(33)은 (32)의 도출과정을 보여준다. (33a)에서 부정극어는 부정어 '안'에 의해 성분통어되어 허가되고 (33b)처럼 부속물 부정극어는 초점이동을 수행하고 (33c)처럼 숙주절이 화제이동을 수행하여 우전위문 (32)가 도출된다.

고희정(2015)에 따르면 부속물의 부가어는 발화의 끝에서 연합(concatenation)을 통해 숙주절에 연결된다(Hornstein & Nunes 2008 참고).

(34) 철수가 영희를 만났어, 어제.　　　　　　　　[고희정 2015: (51, 52)]

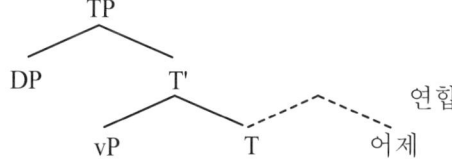

7　그러나 온라인 설문의 결과를 보면 아래처럼 '생선밖에'가 부속물로 나타난 경우의 수용성이 상대적으로 좋지 않았다.

　　(i) a.　순희는 Ø 먹지 않았다, 아무것도.　　　　　　[1.17, 0.33]
　　　　b.　순희는 Ø 먹지 않았다, 어느 것도.　　　　　　[0.95, 0.45]
　　　　c. ?순희는 Ø 먹지 않았다, 생선밖에.　　　　　　[-0.22, 0.74]

이러한 분석은 한국어에서 부가어의 좌측이동은 허용되지 않지만 부가어 자체는 우전위된 위치에서 자유롭게 생성될 수 있다는 사실을 쉽게 설명한다.[8]

(35) a. [화요일에 철수가 [영희가 올 거라고] 말했어], 내년에.
b. *내년에₁ 화요일에 철수가 [영희가 t₁ 올 거라고] 말했어.

[고희정 2015: (53)]

13.3 제안

문헌에 따르면 한국어의 우전위문에서는 거의 모든 구성성분이 우전위될 수 있다 (최현숙 1987, 박명관·김선웅 2009, 이우승 2009, 2010). 그런데 일반 언중의 수용성을 조사한 결과 몇 가지 주목할만한 차이가 관측되었다.

13.3.1 비대칭성

우전위된 평서문의 경우 논항과 부가어 사이의 비대칭성이 발견되었다. 일반적으로 논항이 우전위된 경우보다 부가어가 우전위된 경우의 수용성이 높았다.[9]

(36) a. 연아는 어제 택배를 보냈다, 민지에게.   [0.77, 0.34]
b. 어제 영희를 만났다, 철수가.   [0.72, 0.59]
c. 영수는 어제 인터뷰했다, 지우를.   [0.48, 0.56]
(37) a. 영희는 어제 옥돔을 샀다, 제주도에서.   [1.21, 0.33]
b. 연아와 민지는 백화점에 갔다, 오늘 오전에.   [0.93, 0.37]

이러한 직관의 차이는 부속물이 논항인 경우와 부가어인 경우가 달리 분석되어야

---

[8] (35b)가 비문법적인 것은 부가어 이동을 가정할 때 최소성 효과로 볼 수 있다. 즉, 부가어 '내년에'가 부가어 '화요일에'를 넘어서 이동하여 최소성을 위반하였다.
[9] 송버들(2017)의 온라인 조사를 통한 형식실험에 따르면 평서문의 경우는 통계적으로 유의미한 논항-부가어의 비대칭성이 나타나지 않았으나 의문문의 경우는 나타났다.

한다는 고희정(2015)의 제안을 뒷받침한다.

(36b)와 (38)의 z-표준점수를 비교해 보면 논항이 격표지가 아니라 화제표지를 지닐 때 수용성이 다소 감소됨을 알 수 있다. 이 또한 한국어 우전위문의 부속물 논항이 명시적 초점이라는 고희정(2015)의 제안과 일치한다.[10]

(38) 어제 영희를 만났다, 철수는.   [0.03, 0.87]

주어와 목적어 명사가 우전위된 (36)과 보어절이 우전위된 (39)의 z-표준점수를 비교해 보면 논항이 우전위된 경우, 우전위 요소의 음절 수가 길수록 수용성이 증가함을 알 수 있다.

(39) a. 민호는 현우에게 전화했다, 자기가 좀 늦는다고.   [1.08, 0.42]
      b. 나는 들었다, 민지가 연아를 만났다고.   [1.02, 0.51]

다음은 논항의 수식어가 우전위된 경우로 음절 수에 따라 수용성에 변화가 있었다.

(40) a. 영희는 __ 변호사가 필요하다, 꼼꼼하고 승소율 높은.   [0.64, 0.32]
      b. 현우는 __ 책을 더 읽어야 한다, 이 분야의.   [0.49, 0.56]
      c. *영수는 __ 고양이를 입양했다, 그.[11]   [-1.11, 0.43]

---

[10] Huddleston & Pullum(2002), Ziv(1994), de Vries(2013), 김옥기·김종복(2014) 등에 따르면 영어 우전위문의 부속물은 숙주절에 공지표된 대명사가 지시하는 대상이 모호한 경우 지시대상을 명료하게 밝혀 주거나 이전 담화에서 도입된 대상을 다시 도입함으로써 현재 담화에서 잠재적 화제(potential topic)로 부각시키는 역할을 수행한다.

 (i) There was a wild pear tree by the cracking stony gate. I remember that. She pruned it carefully, that wild tree.   [김옥기·김종복 2014: (19), COCA 1997 FIC]

따라서 영어의 우전위가 수행하는 담화역할과 한국어의 우전위가 수행하는 담화역할은 다르다고 할 수 있다. 이러한 차이는 아마도 전자와 달리 후자에서는 숙주절에 공지표된 대명사가 아니라 공백이 나타나기 때문인 것으로 추정된다.

[11] '그'와 같은 지시사는 우전위문의 부속물로 나타날 수 없다. 이와 관련하여 Sells(1999), 이우승(2010: 주 1)은 중량성(heaviness)이 우전위문 부속물의 적법성을 결정짓는 요소가 될 수 있다고 기술한다.

박명관·김선웅은 아래에서 보이는 논항-부가어의 비대칭성을 적출영역조건(Condition on Extraction Domain)으로 설명이 가능하다고 주장한다.

(41)   a. 나는 혼잡한 거리에서 아주 순진한 소녀를 만났다.
      b. 나는 혼잡한 거리에서 __ 소녀를 만났다, 아주 순진한.
      c. *나는 [__ 거리에서] 아주 순진한 소녀를 만났다, 혼잡한.
                                                      [박명관·김선웅 2009: (45)]

그러나 예문을 다음과 같이 변형하면 관련된 현상은 논항-부가어의 비대칭성이 아니라 최소성(Minimality) 효과에서 비롯된 것으로 보인다.[12]

(42)   a. 나는 순진한 소녀를 아주 혼잡한 거리에서 만났다.
      b. 나는 순진한 소녀를 __ 거리에서 만났다, 아주 혼잡한.
      c. *나는 [__ 소녀를] 아주 혼잡한 거리에서 만났다, 순진한.
      d. ??나는 __ 거리 에서 소녀 를 만났다, 아주 조용한.
      e. ?나는 거리 에서 __ 소녀 를 만났다, 아주 조용한.
(43)   a. 나는 싱싱한 사과를 아주 커다란 바구니에 담았다.
      b. 나는 싱싱한 사과를 __ 바구니에 담았다, 아주 커다란.
      c. ??나는 __ 사과를 아주 커다란 바구니에 담았다, 싱싱한.
      d. ??나는 __ 사과를 바구니에 담았다, 아주 커다란.
      e. ?나는 사과를 __ 바구니에 담았다, 아주 커다란.

우전위 요소가 복합명사구섬을 건너면 비문이 생성되는데 내포절의 주어가 우전위된 경우가 내포절의 목적어가 우전위된 경우보다 수용성이 떨어진다.

(44)   a. ?*민호는 [__ 사준 목걸이를] 버렸다, 여자 친구가.   [-0.63, 0.49]
      b. ?나는 [현우가 __ 때렸다는 소문을] 들었다, 민호를.   [-0.15, 0.67]

주어 혹은 목적어에 포함된 양화사가 좌분지섬을 건너 우전위되면 비문이 생성되

---

[12] (43)의 예문을 만들어 준 김윤희에게 고마움을 전한다.

는데 주어에 포함된 양화사가 우전위될 때 수용성이 더 나쁘다.[13]

(45) a. *[__ 학생들은] 담배를 피웠다, 세 명의.　　　　[-0.92, 0.37]
　　　b. ?학생들은 [__ 담배를] 피웠다, 세 갑의.　　　　[-0.13, 0.61]
　　　　　　　　　　　　　　　　　　　[고희정 2014: (18, 19)에 기초]

논항 부속물의 격표지가 탈락하면 비문이 되는데 주격조사가 탈락할 때 수용성이 더 나쁘다.

(46) a. *나는 [__ 민호를 만났다고] 들었어, 연아.　　　　[-0.81, 0.47]
　　　b. ??나는 [영희가 __ 만났다고] 들었어, 철수.　　　[-0.47, 0.54]

우전위 요소는 회귀적(recursive)으로 나타날 수 있다(이우승 2009). 즉, 우전위된 요소 밖으로 다른 구성성분을 우전위시킬 수 있는데 이 경우도 우전위된 요소에서 주어가 다시 우전위될 때 목적어의 경우보다 수용성이 더 나쁘다.

(47) a. 나는 __$_1$ 들었다, [영희가 __$_2$ 만났다고]$_1$, 철수를$_2$.　　[0.04, 0.57]
　　　b. ?나는 __$_1$ 들었다, [__$_2$ 철수를 만났다고]$_1$, 영희가$_2$.　　[-0.17, 0.70]

요약하면, 부속물 논항-부가어 사이에 비대칭성이 존재하며 또한 부속물 주어-목적어 사이에도 비대칭성이 존재한다.

고희정(2014, 2015)은 이중절 기저생성 분석의 문제점으로 (45)의 유동 양화사의 허가와 관련된 부속물 주어-목적어의 비대칭성을 예로 들었고 또한 아래와 같이 이중절 기저생성 분석은 부속물이 명사구를 수식하는 형용사구일 때 주어-목적어의 비대칭성을 설명하지 못한다고 비판하였다.

(48) 순희가 영희를 만났어, 빨갛고 큰 모자를 쓴.

---

[13] 우전위문이 좌분지조건을 준수하지 않는다는 기존 문헌의 보고는 목적어 영역에만 국한된 것으로 보인다. 주어 영역의 좌분지에서 우전위가 일어나면 비문이 도출된다.

a. *[빨갛고 큰 모자를 쓴 순희가] 영희를 만났어.
　　　b. 순희가 [빨갛고 큰 모자를 쓴 영희를] 만났어.　　　[고희정 2014: (16)]

　이중절 이동 분석 중에서 숙주절의 공백이 *pro*라고 주장하는 좌측 어순재배치를 후행하는 삭제 분석은 *pro*가 명사류가 아닌 경우에 어떻게 실현될 수 있는지의 의문이 생긴다. 박명관(1994, 2009)은 선행절의 양태부사(manner adverb)가 *pro*에 의해 내현적으로 구현될 수 없다는 논증을 제시했다. 이러한 논증이 타당하다면 명사류가 아닌 우전위 요소가 나타나는 예문을 *pro* 분석으로는 설명하기 어렵다.

(49)　존이 멋있게₁ 노래했다. 그리고 메리도 (**pro*₁) 춤을 추었다.
　　　　　　　　　　　　　　　　　　　　　　　　　　[박명관 2009: (35)]
(50)　순희가 *pro*₁ 영희를 만났어, 빨갛고 큰 모자를 쓴₁.

　우전위문이 보이는 이러한 비대칭성을 설명하기 위해서 저자는 논항이 부속물로 나타나는 우전위문과 부가어가 부속물로 나타나는 우전위문을 달리 분석하는 고희정(2015)의 분석 방향이 바람직하다고 보고 그녀의 제안을 수정 보완하려고 한다.
　앞에서 소개한 대로 고희정(2015)은 부속물 논항의 경우 숙주절에서 기저생성되지만 명시적 초점해석을 받기 위해 FocP의 지정어로 초점이동을 수행하고 나머지 숙주절이 화제이동을 수행한다고 주장한다. 이때 두 이동은 모두 좌측이동이다. 저자는 이러한 분석 대신에 부속물 논항의 경우는 최현숙(1987)의 제안처럼 절의 끝으로 우측이동을 수행하여 부가된다고 제안한다. 두 분석 간의 비교는 차후에 다룰 것이다.
　부가어 부속물의 경우는 고희정(2015)의 연합을 통한 단일절 기저생성 제안이 타당하다고 본다. 그런데 고희정(2015)은 우전위문이 다른 섬제약은 준수하는 반면 유독 좌분지조건만을 준수하지 않는 특성을 설명하기 위해 부속물에 있는 부가어의 일부는 측면이동(sideward movement)을 통해 숙주절에 병합될 수 있다고 주장한다.

(51)　난 한 소년을 만났어, 아주 똑똑하고 잘생긴.　　　　[고희정 2015: (50)]
(52)　부가어 우전위문의 도출

a. 부가어 영역: [[아주 똑똑하고 잘생긴] 한 소년]

b. 숙주: 난 [한 소년]을₁ 만났어^[아주 똑똑하고 잘생긴 __]

[고희정 2015: (55)]

그러나 (51)의 부속물인 '아주 똑똑하고 잘생긴 한 소년'은 부가어가 아니라 논항이다. 따라서 고희정(2015)의 제안에 따르면 연합으로 발화의 끝에서 연결될 수 없으며 '한 소년'이 DP가 아님에도 불구하고 측면이동을 할 수 있는 요인이 무엇인지 세심한 논의가 필요해 보인다.

(53) [난 __ 만났어]^[아주 똑똑하고 잘생긴 한 소년]

또한 고희정의 분석에서 다음의 비문이 생성되는 것을 어떻게 방지할 수 있을지 의문이다.

(54) a. *난 소년을 만났어, 아주 똑똑하고 잘생긴 한.
b. [난 __ 만났어]^[아주 똑똑하고 잘생긴 한 소년]

고희정(2015: 30)은 '한 소년'이 핵명사(head noun)이어서 측면이동을 할 수 있다고 주장을 하는데 사실 핵명사는 '한 소년'이 아니라 '소년'이다. '소년'이 측면이동을 할 수 있다면 위의 문장이 왜 비문인지를 설명할 수 없다.

고희정은 자신의 분석이 우전위문의 내포효과를 설명할 수 있다고 주장한다.

(55) a. 나는 [차를] 빌렸어, [영희의 엄마의 __].
b. *나는 [[엄마의] 차를] 빌렸어, [영희의 __]. [고희정 2015: (59, 60)]

고희정에 따르면 DP가 문자화 영역(Spell-Out domain)이라는 가정 하에 핵명사는

DP가 부가어 영역에서 선형화되기 전에 숙주절로 측면이동을 한다. 그녀의 분석에서는 우전위문에서의 내포효과가 (55a)에서 '차를'은 구성성분을 이루지만 (55b)에서의 '엄마의 차를'이 구성성분을 이루지 못하기 때문에 나타난다. 그런데 여기서도 '영희의 엄마의 차를'은 부가어가 아니라 논항이다. 따라서 고희정이 제안하는 기본 가정과 달리 부가어처럼 연합을 통해 기저생성될 수 있는지 논의가 필요하다.

또한 고희정은 자신의 분석이 부가어 우전위문에서 보이는 주어-목적어의 비대칭성을 설명할 수 있다고 주장한다.

(56) a. 철수가 <u>아버지를</u> 만났어, 영희의.
      b. *<u>아버지가</u> 철수를 만났어, 영희의.   [고희정 2015: (62)]

고희정(2015: 35)은 주어는 목적어와 달리 동사의 영역에서 완전히 선형화된 항목으로 병합되어야 하고 목적어의 선형화는 vP가 문자화될 때까지 연기될 수 있기 때문에 목적어는 주어와 달리 측면이동을 할 수 있다고 주장한다. 그런데 위의 경우에도 '영희의 아버지'는 부가어가 아니라 논항이어서 발화 끝에서 연합으로 생성될 수 없다.

(57) [철수가 __ 만났어]⌢[영희의 <u>아버지</u>]

이제 저자는 고희정(2015)이 명료하게 밝히지 않은 부가어 부속물에 대한 설명을 보충하려고 한다. (51)의 도출과정을 다음처럼 재고해보자.

(58) 난 한 소년을 만났어, 아주 똑똑하고 잘생긴.
      a. 작업영역 1: [[아주 똑똑하고 잘생긴] 한 소년]
      b. 작업영역 2: [난 [한 소년]을 만났어]⌢[아주 똑똑하고 잘생긴 __]

'아주 똑똑하고 잘생긴 한 소년'은 논항으로서 숙주 내에서 병합을 통해 기저생성될 수 있지만 별도의 독립된 작업영역에서 생성이 될 수 있고 선형화되기 전에 그 일부가 측면이동을 수행할 수 있다고 가정하자. 그러면 측면이동을 수행한 논항의 일부는 숙주절의 작업영역에서 병합을 통하여 도출이 진행될 것이다. 쟁점은 일부가 측면이동을 수행하고 남은 원래 논항이 차후에 부가어로 문법기능(grammatical function)이 바뀌어서 숙주절의 끝에서 연합으로 연결될 수 있느냐는 것이다. 부가어 부속물의 경우, 발화의 끝에서 연합을 통하여 바로 연결되는 방안과, 시작은 논항이었으나 선형화 이전에 측면이동을 통해 부가어로 문법기능이 바뀐 후에야 비로소 연합으로 연결되는 방안이 공존한다면 왜 한국어 우전위가 좌분지조건을 피해서 정문을 생성할 수 있는지를 단일절 이동 분석으로 설명할 수 있다.

그러나 Nunes(1995)가 제안했던 측면이동 이론에 따르면 측면이동이 일어난 후 문자화되어 병합된 (58a)는 '한 소년'의 복사를 포함하고 있다.

(59) [난 [한 소년]을 만났어]^[아주 똑똑하고 잘생긴 <한 소년>]

그렇다면 '아주 똑똑하고 잘생긴 <한 소년>'은 선형화되어 숙주절에 연합될 때 여전히 논항으로 취급을 받아야 할 것 같아서 여전히 문제는 남는다.

13.3.2 섬제약 효과

우전위문은 일반적으로 섬제약을 준수하며 위반이 발생했을 경우 비문이 생성된다. 다음에서 보는 것처럼 우전위 요소는 보어절(complement clause)을 건너서 장거리 이동을 할 수 있다.

(60) 나는 [현우가 ＿ 때렸다고 들었다], 민호를.   [0.33, 0.57]

그런데 우전위 요소가 복합명사구섬을 건너면 비문이 생성된다.

(61) ?*민호는 [＿ 사준 목걸이를] 버렸다, 여자 친구가.   [-0.63, 0.49]

우전위 요소가 주어섬 + 복합명사구섬을 건너면 수용성이 더 떨어진다.

(62) a. *[여자친구에게 __ 사준 철수는] 얼마 있다가 이별했다, 목걸이를.
[-1.17, 0.39]
b. *[민지가 __ 만났다는 사실이] 모두를 놀라게 했다, 연아를. [-0.80, 0.39]

또한 우전위 요소가 부가어섬 혹은 *Whether*-섬을 건너면 비문이 생성된다.

(63) *[__ 오기 전에] 철수는 강의실에 도착했다, 선생님이. [-0.91, 0.42]
(64) ?*[__ 무엇을 샀는지] 철수는 모른다, 영희가. [-0.51, 0.54]

그런데 우전위 요소는 다른 섬과 달리 좌분지섬은 건널 수 있다.14

(65) a. 영수는 [__ 고양이를] 키운다, 아주 귀여운. [0.48, 0.47]
b. ?영수는 [__ 차를] 빌렸다, 지우의. [-0.02, 0.59]

그런데 부속물이 좌분지섬 + 좌분지섬(고희정 2015)이나 좌분지섬 + 복합명사구섬의 복잡한 구조를 건너면 비문이 생성된다.

(66) *영수는 [[__ 엄마의] 차를] 빌렸다, 지우의. [-0.93, 0.45]
(67) a. ??지우는 영수가 [[__ 신부와] 결혼한다는 소문을] 들었다,
아주 예쁜.15 [-0.49, 0.56]
b. ??민지는 연아가 [[__ 차를] 빌렸다는 소문을] 들었다, 엄마의.
[-0.47, 0.47]

---

14 이우승(2010)은 단일절 이동 분석이 우전위가 좌분지조건을 위반하는 것을 설명하지 못한다고 비판한다. 그런데 최현숙(1987)은 관련 문장을 비문으로 판정하였다.
15 다음의 복합명사구섬만을 건너간 우전위문들은 (67)과 비교하여 수용성이 좋다.

(i) a. ?지우는 영수가 [__ 결혼한다는 소문을] 들었다, 아주 예쁜 신부와.
b. ?민지는 연아가 [__ 빌렸다는 소문을] 들었다, 엄마의 차를.

고희정(2014)은 이중절 기저생성 분석이 (66)의 비문법성을 설명하지 못한다고 비판한다.

(68) a. 나는 영희의 엄마의 차를 빌렸어.
    b. *나는 __ 엄마의 차를 빌렸어, 영희의.   [고희정 2014: (15)]
    c. [E [나는 [VP 엄마의 차를 빌렸]어] [영희의 pro VP엄마의 차를 빌렸]]

이중절 기저생성 분석에서 (68b)는 (68c)처럼 분석이 되어 부속물이 회귀적 명사구와 관련지을 때 과도생성의 문제가 발생한다.

조각문 분석은 우전위가 보이는 섬제약 효과를 적절히 설명하기 어렵다. 일반적으로 조각문은 섬제약을 위반하는데, 우전위문은 좌분지조건을 제외하고는 일반적으로 섬제약을 준수한다.

(69) A: 철수는 [누가 사준 목걸이를] 버렸니?
    B: 엄마(가).

또한 조각문 응답은 내포를 포함하는 복합명사구의 통사적 범위를 벗어나서도 허용되지만, 우전위문의 숙주절에 내포를 포함하는 복합명사구가 있을 경우 (66)처럼 명사를 수식하는 일부가 부속물로 표현되는 것이 허용되지 않는다.

(70) A: 너는 [누구의 엄마의 차를] 빌렸니?
    B: 영희의.   [고희정 2014: (46)]

요약하면, 한국어 우전위문은 일반적으로 섬제약을 준수하여 부속물이 숙주절에서 섬을 건너 이동한 경우에 수용성이 저하된다. 유일한 예외는 좌분지섬으로 단순히 좌분지섬을 건너서 부속물이 이동한 경우로 수용성에 큰 변화가 없지만 좌분지섬이 다른 섬에 내포되어 있는 경우는 수용성이 떨어진다. 이러한 잠재적 모순을 해결할 수 있는 최선의 분석은 기본적으로 부속물의 이동을 가정하는 고희정(2015)의 초점이동 + 잔여 숙주 이동 분석이다. 그러나 (71)의 예문에서 좌분지섬이 다른 섬에 내포되지 않았음에도 불구하고 다시 좌분지섬 효과가 나타나는 것을 고려하면 이 현상에 대한 정확한 기술은 최소성 효과로 보인다.

(71) *영수는 [__ 고양이를] 아주 귀여운 강아지와 자주 목욕을 시킨다, 심술이 사나운.

즉, 위의 문장이 비문인 이유는 좌분지에서 생성된 부속물이 우측이동을 하면서 최소성을 위반했기 때문이다. 그렇다면 최현숙(1987)의 우측이동 분석이 대안으로 타당하다고 본다.

좌측이동이 있을 때의 최소성 효과는 성분통어하는 동질의 요소가 이동의 경로에 존재하느냐로 결정이 된다(Rizzi 1990). 그러나 우측이동에서의 최소성 효과는 성분통어하는 요소의 존재여부보다는 단순히 동질의 요소가 중간에 끼어있느냐의 여부에 달려있는 것으로 보인다. 이는 우측이동이 대개의 경우 처리(processing)에 영향을 준다라는 일반적인 견해와 부합된다.

13.3.3 공백, 복사, 재생대명사

우전위 변형으로 생긴 공백(gap)에 우전위 요소의 복사(copy)나 재생대명사(resumptive pronoun)가 나타나는 경우의 수용성을 살펴보자.

보어절을 벗어난 우전위 목적어의 공백자리에 복사가 나타나는 경우는 수용성이 괜찮지만 재생대명사가 나타난 경우는 대개의 경우 수용성이 저하되었다.

(72) a. 나는 [현우가 __ 때렸다고] 들었다, 민호를.   [0.33, 0.57]
    b. 나는 [현우가 연아를 좋아한다고] 들었다, 연아를.   [0.12, 0.70]
    c. ?나는 [연아가 그를 비난했다고] 들었다, 철수를.   [-0.31, 0.50]

복합명사구섬을 벗어난 우전위 목적어의 공백자리에 복사가 나타난 경우 수용성이 조금 올라갔으나 재생대명사가 나타난 경우는 수용성에 변화가 없었다.

(73) a. ?나는 [현우가 __ 때렸다는 소문을] 들었다, 민호를.   [-0.15, 0.67]
    b. 나는 [영희가 철수를 좋아한다는 소문을] 들었다, 철수를.   [0.01, 0.73]
    c. ?나는 [현우가 그를 비난했다는 소문을] 들었다, 민호를.   [-0.15, 0.52]

좌분지섬을 벗어난 우전위 소유사의 공백자리에 복사가 나타난 경우 수용성이 조금 향상되었으나 재생대명사가 나타난 경우는 오히려 수용성이 더 저하되었다.

(74) a. ?영수는 [__ 차를] 빌렸다, 지우의.   [-0.02, 0.59]
    b. 나는 [지우의 차를] 빌렸다, 지우의.   [0.10, 0.68]
    c. ??나는 [그녀의 차를] 빌렸다, 지우의.   [-0.25, 0.51]

주어섬 + 복합명사구섬을 벗어난 우전위 목적어의 공백자리에 복사나 재생대명사가 나타난 경우에 수용성에 차이가 없었다. 이는 우전위문이 보이는 섬제약 효과에 대한 이우승(2009, 2010)의 처리(processing) 접근이 옳지 않음을 시사한다.

(75) a. *[민지가 __ 만났다는 사실이] 모두를 놀라게 했다, 연아를.   [-0.80, 0.39]
    b. *[철수가 영희를 만났다는 사실이] 모두를 놀라게 했다, 영희를.
                                                                [-0.89, 0.63]
    c. *[민지가 그녀를 만났다는 사실이] 모두를 놀라게 했다, 연아를.
                                                                [-0.81, 0.41]

이중 좌분지섬을 벗어난 우전위 소유사의 공백자리에 복사나 재생대명사가 나타난 경우에 수용성에 차이가 없었다. 이 또한 우전위문이 보이는 섬제약 효과에 대한 처리 접근이 옳지 않음을 시사한다.

(76) a. *영수는 [[__ 엄마의] 차를] 빌렸다, 지우의.   [-0.93, 0.45]
    b. *나는 [지우의 엄마의 차를] 빌렸다, 지우의.   [-0.79, 0.53]
    c. ?*나는 [그녀의 엄마의 차를] 빌렸다, 지우의.   [-0.68, 0.52]

좌분지섬 + 복합명사구섬을 벗어난 우전위 소유사(possessor)의 공백자리에 복사나 재생대명사가 나타난 경우 수용성에 차이가 없었다. 이 또한 우전위문이 보이는 섬제약 효과에 대한 처리 접근이 옳지 않음을 시사한다.

(77) a. ??민지는 [연아가 [__ 차를] 빌렸다는 소문을] 들었다, 엄마의.
   [-0.47, 0.47]
   b. ?*나는 [연아가 [민지의 차를] 빌렸다는 소문을] 들었다, 민지의.
   [-0.72, 0.40]
   c. ??나는 [연아가 [그녀의 차를] 빌렸다는 소문을] 들었다, 민지의.
   [-0.44, 0.54]

목적어가 우전위된 경우의 수용성은 공백 위치에 복사가 나타났을 때보다 재생대명사가 나타났을 때 떨어졌다.[16]

(78) a. 지우는 __ 읽었다, 책을. [0.85, 0.62]
   b. 연아는 책을 읽었다, 책을. [0.11, 0.68]
   c. ?영수는 그것을 읽었다, 책을. [-0.22, 0.64]

요약하면, 한국어 우전위문의 일반적인 형태는 영어 우전위문과 달리 숙주절이 공백을 포함하는 경우이며 공백 자리에 복사나 재생대명사가 나타났을 경우 수용성이 오히려 떨어진다. 또한 한국어 우전위문이 섬제약 효과를 보이는 것을 처리(processing)로 설명하려는 이중절 기저생성 분석은 설득력이 부족하다.

13.3.4 동일절/동일명사구 생성조건

부속물에 여러 개의 우전위 요소가 나타나는 다중우전위문은 동일절 생성조건 (Clause-Mate Condition) 혹은 동일명사구 생성조건(NP-Mate Condition)을 준수해

---

[16] 이정식(2016: 79)은 (78c)에 해당하는 문장을 비문으로 보았다. 이정식이 지적한 것처럼 이중절 이동 분석에서는 이러한 문장이 정문으로 예측된다.

   (i) a. *철수가 그녀를₁ 만났다 영희를₁.
       b. *[철수가 그녀를₁ 만났다] & [영희를₁ [철수가 t₁ 만났다]]

야 한다(Baker 1995, 최영주 2006, 이우승 2009, 2010).

　두 개의 우전위 요소가 동일절에서 생성된 경우의 수용성은 기존의 보고와 달리 조금 떨어졌다.

(79)　?연아는 [영희가 __₁ __₂ 보냈다고] 말했다, 철수에게₁ 꽃을₂.　　[-0.20, 0.62]

그런데 두 개의 우전위 요소가 서로 다른 절에서 생성된 경우는 수용성이 많이 떨어져서 기존의 보고처럼 확연한 차이가 보였다. 또한 (80c)처럼 절 경계를 벗어난 부속물들이 서로 인접하여 생성되었다고 하더라도 수용성이 좋지 않았다.

(80)　a.　*연아는 __₁ [영희가 __₂ 만났다고] 말했다, 지우에게₁ 민호를₂.
　　　　　　　　　　　　　　　　　　　　　　　　　　[-1.15, 0.54]
　　　b.　*연아는 __₁ [__₂ 영수를 만났다고] 말했다, 지우에게₁ 영희가₂.
　　　　　　　　　　　　　　　　　　　　　　　　　　[-0.96, 0.34]
　　　c.　*연아는 __₁ [자기가 __₂ 만났다고] 말했다, 지우에게₁ 현우를₂.
　　　　　　　　　　　　　　　　　　　　　　　　　　[-0.82, 0.38]
　　　d.　?*연아는 __₁ [__₂ 민호를 만났다고] 말했다, 지우에게₁ 자기가₂.
　　　　　　　　　　　　　　　　　　　　　　　　　　[-0.57, 0.58]

　조각문을 비롯한 몇몇 생략문에서는 이동한 요소들이 다른 절에서 생성되었어도 인접해 있는 경우 수용성이 올라가기도 하는데 이러한 인접(adjacency) 효과는 다중 우전위문과 비교하여 대조적이다.

(81)　A: <u>누가</u> [작가가 <u>누구를</u> 추천했다고] 말했니?
　　　B:?*영희가 전지현을.　　　　　　　　　　　　　　[-0.53, 0.69]
(82)　A: 민지는 <u>누구에게</u> [<u>누가</u> 숙제를 베꼈다고] 고자질했니?
　　　B: 선생님에게 현우가.　　　　　　　　　　　　　[0.05, 0.66]
(83)　A: 지우는 <u>누구에게</u> [<u>누가</u> 무엇을 잃어버렸다고] 말했니?
　　　B: 엄마에게 동생이 집열쇠를.　　　　　　　　　　[0.19, 0.67]

하나의 명사구 내에서 생성된 두 개의 부가어가 부속물로 나타난 경우가 각각 다른 명사구 내에서 생성된 두 개의 부가어 부속물보다 수용성이 높아 이우승(2009)이 제시한 직관의 대조와 일치하였다.

(84) a. ?나는 [__₁ __₂ 그 차를] 보았다, 현대가 만든₁ 이번에 새로 나온₂.
[-0.01, 0.48]

b. *[__₁ 손님은] [__₂ 넥타이를] 많이 샀다,
돈이 많아 보이는₁ 프랑스에서 수입한₂. [-0.80, 0.55]

이우승(2010)은 이중절 기저생성 분석이 -격표지가 숙주절의 동사를 정확히 선택할 수 있기 때문에 -부속물들 간의 동일절 생성조건을 설명할 수 있다고 주장한다.

(85) a. 순희가 [영희가 __ __ 보냈다고] 말했어요, 철수에게 꽃을 pro_VP보냈다.
b. *순희가 __ [영희가 __ 만났다고] 말했어요,
철수에게 pro_VP말했어 진수를 pro_VP만났다. [이우승 2010: (14, 15)]

저자가 제안하는 단일절 우측이동 분석에서는 다음과 같은 설명이 가능하다: 다중부속물(Multiple Appendices)의 경우는 부속물이 우측에 있는 부속물에 부가된 후 복합체를 이루어 마치 하나의 구성성분처럼 다시 이동할 수 있는데 이때 한 부속물이 다른 부속물에 부가되는 과정은 같은 절이나 명사구에서만 허용되는 매우 국부적인 운용(local operation)이다(김정석 1997).

13.3.5 격표지 탈락

논항 부속물의 격표지가 탈락하면 수용성에 영향을 미친다.[17]

(86) ??나는 [영희가 __ 만났다고] 들었어, 철수. [-0.47, 0.54]

---

[17] 고희정(2014)은 부속물에서 격표지가 탈락하면 비문('*')이라고 관측했고 이정식(2016: 78)은 정문으로 관측했다.

고희정이 비판하였듯이 조각문 분석은 우전위문의 격표지 탈락 현상을 설명하기 어렵다. 격탈락은 조각문에서는 수의적이지만 우전위문에서는 제약이 따른다.

(87)　A: 영희가 누구의 엄마를 만났대?
　　　　B: 철수(의).
(88)　영희가 엄마를 만났대, {철수의, *철수}.

조각문에서의 격탈락은 화용적으로 허용될 수 있는 반면 우전위문에서의 격탈락은 숙주절의 동사가 통사적으로 허가해 줄 때만 가능하다.

(89)　A: 내일 뭐 해요?
　　　　B: 산.
(90)　*나는 내일 해, 산.　　　　　　　　　　　[고희정 2014: (41, 42)]

(91)처럼 부속물에 포함된 보문소 '고'는 이동한 위치에서 탈락할 경우 수용성에 영향을 준다.

(91)　a. 나는 철수에게 __ 말했어, 영희가 그 모임에 올거라고.　　[1.14, 0.44]
　　　　b. 나는 철수에게 __ 말했어, 영희가 그 모임에 올거라-Ø.　　[0.11, 0.82]

위의 두 예문은 모두 수용성이 좋지만 z-표준점수를 비교해 보면 보문소 '고'의 탈락이 수용성에 영향을 주는 것으로 보인다. 이러한 사실은 부속물이 실제로 이동을 수행한다는 것이고 따라서 기저생성 분석보다는 이동 분석이 옳다는 것을 방증한다.
　그런데 고희정(2015)이 우전위된 논항이 부속물로 나타난 경우를 설명하기 위해 채택한 Hiraiwa & Ishihara(2012) 식의 분석을 따르면 (91)의 두 예문들은 각각 다음의 단계를 거쳐서 도출되어야 한다((33)을 참고).

(92)　a. 나는 철수에게 [영희가 그 모임에 올거라고] 말했어
　　　　b. [영희가 그 모임에 올거라고] 나는 철수에게 __ 말했어

c. 나는 철수에게 __ 말했어 [영희가 그 모임에 올거라고]
(93) a. 나는 철수에게 [영희가 그 모임에 올거라-Ø] 말했어
   b. *[영희가 그 모임에 올거라-Ø] 나는 철수에게 __ 말했어
   c. 나는 철수에게 __ 말했어 [영희가 그 모임에 올거라-Ø]

즉, 고희정 분석에서 우전위된 논항 부속물은 명시적 초점으로 초점이동을 수행하고 그 다음 숙주절의 나머지가 화제이동을 수행하여 도출되는 것으로 이해된다. 그렇다면 (93b)의 경우 왜 화제이동 전의 초점이동을 수행한 결과물의 수용성이 나쁜지를, 또한 (93c)의 경우 왜 일종의 구제효과가 나타나서 수용성이 수정되는지를 설명해야 한다.

반면에 (91b)의 수용성이 떨어지는 이유를 우측이동 분석은 쉽게 설명할 수 있다. 부속물에 포함된 보문소 '고'는 우측으로 통사이동을 수행하였기 때문에 이동된 위치에서 탈락할 수 없다. 또한 (86)의 경우 수용성이 떨어지는 이유도 통사이동을 겪은 위치에서는 문법표지가 탈락할 수 없다는 일반화에서 기인한다.

13.3.6 Wh-의문문 해석

이우승(2010)은 최현숙(1987)의 단일절 이동 분석이 우측으로 이동한 wh-표현이 왜 wh-의문문으로 해석될 수 없는지를 설명하지 못한다고 비판한다.[18]

(94) a. 순희가 무엇을 먹었니?   (√가부의문문 해석, √wh-의문문 해석)
   b. 순희가 __ 먹었니 무엇을?   (√가부의문문 해석, *wh-의문문 해석)
                              [이우승 2010: (26)]

또한 이우승(2010)은 이중절 이동(예, 좌측 어순재배치 + TP 삭제) 분석으로는 (95)처럼 우전위문의 부속절에서 좌측으로 이동한 wh-표현이 왜 wh-의문문으로 해석될 수 없는지를 설명하지 못한다고 비판한다.

---

[18] 그러나 최현숙(1987)은 (94b)의 예문 자체를 비문으로 보았으니 실상은 문제가 아니었다고 볼 수 있다. 이 점을 상기시켜준 송버들에게 고마움을 전한다.

(95) *순희가 pro₁ 먹었니 & 무엇을₁ [순희카 t₁ 먹었니]

이러한 반론에 대하여 정대호(2010a: 181-182)는 wh-표현과 wh-보문소의 분포와 관련하여 다음과 같은 별도의 조건을 제시한다.

(96) a. 외현적 wh-보문소(overt [+wh] C)는 탐침(probe)영역에서 외현적 wh-표현을 요구한다.
b. 내현적 wh-보문소(covert [+wh] C)는 탐침영역에서 외현적 혹은 내현적 wh-표현을 요구한다.
c. 외현적 wh-표현은 자신을 성분통어하는 외현적 혹은 내현적 wh-보문소를 요구한다.
d. 내현적 wh-표현은 자신을 성분통어하는 내현적 wh-보문소를 요구한다.

정대호(2010a)는 wh-보문소의 일치는 음성형태부에서 일어나고 wh-표현의 일치는 통사부에서 일어난다고 가정한다. 이중절 이동 분석에서 (95)의 비문법성은 (96a)를 위반했기 때문이라고 할 수 있다. 즉, 선행절에 외현적 wh-표현이 나타나지 않는다.[19]
정대호(2009)는 이정식의 분석이 다음의 우전위문이 왜 비문인지를 설명할 수 없다고 지적한다.

(97) *철수가 보았노, 누구를?   (*wh-의문문 해석)   [정대호 2009: (10)]
비교: 철수가 누구를 보았노?   (√wh-의문문 해석)

경상방언에서는 wh-의문문을 표시하는 의문형 표지가 '노'이고 가부의문문(Yes/No-Question)을 표시하는 의문형 표지가 '나'이다. 그렇다면 (97)의 우전위문이 왜 wh-의문문 해석을 가질 수 없는지를 설명할 수 없다는 것이다.[20] 또한 단일절에 wh-표현이 하나만 존재한다면 문장이 왜 wh-의문문으로 해석될 수 없는지에 대한

---

[19] (96)과 관련된 정대호(2010a) 분석의 문제점에 대해서는 이정식(2016: 83-91)의 논의를 참고하기 바란다.
[20] 이에 대한 반론으로 이정식(2009)은 경상방언의 의문문에서 나타나는 억양곡선과 관련하여 wh-보문소는 올바른 하강곡선 형성을 위해 반드시 wh-표현의 뒤에 출현해야 한다는 별도의 조건을 제시한다.

논의가 필요해 보인다.
　고희정(2015)은 조각문 분석이 우전위문이 wh-의문문으로 해석될 수 없다는 사실을 설명하지 못한다고 비판한다.

(98)　A: 순희가 그 사람을 만났니?
　　　B: 누구(를)?　　　　　　　　　　　　　　　(√wh-의문문 해석)
(99)　*순희가 만났니, 누구(를)?　　　　　　　　　(*wh-의문문 해석)

조각문 응답의 wh-표현은 wh-의문문 해석을 받을 수 있는 반면, 우전위문의 부속물에 나타난 wh-표현은 wh-의문문 해석을 받지 못한다.
　이우승(2010)은 이중절 기저생성 분석에 따르면 숙주절에 wh-표현이 처음부터 없었기 때문에 wh-요소가 부속물로 나타날 경우 wh-의문문 해석을 받지 못한다는 사실을 설명할 수 있다고 주장한다.

(100) a. 순희가 먹었니, 무엇을?　　　　　　　　　(*wh-의문문 해석)
　　　 b. [E [순희가 [VP 먹었]니] [무엇을 pro_{VP먹었}]]　　[이우승 2010: (42)]

그러나 우전위문의 부속물에 wh-표현이 나타날 때 wh-의문문 해석이 불가능하다는 언어학자들의 직관(정대호 2009, 2012, 이우승 2009, 2010, 윤혜석 2013, 이정훈 2013, 안희돈·조성은 2015, 고희정 2014, 2015, 이정식 2016)은 일반 언중의 직관과 일치하지 않았다. 송버들(2017)은 온라인에서 진행된 형식실험을 통하여 (94b)의 경우 오히려 wh-의문문 해석이 선호됨을 입증하였다.

(101) #순희가 먹었니, 무엇을?
　　　 a. √가부의문문 해석
　　　 b. *wh-의문문 해석

만약 이 실험의 결과가 타당하다면 선행연구들의 설명력에 대한 재검토가 필요해 보인다.

(101)의 wh-의문문 해석은 단일절 이동 분석을 지지하는 증거가 된다.

(102) [CP [CP 순희가 t₁ 먹었니] 무엇을₁]

부속물이 원래 숙주절의 일부분이었고 우측이동을 수행하였다면 (101)이 wh-의문문으로 해석되는 것은 당연한 결과이다.

13.3.7 기타 특성

첫째, 숙주절에 공백이나 어휘적 명사구가 있을 경우에는 부정극어가 부속물에 나타날 수 있지만 숙주절이 공지시된 대명사를 포함하는 경우에는 부속물에 나타날 수 없다는 이우승(2010)의 직관은 일반 언중의 직관과 일치하였다.

(103) a. 나는 __ 읽지 않았다, 아무것도.   [0.74, 0.50]
     b. 나는 <u>아무것도</u> 읽지 않았다, 아무것도.   [1.17, 0.51]
     c. ?*나는 <u>그것을</u> 읽지 않았다, 아무것도.   [-0.54, 0.76]

이러한 사실은 아래와 같은 기저형을 가정하는 단일절 우측이동 분석으로 쉽게 설명된다.

(104) 나는 아무것도 읽지 않았다.

둘째, 임창국(2013)은 만약 우전위 요소가 단일절에서 이동을 한 것이라면 원래의 자리에서 나타날 수 없는 한국어의 '요'-첨사(particle)가 왜 우전위문에서는 나타날 수 있는지를 설명할 수 없다고 최현숙(1987)을 비판한다.

(105) a. 그가 그녀에게 장미를 백 송이를(*요) 사줬어요.
     b. 그가 그녀에게 사줬어요, 장미를 백 송이를요.   [임창국 2013: (15, 16)]

그러나 부속물이 '요'-첨사를 포함하는 우전위문의 수용성은 다음과 같이 나타나 임창국(2013)이 제시한 직관과 차이가 있었다.

(106) a. 그는 그녀에게 장미를 백 송이를 사줬어요.
b. 그는 그녀에게 __ 사줬어요, 장미를 백송이를.
c. 그는 그녀에게 장미를 백 송이를요 사줬어요.   [0.19, 0.72]
d. 그는 그녀에게 __ 사줬어요, 장미를 백 송이를요.   [0.59, 0.60]

단일절 이동 분석에서는 (106c)의 수용성이 왜 (106d)에서 더 향상되는지에 대한 추가 설명이 필요해 보인다.

셋째, 문헌에 따르면 우전위 요소는 회귀적(recursive)으로 나타날 수 있다(이우승 2009). 즉 우전위된 요소 밖으로 다른 구성성분을 우전위시킬 수 있다. 이 특성은 우전위문을 이동으로 분석할 수 없는 이유가 될 수 있다.

(107) 나는 __$_1$ 들었다, [영희가 __$_2$ 만났다고]$_1$, 철수를$_2$.   [0.04, 0.57]

13.4 맺음말

지금까지 13장에서 우리는 한국어 우전위문의 특성을 개괄하고 다양한 선행연구들이 어떤 설명력을 제공할 수 있는지를 논의하였다.

한국어 우전위문의 주요 특성은 다음과 같다. 첫째, 영어 우전위문이 숙주에 부속물과 공지표된 대명사를 포함하는 것과 달리 한국어 우전위문은 숙주절에 부속물의 복사나 공지표된 대명사가 나타나는 것이 아니라 공백을 포함한다. 이러한 연유로 영어 우전위문의 부속물이 화제인 것과 달리 한국어 우전위문의 부속물은 초점으로 인식된다. 둘째, 한국어 우전위문의 부속물이 논항일 경우와 부가어일 경우 비대칭성을 보인다. 셋째, 한국어 우전위문은 일반적으로 섬제약을 준수하며 부속물이 여러 개 나타날 경우는 동일절 혹은 동일명사구 생성조건을 준수해야 한다. 이러한 특성들을 감안할 때 가장 유망한 선행연구는 부속물이 논항일 경우와 부가어일 경우를 구별하여 설명하려는 고희정(2014, 2015)의 혼합 절충식 분석이다.

그러나 좌분지섬의 내포성 효과가 섬이 더 큰 섬 안에서 갇혀있는 경우라든가 적출영역조건과 관련된 좌분지섬 효과 등을 고려해 볼 때 최소성에 기반을 둔 최현숙(1988)의 우측이동 분석이 대안으로 가능성이 있다. 저자는 한국어 우전위문의 부속물이 논항일 경우는 단일절에서 우측이동으로 우전위문이 생성이 되고, 부속물이 부가어일 경우는 우측이동 혹은 우측 외곽에서 기저생성되어 한국어 우전위문이 생성된다고 결론을 내린다.

14 한국어 어순재배치의 섬제약 효과: 실험통사론적 접근

14.1 들머리

특정 언어요소가 본래의 위치에서 벗어나 다른 위치에서 발화되는 전위 (displacement) 현상은 자연언어에서 보편적으로 관찰된다. 예를 들어, 영어에서 wh-표현은 wh-의문문에서 절이나 문장의 앞으로 전치(fronting)되지만 해석을 위해서는 기저생성된(base-generated) 위치를 찾아야 한다.

(1)   a. What does Susan think [that John bought __]?
         b. What does Sarah believe [that Susan thinks [that John bought __]]?
         c. What does Bill claim [that Sarah believes [that Susan thinks [that John bought __]]]?   [Sprouse et al. 2016: (1)]

(1)에서 wh-표현 *what*은 각 wh-의문문의 좌측 외곽(left-edge)에서 발음되지만 발원된 위치는 밑줄로 표시된 동사 *bought*의 목적어 자리이다. 문헌에서는 보통 밑줄로 표시한 곳을 공백위치(gap position)라고 부르고 전위된 요소는 충어(filler)라고 부르며 이들 간의 관계를 충어-공백 의존관계(filler-gap dependency)라고 부른다. (1)에

서 흥미로운 점은 세 wh-의문문이 모두 문법적이라는 것이다. 즉, *what*은 거리와 상관없이－특히, 중간에 개입한 절 경계의 수와 관계없이－충어-공백 의존관계를 수립할 수 있다. 이러한 이유로 영어 wh-이동은 장거리(long-distance) 충어-공백 의존관계를 수립할 수 있는 것처럼 보인다.

일본어와 한국어에서도 장거리 충어-공백 의존관계가 나타난다. 영어와 달리 일본어와 한국어는 wh-의문문을 형성하기 위해 wh-표현이 전치될 필요가 없는 제자리-wh(wh-in situ) 언어이다. 그런데 한국어는 어순재배치(Scrambling)를 통해 (2)처럼 영어와 유사한 어순을 보이기도 한다.[1] [2]

(2) a. 무엇을 존이 [메리가 __ 먹었다고] 말했니? [이혜란 2009: (34b)]
    b. 그 책을 존이 [메리가 __ 샀다고] 생각한다. [김랑혜윤 2003: (2b)]

(2a)에서 한국어 wh-표현은 영어 wh-의문문처럼 한국어 wh-의문문의 좌측 외곽에 위치하고 있다. 이것은 내포절(embedded clause)의 공백위치에서 전치된 것으로 장거리 의존관계를 보인다. 그러나 이러한 이동은 영어 wh-이동과는 다른 것으로 생각되는데 그 이유는 (2b)처럼 wh-표현이 아닌 요소도 비슷한 방식으로 이동할 수 있기 때문이다. 이러한 맥락에서 (2)에서 보이는 이동은 어순재배치라고 불려왔다(Saito 1985).

그런데 장거리 충어-공백 의존관계의 형성은 어떤 제약을 준수해야 한다.

---

[1] 일본어는 아래처럼 wh-의문문에서 한국어와 유사한 유형을 보이기 때문에 14장은 한국어 자료를 통해 관련 논의를 진행할 것이다.

  (i) a. *Nani-o*   John-ga   [Mary-ga __ katta   to] omotteiru no.
         what-Acc   John-Nom   Mary-Nom   bought C   think   Q
         'What, John thinks that Mary bought __.'   [Saito & Fukui 1998: (58)]
      b. *Sono hon-o*   Hanako-ga   [Taroo-ga __ katta   to] omotteiru.
         that book-Acc Hanako-Nom   Taroo-Nom   bought C   think
         'Hanako thinks that Taro bought that book.'   [Saito 1992: (2b)]

[2] 이기갑(1989)은 한국어 어순재배치는 기본적으로 절 경계를 벗어나 발생하면 비문법적이지만, (i)처럼 상위[절]의 주어가 '-는'과 같은 화제표지(topic marker)를 지니면 절 경계를 넘을 수 있으며, 이 경우는 단순한 어순재배치가 아니라 강조전치(emphatic fronting; Haig 1976)라는 현상으로 구별되어야 한다고 언급한다.

  (i) 그 책을 존은 [메리가 __ 샀다고] 생각한다.

Ross(1967) 이래 영어 wh-의문문의 경우 wh-표현과 공백 사이에 어떤 구조가 개입하면 비문법적인 것으로 관측되었다.

(3) a. *What did you make [the claim that John bought __]? [복합명사구섬]
b. *What do you wonder [whether John bought __]? [*Whether*-섬]
c. *What do you worry [if John buys __]? [부가어섬]
[Sprouse et al. 2016: (2)]

Wh-표현인 *what*의 공백위치가 (3a)처럼 복합명사구(complex NP) 내에 있거나 (3b)처럼 *whether*가 이끄는 내포절 내에 있거나 (3c)처럼 부가절(adjunct clause) 내에 있으면 비문법적이다. 즉, 전치된 wh-표현과 공백 사이의 의존관계를 방해하는 어떤 구조가 존재한다. Ross(1967)는 이러한 방해 구조를 섬(Island)이라고 부르고 섬 안의 요소는 섬 밖으로 이동할 수 없다는 일반화를 제시하면서 이를 섬제약(Island Constraint)이라고 불렀다.

그러나 문헌에서 종종 한국어와 일본어의 어순재배치는 섬에 둔감한 것으로 보고되었다.

(4) 복합명사구섬[3]
a. ?무엇을 존은 [__ 읽은 사람을] 만났니? [이혜란 2009: (36b)]
b. 이 책을 내가 [존이 __ 읽었다는 사실을] 안다. [이혜란 2008: 주 11]
(5) *Whether*-섬
a. 무엇을 철수가 [영희가 __ 보았는지] 궁금하니? [이정식 1995: (18a)]
b. 그 책을 철수가 [영희가 __ 샀는지] 궁금하다. [이정식 1995: (18b)]
(6) 부가어섬
a. ?무엇을 존은 [메리가 __ 하기 전에] 나갔니? [이혜란 1999: (38b)]
b. 자리를 철수는 [사람들이 모두 __ 잡은 다음에] 연설을 시작했다.
[최준수 2012: (48b)]

---

[3] Ross(1967) 이래 많은 언어학자들은 (4a)의 [NP + 관계절] 구조와 (4b)의 [NP + 보어절] 구조를 구별하지 않고 둘을 모두 복합명사구섬이라고 불렀다. 그러나 어떤 학자들(Sprouse 2007, Sprouse et al. 2012)은 (4a)를 관계절섬(Relative Clause Island)이라고 부른다.

위의 자료를 보면 한국어 어순재배치는 복합명사구섬, *Whether*-섬, 부가어섬 밖으로 이동을 허용하는 것으로 보인다. 게다가 한국어 어순재배치는 이동 표현이 wh-요소이든 아니든 섬제약을 준수하지 않는 것으로 보인다.

한편 반례도 적지 않게 문헌화되었다. 아래 예들을 통해 보고된 직관은 (4)-(6)에서 보고된 직관과 상충한다.[4]

(7) 복합명사구섬
 a. ?무엇을 존은 [__ 읽은 사람을] 만났니?   [이혜란 2009: (36b)]
 b. ??무엇을 존이 [__ 산 사람을] 찾고 있니?   [김랑혜윤 2003: (4)]
(8) *Whether*-섬
 a. 무엇을 존은 [메리가 __ 먹었는지] 아니?   [이혜란 2009: (42)]
 b. ?*무엇을 영희가 [철수가 __ 먹었는지] 아니?   [심양희 2011: (25b)]
(9) 부가어섬
 a. 무엇을 존은 [메리가 __ 하기 전에] 집을 나갔니? [이혜란 2009: (38b)]
 b. ??무엇을 존이 [메리가 __ 사기 전에] 화가 났니? [김랑혜윤 2003: (5)]

요약하면, 문헌상의 관측은 한국어 어순재배치가 섬제약을 준수하는지의 여부에 대해서 의견의 일치를 보지 못하고 있다. 직관의 확실성은 모든 언어연구의 출발점이기 때문에 무엇보다도 굳건해야 한다. 사실 생성문법을 포함한 이론언어학 분야에서 연구자들의 직관은 종종 자신들의 분석을 위한 기초 자료를 구성하는데 중요한 밑거름이 되었다. 따라서 (4)-(9)에서 상충하는 직관들이 연구자 개인어(idiolect)의 표상일 가능성을 배제할 수 없다.

이것은 사실 이론통사론의 전통적인 연구방법이 받아온 비판 중의 하나이다. 이론통사론 분야에서는 숙련된 언어학자들이 일반 언중들보다 언어표현의 적격성에 대해서 더 정확한 판단을 내릴 수 있다는 믿음이 존재한다. 이러한 믿음은 언어현상을 분석하려고 자료를 모으는 과정에서 언어학자들이 자신의 직관이나 동료들의 직관에 의존하는 경향에 정당성을 부여하였다. 그러나 이러한 방법론은 언어학자들의 직관

---

4 (7)-(9)의 (b) 예들의 비문법성은 주 2에서 언급한 이기갑(1989)의 통찰력과 부합된다. 이기갑(1989)은 장거리 어순재배치가 주절 주어가 화제표지를 지닐 때만 허용된다고 주장한다. 이러한 주장에 관해서도 연구가 필요하지만 이 연구는 차후로 미룰 것이다.

이 언어 공동체의 직관을 대표하는 것이 아니라는 이유로 타 분야의 학자들로부터 많은 비판을 받아왔다. 실제로 Featherston(2005)은 독일어 *dass*('that')-흔적 현상을 실험을 통해 검증하였는데, 일반 언중의 수용성(acceptability) 판단이 기존 이론언어학자들의 보고와는 다른 양상을 보이는 결과를 확인한 바 있다. Dąbrowska(2008, 2010)은 영어의 장거리 의존관계 의문문에 대해 생성문법학자들과 기능문법학자들을 대상으로 각각 동일한 실험을 진행하여 수용성 판단을 수집하였는데, 이 두 집단의 수용성 판단 사이에 차이가 있음을 확인하였다. 이는 언어학에 대한 접근 방식이 다른 두 집단의 입장이 직관에 다소 반영되었을 가능성을 시사한다.[5]

문법성(grammaticality)이라는 개념이 주는 허상을 차치하더라도, 숙련된 언어학자의 직관이 일반 언중의 직관보다 더 정확하다는 믿음은 그릇된 바가 있어 보인다(Myers 2009, Schutze & Sprouse 2012). 언어학자의 직관은 편견에 치우칠 수 있기 때문에 언어연구의 샘플로 부적합하다. 언어자료의 확실성은 숙련되지 않은 일반 언중의 직관을 통해서만 보장받을 수 있기에 양적인 방법(quantitative method)이 언어분석에서 필수적인 요소이다.

이러한 맥락에서 14장은 한국어의 섬 연구를 위한 경험적 토대를 제공하고 한국어의 섬과 어순재배치의 본질을 탐구하는 것을 목표로 한다. 14장의 구성은 다음과 같다. 14.2절에서 우리는 Sprouse et al.(2012)에 근거하여 섬제약 효과를 어떤 처리요인(processing factor)보다는 문법제약(grammatical constraint)으로 포착할 수 있음을 논의하고 여러 언어자료를 통해 wh-의문문이 보이는 섬제약 효과에 대한 선행연구를 고찰해 볼 것이다. 14.3절은 한국어 어순재배치가 충어-공백 의존관계를 수립할 때 보이는 섬제약 효과를 검증하기 위해 어떻게 실험을 구성하였는지를 소개한다. 14.4절은 섬제약 효과가 문법제약에서 비롯된다는 실험결과를 보고한다. 14.5절은 실험에서 관측한 내용을 기반으로 섬과 어순재배치의 관계를 논의한다. 14.6은 맺음말이다.

---

[5] 그럼에도 불구하고 영어의 경우는 전통적(즉, 비형식적)인 방법에 의해 수집된 자료들이 경험적으로 신뢰할 만하다는 연구(Sprouse & Almeida 2012, Sprouse et al. 2013)가 있어왔다. Myers(2009)는 이러한 사실을 영어자료를 비판적으로 검토하는 많은 수의 모국어 언어학자들이 존재하기 때문인 것으로 보았다.

14.2 선행연구

섬제약이 자연언어에 실재하는지 그리고 충어-공백 의존관계의 형성에 영향을 미치는지를 실험통사론의 틀 안에서 검증하려는 많은 연구들이 있었다(Kluender & Kutas 1993, Alexopoulou & Keller 2007, Sprouse et al. 2011, Sprouse et al. 2012, Sprouse et al. 2016, 김보영 & Goodall 2016). Miller & Chomsky(1963)가 중앙-내포 구조(center-embedding structure)에서 문법적으로 완벽할지라도 문법적으로 받아들이기 어려운 언어표현이 있다고 언급한 이래, 이러한 효과가 처리의 어려움으로 유발된 비수용성(unacceptability)의 반영이라는 접근이 있었다. 이러한 관점에서 Kluender & Kutas(1993)는 (영어의) 섬제약 효과가 '영역-특수적 문법요인(domain-specific, grammatical factor)'이 아니라, '영역-일반적 인지처리'의 어떤 요인에 의해 촉발되는 것이라고 주장하였다. Sprouse et al.(2012)은 이러한 축소주의자(reductionist)의 입장을 (10)과 같은 두 요인(구조 × 공백위치)으로 이루어진 요인 정의로 나타낼 수 있다고 하였다(Sprouse et al. 2011: 182; Sprouse et al. 2012: 86).

(10) 섬제약 효과 측정을 위한 요인설계(구조 | 공백위치)
    a. 비섬 | 주절
       Who __ thinks [that John bought a car]?
    b. 비섬 | 내포절
       What do you think [that John bought __]?
    c. 섬 | 주절
       Who __ wonders [whether John bought a car]?
    d. 섬 | 내포절
       What do you wonder [whether John bought __]?

간단히 말해서 wh-의문문의 처리는 wh-요소와 공백 사이가 멀거나 혹은 복잡한 구조(예를 들면, (10c)처럼 *Whether*-섬이 존재하는 경우)가 존재할 때 처리비용이 증가할 것이라는 예측이다. Sprouse et al.은 이러한 두 예측을 두 개의 독립된 요인으로 설계하였다: 구조(섬 대 비섬)와 공백위치(주절 대 종속절). 축소주의자의 설명에 따르면, (10d)의 처리는 (10b)의 장거리 충어-공백 의존관계(공백위치)의 처리비용과 (10c)의 *whether*-절(구조)의 복잡성을 처리하는 비용에 의해—그러나 양자간의 상호작용이 없이—영향을 받을 것이다.[6] 구조와 공백위치 사이의 이러한 선형가법적(linear additive) 관계는 처리의 어려움이 수용성 판단에 반영될 것이라는 의미에서 각 문장의 수용성에 반영될 것이고 이것이 <그림 1>의 좌측에서 두 개의 평행선으로 표현되고 있다.

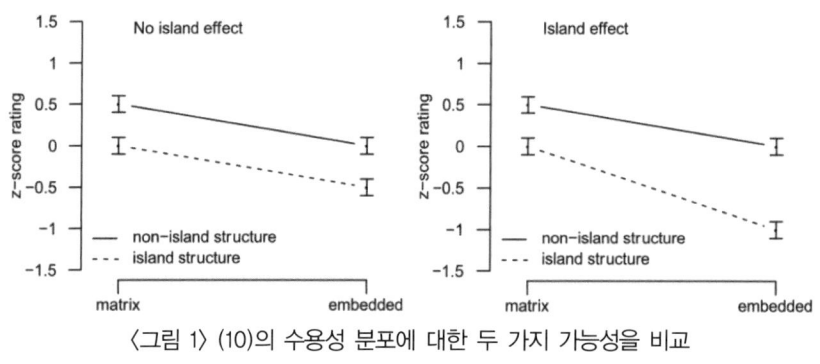

〈그림 1〉 (10)의 수용성 분포에 대한 두 가지 가능성을 비교

[Sprouse et al. 2016: 315]

그러나 (10d)의 수용성이 <그림 1>의 우측에서 보여지는 것처럼 예상했던 것보다 훨씬 나쁘다면 이는 섬제약 효과에 대한 축소주의자들의 주장이 문제가 있음을 암시한다. 특히 Sprouse et al.(2012)은 초가법성 관계가 나타나면 섬제약과 같은 영역-특수적 문법요인이 존재하는 증거라고 주장한다. 사실 섬제약 효과에 대한 몇몇 실험 연구들은 영어 wh-의문문에서 두 처리요인(구조와 공백위치)들 간에 상호작용이 있음을 보였다(Sprouse et al. 2011, Sprouse et al. 2012, 김보영 2015, Sprouse et al. 2016). 예를 들어, Sprouse et al.(2011)은 영어 wh-의문문이 보이는 복합명사구섬, *Whether*-섬, 부가어섬, 주어섬의 효과를 검토하고 4개의 섬에서 구조와 공백위치 간에 통계적으로 유의미한 상호작용이 있음을 보고하였다.

비슷한 맥락에서 일본어와 한국어 같은 제자리-wh 언어에서도 wh-의문문을 형성

---

[6] Kluender & Kutas(1993)의 리소스제한 이론(Resource-Limitation Theory)은 장거리 의존관계와 구조적 복잡성을 동시에 처리하려면 처리를 위한 리소스 능력에 과부하가 걸릴 수 있다고—즉, 초가법적(super-additive) 효과를—가정함으로써 두 요인간의 상호작용이 있을 수도 있음을 예견한다. 이러한 가설의 문제점에 대해서는 Sprouse et al.(2012)을 참고하기 바란다.

할 때 비슷한 섬제약 효과가 나타나는지를 탐구한 연구들이 있었다. 일본어와 한국어의 wh-요소는 전치될 필요가 없다. Lasnik & Saito(1984) 이래 많은 연구들은 wh-의문문에서 wh-요소가 의문보문소(interrogative C)와 의존관계를 형성한다고 가정한다.[7] 몇몇 실험연구들은 의문보문소와 wh-요소 간에 유사한 의존관계가 존재한다는 증거를 축적했다(Miyamoto & Takahashi 2000, Aoshima et al. 2004, Ueno & Kluender 2009). 이를 기반으로 Sprouse et al.(2011)은 일본어의 wh-의문문이 보이는 4개의 섬제약 효과(복합명사구섬, *Whether*-섬, 부가어섬, 주어섬)를 (11)에 있는 요인설계를 통해 실험으로 고증하였다.[8]

(11) a. 비섬 | 주절

<u>Dare-ga</u>　　[Shingo-ga　　ryokoo-o　　shita-to]　　itta-no?
who-Nom　　Shingo-Nom　　trip-Acc　　did-C　　said-Q
'Who said that Shingo made the trip?'

b. 비섬 | 내포절

Satoko-ga　　[Shingo-ga　　<u>nani-o</u>　　shita-to]　　itta-no?
Satoko-Nom　　Shingo-Nom　　what-Acc　　did-C　　said-Q
'What did Satoko say that Shingo did?'

c. 섬 | 주절

<u>Dare-ga</u>　　[Shingo-ga　　ryokoo-o　　shita-kadooka]　　itta-no?
who-Nom　　Shingo-Nom　　trip-Acc　　did-C　　said-Q
'Who ask whether Shingo made the trip?'

d. 섬 | 내포절

Satoko-ga　　[Shingo-ga　　<u>nani-o</u>　　shita-kadooka]　　itta-no?
Satoko-Nom　　Shingo-Nom　　what-Acc　　did-C　　said-Q
'What did Satoko ask whether Shingo did?'　　[Sprouse et al. 2011: 197]

---

[7] 예를 들어, Pesetsky(1987)는 일본어의 의문보문소가 wh-의문문에서 논항 wh-요소를 비선택적으로 결속(unselective binding)한다고 주장하며 일본어의 논항 wh-요소가 논리형태 통사부에서 전치될 가능성을 배제한다.

[8] 사실 Sprouse et al.(2011)의 실험에서 부가어섬은 역초가법성(reverse super-additivity)이 발견되었는데 이는 섬에 의해 야기된 것이 아니라 부가어섬의 어순재배치에 의해 영향을 받은 것이다. 이와 관련해서는 Sprouse et al.(2011: 199)를 참고하라.

이러한 맥락에서 김보영 & Goodall(2016)은 한국어 wh-의문문의 섬제약 효과를 조사하였다. (12)처럼 그들은 한국어 *Whether*-섬과 부가어섬에 대해 구조와 공백위치를 요인으로 보고 실험을 진행했다. 그러나 일본어와 달리 한국어 wh-의문문은 부가어섬은 아니지만 *Whether*-섬에 민감한(sensitive) 것으로 나타났다. 그들은 *Whether*-섬의 섬제약 효과는 한국어의 *whether*인 'ㄴ지'의 의문보문소 '지'가 야기하는 것으로 제안했다. 일단 '지'가 국부적 허가어(local licensor)로 wh-요소와 의존관계를 형성하면 주절의 의문보문소인 '니'가 wh-요소에 더 이상 연결될 수 없어서 문장이 wh-의문문으로 해석되는 것을 방해한다는 것이다.[9]

(12) a. 비섬 | 주절
    노가 [오바마가 메리를 만났다고] 들었니?
  b. 비섬 | 내포절
    메리는 [오바마가 누구를 만났다고] 들었니?
  c. 섬 | 주절
    노가 [오바마가 메리를 만났는지] 들었니?
  d. 섬 | 내포절
    메리는 [오바마가 누구를 만났는지] 들었니?   [김보영 & Goodall 2016: 4]

그러나 아직까지 한국어 (장거리) 어순재배치에서의 섬제약 효과에 대한 실험통사론 연구는 없었다. 섬제약이 영어 wh-의문문의 외현적(overt) 장거리 충어-공백 의존관계에서 나타나는 국부성(locality)을 보여주며, 한국어에서도 제자리 wh-의문

---

[9] 김보영 & Goodall(2016)이 지적한 것처럼 한국어의 '누구'는 형태적으로 wh-요소인 '누구'와 부정대명사인 '누군가'로 해석될 수 있다. 따라서 그들은 아래처럼 wh-응답과 가부응답(*yes-no answer*)을 각각 사용하여 의문문을 제시하였다. 왜냐하면 (ii)처럼 가부의문문인 경우는 부정대명사 '누구'와 의문보문소 사이에 의존관계가 없을 것이기 때문이다. 또한 각각의 대화에 대해 짧은 상황을 제시함으로써 가능한 담화연결(D-linking) 효과를 통제하려고 하였다(Goodall 2015).

  (i) [상황: 백악관 / 등장인물: 오바마, 메리, 힐러리]
    Q: 메리는 [오바마가 누구를(who) 만났는지] 들었니?
    A: 힐러리를.
  (ii) [상황: 백악관 / 등장인물: 오바마, 메리, 힐러리]
    Q: 메리는 [오바마가 누구를(someone) 만났는지] 들었니?
    A: 네, 들었어요.

문이 아니라 어순재배치 문장에서 영어와 같은 외현적 장거리 의존관계가 관측된다는 점에서 연구할 가치가 충분하다고 본다. 더욱이 '섬구제(Island Repair)'에 대한 최근의 치열한 논쟁을 감안하면 한국어 어순재배치가 섬을 준수하는지의 여부에 대한 신뢰할 만한 경험적 토대를 구축하는 것이 필요해 보인다.

14.3 실험설계

실험의 목적은 다음의 두 질문에 대한 답을 하는 것이다: 첫째, 한국어 어순재배치는 섬에 민감한가? 둘째, 그렇다면 한국어 어순재배치는 어순재배치된 요소의 유형(즉, wh-요소인지 아닌지)에 민감한가? 14.2절에서 논의한 것처럼 첫 번째 질문에 대한 답은 두 처리요인들(구조와 공백위치) 사이에 상호작용이 존재하는지를 검증하면 얻을 수 있다. 따라서 두 요인을 실험에 설계하여 이원분산분석(two-way ANOVA)를 통해 양자 간에 상호작용이 있는지를 분석하였다. 두 번째 질문에 답하기 위해서는 이중차분점수(differences-in-differences (DD) score)에 대한 일원분산분석(one-way ANOVA)를 통해 wh-어순재배치와 non-wh-어순재배치 간의 섬제약 효과의 크기(size)를 비교하였다(아래의 (17)에 대한 논의를 참고).

14.3.1 자극

세 종류의 섬구조(복합명사구섬, *Whether*-섬, 부가어섬)를 검증하였다. 각각의 섬에 대해 Sprouse et al.(2012)의 요인설계를 참고하여 구조(섬 대 비섬), 공백위치(주절 대 내포절), 유형(wh-요소 대 non-wh-요소)의 세 요인으로 2 × 2 × 2의 완전요인 실험(full factorial experiment)을 구성하였다. 복합명사구섬에 대한 8개의 조건이 (13)에 예시되었다. 이것은 wh-요소의 담화연결 효과를 통제하기 위해 문맥과 부합되게 구성되었다.

(13) 복합명사구섬

상황: 여름 방학을 맞아 철수와 영희는 부산으로 여행을 갔다. 둘은 구경은 뒤로 하고 맛집을 찾아가 생선회와 조개, 새우를 주문해 먹기 시작했다. 새우를 좋아하는 영희는 철수 몫의 새우까지 혼자 다 먹었는데, 밤에 심하게 복통을 호소해서 응급실에 갔다. 철수는 영희 혼자만 새우를 많이 먹었다고 의사에게 설명했다.

a. 비섬 | 주절 | WH
누구에게 철수는 __ [영희가 새우를 먹었다고] 얘기했니?

b. 비섬 | 내포절 | WH
무엇을 철수는 의사에게 [영희가 __ 먹었다고] 얘기했니?

c. 섬 | 주절 | WH
누구에게 철수는 __ [영희가 새우를 먹었다는 사실을] 얘기했니?

d. 섬 | 내포절 | WH
무엇을 철수는 의사에게 [영희가 __ 먹었다는 사실을] 얘기했니?

e. 비섬 | 주절 | NONWH
의사에게 철수는 __ [영희가 새우를 먹었다고] 얘기했니?

f. 비섬 | 내포절 | NONWH
새우를 철수는 의사에게 [영희가 __ 먹었다고] 얘기했니?

g. 섬 | 주절 | NONWH
의사에게 철수는 __ [영희가 새우를 먹었다는 사실을] 얘기했니?

h. 섬 | 내포절 | NONWH
새우를 철수는 의사에게 [영희가 __ 먹었다는 사실을] 얘기했니?

(13a-h)처럼 8개의 조건 각각에 대해 8개의 어휘화(lexicalization)를 진행하였다. (14)는 *Whether*-섬에 대한 실험항목을 예시하고, (15)는 부가어섬에 대한 실험항목을 예시한다.

(14) *Whether*-섬
상황: 대학원생 준호는 수업조교로 일하고 있다. 오늘은 쪽지시험을 보았는데, 수강생 지우가 출석하지 않아 교수에게 알렸다. 교수는 지우가 오후 4시까지 쪽지시험 대체 과제물을 학과 사무실에 내기로 했다며, 오후 5시에

확인하여 연락하라고 했다. 하지만 과제물 대신 사유서만 있을 뿐이어서, 준호는 이 사실을 보고했다.

a. 비섬 | 주절 | WH
   누구에게 준호는 __ [지우가 사유서를 제출했다고] 말했니?

b. 비섬 | 내포절 | WH
   무엇을 준호는 교수에게 [지우가 __ 제출했다고] 말했니?

c. 섬 | 주절 | WH
   누구에게 준호는 __ [지우가 사유서를 제출했는지] 말했니?

d. 섬 | 내포절 | WH
   무엇을 준호는 교수에게 [지우가 __ 제출했는지] 말했니?

e. 비섬 | 주절 | NONWH
   교수에게 준호는 __ [지우가 사유서를 제출했다고] 말했니?

f. 비섬 | 내포절 | NONWH
   사유서를 준호는 교수에게 [지우가 __ 제출했다고] 말했니?

g. 섬 | 주절 | NONWH
   교수에게 준호는 __ [지우가 사유서를 제출했는지] 말했니?

h. 섬 | 내포절 | NONWH
   사유서를 준호는 교수에게 [지우가 __ 제출했는지] 말했니?

(15) 부가어섬

상황: 연아는 어느새 오십 대 중반이 되었다. 그래서 그런지 친구들끼리 모이면 이제 서로 자식 자랑을 하기 바쁘다. 친구들의 자랑을 듣고 있던 연아는 자기 차례가 오자 이번에 딸 민지가 청소년 미술대회 공모전에서 금상을 수상해서 상금도 받았다고 자랑했다.

a. 비섬 | 주절 | WH
   누구에게 연아는 __ [민지가 상금을 받았다고] 말했니?

b. 비섬 | 내포절 | WH
   무엇을 연아는 친구에게 [민지가 __ 받았다고] 말했니?

c. 섬 | 주절 | WH
   누구에게 연아는 __ [민지가 상금을 받아서] 자랑했니?

d. 섬 | 내포절 | WH
   무엇을 연아는 친구에게 [민지가 __ 받아서] 자랑했니?

e. 비섬 | 주절 | NONWH

친구에게 연아는 __ [민지가 상금을 받았다고] 말했니?

f. 비섬 | 내포절 | NONWH

상금을 연아는 친구에게 [민지가 __ 받았다고] 말했니?

g. 섬 | 주절 | NONWH

친구에게 연아는 __ [민지가 상금을 받아서] 자랑했니?

h. 섬 | 내포절 | NONWH

상금을 연아는 친구에게 [민지가 __ 받아서] 자랑했니?

어휘 선택을 최대한 통제하려고 하였으나 불가피한 조정도 없지는 않았다. 어순재배치된 모든 요소는 논항이었: 주절 공백 조건에서는 수혜자(Recipient)역의 논항(PP 보어), 내포절 공백 조건에서는 대상역(Theme/Patient)의 논항(NP 보어). 따라서 모든 내포절 동사(embedded verb)는 행위자역과 대상역을 취하는 2항 술어(2-place predicate)였다. 주절 동사(matrix verb)는 복합명사구섬과 *Whether*-섬에서는 행위자역(Agent), 수혜자역, 명제(Proposition)/대상역을 취하는 3항 술어였고, 부가어섬에서는 (15)처럼 행위자역과 수혜자역을 취하고 부가어절에 의해 수식되는 2항 술어였다. *Whether*-섬에서 (14)처럼 목표문장의 진위성을 향상시키기 위해 비섬 조건과 섬 조건에 대해 상이한 주절 동사가 사용된 것을 제외하면 실험항목에 사용된 모든 동사는 동일하였다.[10] 복합명사구섬의 명사핵은 '사실', '소식', '비밀', '정보'의 4개로 제한하였고 부가어섬의 보문소(즉, 종속접속사)는 '-자마자', '-어서'의 2개로 제한하였다. 각각의 목표문장은 (16)처럼 적절한 응답과 쌍을 이루게 구성하였다. 김보영 & Goodall(2016)이 지적한 바와 같이, (15a-d)에서 wh-요소인 '누구'와 '무엇'은 각각 '누군가'와 '무언가'로 해석될 수 있다. 따라서 (13)-(15)의 (a-d) 조건의 wh-의문문이 wh-의문문으로 올바르게 해석되게 하기 위해 적절한 wh-응답과 쌍을 이루게 하였다.[11] 일관성을 유지하기 위해 (e-h)의 가부의문문(*Yes/No*-Question)은 가부응답

---

[10] Sprouse et al.(2011: 197)과 김보영 & Goodall(2016: 6)도 주절 동사에 대해 이 실험과 유사한 조정을 하였다.

[11] 그러나 (13a-d)의 '누구'와 '무엇'은 부정대명사(indefinite pronoun)로 해석될 가능성이 거의 없다. 강홍구(1996)가 지적한 것처럼, 예를 들어, '무엇'은 (i)처럼 초점강세가 문장의 다른 요소에 떨어질 때 부정대명사로 해석된다. 그러나 (13a-d)에서 '누구'와 '무엇'은 문장의 좌측 외곽에 위치한다. 이러한 전치는 초점효과(김랑혜윤 2003, 이혜란 2008)를 동반하기 때문에 이들이 wh-요소로

과 쌍을 이루게 구성하였다. 또한 모든 응답은 주어진 상황에 부합되게 조정하였다.

(16) [상황: 여름 방학을 맞아 철수와 영희는 ...]
A: 무엇을 철수는 의사에게 [영희가 __ 먹었다는 사실을] 얘기했니?
B: 새우를.

목표문장을 8개의 묶음(set)을 만들고 라틴방격(Latin Square) 디자인을 사용해 8개의 목록으로 나누어 배치하였다. 피실험자가 각 조건의 문장을 딱 한 번만 마주할 수 있도록(즉, 동일한 어휘가 사용된 문장을 한 번만 접하도록) 설계하였다. 각 목록에 있는 24개의 목표문장(3 섬(islands) × 8 조건(conditions) × 1 구현(token))은 36개의 필러(filler)항목과 섞이도록 하였다. 즉, 목표항목과 필러항목의 비율은 1:1.5이었다. 모든 필러항목은 구조적으로 관련성이 없는 의문문으로 구성하였고 (16)처럼 문맥, 응답과 함께 제시되었다. 필러항목은 세 종류로 구성되었다. 12개의 필러는 수용성이 높은 문장이었고, 다른 12개의 필러는 이전 실험에서 수용성이 나쁜 것으로 확인된 문장이었으며, 나머지 12개의 필러는 다른 실험에서 사용될 문장이었다. 필러는 다음의 두 기능을 수행하는 것으로 보았다. 첫째, 섬과 관련하여 (장거리 어순재배치된) 두 조건 문장들의 수용성은 다른 두 조건 문장들의 수용성에 비해 많이 떨어질 것이기 때문에(이기갑 1989), 양 극단에 있는 수용성이 좋은 문장들과 수용성이 나쁜 문장들은 균등(equalization) 효과를 통제할 수 있을 것이다(Sprouse 2009). 둘째, 필러의 검증된 수용성을 근거로 피실험자들의 응답이 신뢰할만한 것인지를 평가하였다. 12개의 수용성이 좋은 필러와 12개의 수용성이 나쁜 필러에 대한 응답이 검증된 응답률의 40% 이상을 어긋난(즉, 5개 이상의 잘못된 응답이 제시된 경우) 피실험자의 값은 평가에서 제외하였다.

해석될 가능성이 증가한다.

(i) a. 네가 무엇을(something) 먹었니?
b. 네가 무엇을(what) 먹었니?   [강홍구 1996: (16)]

14.3.2 방법과 장치

수용성 판단을 위해 7단계의 리커트 척도(7-point Likert Scale)를 사용하여 실험을 진행하였다. 리커트 척도는 강도추정(Magnitude Estimation)보다 측정이 용이하고 수용성에 나타나는 등급(gradation) 간의 차이를 섬세하게 탐지할 수 있는 장점이 있다(Fukuda et al. 2012). 또한 수용성 조사에서 섬세한 차이를 포착하기 위해서는 5단계보다는 7단계의 구분이 좋다는 송상헌·오은정(2016)의 연구결과를 받아들여 7단계의 리커트 척도를 사용하였다.

일반 언중들에게 문장의 수용성이라는 개념이 익숙하지 않다는 점을 고려하여 '자연스러움(naturalness)'이라는 관점에서 수용성을 단계화하였다; "완전히 부자연스러운(completely unnatural)" 경우는 1점을, "완전히 자연스러운(completely natural)" 경우는 7점을 부여하도록 하였다. 모든 자극 문장은 OpenSesame(Mathôt et al. 2012)를 통해 제시되었고 피실험자들은 키보드의 숫자키를 누름으로써 모니터 화면에 제시된 문장의 수용성을 평가하도록 지시를 받았다. 모든 응답은 OpenSesame 프로그램의 로그(log) 파일에 자동저장되었다.

14.3.3 제시

모든 항목은 각각 세 단계 과정을 거쳐 OpenSesame를 통해 모니터 화면에 제시되었다. 1단계에서 피실험자들에게 <그림 2>처럼 문맥만 제시하였다.

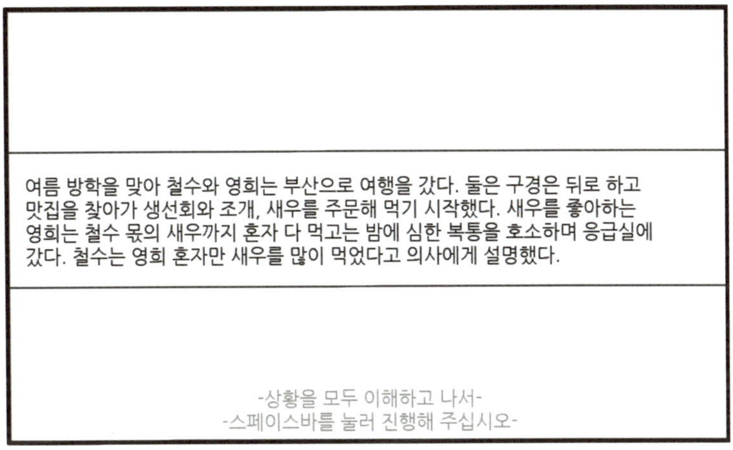

여름 방학을 맞아 철수와 영희는 부산으로 여행을 갔다. 둘은 구경은 뒤로 하고 맛집을 찾아가 생선회와 조개, 새우를 주문해 먹기 시작했다. 새우를 좋아하는 영희는 철수 몫의 새우까지 혼자 다 먹고는 밤에 심한 복통을 호소하며 응급실에 갔다. 철수는 영희 혼자만 새우를 많이 먹었다고 의사에게 설명했다.
-상황을 모두 이해하고 나서-
-스페이스바를 눌러 진행해 주십시오-

〈그림 2〉 문맥(1단계)

가능한 자연스러운 문맥을 제공하기 위해 35개에서 47개 사이의 단어들로 구성된 짧은 스토리를 상황으로 제시하였다(평균(Mean): 40.5, 표준편차(SD): 3.19). 피실험자들이 상황을 처리하는 부담을 최소화하기 위해서 스토리의 세세한 부분을 기억하지 말고 문맥을 대충 파악한 후, 스페이스바를 눌러 다음 단계로 넘어가라고 지시하였다.

상황을 이해한 후인 2단계에서는 피실험자들에게 <그림 3>처럼 화면에 7단계 척도(7-point scale)가 표시된 의문문을 제시하였다.

무엇을 철수는 의사에게 영희가 먹었다는 사실을 얘기했니?
1 2 3 4 5 6 7
매우 어색함
아주 자연스러움

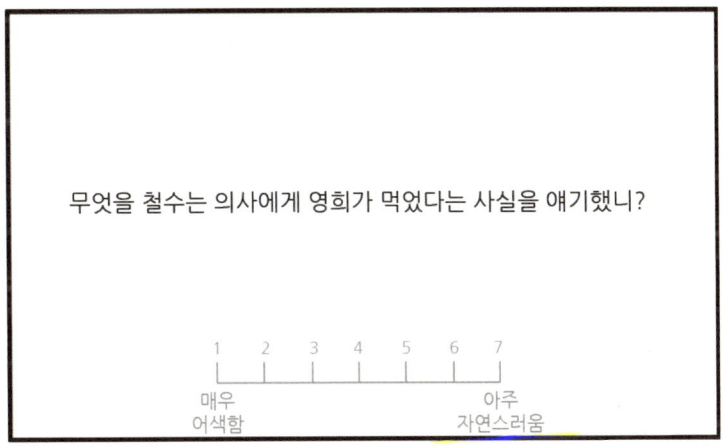

〈그림 3〉 목표문장(2단계)

이 단계에서 목표문장 자체에 대한 수용성 판단을 모았다. 또한, 목표문장에 피실험자들의 이목을 집중시키기 위해 목표문장을 크고 선명한 색으로 하여 화면 중앙에 배치하였다(리커트 척도는 상대적으로 작고 희미하다). 피실험자에게는 숫자키를 눌러서 수용성을 판단하라고 지시하였다.

마지막 단계인 3단계에서는 <그림 4>처럼 2단계에서의 의문문을 질의응답 쌍으로 제시했다.

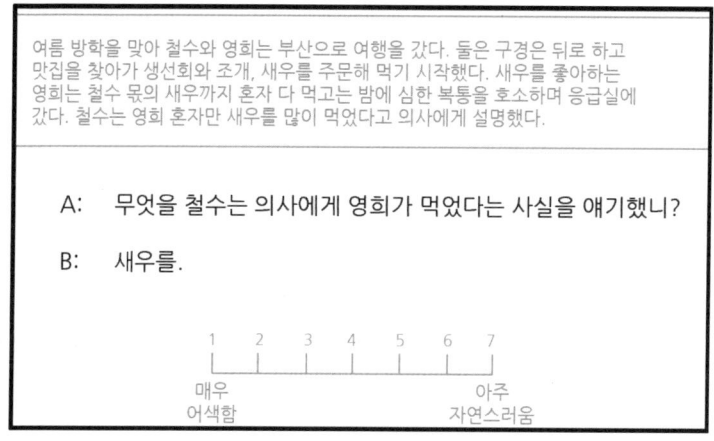

〈그림 4〉 질의응답 쌍(3단계)

피실험자에게는 7점 척도에 따라 숫자키를 눌러 질의응답 쌍으로 구성된 대화 전체의 자연스러움을 평가하도록 지시했다(김보영 & Goodall(2016)를 참고). 이 단계의 목적은 (13a-d)처럼 의문문을 wh-의문문 상황으로 통제하여 수용성 판단을 얻는 것이었다. 피실험자가 대화를 이해하는 것을 돕기 위해 화면 상단에 문맥을 제시하되 이목은 대화쌍에 집중시키기 위해서 화면 상단에 문맥을 옅고 작은 글씨로 다시 제시하였다.

그런데 시험검정(pilot test)에서 많은 피실험자들이 3단계 작업이 혼란스럽다고 보고하였다: 응답은 문법적이지만 의문문 자체가 부자연스러울 때, 대화의 자연스러움을 어떻게 평가하는가? 부자연스러운 질문에 적절한 답을 제공할 수 있다면 대화 자체는 성공적이고 자연스럽지 않은가? 이러한 문제들과 관련해서는 2단계에서 평가했던 의문문의 자연스러움과 비교하여 대화의 자연스러움을 평가해 달라고 피실

험자들에게 지시하였다. 피실험자들이 (13a-d)의 의문문들을 만약 2단계의 가부의
문문처럼 해석했다면 wh-응답은 3단계의 대화에 대한 수용성 판단에서 상당한 일탈
(divergence)을 초래했을 것이다. 그러나 전치된 '누구'와 '무엇'이 wh-요소로 해석
되는 경향이 강하다는 점을 감안하여 2단계 응답과 3단계 응답 사이에 상당한 차이
가 있을 것으로 예상하지는 않았다. 발생할지도 모를 중의성을 감안하여 3단계를
실험에 포함하기로 결정하였으나 이는 (13a-d)처럼 wh-어순재배치에서 2단계와의
비교를 위한 것이었다. 결국 2단계 응답을 분석하는 것을 주된 목표로 삼았다.

각 목록에 있는 60개의 항목들은 각 섬의 항목들이 연속된 순서로 나오지 않게
유사임의화(pseudo-randomized)되었다. 유사임의화는 각 피실험자들이 경험할지도
모르는 순서효과(ordering effect)를 예방하기 위한 것이었다. 따라서, 유사임의화된
목록의 숫자는 피실험자들의 전체 숫자와 동일하였다. 시험검정에서 대부분의 피실
험자들은 대략 35-40분 사이에 목록의 60개 항목을 평가하였다. 피실험자들이 피곤
함을 느끼지 않게 각 목록을 두 개의 하위실험으로 분할하고 각 하위실험을 12개의
목표항목과 18개의 필러항목으로 구성하였다. 따라서 목표항목 대 필러항목의 비율
은 1:1.5로 통제하였고 두 하위실험 사이에 3분의 쉬는 시간을 두었다. 피실험자들은
첫 번째 하위실험 전에 6개의 연습문제를 풀고 두 번째 하위실험 전에 3개의 연습문
제를 풀었다. 피실험자들이 7점 척도에 익숙해지도록-강도추정검정의 정박
(anchoring)항목의 기능과 유사하게-3개의 연습문제는 수용성이 높고, 다른 3개의
연습문제는 수용성이 나쁘며, 나머지 3개의 연습문제는 수용성이 중간 정도가 나오
게끔 조절하였다.

14.3.4 참가자

실험에 참여한 참가자(= 피실험자)들은 85명의 한국어 모국어화자들로 모두 고려
대학교에 재학 중이며 참여의 대가로 5,000원 문화상품권을 지급받았다. 85명 중에
서 5명 참가자의 응답은 두 가지 이유로 버릴 수 밖에 없었다. 첫째, 모든 응답이
3점이거나 혹은 4점인 경우는 분석이 곤란하다고 판단하였다. 둘째, 필러항목의 예
상 수용성과 너무 동떨어진 응답을 한 경우 응답 자체를 신뢰할 수 없다고 판단하였

다. 각각 12개로 구성된 3개의 필러항목 세트에서 세트당 5개 이상의 응답이 예상 수용성과 너무 동떨어진 경우(즉, 40% 이상인 경우)는 평가에서 배제하였다. 따라서 실험당 10명 참가자들의 응답을 분석하였다. 실험 당시, 피실험자들의 평균 나이는 23.6세(범위: 18-36, 표준편차: 3.7)였다. 그들은 두 연구자들의 통제 하에 고려대학교에 소재한 연구실에 한 번 방문하여 실험에 참여했다.

14.4 결과

80명 참가자의 응답(목록당 10개)들 — 각 섬에 대한 조건(condition)당 80개의 응답들 — 은 *Statplus:mac Pro* (AnalystSoft Inc.)를 통해 분석되었다. 각 참가자에 대해 2단계와 3단계에서 보고된 60개의 모든 수용성 점수들은 척도편향(scale bias)을 제거하기 위해 분석 전에 z-표준점수(z-score)로 변환되었다. 14.3.3절에서 언급한 것처럼 주요 분석은 2단계의 z-표준점수에 근거해서 이루어졌다.[12] 각 조건에 대한 z-표준점수 응답의 평균과 표준편차는 <표 1>에 요약되어 있고 <그림 5>에 그래프로 표시되었다.

---

[12] 일련의 분석을 통해 2단계 응답들과 3단계 응답들 사이에 유의미한 차이가 있는지를 조사하였다. (13a-d)의 wh-어순재배치 조건에 대해 구조와 공백위치를 고정변수(fixed variables)로 하는 이원분산분석(two-way ANOVA)를 각 섬에 대하여 2단계에서 얻은 z-표준점수 응답이 동일한 경우에 3단계에서 얻은 z-표준점수 응답에 시행하였다(<표 2>). 그 결과 복합명사구섬만이 구조와 공백위치 사이에 유의미한 상호작용이 있음($p = 0.0002$)을 보여주었고, 구조의 독립적인 효과($p = 0.3860$)는 없었다. 또한 복합명사구섬에 대해서 단계(2단계 대 3단계)를 고정변수로 하는 일원분산분석(one-way ANOVA)를 이중차분점수(DD-score)에 시행하였는데 2단계(평균: 0.50, 표준편차: 1.10)와 3단계(평균: 0.51, 표준편차: 1.19) 사이에 유의미한 차이는 없었다.

⟨표 1⟩ 각 조건에 대한 평균과 표준편차(N = 80)

		복합명사구	Whether	부가어
Wh- 어순재배치	비섬 | 주절	0.51(0.60)	0.47(0.60)	0.46(0.65)
	섬 | 주절	0.67(0.52)	0.18 (0.68)	0.02(0.77)
	비섬 | 내포절	-0.18(0.63)	-0.11(0.61)	-0.28(0.66)
	섬 | 내포절	-0.51(0.67)	-0.32(0.63)	-0.75(0.61)
Non-wh- 어순재배치	비섬 | 주절	0.68(0.57)	0.69(0.52)	0.66(0.52)
	섬 | 주절	0.70(0.52)	0.46(0.57)	0.13(0.64)
	비섬 | 내포절	-0.53(0.60)	-0.43(0.59)	-0.69(0.55)
	섬 | 내포절	-0.76(0.60)	-0.52(0.62)	-1.09(0.51)

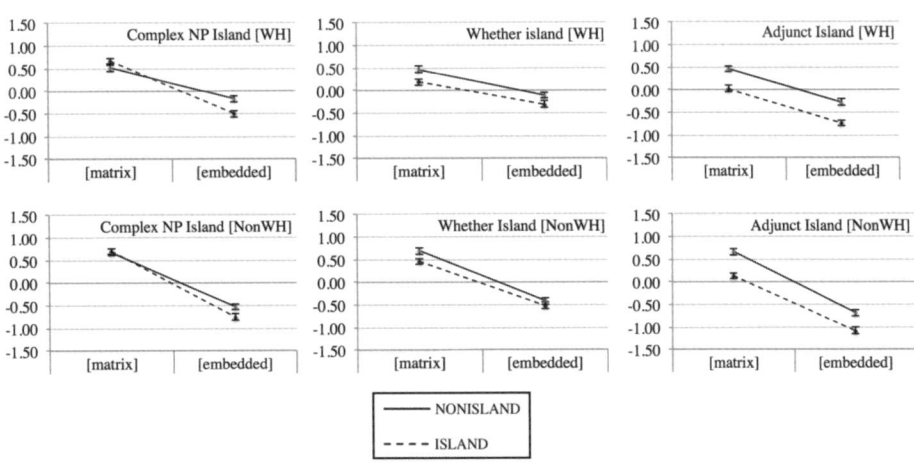

⟨그림 5⟩ 상단 그래프 3개는 wh-어순재배치를,
하단 그래프 3개는 non-wh-어순재배치를 표시

첫 번째 연구질문(한국어 어순재배치는 섬에 민감한가?)에 답하기 위해 각 섬의 유형에 따라 z-표준점수로 표시된 응답들을 분리하고, 구조(섬 대 비섬)와 공백위치(주절 대 종속절)를 고정변수로 하여 이원분산분석을 유형(wh-요소 대 non-wh-요소)에 따라 각각 시행하였다. 14.2절에서 논의한 바대로 구조와 공백위치 사이에 상호작용이 있다면—즉, 섬을 포함한 문장에서의 장거리 어순재배치가 4개의 조건 중에서 수용성이 가장 떨어지면—섬제약 효과가 있다는 신호가 될 것이다. 또한 공백위치의 독립적 효과를 조사하기 위해 섬이 없는(NONISLAND) 두 조건에 쌍별비교

(pairwise comparison)가 시행되었고, 구조의 독립적 효과를 조사하기 위해 공백이 주절(MATRIX)에 나타나는 두 조건에도 쌍별비교가 시행되었다. 이원분산분석의 결과는 <표 2>와 <표 3>에 각각 요약되어 있다.

〈표 2〉Wh-어순재배치에 대한 이원분산분석(유형 = wh)

	복합명사구	Whether	부가어
2 × 2 모형			
구조	0.1994	0.0006	0.0001
공백위치	0.0001	0.0001	0.0001
구조 × 공백위치	0.0003	0.5391	0.8368
쌍별비교			
공백위치(구조 = 비섬)	0.0001	0.0001	0.0001
구조(공백위치 = 주절)	0.0942	0.0041	0.0001

〈표 3〉Non-wh-어순재배치에 대한 이원분산분석(유형 = non-wh)

	복합명사구	Whether	부가어
2 × 2 모형			
구조	0.1068	0.0117	0.0001
공백위치	0.0001	0.0001	0.0001
구조 × 공백위치	0.0507	0.3117	0.3029
쌍별비교			
공백위치(구조 = 비섬)	0.0001	0.0001	0.0001
구조(공백위치 = 주절)	0.8078	0.0126	0.0001

구조와 공백위치의 상호작용은 복합명사구섬에서만 감지되었다. Wh-어순재배치의 경우(p = 0.0003)는 유의미한 상호작용이 있었고 non-wh-어순재배치의 경우(p = 0.0507)는 미미하게나마 유의미한(marginally significant) 상호작용이 있었다.[13] 반면에 *Whether*-섬과 부가어섬은 초가법적 상호작용(super-additive interaction)을 보여주지 않았는데 <그림 5>의 상관관계를 보여주는 그래프에서 두 개의 (거의) 평행선을 보면 알 수 있다. 또한 쌍별비교의 결과를 보면 복합명사구섬(그리고 미미하게 *Whether*-

---

[13] <표 1>과 <그림 5>가 보여 주듯이 wh-어순재배치의 수용성은 복합명사구섬 구조에서 더 높았다. 그러나 <표 2>의 쌍별비교는 wh-어순재배치가 주절에서 공백을 갖는 조건에서 구조의 독립된 효과가 없음을 보여준다.

섬)에서 '구조'의 독립적인 효과는 유의미하지 않지만, '공백위치'의 독립적 효과는 모든 섬의 모든 어순재배치에서 유의미(p < 0.0001)함을 알 수 있다. 결국 복합명사구섬에서는 섬제약 효과와 관련하여 구조와 공백위치 사이에 상호작용이 있었지만 복합명사구섬의 구조적 복잡성이 독립적으로 처리의 어려움을 야기하지는 않았다. 이러한 관점에서 보면 복합명사구섬이 보이는 초가법적 상호작용은 축소주의적 접근으로는 설명될 수 없는 것이다. 복합명사구섬이 보이는 효과가 두 처리요인(구조 대 공백)중에서 어느 하나가 다른 하나에 영향을 미치지 못하는데 양자간의 공모행위(conspired act)가 있다고 할 수 있을까? 따라서 한국어 장거리 어순재배치는 *Whether*-섬 효과나 부가어섬 효과를 보이지는 않지만 복합명사구섬 효과를 보이기 때문에 Ross(1967)의 복합명사구제약만이 '영역-특수적 문법요인'으로 존재한다고 결론을 내릴 수 있다.

<표 2>와 <표 3>이 보여주는 것처럼 wh-어순재배치(p = 0.0003)가 non-wh-어순재배치(p = 0.0507)와 비교하여 복합명사구섬에 대해 예민한 반응을 보인다는 것은 주목할 만하다. 이러한 불일치는 두 번째 연구질문(한국어 어순재배치는 어순재배치되는 요소의 유형에 민감한가?)에 대한 답을 제공하는 것으로 보인다. 이와 관련하여 연구자들은 각 피실험자들의 z-표준화 응답점수에 대해 이중차분점수를 계산하였다. Sprouse et al.(2012)에 따르면 섬제약 효과의 진폭(amplitude)은 이중차분점수들로 비교되어 계산될 수 있다.

(17) 평균 평가(Mean Rating) 샘플을 통한 이중차분(DD)점수 계산하기
[Sprouse et al. 2012: 92]
  a. D1 = (비섬 | 내포절) - (섬 | 내포절)   [z-표준점수]
     What do you think that John bought __ ?   0.5
     What do you wonder whether John bought __?   -1.5
                                                                 2.0
  b. D2 = (비섬 | 주절) - (섬 | 주절)
     Who __ thinks that John bought a car?   1.5
     Who __ wonders whether John bought a car?   -0.7
                                                                 0.8
  c. DD = D1 - D2 = 2.0 - 0.8 = 1.2

Sprouse et al.처럼 연구자들은 (17)에 따라 각 섬의 각 유형별로 이중차분점수를 계산하였다: DD = [D1 {(비섬 | 내포절) - (섬 | 내포절)}] - [D2 {(비섬 | 주절) - (섬 | 주절)}]. 양수의 이중차분점수는 섬 밖으로의 장거리 어순재배치가 구조와 공백위치와는 독립적으로 처리의 어려움을 보여준다는 것을 시사할 것이다. 섬제약 효과가 클수록 양수의 이중차분점수가 커질 것이기 때문에 이중차분점수를 비교함으로써 wh-어순재배치와 non-wh-어순재배치가 섬제약 효과에 대해 동일하게 민감한지 아니면 동일하게 둔감한지를 조사할 수 있을 것이다. 연구자들은 '유형'을 고정변수로 하여 각 섬의 이중차분점수에 대해 일련의 일원분산분석을 시행하였고 그 결과를 <표 4>에 정리했다.

<표 4> Wh-어순재배치와 non-wh-어순재배치의 이중차분점수(N = 320)

	복합명사구	Whether	부가어
평균(표준편차)			
Wh-어순재배치	0.50(1.10)	-0.09(1.15)	0.03(1.31)
Non-wh-어순재배치	0.25(0.95)	-0.13(1.03)	-0.13(0.96)
일원분산분석(p-수준)	0.1346	0.7964	0.3795

Wh-어순재배치와 non-wh-어순재배치의 이중차분점수는 복합명사구섬에서는 양수였으나 *Whether*-섬과 부가어섬에서는 <표 4>처럼 음수이거나 0에 가까운 수였다. Wh-어순재배치의 이중차분점수 평균(평균: 0.50, 표준편차: 1.10)은 non-wh-어순재배치의 이중차분점수 평균(평균: 0.25, 표준편차: 0.95)보다 2배 정도 컸다. 그러나 일원분산분석의 결과는 wh-어순재배치와 non-wh-어순재배치의 이중차분점수들 사이의 유의미한 차이를 탐지하지 못했다(p = 0.1346). 즉, 결과는 wh-어순재배치(p = 0.0003)가 non-wh-어순재배치(p = 0.0507)보다 복합명사구섬에 대해 훨씬 더 민감하게 보이지만 복합명사구제약 효과의 크기는 양자 간(p = 0.1346)의 유의미한 차이가 없다는 것을 보여준다.

요약하면, 한국어 어순재배치는 복합명사구섬에서 섬제약 효과를 보였지만 *Whether*-섬과 부가어섬에서는 섬제약 효과를 보이지 않았다. 그런데 복합명사구섬에서 '구조'가 독립적인 효과를 보이지는 않았기 때문에 섬제약 효과가 영역-특수적 문법요인(즉, 복합명사구제약)에 기인하는 것으로 볼 수 있다. 또한 wh-어순재배치와 non-wh-어순재배치는 복합명사구섬에 대해서 섬제약 효과의 크기가 아니라 민감성의 정도(degree)에서 차이를 보였다.

14.5 논의

14.5.1 한국어 복합명사구제약의 본질

지금까지 우리는 한국어 장거리 어순재배치는 복합명사구섬에서만 섬제약 효과를 보이지만 섬구조 자체가 유의미한 독립적 효과를 발생시키지는 않는다는 것을 알았다. 이러한 사실로 복합명사구섬이 다른 섬들과 근본적으로 다를 수 있다는 추론이 가능하다. 사실 Sprouse et al.(2012: 96)도 영어 wh-이동이 복합명사구 밖으로 이동할 때 섬제약 효과가 발생한다고 관측하였으나 복합명사구섬의 구조적 복잡성이 유발하는 독립적인 효과가 유의미하지는 않았다. 이러한 발견은 예를 들어, Hofmeister & Sag(2010)가 복합명사구제약을 처리 방식으로 설명한 것에 대한 반박 자료가 될 수 있다. 이러한 맥락에서 복합명사구제약 효과를 유발하는 몇몇 통사이론을 검토해 보자.

A-over-A 제약(The A-over-A Constraint; Chomsky 1964)

장거리 어순재배치에서 이동한 모든 요소(즉, 내포절 공백 조건)는 명사구이다. 이러한 의미에서 복합명사구에서 명사구를 이동시키는 것이 A-over-A 제약을 위반하여 복합명사구제약 효과를 유발했다는 가설을 세울 수 있다. A-over-A 제약에 따르면 섬제약 효과는 (18a)처럼 명사구가 더 내포적(inclusive)인 명사구의 밖으로 이동될 때 발생되지만, (18b)처럼 부사구가 명사구 밖으로 이동될 때는 발생되지 않는다. 이러한 가설은 추후 연구에서 '구조', '공백위치', '유형(nominal 대 adverbial)'의 2 × 2 × 2 요인설계를 통하여 검증될 수 있다.

(18) a. NP ⋯ [COMPLEX NP ISLAND ⋯ __] ⋯

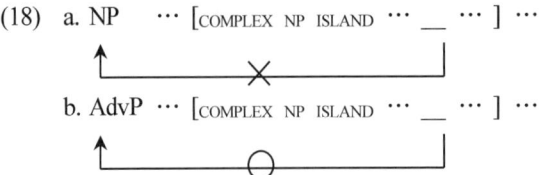

   b. AdvP ⋯ [COMPLEX NP ISLAND ⋯ __] ⋯

하위인접조건(The Subjacency Condition; Chomsky 1973)

복합명사구섬 밖으로 장거리 어순재배치될 때 이동하는 요소는 절 경계(IP, 보어절)와 NP 경계(핵명사)를 건너고, *Whether*-섬과 부가어섬 밖으로 어순재배치될 때는 오직 절 경계만을 건넌다. 하위인접조건은 한 번에 두 개 이상의 경계(IP 혹은 NP)를 건널 때 위반된다는 의미에서, (19a)처럼 동시에 두 개의 경계를 건너는 복합명사구섬만이 장거리 어순재배치의 장벽이 될 수 있다.

(19) a. XP ⋯ [NP ⋯ [IP ⋯ __] ⋯]

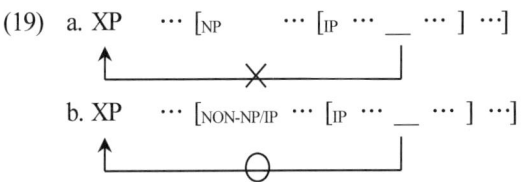

   b. XP ⋯ [NON-NP/IP ⋯ [IP ⋯ __] ⋯]

그러나 하위인접조건에 따르면 (19b)처럼 또 다른 경계절점(즉, NP)이 없을 때 한국어 어순재배치에서는 섬제약 효과 나타나지 않을 것이다. 한국어의 '것'이 (20)처럼 어떤 구문에서는 비명사류(non-nominal) 요소로 나타나는 사실(예, 윤항진 2005, 박소영 2010)을 감안하면, 이러한 가설은 또 다른 투사(NP 대 Non-NP)의 유형을 요인으로 설정한 실험을 통해 검증할 수 있을 것이다.

(20) a. 무엇을 철수는 [KESP [IP 영희가 __ 먹었다는] 것을] 아니?
    b. 무엇을 철수는 [NP [IP 영희가 __ 먹었다는] 사실을] 아니?

섬제약 효과가 (20a)는 아니지만 (20b)에서 감지된다면 이것은 복합명사구제약 효과가 하위인접조건 위반으로 야기됨을 확인해 주는 것이 될 것이다.

통로이론(Path Theory; Hornstein 2009)

(21)의 복합명사구섬 조건에서 장거리 어순재배치는 (22a)의 섬을 포함하지 않는 조건이나 (22b)의 *Whether*-섬 조건 혹은 (22c)의 부가어섬 조건과 비교하여 최대투사를(즉, NP)를 하나 더 넘어간다.

(21) 복합명사구섬 | 내포절
   [무엇을 철수는 [VP 의사에게 [NP [CP [IP 영희가 [VP __ 먹었다는]]] 사실을] 이야기 하]였니]?

(22) a. 비섬 | 내포절
   [무엇을 철수는 [VP 의사에게 [CP [IP 영희가 [VP __ 먹] 었다] 고] 이야기하] 였니]?

   b. *Whether*-섬 | 내포절
   [무엇을 영희는 [VP 교수에게 [CP [IP 진우가 [VP __ 저주를 하] 였] 는지] 말하] 였니] ?

   c. 부가어섬 | 내포절
   [무엇을 연아는 [VP 친구에게 [CP [IP 민지가 [VP __ 받아]] 서] 자랑해] 였니]?

이러한 맥락에서 장거리 어순재배치가 최대투사를 하나 더 넘어서 이동했기 때문에 복합명사구제약 효과가 발생했다는 가설을 세울 수 있다. Hornstein(2009)에 따르면 이동의 길이는 옮겨간 위치와 공백 사이의 통로(Path)라는 개념으로 계산된다. 한 이동의 통로는 건너간 최대투사의 집합으로 계산된다. (21), (22)에서 장거리 어순재배치의 통로는 각각 (23a), (23b)처럼 계산되기 때문에, (23a)의 5-구성원 통로 (5-membered path)는 복합명사구제약 효과를 촉발하는데 (23b)의 4-구성원 통로는 그렇지 않다는 가설을 세울 수 있다.

(23) a. 통로 = {VP, IP, CP, NP, VP} |통로| = 5
   b. 통로 = {VP, IP, CP, VP} |통로| = 4

이러한 맥락에서, 중간에 낀 최대투사의 특정 숫자(즉, 5)가 섬제약 효과를 촉발한다면 (24)도 유사한 섬제약 효과를 보여줄 것이다.

(24) 통로 = {VP, IP, CP, *Kes*P, VP} |통로| = 5
[무엇을 철수는 [VP [*KESP* [CP [IP 영희가 [VP __ 먹었다는]]] 것을] 아 니]?

명사의 사실성(Factivity of the Nouns)

통사제약 이외에도 복합명사구섬의 의미적 특이성 즉, 핵명사의 사실성(factivity)을 섬제약 효과의 촉발요인으로 생각해 볼 수 있다. 14.3.1절에서 언급한 것처럼 이 실험에서는 '사실', '소식', '비밀', '정보'라는 명사만을 사용하여 복합명사구섬을 구성하였다. 보통 사실성 술어(factive predicate)는 자신의 보어를 함의(entailment)한다(Simons 2007: 1043). 이러한 맥락에서 함의된 사실적 명제(factive proposition)와 (의문) wh-요소의 불확실성(uncertainty) 간의 불일치가 섬제약 효과를 야기했다는 가설을 세울 수 있다. 이러한 가설은 (25)처럼 한국어에서 어순재배치가 있을 경우 관계절섬이 유사한 섬제약 효과를 보여주는지를 조사함으로써 검증할 수 있다.

(25) 무엇을 철수는 의사에게 [영희가 __ 먹은 식당을] 이야기했니?

관계절섬에서 유사한 섬제약 효과가 나타나지 않는다면 이 가설은 거부될 것이다 (주 3을 참고).

14.5.2 한국어 장거리 어순재배치의 본질

이동 분석과 기저생성 분석의 비교

섬제약 효과는 통사이동의 전형적인 속성으로 인식되기 때문에(Merchant 2001), 본 실험에서 관측된 복합명사구제약 효과는 어순재배치에 대한 기저생성 분석(Bošković & Takahashi 1998)보다는 이동 분석(Miyagawa 2001)을 지지한다. 그런데 Whether-섬과 부가어섬의 효과는 감지되지 않았기 때문에 이들 섬이 한국어에서 존재하지 않는다는 전제에서만 이 실험의 관측은 이동 분석에 대한 증거를 제시하는 것이다. 만약 이들 섬이 어떤 의존관계에서는 섬제약 효과를 보인다면 왜 이들 섬이 한국어 장거리 어순재배치가 통사이동임에도 불구하고 섬제약 효과를 야기하지 않는지에 대해 답을 해야만 한다. 14.2절에서 언급했듯이 김보영 & Goodall(2016)은 한국어의 제자리 wh-의문문(in-situ wh-question)에서 Whether-섬제약 효과가 관측됨을 실험으로 증명하였기 때문에 이 문제와 관련되어 확실한 결론을 짓기에는 시기상조인 듯하다.

절 경계성(Clause-boundedness)

<표 2>와 <표 3>에서 우리는 어순재배치된 요소와 공백위치 간의 거리가 세 유형의 섬을 건너는 한국어 어순재배치에 대해 유의미한 수준($p < 0.0001$)의 독립적인 효과를 보이는 것을 목격하였다. 이 결과는 한국어 어순재배치가 절 경계에 민감하다는(clause-bounded)는 이기갑(1989)의 통찰력을 지지해 준다(주 2와 4를 참고). 그러나 공백위치는 문법요인보다는 처리요인으로 규정되기 때문에 이 결과는 한국어에서 어떤 장거리 어순재배치를 금지하는 통사(문법)제약이 있다는 증거로 해석될 수 없다. 최소한 한국어 어순재배치에 절 경계가 개입되면 문장의 수용성(반드시 문장의 문법성까지는 아니더라도)이 상당히 저하되는 것은 분명해 보인다.

어순재배치된 요소의 유형

이 실험에서 wh-어순재배치($p = 0.0003$)는 non-wh-어순재배치($p = 0.0507$)보다 복합명사구제약에 더 민감한 것으로 나타났다. 그렇다면 한국어 어순재배치는 의미적 양상에서 완전히 자유롭지는 않은 것 같다(Saito(1985)를 참고). 이동 분석에서 어순재배치는 wh-요소와 non-wh-요소를 구분한다는 점에서 통사적 동인으로 유발되는(Miyagawa(2001)의 자질유인의 이동) 이동이라고 할 수 있다. 이러한 견지에서 한국어 어순재배치에 관련된 자질이 있다면 초점(이혜란 2008)이라고 할 수 있다. wh-의문사는 본질적으로 초점자질을 지닌다(김정석 1997)는 견해를 따르면 non-wh-어순재배치가 복합명사구섬에 대해 덜 민감한 것은 non-wh-요소가 초점자질을 지닐 가능성이 적기 때문이라고 볼 수 있다.

14.6 맺음말

14장은 요인설계에 기반한 수용성 판단 형식실험을 통해 한국어 장거리 어순재배치가 섬제약 효과를 보이는지를 탐구하였다(Sprouse et al. 2012). 실험결과로 한국어 장거리 어순재배치가 있을 때 오직 복합명사구섬만이 섬제약 효과를 유발하는 것을 알 수 있었다. *Whether*-섬과 부가어섬은 섬제약 효과를 유발하지 않는 것으로 판명되었다. 이러한 발견을 설명하기 위해 복합명사구섬의 특성을 포착할 수 있는 몇몇 통사이론(모두 추후 연구를 통해 검증되어야 하겠지만)을 검토하였다. 그러나 복합명사구의 구조적 복잡성은 처리의 어려움을 독립적으로 유발하지는 않기 때문에 섬제약 효과가 문법제약(즉, 복합명사구제약)일 가능성이 높은 것으로 보았다.

또한 실험결과는 한국어 어순재배치 현상에 대한 이동 분석을 지지한다. 전통적으로 섬제약 효과가 통사이동의 증거로 인정되어 온 사실을 감안하면 복합명사구제약 효과는 이동 분석의 증거로 보인다. 어순재배치된 요소의 유형에 따라 복합명사구섬에 대한 민감성이 변화한다는 사실은 한국어 장거리 어순재배치가 초점자질유인 이동이라는 사실을 시사하는 것 같다. 그러나 확실한 결론에 도달하려면 왜 *Whether*-섬이 한국어 제자리 wh-의문문의 경우에서 섬제약 효과를 보이는지(김보영 & Goodall 2016)를 포함하여 논쟁거리가 되는 몇몇 질문에 답을 해야만 할 것이다.

참고문헌

강홍구. 1996. 의문문의 화용론적 의미 고찰. *한어문교육* 4, 309-319.

고광주. 2000. 관용어의 논항구조와 형성제약. *어문논집* 42, 261-283.

고희정[Ko, Heejeong]. 2014. Remarks on right dislocation construction in Korean: Challenges to bi-clausal analyses. *Language Research* 50, 275-310.

고희정[Ko, Heejeong]. 2015. Two ways to the right: A hybrid approach to right-dislocation in Korean. *Language Research* 51, 3-40.

고희정·최재영[Ko, Heejeong & Jaeyoung Choi]. 2009. Rightward movement and output economy. In *Proceedings of the 11th SICOGG: 2009 Visions of the Minimalist Program*, 247-255.

김랑혜윤[Kim, Rhang-Hye-Yun]. 2003. Scrambling and minimalist program. *Studies in Generative Grammar* 13, 3-19.

김랑혜윤. 2015. 관용표현이 조각문에 관해 말해주는 것. *언어학 연구* 37, 55-67.

김보영[Kim, Boyoung]. 2015. *Sensitivity to islands in Korean-English bilinguals*. Doctoral dissertation, The University of California at San Diego.

김보영[Kim, Boyoung] & Grant Goodall. 2016. Islands and non-islands in native and heritage Korean. *Frontiers in Psychology* 7, 134. doi: 10.3389/fpsyg.2016.00134

김선웅·홍용철[Kim, Sun-Woong & Yong-Tcheol Hong]. 2013. Hanging topic, pseudo right dislocation, and pseudo fragment answers. Paper presented at Dongguk University, December 7, 2013.

김옥기·김종복. 2014. 영어 우향전위구문에 대한 소고: 말뭉치 자료를 중심으로. *영어학 연구* 20(2), 93-106.

김용하. 2007. 한국어의 무동사 접속문. *생략현상연구: 범언어적 관찰*, 임창국 편, 84-122. 서울: 한국문화사.

김정석[Kim, Jeong-Seok]. 1997. *Syntactic focus movement and ellipsis: A minimalist approach*. Doctoral dissertation, The University of Connecticut at Storrs.

김정석[Kim, Jeong-Seok]. 1998a. A minimalist account of gapping in Korean/Japanese. *Studies in Generative Grammar* 8, 105-137.

김정석[Kim, Jeong-Seok]. 1998b. Is locative inversion an empirical argument for local economy?. *Journal of the Linguistic Association of Korea* 6, 45-65.

김정석[Kim, Jeong-Seok]. 2000. Locative inversion and optional features. In *the*

Proceedings of the Poster Session of the 18th Annual West Coast Conference on Formal Linguistics, 71-78.

김정석[Kim, Jeong-Seok]. 2005. A focus account of English comparatives with subject-aux inversion. *Studies in Modern Grammar 40*, 67-90.

김정석[Kim, Jeong-Seok]. 2006. Against a multiple dominance analysis of right node sharing constructions in Korean and Japanese. *Studies in Modern Grammar 46*, 123-147.

김정석[Kim, Jeong-Seok]. 2010. *Do so* is shallow. *Studies in Generative Grammar 20*, 301-320.

김정석[Kim, Jeong-Seok]. 2014. On the understood object in English. *Studies in Generative Grammar 24*, 83-103.

김종복[Kim, Jong-Bok]. 2015. Syntactic and semantic identity in Korean sluicing: A direct interpretation approach. *Lingua 166*, 260-293.

박명관[Park, Myung-Kwan]. 1994. *A morpho-syntactic study of Korean verbal inflection.* Doctoral dissertation, The University of Connecticut at Storrs.

박명관[Park, Myung-Kwan]. 2001. Subject-less clefts in Korean: Towards a deletion analysis. *Language Research 37*, 715-739.

박명관[Park, Myung-Kwan]. 2009. Right node raising as conjunction reduction fed by linearization. *Language Research 45*, 179-202.

박명관·김선웅[Park, Myung-Kwan & Sun-Woong Kim]. 2009. The syntax of afterthoughts in Korean: Move and delete. *The Linguistic Association of Korea Journal 17*, 25-53.

박명관·이우승[Park, Myung-Kwan & Wooseung Lee]. 2009. A 'RNR' analysis of 'left node raising' constructions in Korean. *Studies in Generative Grammar 19*, 505-528.

박범식·박자연[Park, Bum-Sik & Ja-Yeon Park]. 2011. Repairing *-making and island violations. *Studies in Generative Grammar 21*, 517-535.

박소영[Park, So-Young]. 2010. Korean clausal comparatives revisited: Korean has genuine clausal comparatives. *Studies in Generative Grammar 20*, 473-498.

배은경·김정석[Bae, Eun-Gyeong & Jeong-Seok Kim]. 2012. On missing objects: Model-interpretive anaphora or ellipsis. *Studies in Modern Grammar 70*, 49-71.

손근원[Sohn, Keun-Won]. 1994a. Adjunction to argument, free ride and a minimalist program. In *Formal approaches to Japanese linguistics 1. MIT Working Papers in Linguistics 24*, 315-334.

손근원[Sohn, Keun-Won]. 1994b. On gapping and right node raising. In *Explorations in Generative Grammar*, ed. Y.-S. Kim et al., 589-611, Seoul: Hankuk Publishing Co.

손근원[Sohn, Keun-Won]. 1995. *Negative polarity items, scope, and economy*. Doctoral dissertation, The University of Connecticut at Storrs.

손근원[Sohn, Keun-Won]. 1999. Deletion or copying: Right node raising in Korean and Japanese. In *Proceedings of the Nanzan GLOW*, 367-384.

손근원. 2000. 계사구문에 대한 비수문, 비분열 접근법. *생성문법연구 10*, 267-294.

손근원[Sohn, Keun-Won]. 2001. Deletion and right node raising in Korean and English. *Studies in Generative Grammar 11*, 485-501.

송버들[Song, Beo-Deul]. 2017. Two notes on right dislocation in Korean. Ms., Korea University.

송상헌·오은정[Song, Sanghoun & Eunjeong Oh]. 2016. 5 or 7: Is the choice so important in acceptability judgment testing?. *Korean Journal of Linguistics 41*, 449-480.

심양희[Joo, Yanghee Shim]. 2011. Reanalysis of locality and optional movement in the survive framework. *Studies in Generative Grammar 21*, 215-236.

안희돈. 2012. *조각문연구: 영어와 한국어를 중심으로*. 서울: 한국문화사.

안희돈·조성은[Ahn, Hee-Don & Sungeun Cho]. 2015. Right dislocation vs. fragment: A reply to Ko (2014). *Studies in Generative Grammar 25*, 427-446.

안희돈·조용준[Ahn, Hee-Don & Yongjoon Cho]. 2006. A dual analysis of verb-less coordination in Korean. *Language Research 42*, 47-68.

윤종열[Yoon, Jong-Yeol]. 1990. *Korean syntax and generalized X-bar theory*. Doctoral dissertation, The University of Texas at Austin.

윤항진[Yoon, Hang-Jin]. 2005. An expletive in Korean. *Studies in Generative Grammar 15*, 385-396.

윤혜석[Yoon, James Hye-Suk]. 2013. Implications of constraints on null constituents for analyses of the right dislocation construction. Paper presented at Dongguk University.

윤혜석·이우승[Yoon, James Hye-Suk & Wooseung Lee]. 2005. Conjunction reduction and its consequences for noun phrase morphosyntax in Korean. In *Proceedings of the West Coast Conference on Formal Linguistics 24*, 379-387.

이기갑[Lee, Kigap]. 1989. 한국어의 어순뒤섞기와 용인성 측정법. *어학연구 25*, 141-150.

이우승[Lee, Wooseung]. 2009. *The role of Case-marked noun phrase in clause structure building*. Doctoral dissertation, The University of Illinois at Urbana Champaign.

이우승[Lee, Wooseung]. 2010. The architecture of right dislocation constructions. *Studies in Generative Grammar 20*, 521-543.

이정식[Lee, Jeong-Shik]. 1995. A study on predicate clefting. *Studies in Generative Grammar 5*, 531-584.

이정식[Lee, Jeong-Shik]. 2007. Deriving SOV from SVO in Korean. *The Linguistic Association of Korea Journal 15*, 1-20.

이정식[Lee, Jeong-Shik]. 2009. A verb-initial single clause analysis of right-dislocated constructions in Korean. *Studies in Modern Grammar 57*, 127-157.

이정식. 2016. *국어 통사구조 새로 보기: 핵어선 구조의 관점에서*. 서울: 한국문화사.

이정훈. 2013. 왜 의문사는 후보충되지 않는가?. *현대문법연구 72*, 105-119.

이혜란[Lee, Hyeran]. 2005. VP coordination analysis of gapping constructions in Korean. *Studies in Generative Grammar 15*, 533-562.

이혜란[Lee, Hyeran]. 2008. Left periphery in Korean: Topicalization, focalization, and scrambling. *Studies in Generative Grammar 18*, 137-171.

이혜란[Lee, Hyeran]. 2009. Wh-phrases and the left periphery. *Studies in Generative Grammar 19*, 475-503.

임창국[Yim, Changguk]. 2013. Bi-clausal evidence for right dislocation in Korean. *Studies in Generative Grammar 23*, 25-39.

장영준[Jang, Youngjun]. 1997. *Tense and complementizer feature-checking*. Doctoral dissertation, Harvard University.

정대호[Chung, Daeho]. 2004. A multiple dominance analysis of right node sharing constructions. *Language Research 40*, 791-811.

정대호[Chung, Daeho]. 2009. An elliptical coordination analysis of the right dislocated construction in Korean. *The Linguistic Association of Korea Journal 17(4)*, 1-23.

정대호[Chung, Daeho]. 2010a. Replies to Lee (2009): In defense of a double clause approach to the right dislocated construction. *Studies on Modern Grammar 61*, 167-196.

정대호[Chung, Daeho]. 2010b. Left node raising as a shared node raising. *Studies on Generative Grammar 20*, 549-576.

정대호[Chung, Daeho]. 2012. Pre- vs. post-verbal asymmetries and the syntax of Korean right dislocated construction. *Studies in Generative Grammar 22*, 703-721.

정대호·손근원. 2007. RNR 구문: 분석과 전망. *생략현상연구: 범언어적 관찰*, 임창국

편, 163-210. 서울: 한국문화사.

정덕호·김윤희·김정석. 2017. Island effects in Korean scrambling: An experimental study. 한국생성문법학회·한국영어학회·한국언어학회 2017년도 춘계 공동학술대회: *언어연구에 대한 융·복합적 접근 발표자료집*, 395-400.

조정민[Jo, Jung-Min]. 2005. Sluicing? It's just one of copular constructions. *The Linguistic Association of Korea Journal 13*, 143-167.

최기용. 2003. 한국어와 핵 이동: 종결형을 중심으로. *생성문법연구 13*, 119-142.

최영주[Choi, Youngju]. 2006. Base-generated right-dislocation. *Harvard Studies in Korean Linguistics 11*, 387-400.

최영주·윤혜석[Choi, Youngju & James Hye-Suk Yoon]. 2007. Fragments with and without articulated constituents at LF. Paper presented at *the North East Linguistic Society 38*.

최재웅[Choe, Jae-Woong]. 1987. LF movement and pied-piping. *Linguistic Inquiry 18*, 348-353.

최준수[Choe, Joon-Soo]. 2012. 우리말 관형절 갈래와 생김새. *생성문법연구 22*, 459-495.

최현숙[Choe, Hyon Sook]. 1987. Successive-cyclic rightward movement in Korean. *Harvard Studies in Korean Linguistics 2*, 40-56.

최현숙[Choe, Hyon Sook]. 1988. *Restructuring parameters and complex predicates: A transformational approach*. Doctoral dissertation, MIT.

홍성심[Hong, Sung-shim]. 2000. The internal structure of English right node raising constructions. *Studies in British and American Language and Literature 60*, 215-240.

Abbott, Barbara. 1976. Right node raising as a test for constituenthood. *Linguistic Inquiry 7*, 639-642.

Abe, Jun. 1993. *Binding conditions and scrambling without A/A' distinction*. Doctoral dissertation, The University of Connecticut at Storrs.

Abe, Jun. 2004. On directionality of movement: A case of Japanese right dislocation. In *Proceedings of the 58th Conference: The Tohoku English Literary Society*, 45-61.

Abe, Jun. 2008. Embedded sluicing in Japanese. In *Pragmatic functions and syntactic theory: In view of Japanese main clauses: A report for Grants-in-Aid for Science Research*, 121-174. Kanda University of International Studies.

Abe, Jun & Hiroto Hoshi. 1993. Gapping and P-stranding. In *Japanese Grammar* (II): *Second Annual Report for the Research Project, Development of a Formal*

Grammar of Japanese, ed. Mamoru Saito, 16-28.

Abe, Jun & Hiroto Hoshi. 1995. Gapping and the directionality of movement. In *Proceedings of Formal Linguistics Society of Mid-America 6*, 82-93.

Abe, Jun & Hiroto Hoshi. 1997. Gapping and P-stranding. *Journal of East Asian Linguistics 6*, 101-136.

Abe, Jun & Chizuru Nakao. 2009. On ATB-movement and parasitic gaps in Japanese. In *2009 Visions of the Minimalist Program, Proceedings of the 11th Seoul International Conference on Generative Grammar*, 1-15.

Abels, Klaus. 2003. *Successive cyclicity, anti-locality, and adposition stranding*. Doctoral dissertation, The University of Connecticut at Storrs.

Abels, Klaus. 2004. Right node raising: Ellipsis or across the board movement?. In *Proceedings of the North East Linguistic Society 34*, 45-59.

Ackema, Peter & Kriszta Szendröi. 2002. Determiner sharing as an instance of dependent ellipsis. *Journal of Comparative Germanic Linguistics 5*, 3-34.

Agbayani, Brian. 1998. Generalized pied-piping and island effects. In *Proceedings of the North East Linguistic Society 28*, 1-14.

Akmajian, Adrian & Frank Henry. 1975. *An introduction to the principles of transformational syntax*. Cambridge, MA: MIT Press.

Alexopoulou, Theodora & Frank Keller. 2007 Locality, cyclicity, and resumption: At the interface between the grammar and the human sentence processor. *Language 83*, 110-160.

Aoshima, Sachiko, Colin Phillips, & Amy Weinberg. 2003. Processing of Japanese wh-scrambling constructions. *Japanese and Korean Linguistics 12*, 179-191.

Aoun, Joseph. 1985. *A grammar of anaphora*. Cambridge, MA: MIT Press.

Bach, Emmon. 1970. Pronominalization. *Linguistic Inquiry 1*, 121-122.

Baker, Carl. 1995. *English Syntax*. Cambridge, MA: MIT Press.

Barros, Matthew. 2012. A non-repair approach to island sensitivity in contrastive TP ellipsis. In *Proceedings of the Annual Meetings of the Chicago Linguistic Society 48*.

Barros, Matthew, Patrick D Elliot, & Gary Thoms. 2014. *There is no island repair*. Ms., Rutgers University, University College London, and University of Edinburgh.

Boeckx, Cedric. 2000. A note on contraction. *Linguistic Inquiry 31*, 357-366.

Boeckx, Cedric. 2003. *Islands and chains: Resumption as stranding*. Amsterdam: John

Benjamins.

Boeckx, Cedric. 2008. *Bare syntax*. Oxford: Oxford University Press.

Boeckx, Cedric. 2012. *Syntactic islands*. Cambridge: Cambridge University Press.

Bošković, Željko. 1998. Multiple wh-fronting and economy of derivation. In *Proceedings of the West Coast Conference on Formal Linguistics 16*, 49-63.

Bošković, Željko. 2004. Two notes on right node raising. *University of Connecticut Working Papers in Linguistics 12*, 13-24.

Bošković, Željko & Daiko Takahashi. 1998. Scrambling and last resort. *Linguistic Inquiry 29*, 347-366.

Bresnan, Joan. 1970. An argument against pronominalization. *Linguistic Inquiry 1*, 122-123.

Bresnan, Joan. 1971. A note on the notion "identity of sense anaphora". *Linguistic Inquiry 2*, 589-597.

Bresnan, Joan. 1972. On sentence stress and syntactic transformations. In *Contributions to generative phonology*, ed. Michael Brame, 73-107. Austin: University of Texas Press.

Bresnan, Joan. 1974. The position of certain clause-particles in phrase structure. *Linguistic Inquiry 5*, 614-619.

Bresnan, Joan. 1994. Locative inversion and the architecture of universal grammar. *Language 70*, 72-131.

Chafe, Wallace. 1976. Givenness, contrastiveness, definiteness, subjects, topics, and point of view. In *Subject and topic*, ed. Charles Li, 25-55. New York: Academic Press.

Chao, Wynn. 1987. *On ellipsis*. Doctoral dissertation, The University of Massachusetts at Amherst.

Chomsky, Noam. 1964. *Current issues in linguistic theory*. The Hague: Mouton.

Chomsky, Noam. 1965. *Aspects of the theory of syntax*. Cambridge, MA: MIT Press.

Chomsky, Noam. 1972. Some empirical issues in the theory of transformational grammar. In *Goals of linguistic theory*, ed. Stanley Peters, 63-130. Englewood Cliffs, NJ: Winston.

Chomsky, Noam. 1973. Conditions on transformations. In *A festschrift for Morris Halle*, ed. Stephen Anderson & Paul Kiparsky, 232-286. New York: Holt, Rinehart, and Winston.

Chomsky, Noam. 1977. On wh-movement. In *Formal syntax*, ed. Peter W. Cole, Thomas Wasow, & Adrian Akmajian, 71-132. New York: Academic Press.

Chomsky, Noam. 1981. *Lectures on government and binding*. Dordrecht: Foris.
Chomsky, Noam. 1986. *Barriers*. Cambridge, MA: MIT Press.
Chomsky, Noam. 1993. A minimalist program for linguistic theory. In *The view from Building 20*, ed. Kenneth Hale & Samuel Jay Keyser, 1-54. Cambridge, MA: MIT Press.
Chomsky, Noam. 1995. *The minimalist program*. Cambridge, MA: MIT Press.
Chomsky, Noam. 2000. Minimalist inquiries: The framework. In *Step by step: Essays on minimalist syntax in honor of Howard Lasnik*, ed. Roger Martin, David Michaels, & Juan Uriageraka, 89-155. Cambridge, MA: MIT Press.
Chomsky, Noam. 2001. Derivation by phase. In *Ken Hale: A life in language*, ed. Michael Kenstowicz, 1-52. Cambridge, MA: MIT Press.
Chomsky, Noam. 2004. Beyond explanatory adequacy. In *Structures and beyond: The cartography of syntactic structures 3*, ed. Adriana Belletti, 104-131. Oxford: Oxford University Press.
Chomsky, Noam. 2005. Three factors in language design. *Linguistic Inquiry 36*, 1-22.
Chomsky, Noam. 2007. Approaching UG from below. In *Interfaces + recursion = language?: Chomsky's minimalism and the view from syntax-semantics*, ed. Uli Sauerland & Hans-Martin Gärtner, 1-29. Berlin: Mouton de Gruyter.
Chomsky, Noam. 2008. On phases. In *Foundational issues in linguistic theory: Essays in honor of Jean-Roger Vergnaud*, ed. Robert Freidin, Carlos P. Otero, & Maria Luisa Zubizarreta, 133-166. Cambridge, MA: MIT Press.
Chung, Sandra. 2005. Sluicing and the lexicon: The point of no return. In *Proceedings of the Berkeley Linguistic Society 31: General Session and Parasession on Prosodic Variation and Change*, 73-91.
Chung, Sandra. 2013. Syntactic identity in sluicing: How much and why. *Linguistic Inquiry 44*, 1-44.
Chung, Sandra, William Ladusaw, & James McCloskey. 1995. Sluicing and logical form. *Natural Language Semantics 3*, 239-282.
Chung, Sandra, William Ladusaw, & James McCloskey. 2011. Sluicing(:) between structure and inference. In *Representing language: Essays in honor of Judith Aissen*, ed. Rodrigo Gutiérrez-Bravo, Line Mikkelsen, & Eric Potsdam, 31-50. Santa Cruz: Linguistic Research Center Publications.
Citko, Barbara. 2005. On the nature of merge: External merge, internal merge, and parallel

merge. *Linguistic Inquiry 36*, 475-496.

Citko, Barbara. 2006. Determiner sharing from a crosslinguistic perspective. *Linguistic Variation Yearbook 6*, 73-96.

Collins, Chris. 1997. *Local economy*. Cambridge, MA: MIT Press.

Collins, Chris. 2005. A smuggling approach to the passive in English. *Syntax 8*, 81-120.

Craenenbroeck, Jeroen van. 2010. Invisible last resort: A note on clefts as the underlying source for sluicing. *Lingua 120*, 1714-1726.

Culicover, Peter & Ray Jackendoff. 2005. *Simpler syntax*. Oxford: Oxford University Press.

Cyrino, Sonia Maria Lazzarini. 2004. Null complement anaphora and null objects in Brazilian Portuguese. *Apresentado no Workshop on Morphosyntax*, Universidad de Buenos Aires.

Dąbrowska, Ewa. 2008. Questions with 'unbounded' dependencies: A usage-based perspective. *Cognitive Linguistics 19*, 391-425.

Dąbrowska, Ewa. 2010. Naive vs. expert intuitions: An empirical study of acceptability judgments. *The Linguistic Review 27*, 1-23.

Deane, Paul. 1991. A cognitive theory of island phenomena. *Cognitive Linguistics 2*, 1-63.

Depiante, Marcela Andrea. 2000. *The syntax of deep and surface anaphora: A study of null complement anaphora and stripping/bare argument ellipsis*. Doctoral dissertation, The University of Connecticut at Storrs.

Depiante, Marcela Andrea. 2001. On null complement anaphora in Spanish and English. *Probus 13*, 193-221.

Dikken, Marcel den & Anastasia Giannakidou. 2002. From hell to polarity: 'Aggressively non-D-linked' *wh*-phrases as polarity items. *Linguistic Inquiry 33*, 31-61.

Erteschik-Shir, Nomi & Natalia Strahov. 2004. Focus structure architecture and P-syntax. *Lingua 114*, 301-323.

Featherston, Sam. 2005. *That*-trace in German. *Lingua 115*, 1277-1302.

Féry, Caroline & Katharina Hartmann. 2005. The focus and prosodic structure of German right node raising and gapping. *The Linguistic Review 22*, 69-116.

Fiengo, Robert. 1977. On trace theory. *Linguistic Inquiry 8*, 35-62.

Fiengo, Robert & Robert May. 1994. *Indices and identity*. Cambridge, MA: MIT Press.

Fillmore, Charles J. 1986. Pragmatically controlled zero anaphora. In *Proceedings of the Berkeley Linguistic Society 12*, 95-107.

Fox, Danny. 1999. Reconstruction, binding theory, and the interpretation of chains.

Linguistic Inquiry 30, 157-196.

Fox, Danny & Howard Lasnik. 2003. Successive cyclic movement and island repair: The difference between sluicing and VP-ellipsis. *Linguistic Inquiry* 34, 143-154.

Fukuda, Shin, Grant Goodall, Dan Michel, & Henry Beecher. 2012. Is magnitude estimation worth the trouble?. In *Proceedings of the West Coast Conference on Formal Linguistics* 29, 328-336.

Fukui, Naoki. 1986. *A theory of category projection and its application*. Doctoral dissertation, MIT.

Fukui, Naoki. 1993. Parameters and optionality. *Linguistic Inquiry* 24, 399-420.

Fukui, Naoki. 1995. The principles-and-parameters approach: A comparative syntax of English and Japanese. In *Approaches to language typology*, ed. Masayoshi Shibatani & Theodora Bynon, 327-371. Oxford: Oxford University Press.

Fukui, Naoki & Yuji Takano. 1998. Symmetry in syntax: Merge and demerge. *Journal of East Asian Linguistics* 7, 27-86.

García-Velasco, Daniel & Carmen Portero Muñoz. 2002. Understood objects in functional grammar. *Working Papers in Functional Grammar* 76, 1-24.

Goodall, Grant. 1987. *Parallel structures in syntax: Coordination, causatives and restructuring*. Cambridge: Cambridge University Press.

Goodall, Grant. 2015. The D-linking effect on extraction from islands and non-islands. *Frontiers in Psychology* 5: 1493. doi: 10.3389/fpsyg.2014.01493

Griffiths, James & Anikó Lipták. 2014. Contrast and island sensitivity in clausal ellipsis. *Syntax* 17, 189-234.

Grinder, John & Paul M. Postal. 1971. Missing antecedents. *Linguistic Inquiry* 2, 269-312.

Groefsema, Marjolein. 1995. Understood arguments: A semantic/pragmatic approach. *Lingua* 96, 139-161.

Gussenhoven, Carlos. 1984. *On the grammar and semantics of sentence accents*. Dordrecht: Foris.

Haig, John H. 1976. Shadow pronoun deletion in Japanese. *Linguistic Inquiry* 7, 363-371.

Hankamer, Jorge. 1971. *Constraints on deletion in syntax*. Doctoral dissertation, Yale University.

Hankamer, Jorge. 1978. On the nontransformational derivation of some null VP anaphors. *Linguistic Inquiry* 9, 66-74.

Hankamer, Jorge & Ivan Sag. 1976. Deep and surface anaphora. *Linguistic Inquiry* 7,

391-428.

Hartman, Jeremy & Ruixi Ressi Ai. 2009. A focus account of Swiping. In *Selected papers from the 2006 Cyprus Syntaxfest*, ed. Kleanthes K. Grohmann & Phoevos Panagiotidis, 92-122.

Hartmann, Katharina. 2000. *Right node raising and gapping: Interface conditions on prosodic deletion*. Amsterdam: John Benjamins.

Hartmann, Katharina. 2003. Backward matching in right node raising constructions. In *The interfaces: Deriving and interpreting omitted structures*, ed. Kerstin Schwabe & Susanne Winkler, 121-151. Amsterdam: John Benjamins.

Hasegawa, Nobuko. 2006. Sluicing and truncated wh-questions. In *Search of the essence of language science: Festschrift for professor Heizo Nakajima on the occasion of his sixtieth birthday*, ed. Yubun Suzuki, Keizo Mizuno, & Kenichi Takami, 453-470, Hituzi Shobo, Tokyo.

Hawkins, John. 2004. *Efficiency and complexity in grammars*. Oxford: Oxford University Press.

Heycock, Caroline & Anthony Kroch. 1999. Pseudocleft connectivity: Implications for the LF interface. *Linguistic Inquiry 30*, 365-397.

Hiraiwa, Ken & Shinichiro Ishihara. 2002. Missing links; Cleft, sluicing, and "no da" construction in Japanese. In *Proceedings of HUMIT 2001, MIT Working Papers in Linguistics 43*, 35-54.

Hiraiwa, Ken & Shinichiro Ishihara. 2012. Syntactic metamorphosis: Clefts, sluicing, and in-situ focus in Japanese. *Syntax 15*, 142-180.

Hofmeister, Philip & Ivan A. Sag. 2010. Cognitive constraints and island effects. *Language 86*, 366-415.

Hofmeister, Philip, Ivan A. Sag, & Neal Snider. 2007. Empirical investigations of gradience in syntactic islands. In *Proceedings of the Annual Meetings of the Chicago Linguistic Society 43*.

Hoji, Hajime. 1987. Japanese clefts and reconstruction/chain binding effects. Paper presented at *the West Coast Conference on Formal Linguistics 6*, The University of Arizona at Tucson, March 21, 1987.

Hoji, Hajime. 2003. Surface and deep anaphora, sloppy identity, and experiments in syntax. In *Anaphora: A reference book*, ed. Andrew Barss, 172-236. Oxford: Blackwell.

Hornstein. Norbert. 1995. *Logical form: From GB to minimalism*. Oxford: Blackwell.

Hornstein, Norbert. 2009. *A theory of syntax*. Cambridge: Cambridge University Press.

Hornstein, Norbert & Jairo Nunes. 2008. Adjunction, labeling, and bare phrase structure. *Biolinguistics 2*, 57-86.

Hornstein, Norbert, Jairo Nunes, & Kleanthes K. Grohmann. 2005. *Understanding minimalism*. Cambridge: Cambridge University Press.

Houser, Michael J. 2008. On the anaphoric status of *do so*. Ms.

Huang, C.-T. James. 1982. *Logical relations in Chinese and the theory of grammar*. Doctoral dissertation, MIT.

Huang, C.-T. James & Masao Ochi. 2004. Syntax of *the hell*: Two types of dependencies. In *Proceedings of the North East Linguistic Society 34*, 279-294.

Huber, Magnus. 1999. *Ghanaian Pidgin English in its West African context: A sociohistorical and structural analysis*. Amsterdam: John Benjamins.

Huddleston, Rodney & Geoffrey K. Pullum. 2002. *The Cambridge grammar of the English language*. Cambridge: Cambridge University Press.

Hudson, Richard. 1976. Conjunction reduction, gapping, and right node raising. *Language 52*, 535-562.

Jackendoff, Ray. 1969. *Some rules of semantic interpretation for English*. Doctoral dissertation, MIT.

Jaeggli, Osvaldo. 1980. Remarks on *to*-contraction. *Linguistic Inquiry 11*, 239-245.

Johnson, Kyle. 2001. What VP ellipsis can do, and what it can't, but not why. In *The handbook of contemporary syntactic theory*, ed. Mark Baltin & Chris Collins, 439-479. Oxford: Blackwell.

Kasai, Hironobu. 2007. *Multiple dominance in syntax*. Doctoral dissertation, Harvard University.

Kayne, Richard. 1994. *The antisymmetry of syntax*. Cambridge, MA: MIT Press.

Kennedy, Christopher. 2001. In search of unpronounceable structure. Paper presented at *Workshop on Ellipsis in English and Japanese*, Kyoto, Japan.

Klima, Edward. 1964. Negation in English. In *The structure of language*, ed. Jerry A. Fodor & Jerrold J. Katz, 246-323. Englewood Cliffs, NJ: Prentice Hall.

Kluender, Robert & Marta Kutas. 1993. Subjacency as a processing phenomenon. *Language and Cognitive Processes 8*, 573-633.

Koizumi, Masatoshi. 1995. *Phrase structure in minimalist syntax*. Doctoral dissertation, MIT.

Kratzer, Angelika. 1991. The representation of focus. *Semantics: An international handbook of contemporary research*, ed. Arnim von Stechow & Dieter Wunderlich, 825-834, Berlin: Walter de Gruyter.

Kuno, Susumu. 1973. *The syntax of the Japanese language*. Cambridge, MA: MIT Press.

Kuroda, Sige-Yuki. 1988. Whether we agree or not: A comparative syntax of English and Japanese. In *Papers from the Second International Workshop on Japanese Syntax*, 103-143. Stanford: CSLI.

Kuwabara, Kazuki. 1997. On the properties of truncated clauses in Japanese. In *Researching and verifying an advanced theory of human language, Report (1) for the Grant-in-Aid for COE Research*, 61-83, Kanda University of International Studies.

Larson, Richard. 1988. On the double object construction. *Linguistic Inquiry 19*, 335-391.

Lasnik, Howard. 1976. Remarks on coreference. *Linguistic Analysis 2*, 1-22.

Lasnik, Howard. 1989. *Essays on anaphora*. Dordrecht: Kluwer.

Lasnik, Howard. 1995. A note on pseudogapping. In *Papers on minimalist syntax, MIT Working Papers in Linguistics 27*, 143-163.

Lasnik, Howard. 1999. *Minimalist analysis*. Oxford: Blackwell.

Lasnik, Howard. 2001. When can you save a structure by destroying it?. In *Proceedings of the North East Linguistic Society 31*, 301-320.

Lasnik, Howard. 2005. Review of *The syntax of silence* by Jason Merchant. *Language 81*, 259-265.

Lasnik, Howard & Mamoru Saito. 1984. On the nature of proper government. *Linguistic Inquiry 15*, 235-289.

Lasnik, Howard & Mamoru Saito. 1992. *Move-α*. Cambridge, MA: MIT Press.

Leech, Geoffrey & Jan Svartvik. 1994. *A communicative grammar of English*. London: Longman.

Levin, Nancy. 1978. Some identity-of-sense deletions puzzle me. Do they you?. In *Proceedings of the Annual Meetings of the Chicago Linguistic Society 14*, 229-240.

Levine, Robert D. 1985. Right node (non-)raising. *Linguistic Inquiry 16*, 492-497.

Levine, Robert D. 2001. The extraction riddle: Just what are we missing?. *Journal of Linguistics 37*, 145-174.

Lightfoot, David. 1976. Trace theory and twice-moved NPs. *Linguistic Inquiry 7*, 535-571.

Lobeck, Anne. 1990. Functional heads as proper governors. In *Proceedings of the North*

East Linguistic Society 20, 348-362.

Lobeck, Anne. 1995. *Ellipsis: Functional heads, licensing and identification*. Oxford: Oxford University Press.

Maling, Joan. 1972. On gapping and the order of constituents. *Linguistic Inquiry 3*, 101-108.

Martin, Roger. 1996. *A minimalist theory of PRO and control*. Doctoral dissertation, The University of Connecticut at Storrs.

Mathôt, S., D. Schreij, & J. Theeuwes. 2012. OpenSesame: An open-source, graphical experiment builder for the social sciences. *Behavior Research Methods 44*, 314-324. doi:10.3758/s13428-011-0168-7

McCawley, James. 1982. Parentheticals and constituent structure. *Linguistic Inquiry 13*, 91-106.

McCloskey, James. 2000. Quantifier float and wh-movement in an Irish English. *Linguistic Inquiry 31*, 57-84.

Merchant, Jason. 2001. *The syntax of silence: Sluicing, islands, and the theory of ellipsis*. Oxford: Oxford University Press.

Merchant, Jason. 2002. Swiping in Germanic. In *Studies in comparative Germanic syntax*, ed. Cornelius Jan-Wouter Zwart & Werner Abraham, 295-321. Amsterdam: John Benjamins.

Merchant, Jason. 2004. Fragments and ellipsis. *Linguistics and Philosophy 27*, 661-738.

Merchant, Jason. 2006. Why no(t)?. *Style 20*, 20-23.

Merchant, Jason. 2008. Variable island repair under ellipsis. In *Topics in ellipsis*, ed. Kyle Johnson, 132-153. Cambridge: Cambridge University Press.

Merchant, Jason. 2013. Voice and ellipsis. *Linguistic Inquiry 44*, 77-108.

Miller, George & Noam Chomsky. 1963. Finitary models of language users. In *Handbook of mathematical psychology (Volume 2)*, ed. R. D. Luce, R. R. Bush, & E. Galanter, 419-492. New York: Wiley.

Miyagawa, Shigeru. 2001. The EPP, scrambling, and wh-in-situ. In *Ken Hale: A life in language*, ed. Michael Kenstowicz, 293-338. Cambridge, MA: MIT Press.

Miyamoto, Edson T. & Shoichi Takahashi. 2002. Antecedent reactivation in the processing of scrambling in Japanese. *MIT Working Papers in Linguistics 43*, 127-142.

Moltmann, Friederike. 1992. *Coordination and comparatives*. Doctoral dissertation, MIT.

Muadz, Husni. 1991. *Coordinate structures: A planar representation*. Doctoral dissertation,

The University of Arizona at Tucson.

Mukai, Emi. 2003. On verbless conjunction in Japanese. In *Proceedings of the North East Linguistic Society 33*, 205-224.

Müller, Gereon. 1996. A constraint on remnant movement. *Natural Language and Linguistic Theory 14*, 355-407.

Myers, James. 2009. Syntactic judgment experiments. *Language and Linguistics Compass 3*, 406-423.

Nakao, Chizuru. 2009. *Island repair and non-repair by PF strategies*. Doctoral dissertation, The University of Maryland at College Park.

Nakao, Chizuru. 2010. Japanese left node raising as ATB-scrambling. In *Proceedings of the 33rd Annual Penn Linguistics Colloquium, U. Penn Working Papers in Linguistics 16(1)*, 156-165.

Neijt, Anneke. 1979. *Gapping: A contribution to sentence grammar*. Dordrecht: Foris.

Nishigauchi, Taisuke. 1986. *Quantification in syntax*. Doctoral Dissertation, The University of Massachusetts at Amherst.

Nishigauchi, Taisuke. 1990. *Quantification in the theory of grammar*. Dordrecht: Kluwer.

Nishiyama, Kunio, John Whitman, & Eun-Young Yi. 1996. Syntactic movement of overt wh-phrases in Japanese and Korean. *Japanese and Korean Linguistics 5*, 337-351.

Nunes, Jairo. 1995. *The copy theory of movement and linearization of chains in the minimalist program*. Doctoral dissertation, The University of Maryland at College Park.

Ochi, Masao. 1999 Some consequences of Attract F. *Lingua 109*, 81-107.

Pesetsky, David. 1987. Wh-in-situ: Movement and unselective binding. In *The representation of (in)definiteness*, ed. Eric Rueland & Alice ter Meulen, 98-129. Cambridge, MA: MIT Press.

Pesetsky, David. 1989. Language-particular processes and the earliness principle. Paper presented at the *GLOW Colloquium 12*, Utrecht, April 5 1989. [Abstract in GLOW Newsletter]

Pesetsky, David. 1997. Optimality theory and syntax: Movement and pronunciation. In *Optimality theory: An overview*, ed. Diana Archangeli & D. Terence Langendoen, 134-170. Oxford: Blackwell.

Pesetsky, David. 1998. Some optimality principles of sentence pronunciation. In *Is the best good enough?*, ed. Pilar Barbosa, Danny Fox, Paul Hagstrom, Martha McGinnis,

& David Pesetsky, 337-383. Cambridge, MA: MIT Press.

Postal, Paul M. 1974. *On raising: One rule of English grammar and its theoretical implications*. Cambridge, MA: MIT Press.

Postal, Paul M. 1993. Some defective paradigms. *Linguistic Inquiry* 24, 357-364.

Postal, Paul M. 1998. *Three investigations of extraction*. Cambridge, MA: MIT Press.

Prince, Ellen F. 1981. Toward a taxonomy of given/new information. In *Radical pragmatics*, ed. Peter Cole, 223-254. New York: Academic Press.

Quirk, Randolph & Sidney Greenbaum. 1973. *Concise grammar of contemporary English*. London: Longman.

Quirk, Randolph, Sidney Greenbaum, Geoffrey Leech, & Jan Svartvik. 1985. *A comprehensive grammar of the English language*. London: Longman.

Radford, Andrew. 1977. *Italian syntax: transformational and relational grammar*. Cambridge: Cambridge University Press.

Reinhart, Tanya. 1983. *Anaphora and semantic interpretation*. London: Croom Helm.

Reinhart, Tanya. 1991. Elliptic conjunctions—non-quantificational LF. In *The Chomskyan turn*, ed. Asa Kasher, 360-384. Oxford: Blackwell.

Reinhart, Tanya & Eric Reuland. 1993. Reflexivity. *Linguistic Inquiry* 24, 657-720.

Richards, Norvin. 2001. Movement in language: Interactions and architectures. Oxford: Oxford University Press.

Riemsdijk, Henk van. 1978. *A case study in syntactic markedness: The binding nature of prepositional phrases*. Dordrecht: Foris.

Rizzi, Luigi. 1990. *Relativized minimality*. Cambridge, MA: MIT Press.

Rizzi, Luigi. 1997. The fine structure of the left periphery. In *Elements of grammar*, ed. Liliane Haegeman, 281-337. Dordrecht: Kluwer.

Rochemont, Michael S. 1986. *Focus in generative grammar*. Amsterdam: John Benjamins.

Rodrigues, Cilene, Andrew Nevins, & Luis Vicente. 2009. Cleaving the interactions between sluicing and preposition stranding. In *Romance languages and linguistic theory 2006*, ed. Danièle Torck & Leo W. Wetzels, 245-270. Amsterdam: John Benjamins.

Rosen, Carol. 1976. Guess what about. In *Proceedings of the North East Linguistic Society* 6, 205-211.

Ross, John Robert. 1967. *Constraints on variables in syntax*. Doctoral dissertation, MIT.

Ross, John Robert. 1969. Guess who?. In *Proceedings of the Annual Meetings of the*

Chicago Linguistic Society 5, 252-286.

Ross, John Robert. 1970. Gapping and the order of constituents, In *Progress in Linguistics*, ed. Manfred Bierwisch & Kurt Heidolph, 249-259. The Hague: Mouton.

Rottman, Issac & Masaya Yoshida. 2013. Sluicing, idioms and island repair. *Linguistic Inquiry 44*, 651-668.

Saab, Andrés. 2010. Silent interactions: Spanish TP-ellipsis and the theory of island repair. *Probus 22*, 73-116.

Sabbagh, Joseph A. 2003. Ordering and linearizing rightward movement. In *Proceedings of the West Coast Conference on Formal Linguistics 22*, 436-449.

Sag, Ivan. 1979. The non-unity of anaphora. *Linguistic Inquiry 10*, 152-164.

Sag, Ivan & Jorge Hankamer. 1984. Toward a theory of anaphoric processing. *Linguistics and Philosophy 7*, 325-345.

Saito, Mamoru. 1985. *Some asymmetries in Japanese and their theoretical implications*. Doctoral dissertation, MIT.

Saito, Mamoru. 1987. Three notes on syntactic movement in Japanese. In *Issues in Japanese linguistics*, ed. Takashi Imai & Mamoru Saito, 301-350. Dordrecht: Foris.

Saito, Mamoru. 1989. Scrambling as semantically vacuous A'-movement. In *Alternative conceptions of phrase structure*, ed. Mark Baltin & Anthony Kroch, 182-200. Chicago: University of Chicago Press.

Saito, Mamoru. 1992. Long distance scrambling in Japanese. *Journal of East Asian Linguistics 1*, 69-118.

Saito, Mamoru. 1994. Additional wh-effects and the adjunction site theory. *Journal of East-Asian Linguistics 3*, 195-240.

Saito, Mamoru & Keiko Murasugi. 1990. N'-deletion in Japanese. *University of Connecticut Working Papers in Linguistics 3*, 87-107.

Saito, Mamoru & Naoki Fukui. 1998. Order in phrase structure and movement. *Linguistic Inquiry 29*, 439-474.

Sato, Yosuke. 2009. Gapping in Japanese = Coordinate + dependent ellipsis. In *Proceedings of the International Conference on East Asian Linguistics 2, Simon Fraser University Working Papers in Linguistics 2*.

Schachter, Paul. 1977. Does she or doesn't she?. *Linguistic Inquiry 8*, 763-767.

Schüzte, Carson T. & Jon Sprouse. 2013. Judgment data. In *Research methods in linguistics*, ed. Robert J. Podesva, Robert Podesva, & Devyani Sharma, 27-50.

Cambridge: Cambridge University Press.

Schwarzschild, Roger. 1999. GIVENness, AvoidF and other constraints on the placement of accent. *Natural Language Semantics 7*, 141-177.

Sells, Peter. 1999. Japanese postposing involves no movement. Paper presented at *the Meeting of the Linguistic Association of Great Britain*.

Shiobara, Kayono. 2011. An interface approach to stranded prepositions: A case of Swiping. In *Proceedings of the North East Linguistic Society 39*, 705-716.

Simon, Mutsuko Endo. 1989. *An analysis of the postposing construction in Japanese*. Doctoral dissertation, The University of Michigan at Ann Arbor.

Simons, Mandy. 2007. Observations on embedding verbs, evidentiality, and presupposition. *Lingua 117*, 1034-1056.

Sportiche, Dominique. 1988. A theory of floating quantifiers and its corollaries for constituent structure. *Linguistic Inquiry 19*, 425-449.

Sportiche, Dominique. 1998. *Partitions and atoms of clause structure: Subjects, agreement, Case and clitics*. London: Routledge.

Sprouse, Jon. 2006. The accent projection principle: Why the hell not?. In *Proceedings of the 29th Penn Linguistics Colloquium, University of Pennsylvania Working Papers in Linguistics 12*, 349-359.

Sprouse, Jon. 2007. *A program for experimental syntax*. Doctoral dissertation, The University of Maryland at College Park.

Sprouse, Jon. 2009. Revisiting satiation: Evidence for an equalization response strategy. *Linguistic Inquiry 40*, 329-341.

Sprouse, Jon & Diogo Almeida. 2012. Assessing the reliability of textbook data in syntax: Adger's *Core Syntax*. *Journal of Linguistics 48*, 609-652.

Sprouse, Jon, Ivano Caponigro, Ciro Greco, & Carlo Cecchetto. 2016. Experimental syntax and the variation of island effects in English and Italian. *Natural Language and Linguistic Theory 34*, 307-344.

Sprouse, Jon, Carson T. Schütze, & Diogo Almeida. 2013. A comparison of informal and formal acceptability judgments using a random sample from *Linguistic Inquiry* 2001-2010. *Lingua 134*, 219-248.

Sprouse, Jon, Shin Fukuda, Hajime Ono, & Robert Kluender. 2011. Reverse island effects and the backward search for a licensor in multiple wh-questions. *Syntax 14*, 179-203.

Sprouse, Jon, Matt Wagers, & Colin Phillips. 2012. A test of the relation between working memory capacity and island effects. *Language 88*, 82-123.

Takahashi, Daiko. 1993. Movements of wh-phrases in Japanese. *Natural Language and Linguistic Theory 11*, 655-678.

Takahashi, Daiko. 1994. Sluicing in Japanese. *Journal of East Asian Linguistics 3*, 265-300.

Takano, Yuji. 2002. Surprising constituents. *Journal of East Asian Linguistics 11*, 243-301.

Takita, Kensuke. 2010. *Cyclic linearization and constraints on movement and ellipsis*. Doctoral dissertation, Nanzan University.

Tanaka, Hidekazu. 2001. Right-dislocation as scrambling. *Journal of Linguistics 37*, 551-579.

Tsai, Dylan Wei-Tieh. 1994. *On economizing the theory of A-bar dependencies*. Doctoral dissertation, MIT.

Ueno, Mieko & Robert Kluender. 2009. On the processing of Japanese wh-questions: An ERP study. *Brain Res 1290*, 63-90.

Ura, Hiroyuki. 1996. *Multiple feature-checking: A theory of grammatical function splitting*. Doctoral dissertation, MIT.

Vicente, Luis. 2008. *Syntactic isomorphism and non-isomorphism under ellipsis*. Ms., The University of California at Santa Cruz.

Vries, Mark de. 2013. Locality and right-dislocation. *Linguistics in the Netherlands 30*, 160-172.

Wang, Chyan-an Arthur. 2007. Sluicing and resumption. In *Proceedings of the North East Linguistic Society 37*, 239-252.

Weir, Andrew. 2014. *Why*-stripping targets Voice Phrase. In *Proceedings of the North East Linguistic Society 43*.

Wexler, Ken & Peter Culicover: 1980, *Formal principles of language acquisition*. Cambridge, MA: MIT Press.

Wilder, Chris. 1997. Some properties of ellipsis in coordination. In *Studies on universal grammar and typological variation*, ed. Artemis Alexiadou & T. Alan Hall, 59-107. Amsterdam: John Benjamins.

Wilder, Chris. 1999. Right node raising and the LCA. In *Proceedings of the West Coast Conference on Formal Linguistics 18*, 586-598.

Wilder, Chris. 2008. Shared constituents and linearization. In *Topics in Ellipsis*, ed. Kyle Johnson, 229-258. Cambridge: Cambridge University Press.

Williams, Edwin. 1977. On "Deep and surface anaphora". *Linguistic Inquiry 8*, 692-696.

Williams, Edwin. 1986. A reassignment of the functions of LF. *Linguistic Inquiry 17*, 264-300.

Williams, Edwin. 1990. The ATB theory of parasitic gaps. *The Linguistic Review 6*, 265-297.

Williams, Edwin. 1997. Blocking and anaphora. *Linguistic Inquiry 28*, 577-628.

Yatabe, Shuichi. 2001. The syntax and semantics of left-node raising in Japanese. In *Proceedings of the 7th International Conference on Head-Driven Phrase Structure Grammar*, ed. Dan Flickinger & Andreas Kathol, 325-344. Stanford: CSLI.

Yoshida, Masaya, Nakao Chizuru, & Iván Ortega-Santos. 2015. The syntax of *why*-stripping. *Natural Language and Linguistic Theory 33*, 323-370.

Zanuttini, Raffaella. 1996. On the relevance of tense for sentential negation. In *Parameters and functional heads*, ed. Luigi Rizzi & Adriana Belletti, 18-207. Oxford: Oxford University Press.

Ziv, Yael. 1994. Left and right dislocations: Discourse functions and anaphora. *Journal of Pragmatics 22*, 629-645.

Ziv, Yael & Barbara Grosz. 1994. Right dislocation and attentional state. In *Proceedings of the 9th Annual Conference and Workshop on Discourse*. Akademon, Jerusalem.

Zubizarreta, Maria-Luisa. 1982. *On the relationship of the lexicon to syntax*. Doctoral dissertation, MIT.

영한 용어 대조표

*-표시	*-marking
A-over-A 제약	A-over-A Constraint
be-보조	*be*-support
do-보조	*do*-support
E-유형	E-type
pro-탈락	*pro*-drop
Q-형태소	Q-morpheme
wh-전치	wh-fronting
Whether-섬	*Whether*-island
Why-최소공백화	*Why*-Stripping
z-표준점수	z-score
α-발생	α-occurrence
β-발생	β-occurrence
가부의문문	*Yes/No*-Question
강도추정	Magnitude Estimation
강세	accent
강세투사원리	The Accent Projection Principle
강자질	strong feature
강조전치	emphatic fronting
개인어	idiolect
개체	Individual
거울영상	mirror image
격	Case
격조사	Case-marker
격탈락	Case-drop
격표시	Case-marked
격표지	Case-marker
결속변항 대용화	Bound Variable Anaphora
경계성	boundedness
경칭형태소	honorific morpheme
계사	Copular
계사문	Copular Sentence
고정변수	fixed variable

공대명사	empty pronoun
공리	axiom
공백	gap
공백화	Gapping
공범주	empty category
공범주원리	Empty Category Principle (ECP)
공지표	coindex
과도생성	overgeneration
관계절섬	Relative Clause Island
관용어	idiom
관할	dominance, domination
구	XP
구 층위	XP-level
구성성분	constituent
구성성분성	constituency
구성원	member
구정보	given/old information
구현	token
국부성	locality
국부영역	local domain
국부적 선행어	local antecedent
국부적 이접성	local disjointness
균등	equalization
극어	Polarity Item
근접	proximity
긍정극어	Positive Polarity Item
기본격	default Case
기저생성	base-generation
꼬리구성원	tail
내적 선행어	inner antecedent
내포성	embedding
내포성조건	Inclusiveness Condition
내포적	inclusive
내포절	embedded clause
내현이동	covert movement
내현통사부	covert syntax
넓은 작용역	wide scope

논리형태	Logical Form (LF)
논리형태 복사	LF copying
논리형태부	LF Component
논리형태섬	LF Island
논항	A (argument)
다중관할	Multiple Dominance
다중부속물	Multiple Appendices
다중생략	Multiple Ellipsis
다중수문	Multiple Sluicing
다중우전위	Multiple Right Dislocation
다중잔여성분	Multiple Remnant
다중지정어	Multiple Spec
단계	point
단근원	Short Source
단일절	single clause
단형부정	short-form negation
담화	discourse
담화연결	D-linking, D-linked
대	vs.
대격	accusative Case
대동	pied-piping
대동수문	Pied-piping Sluicing
대용어	anaphor
대용화	anaphora
대응성분	correlate
대조수문	Contrast Sluicing
대조초점	contrastive focus
대형태	*pro*-form
독립적 발생	independence occurrence
돋들림	prominence
동사구껍질	VP-shell
동사구 생략	VP ellipsis
동음이의어	homonym
동일명사구 생성조건	NP-Mate Condition
동일성	identity
동일절 생성조건	Clause-Mate Condition
두 단계 이동	two-step movement

등급	gradation
등위생략	Coordinate Ellipsis
등위절	coordinated clause
등위접속	coordination
등위접속제약	Coordinate Structure Constraint (CSC)
라틴방격	Latin Square
로그	log
리소스제한 이론	Resource Limitation Theory
리커트 척도	Likert Scale
매체변화	vehicle change
머리구성원	head
명시적 초점	specificational focus
명제	proposition
모델-해석 대용화	model-interpretive anaphora
모절점	mother node
무동사	verbless
문미중량	End-Weight
문미초점	End-Focus
문법기능	grammatical function (GF)
문법성	grammaticality
문법요인	grammatical factor
문법제약	grammatical constraint
문자화	Spell-Out
문장강세부여 규칙	Sentence Accent Assignment Rule
문장부정	sentence negation
문체규칙	stylistic rule
미결속 흔적	unbound trace
미리보기	look-ahead
반국부성요건	Anti-Locality Requirement
반대용화 법칙	Disanaphora Law
발화주체 지시어	logophor
방향성조건	Directionality Condition
배번집합	Numeration
배타적 해석	exhaustive reading
범주	category
범주자질	categorical feature
변항	variable

별칭	epithet
병합	merger
병합(하다)	merge
병합수문	Merger Sluicing
병행성	parallelism
보문소	Complementizer (C)
보어	complement
보어절	complement clause
보편양화사	universal quantifier
보편어순가설	Universal Word Order Hypothesis
복사	copy, copying
복사이동이론	copy theory of movement
복수의존 형태소	plurality-dependent morpheme
복합명사구제약	Complex NP Constraint (CNPC)
부가	adjunction
부가어	adjunct
부가어조건	Adjunct Condition
부가에 의한 점검	Checking-through-Adjunction
부속물	Appendix
부정(어)	negation
부정극어	Negative Polarity Item
분열	Clefting
분열동사구	Split VP
분열문	Cleft Sentence
분열선행어	split antecedent
분산분석	ANOVA (Analysis of Variance)
불평등비교	inequality comparison
불확실성	uncertainty
비구성성분	non-constituent
비국부적 복잡성	global complexity
비논항	A' (non-argument)
비담화적	non-D-linked
비대칭성	asymmetry
비명사류	non-nominal
비선택적 결속	unselective binding
비섬	non-island
비수용성	unacceptability

비이행성	Nontransitivity
비한정적	indefinite
사건	event
사건투사	event (E) projection
사라진 선행어	missing antecedent
사상	mapping
사실성	factivity
삭제	deletion
상	aspect
상보적 분포	complementary distribution
상호작용	interaction
상호함의	mutual entailment
상황문맥	situational context
새싹도치수문	Swiping
새싹수문	Sprouting Sluicing
새싹 *Why*-최소공백화	Sprouting *Why*-Stripping
생략	ellipsis
생략에 의존한 구제	Repair-by-Ellipsis
생략지점	E-site
서법	force
서술문	declarative sentence
선행사내포삭제	Antecedent-Contained Deletion (ACD)
선행이동	prior movement
선형가법적	linear additive
선형대응공리	Linear Correspondent Axiom (LCA)
선형성	precedence
선형화	Linearization
선호성	preference
섬	Island
섬구제	Island Repair
섬제약	Island Constraint
성	gender
성분부정	constituent negation
성분통어	C-command
성분통어요건	C-command Requirement
소유사	possessor
속성	property

수	number
수 일치	number agreement
수동분사	passive participle
수문	Sluicing
수용성	acceptability
수형도	tree
숙주	host
순서효과	ordering effect
순환성	cyclicity
시기	timing
시험검정	pilot test
신정보	new information
실체	entity
실험통사론	experimental syntax
심층구조	deep structure
심층대용어	deep anaphor
심층대용화	deep anaphora
쌍별비교	pairwise comparison
약자질	weak feature
양적인 방법	quantitative method
양태부사	manner adverb
어순재배치	Scrambling
어휘기능문법	Lexical-Functional Grammar
어휘부	Lexicon
어휘요건	Lexical Requirement
어휘항목	lexical item
어휘화	lexicalization
언어문맥	linguistic context
엄밀지시 해석	strict reading
여격	dative Case
여격이동	dative movement
역초가법성	reverse super-additivity
연계성	connectivity
연쇄	chain
연접소	conjunct
연합	concatenation
영대형태	null *pro*-form

영대용화	null anaphora
영동사구	null VP
영명사구	null NP
영목적어	null object
영범주	null category
영보어 대용화	Null Complement Anaphora (NCA)
영역-특수적	domain-specific
영운영자	null operator
영핵	null head
완전요인실험	full factorial experiment
완전히 담화와 절연된	aggressively non-D-linked
외곽	edge
외치	Extraposition
외현이동	overt movement
외현적 목적어전이	Overt Object Shift
외현통사부	overt syntax
요인설계	factorial design
우전위	Right Dislocation
우절점공유	Right-Node-Sharing
우절점인상	Right-Node-Raising
우측외곽조건	Right-Edge Condition
우측이동	rightward movement
우측지붕제약	Right Roof Constraint (RRC)
운용	operation
운용자	operator
유동양화사	floating quantifier
유사공백화	Pseudogapping
유사수문	Pseudo-Sluicing
유사임의화	pseudo-randomized
유일성 전제	presupposition of uniqueness
음가	phonetic content
음성열	phonetic string
음성표상	PHON
음성형태	Phonetic Form (PF)
음성형태 삭제	PF deletion
음성형태 열	PF string
음성형태 접사	PF affix

음성형태 접합부	PF interface
음성형태부	PF Component
음성형태섬	PF Island
음운출력제약	Phonological Output Constraint
의문보문소	interrogative C
의미역	θ-role
의미역기준	θ-criterion
의미표상	semantic representation (SEM)
의미형식	semantic formula
의존생략	Dependent Ellipsis
이-보조	*be*-support
이름	name
이완지시 해석	sloppy reading
이원분산분석	two-way ANOVA
이중절	double clause
이중차분점수	differences-in-differences score
인접	adjacency
일반양화사	generalized quantifier
일원분산분석	one-way ANOVA
일치자질	agreement feature
일탈	divergence
잉여성	redundancy
자유변항	free variable
자질	feature
자질점검	feature checking
작업영역	working space
작용역	scope
작용역 중의성	scope ambiguity
잔여성분	remnant
잠재적	implicit
장거리	long-distance
장거리 어순재배치	Long-Distance Scrambling
장형부정	long-form negation
재구	reconstruction
재귀성	reflexity
재생	resumption
재생대명사	resumptive pronoun

재순환	recycling
저층대용어	shallow anaphor
저층대용화	shallow anaphora
적정결속조건	Proper Binding Condition (PBC)
적출가능성	extraction possibility
적출영역조건	Condition on Extraction Domain (CED)
전역	across-the-board (ATB)
전역어순재배치	ATB Scrambling
전위	displacement
전접어	enclitic
전접어화	encliticization
전제	presupposition
전제 촉발요소	presupposition trigger
전치	fronting
전치사-좌초 일반화	P-stranding Generalization
절점	node
절주어제약	Sentential Subject Constraint (SSC)
접사도약	Affix Hopping
접속축소	Conjunction Reduction (CR)
접어	clitic
접어화	cliticization
접합부	interface
정도	degree
정박	anchoring
정보의문문	informational question
정보초점	informational focus
정보포장	information packaging
정보흐름	Information Flow
정형형태	finite form
제시 *there*	Presentational *there*
제자리	in-situ
조각문 응답	Fragment Answer
조건	condition
존재양화사	existential quantifier
좁은 작용역	narrow scope
종속적 발생	dependent occurrence
좌분지섬	Left Branch Island

좌분지조건	Left Branch Condition (LBC)
좌절점공유	Left-Node-Sharing
좌절점인상	Left-Node-Raising
좌초된 시제	stranded tense
좌측이동	leftward movement
주격	nominative Case
주어조건	Subject Condition
주절	matrix clause
주절 수문	Matrix Sluicing
중량성	heaviness
중명사구전이	Heavy NP Shift (HNPS)
중앙-내포 구조	center-embedding structure
중의성	ambiguity
지시	reference
지시적	referential
지정어	Specifier (Spec)
지표	index
지표적 의존관계	indexical dependency
진폭	amplitude
집단지시 개체	group-denoting individual
처격도치	Locative Inversion
처리	processing
처리요인	processing factor
척도편향	scale bias
철자법	orthography
첨사	particle
초가법적	super-additive
초점	focus
초점닫기	F-closure
초점연쇄	focus chain
초점이동	focus movement
초점조동사	focus auxiliary
초점첨사	focus particle
초점투사	focus projection
최대생략	MaxElide
최대축소	MaxReduce
최대투사	X^{max}

최대투사 층위	XP-level
최소공백화	Stripping
최소성	Minimality
최소주의 프로그램	Minimalist Program
최후수단	last resort
추가-wh	additional-wh
추가 병행조건	Supplemental Parallelism Condition
축	pivot
축소	reduction
축소주의자	reductionist
축약	contraction
축약분열문	Truncated Cleft
출력물	output
충어	filler
충어-공백 의존관계	filler-gap dependency
측면이동	sideward movement
층위	level
타동사에서 전환된 자동사	transitive-converted intransitive
탐침	probe
통로	path
통사적 병행성	syntactic parallelism
통제	control
특정적 부정어구	specific indefinite
평가	rating
평균	Mean
평등비교	equality comparison
표준편차	standard deviation (SD)
표층구조	surface structure
표층대용어	surface anaphor
표층대용화	surface anaphora
필러	filler
하-보조	*do*-support
하위인접조건	Subjacency Condition
한정적	definite
함의	entailment
해석자질	interpretable feature
핵	X

핵 층위	X-level
핵선행	head-initial
핵이동	Head Movement
핵후행	head-final
형식실험	formal experiment
형식자질	formal feature
형식적 의존관계	formal dependency
형태음운	morphophonemic
화용적 선행어	pragmatic antecedent
화제	topic
화제이동	topicalization
화제표지	topic marker
확대투사원리	Extended Projection Principle (EPP)
확인	identification
환기	evocation
회귀적	recursive
회복성조건	Recoverability Condition
후보충	Afterthought
후접어	proclitic
후접어화	procliticization
후치사	postposition
후행삭제	Backward Deletion
흔적	trace

찾아보기

⟨ㄱ⟩

강도추정 · 302
강세투사원리 · 40
강자질 · 110, 152, 207
강조전치 · 289
거울영상 · 223, 229
격탈락 · 79, 281
결속변항 대용화 · 137
경계성 · 315
경칭형태소 · 118, 221, 240, 249
계사문 · 65, 124
고정변수 · 306
공대명사 · 230
공백화 · 108, 195, 212
공범주 · 241, 258
공범주원리 · 204
관계절섬 · 290, 314
관용어 · 51, 61, 123, 184
구정보 · 98, 100, 122, 158, 177, 189
구현 · 301
국부성 · 296
국부적 선행어 · 152
국부적 인접성 · 141
균등 · 301
근접 · 200, 203
긍정극어 · 199, 203
기본격 · 174

⟨ㄴ⟩

내적 선행어 · 73, 77
내포성 · 287
내포성조건 · 34, 164, 193
논리형태 복사 · 19, 27, 47, 75, 195, 202, 227
논리형태섬 · 22

⟨ㄷ⟩

다중관할 · 197, 201, 211, 242-246, 248
다중부속물 · 280
다중생략 · 214
다중수문 · 54-58, 67, 89
다중우전위 · 260, 278-279
다중잔여성분 · 207
다중지정어 · 207-208
단근원 · 22-23, 34
단형부정 · 117, 180-181, 191
담화연결 · 28-29, 38, 44, 49, 163, 296
대동 · 24, 49, 111, 188
대동수문 · 38, 43
대용어 · 127, 135
대용화 · 94, 99, 127, 142
대조수문 · 33, 71
대조초점 · 33, 71, 97, 105, 164, 213

대형태 ················· 99, 136, 142, 200
독립적 발생 ···························· 137
동사구껍질 ······················· 61, 205
동음이의어 ················ 209, 215, 226
동일명사구 생성조건 ················· 278
동일절 생성조건 ·········· 60, 278, 280
두 단계 이동 ···························· 111
등급 ·· 302
등위생략 ································· 212
등위접속제약 ····························· 22

〈ㄹ〉

라틴방격 ································· 301
로그 ·· 302
리소스제한 이론 ······················· 294
리커트 척도 ······················ 53, 302

〈ㅁ〉

매체변화 ·························· 125, 199
명시적 초점 ····························· 262
모델-해석 대용화 ······················· 99
문미중량의 원리 ······················· 100
문미초점 ··························· 43, 100
문법기능 ································· 273
문법요인 ··················· 293, 309, 315
문법제약 ································· 292
문자화 ······························ 113, 271
문장강세부여 규칙 ················ 40-41
문장부정 ···························· 96, 171
문체규칙 ···························· 80, 204

미리보기 ···························· 150, 193

〈ㅂ〉

반국부성요건 ··················· 24, 138-139
반대용화 법칙 ······················ 212-213
발생 ·· 137
발화주체 지시어 ······················· 200
방향성조건 ······························ 245
배번집합 ······························ 33, 193
배타적 해석 ······························· 33
변항 ··············· 27, 34, 71, 75, 128, 135
별칭 ·· 140
병합 ··············· 75, 81, 98, 146, 192, 256
병합수문 ········· 43, 71, 76, 88, 98, 146-163
병행성 ············ 34, 88, 128, 132, 157, 188
       198, 216
보편양화사 ······························ 264
보편어순가설 ··························· 257
복사 ····· 19, 27, 47, 75, 137, 151, 167, 177
       195, 203, 206, 224, 253, 276
복사이동이론 ··························· 151
복수의존 형태소 ······· 210, 222-228, 243-250
복합명사구제약 ··· 22, 26, 86, 114, 154, 196
       218, 232, 251, 264, 309-315
부가어조건 ·················· 22, 196, 219, 264
부가에 의한 점검 ······················· 114
부속물 ···································· 255
부정극어 ································· 199
분열동사구 ······························ 115
분열문 ············ 29, 32, 53, 60, 65, 69, 78
       89, 124, 171, 187

찾아보기 | 351

분열선행어 ·· 222
비국부적 복잡성 ·· 193
비담화적 ·· 33, 164
비선택적 결속 ·· 295
비이행성 ·· 214

⟨ㅅ⟩

사건 ·· 112
사라진 선행어 ·· 133
사실성 ·· 314
새싹도치수문 ······································· 36, 97
새싹수문 ······················ 27, 32, 49, 71, 89
생략에 의존한 구제 ················· 21, 193, 211
선행사내포삭제 ·· 135
선형가법적 ·· 294
선형대응공리 ················ 198, 202, 244, 250
선형성 ·· 198
선형화 ··································· 198, 232, 272
섬구제 ·· 297
섬제약 ················ 19, 31, 82, 146, 196, 217
        251, 273, 288
성분부정 ·· 171
성분통어요건 ·· 138
수문 ···························· 19, 36, 51, 69, 188
숙주 ··················· 47, 116, 123, 200, 225, 255
순환성 ··· 237, 260
시험검정 ·· 304
신정보 ·············· 33, 98, 100, 152, 164, 189
심층대용어 ·· 127, 134
심층대용화 ································ 99, 127, 183
쌍별비교 ··· 307-308

⟨ㅇ⟩

약자질 ·· 114, 151, 207
양태부사 ·· 241, 270
어순재배치 ······················ 230, 260, 288, 314
어휘기능문법 ··· 257
어휘부 ·· 62, 123, 193
어휘요건 ·· 138-139
어휘화 ·· 24, 298
엄밀지시 해석 ····························· 33, 135, 139
역초가법성 ·· 295
연계성 ·· 148, 157, 167
연합 ·· 114, 256, 265, 270
영대용화 ·· 143
영대형태 ·· 145
영동사구 ·· 257
영명사구 ·· 257
영목적어 ·· 231
영범주 ·· 19, 207
영보어 대용화 ······························· 127-128, 142
영운영자 ·· 67
영핵 ··· 212, 214
완전요인실험 ··· 297
완전히 담화와 절연된 ··············· 36, 43, 176
외치 ··· 100
외현적 목적어전이 ···································· 110
우전위 ·· 255
우절점공유 ······················· 194, 196, 204, 229
우절점인상 ······················· 100, 195, 196, 204
우측외곽조건 ··· 245
우측지붕제약 ······································ 196-197
운용 ······························· 27, 88, 114, 234, 280

운용자 ·························· 47, 75, 211, 256
유동양화사 ······························ 23, 81
유사공백화 ·········· 100, 108, 110, 113, 121, 123, 143
유사수문 ··································· 71, 83
유사임의화 ································· 305
유일성 전제 ························· 171, 190
음성열 ······················ 208, 226, 237, 244
음성형태 삭제 ··· 19, 47, 121, 161, 195, 207, 211, 226
음성형태 열 ························· 40, 227
음성형태 접사 ···························· 200
음성형태섬 ································· 22
음운출력제약 ······························· 37
의미역기준 ································· 259
의미표상 ······························ 24, 131
의미형식 ·································· 88
의존생략 ·································· 212
아보조 ·································· 58
이름 ································ 138, 140
이완지시 해석 ···················· 33, 135, 137
이원분산분석 ······················ 297, 306
이중차분점수 ················ 297, 306, 309-310
일반양화사 ································ 76, 77
일원분산분석 ··················· 297, 306, 310
일치자질 ······················ 59, 73, 89, 199
잉여성 ·································· 101, 106

〈ㅈ〉

자유변항 ·································· 135
작용역 ········ 53, 75, 88, 133, 210, 231, 264

장형부정 ···························· 117, 180, 191
재귀성 ·································· 198
재생 ···························· 19, 23, 27
재생대명사 ············· 20, 23, 162, 258, 276
재순환 ·································· 75
저층대용화 ································ 128
적정결속조건 ························· 204, 263
적출영역조건 ························· 268, 287
전역어순재배치 ························ 230, 245
전접어 ·································· 44
전접어화 ·································· 45
전제 ································ 28, 78, 171
전제 촉발요소 ···························· 102
전치사-좌초 일반화 ··············· 30, 149, 168
절주어제약 ································ 22
접사도약 ································ 174
접속축소 ································ 128, 232
접어 ······························ 44, 142, 180
접어화 ·································· 44
접합부 ························· 101, 164, 193, 211, 232
정박 ·································· 305
정보초점 ································ 202
정보포장 ································ 99
정보흐름의 원리 ·························· 100
조각문 ············· 102, 148, 155, 161, 187, 261
존재양화사 ································ 264
종속적 발생 ································ 137
좌분지섬 ························· 220, 268, 274
좌분지조건 ············· 22, 234, 241, 262, 269
좌절점공유 ············· 223, 229, 242, 247
좌절점인상 ································ 229

찾아보기 | 353

주어조건 ·· 21-22
주절 수문 ··· 90, 183
중명사구전이 ····························· 100-101, 196
중앙-내포 구조 ··· 293
중의성 ···································· 54, 210, 305
지시 ······· 125, 130, 133, 136, 140, 255, 267
집단지시 개체 ··· 264

〈ㅊ〉

처리 ············ 100, 205, 226, 258, 276, 292
처리요인 ······················ 292, 297, 309, 315
척도편향 ·· 306
초가법적 ······························· 294, 308, 309
초점 ········ 55, 108, 113, 150, 152, 153, 263
초점닫기 ··· 88
초점조동사 ························· 57, 78, 116, 123
최대생략 ······························ 95, 98, 105, 122
최대축소 ································ 94, 98, 102, 122
최소공백화 ············· 67, 68, 119-128, 146-192
최소성 ··· 266, 276
최소주의 프로그램 ··························· 52, 193
최후수단 ································ 57, 117, 174
추가 병행조건 ·· 32-33
추가-wh ······························· 46, 60, 208
축 ·· 196, 226, 229
축소주의자 ·· 293-294
축약 ······································· 44-45, 200
축약분열문 ···························· 60, 72, 77
충어 ··· 258, 288
충어-공백 의존관계 ························· 288-296
측면이동 ······························ 256, 270-273

〈ㅌ〉

타동사에서 전환된 자동사 ······················ 130
탐침 ·· 283
통로 ··· 313-314
통사적 ··· 34, 132
특정적 부정어구 ···································· 264

〈ㅍ〉

표준편차 ····································· 1, 2, 53
표층대용어 ·································· 127, 132
표층대용화 ······················ 99-104, 127, 135
필러 ·· 1, 2, 53

〈ㅎ〉

하-보조 ·· 58
하위인접조건 ························ 217, 258, 312
함의 ······································ 23, 26, 314
해석자질 ··· 116
핵선행 ·· 257
핵이동 ··· 48, 50
핵후행 ··································· 119, 243
형식자질 ································ 111, 114, 151
형식적 의존관계 ···································· 138
화용적 선행어 ······························· 130-132
화제 ······ 67, 74, 81, 99, 147, 157, 175, 184
        189, 263, 291
화제이동 ··· 46, 56, 134, 157, 160, 175, 191
        241, 256, 263
확대투사원리 ······························ 58, 111-113
회복성 ······································· 88, 150-152

후보충 ·· 255
후접어 ······························ 44, 46-50, 200
후접어화 ···································· 45-46
후치사 ······ 778, 81, 179, 186, 204, 213, 224
후행삭제 ·· 201

<기타>

*-표시 ························ 34, 60, 155, 161, 193
A-over-A 제약 ························ 94, 106, 311
do-보조 ································· 43, 109
E-유형 ·· 23
pro-탈락 ······································ 230
Whether-섬 ······ 217, 264, 274, 290, 297-298
   312-314
Why-최소공백화 ······· 67, 146, 150, 157, 165
   188
z-표준점수 ································· 1, 2, 53